世界贸易大变革

REVOLUTIONIZING
WORLD TRADE

How Disruptive Technologies Open
Opportunities for All

[美] 卡蒂·索米宁（Kati Suominen）- 著

伍拾一 - 译

中信出版集团 | 北京

图书在版编目（CIP）数据

世界贸易大变革 /（美）卡蒂·索米宁著；伍拾一译 .-- 北京：中信出版社，2021.6
书名原文：Revolutionizing World Trade: How Disruptive Technologies Open Opportunities for All
ISBN 978-7-5217-2448-6

Ⅰ.①世… Ⅱ.①卡…②伍… Ⅲ.①国际贸易—研究 Ⅳ.①F74

中国版本图书馆 CIP 数据核字（2020）第 247670 号

Revolutionizing World Trade: How Disruptive Technologies Open Opportunities for All, by Kati Suominen, published in English by Stanford University Press.
Copyright © 2019 by Stanford University Press
All rights reserved.
This translation is published by arrangement with Stanford University Press, www.sup.org.
Simplified Chinese translation copyright © 2021 by CITIC Press Corporation
ALL RIGHTS RESERVED

本书仅限中国大陆地区发行销售

世界贸易大变革

著　　者：[美] 卡蒂·索米宁
译　　者：伍拾一
出版发行：中信出版集团股份有限公司
　　　　　（北京市朝阳区惠新东街甲 4 号富盛大厦 2 座　邮编　100029）
承　印　者：北京楠萍印刷有限公司

开　　本：787mm×1092mm　1/16　　印　张：25.75　　字　数：330 千字
版　　次：2021 年 6 月第 1 版　　　　印　次：2021 年 6 月第 1 次印刷
京权图字：01-2020-3531
书　　号：ISBN 978-7-5217-2448-6
定　　价：69.00 元

版权所有·侵权必究
如有印刷、装订问题，本公司负责调换。
服务热线：400-600-8099
投稿邮箱：author@citicpub.com

序　言

2005年，托马斯·弗里德曼在《世界是平的》一书里明确了第三次全球化浪潮对人类生活的影响。"扁平世界"指的是被大公司操控的全球供应链。凭借IT革命以及贸易和投资自由化，苹果、戴尔、通用电气等公司将产品制造向低成本经济体转移，将零部件生产外包给全球的加工厂。中国成了"世界工厂"，为西方消费者大量生产电脑、衣服和各种小商品。很多发展中国家作为中国的零部件"仓库"，变得像发达国家一样繁荣。1990—2010年，全世界的贸易额增长了两倍，而零部件贸易额则飙升了几乎五倍。为了说明全球生产的碎片化，弗里德曼举了一个知名的例子：生产一台电脑所需的零部件来自17个不同的国家。

30年来，全球的贸易和发展机构正是遵循这种全球化范式，进行削减产品关税和保护外国投资者的贸易协定谈判，帮助发展中国家转变为世界性的生产平台，扩建道路和港口，简化清关手续，将小企业培育成大型跨国公司的供应商。但在2013年秋天，这种全球化范式开始在我头脑里消解。当时，我创办的未来贸易集团（Nextrade Group）正在为美洲开发银行撰写一份有关拉丁美洲小企业出口的综合报告。我们发现，该地区只有13%的公司开展了出口业务，并且这些公司通常只面向一两个出口市场，持续性较弱，超过70%的公司只能维持一年的出口业务。

我们要解决的一个问题是如何增加该地区出口商的数量。幸运的是，易贝在那时进行了两项以该公司交易数据为基础的研究。研究表明，在美国、南非、智利这些不同的市场，电子商务正在完全改变贸易经济学家认知中的小企业交易。例如，易贝的数据显示：从事出口业务的智利公司仅占 18%，且通常只面向两三个市场；而从事对外出口业务的易贝上的智利卖家占到了 100%，面向 28 个市场；在首年进入出口市场后，70% 的卖家第二年仍会从事出口业务，而且大多数卖家已经持续从事出口业务五年。

我的灵感由此闪现——从易贝的数据看，电子商务也许就是贸易和发展机构一直在寻找的，能够让小企业发展成出口商，并成为易贝所谓"微型跨国公司"的撒手锏。这种认知让我思索 3D 打印、云计算、物联网、区块链等一系列技术可能会对贸易和贸易公司产生的影响。我越是思考这些技术对贸易的影响，就越觉得我们所熟知的全球化即将终结，一种新的全球化正在形成。

因此，我开始致力于：关于新技术如何推动贸易发展以及何种政策组合能最大化其效用的实证研究；构想和建立新的全球倡议和公私合作关系，以加速技术采用，促进发展中国家的贸易；帮助领先的科技公司将技术提供给全球贸易生态系统中的不同环节；同时运用新技术，尤其是人工智能和机器学习来提高未来贸易集团在贸易和经济发展方面的业务能力。本书也由此诞生了。

本书认为，全球化正在经历一次史无前例的变革，此次变革很大程度上正在重塑世界贸易的模式、参与者和可能性。这股日渐明朗的全球化浪潮呈现出空前的活力、繁荣和包容性，会影响到每一个人的生活。

本书还提出，下一波全球化浪潮充满了挑战，比如，阻碍我们向以科技为主导的21世纪贸易方式转变的政策壁垒和遗留机构。如果我们能克服这些挑战，22世纪的经济史学家就会把这一时期称作全球经济复兴和变革时期，它使全世界的制造商和消费者、卖方和买方都能从贸易中受益。否则，全球经济会像19世纪那样分裂，每个国家都通过关税政策增加财政收入、培养新兴产业。这是一种弄巧成拙的方法，过了一个世纪才得以纠正。在新的全球化浪潮中，我们还需要面对发展机遇和陈规陋习之间的冲突。

本书的诞生并不是因为美国近期贸易政策——我开始写本书时，特朗普甚至还不是总统候选人。这本书起源于能使世界经济增长和创业精神复兴的技术变革——我们要放眼长远，别只盯着贸易本身、永远不会回来的工厂就业机会和没有赢家的关税战争，专注于为21世纪全球数字经济的繁荣奠定基础。虽然我对特朗普政府的贸易政策持批判态度，但本书主要还是讨论了当前和未来政府应该推动的关于长期趋势和极具说服力的解决方案。

诚然，本书很难写。书里描述的模式刚刚出现，相关数据少得可怜，技术变革也十分迅速。有时候，我也为本书现在才出版而烦恼，因为很多技术已经成了主流——在2013年，大多数贸易经济学家甚至都没听说过3D打印，不了解电子商务对贸易的推动作用；"区块链"还是一个从没在贸易政策会议上被使用过的边缘术语。同时，本书也令人感到空前及时，因为全球贸易政策共同体已经意识到了技术带来的机遇。在这个时代，国家与国家之间有很多贸易对话和贸易斗争，但几乎没有令人信服的想法出现，我们有可能浪费让几十亿人实现其经济潜力的历史性机遇。因此，本书也提出了一些解决这些问题和开创下一个全球化时代的大胆想法。另外，本书还记录了那些正在开发和运用新技术，以促进全球化变革并为大家创造机会的先驱。

特别感谢斯坦福大学出版社的前编辑马戈·弗莱明和三叉戟媒体集团（Trident Media）的唐·费尔给我这个机会，同时感谢斯坦福大学出版社现任编辑史蒂芬·卡塔拉诺、苏娜·尤恩、蒂姆·罗伯茨和大卫·霍恩对本书的出色编辑和营销。谨以本书献给和我一样为让世界经济更加繁荣而不懈努力的同人和读者。

卡蒂·索米宁

目 录

序言 // I

第一部分　机遇

第1章　引言
CHAPTER 1
- 时代不同了 // 009
- 为未来做好准备 // 013

第2章　世界经济欣欣向荣
CHAPTER 2
- 大分工 // 020
- 3D技术里的全球化 // 023
- 大规模打印 // 029
- 个性化市场 // 033
- 令人难以置信的供应链萎缩 // 036
- 对美国贸易逆差来说，这意味着什么 // 041
- 服务的拆分 // 042
- 结论 // 046

第3章　世界贸易的"撒手锏"
CHAPTER 3
- 人人都是出口商 // 052
- 新贸易经济学 // 057
- 增长"魔法" // 059
- 创建"生态系统" // 062
- 电子商务创造就业机会吗 // 066
- 新经济地理学 // 069
- 何种性别更适合从事电子商务 // 073
- 结论 // 076

v

第4章　60亿人线上购物　CHAPTER 4

"网购天后" // 082

手机优先 // 084

掌上经济 // 088

视频交易 // 091

选择，选择，更多的选择 // 094

结论 // 098

第5章　无人驾驶，送货上门　CHAPTER 5

越大越好 // 104

开启智能 // 106

"幽灵港口" // 112

"最后一公里"的经济学 // 116

无人机比赛 // 123

理想中的世界贸易 // 127

结论 // 132

第6章　找到1.7万亿美元　CHAPTER 6

贸易融资大缺口 // 136

手工困境 // 140

区块链革命 // 142

连锁供应链 // 146

智能合同面临的挑战 // 149

结论 // 152

第7章　大查询　CHAPTER 7

全球营销的黑魔法 // 156

克服"牛鞭效应" // 159

金字塔底端的数据化 // 160

墙里有耳 // 163

以假乱真 // 167

寻找最弱一环 // 169

机器与机器的对话 // 171

结论 // 174

第二部分　挑战

第8章
线下与线上的距离
CHAPTER 8

艰难的联网 // 181

Instagram卖家 // 186

"虎鲸"与"旗鱼" // 193

"趋同效应" // 199

结论 // 204

第9章
海关难题
CHAPTER 9

边境瓶颈 // 208

"害群之马" // 213

世界上最糟糕的政策 // 218

"无代表也纳税" // 223

结论 // 225

第10章
"分裂网"
CHAPTER 10

你的信息价值几何 // 230

欧盟《通用数据保护条例》// 232

推翻《通用数据保护条例》// 239

新"言论警察"：谁该对网上的内容负责 // 241

"掐线"与"加税" // 246

"分裂网"代价几何 // 250

结论 // 254

第11章
信贷紧缺
CHAPTER 11

贸易离不开贷款 // 260

新缺口：微型贸易商需要小额贷款 // 263

企业成长资本缺口 // 271

中小企业借贷难 // 277

万亿美元的效益问题 // 278

结论 // 282

第12章 科技抵制潮和贸易摩擦
CHAPTER 12

疯狂愚蠢的关税政策 // 286

双方自愿的交易 // 287

大池塘里的小鱼 // 292

人口过剩了吗 // 296

从中产阶级到有闲阶级 // 303

脆弱的网络霸权 // 305

未来会出现数字贸易摩擦吗 // 312

结论 // 314

第13章 更多的人,更好的贸易
CHAPTER 13

新时代,新规则 // 318

更快捷的物流 // 324

更灵活的金融 // 328

更智能的系统 // 332

新政治生态可能形成吗 // 346

美国可以做得更好 // 349

结论 // 350

参考文献 // 353

· 第一部分 ·

机遇

第 1 章

引 言

想象两个近在咫尺但截然不同的世界。一个世界是《纽约时报》2016年11月报道的詹妮弗·尚克林-霍金斯和尼科尔·哈格罗夫的世界,他们在印第安纳波利斯市的开利空调厂工作了一辈子,热切期望特朗普总统对空调加征关税,免得他们的空调厂搬去墨西哥。[1]另一个世界则有关住在印第安纳州埃尔克哈特市150英里*开外的特拉维斯·贝尔德。2004年,特拉维斯用3 500美元做起了摩托车齿轮生意。现在,他在易贝上面向131个国家销售摩托车齿轮,41%的收入来自其他国家的市场和自由贸易。[2]

你想生活在哪一个世界?是低技能的、幻想破灭的工人呼吁对国际贸易设置保护主义壁垒的那个?还是企业家利用自己的聪明才智、最先进的技术和美国贸易谈判代表在过去80年里争取到的开放市场准入,向全世界的消费者销售产品和服务,提升业务量、雇用新员工、实现企业潜力的那个?如果你选择后者,那么本书就是一份指南,因为这个世界不会自己到来。

在过去的150年里,全球化——产品、服务、数据、资金、劳动力的跨境流动的增长——已在整个世界刮起了旋风,横扫每一个国家、每一座城市和每一个家庭。经历过战争、经济萧条和贸易保护主

---

* 1英里≈1 609.34米。——译者注

义的考验，全球化已变得不可战胜，屡次伴着新的活力和影响力回升反弹。得益于跨国公司及其全球供应链的推动，过去30年是全球化程度最高的一段时期。在这种模式下，公司从世界各地的供应商那里获取零部件和原材料，在墨西哥、中国和波兰这些低成本的制造中心将其组装为最终产品，然后出口到圣路易斯市的沃尔玛和旧金山市的苹果商店，售卖给那里的顾客。世界贸易组织在形容这种生产的全球化时指出，"中国制造"或"美国制造"已成过去式，现在只有"世界制造"。

随着生产的全球性分散，各国经济日趋一体化。美国贸易额在GDP（国内生产总值）中的占比从1980年的2%猛增到24%，韩国贸易额占比增加到87%，德国贸易额占比增加到75%，墨西哥贸易额占比增加到63%，中国贸易额占比增加到47%。甚至古巴、缅甸这些长期不从事对外贸易的经济体也开始接受对外贸易和投资。1980—2015年，世界贸易额的增速几乎是经济增速的两倍，在GDP中的占比从35%增加到将近60%，而对外直接投资额占比更是从5%猛增到35%。[3]

这证明贸易在各国经济中的地位越来越重要，跨国公司和进口竞争行业的游说团体就贸易政策的方向爆发了激烈的冲突。由于受到新兴市场的廉价劳动力的威胁，美国工会反对签订每一项新的贸易协议；在法国和韩国，依赖补贴的农民发起了街头暴力抗议。抗议者在世界贸易组织两年一度的部长级会议上扔石头，声称发展中国家的企业正在剥削工人。同时，贸易利得在世界范围内悄然扩大。数项研究表明，因为美国市场对进口产品开放，每个美国家庭可以节省生活成本，每年大约多存15 000美元。[4] 开放对外投资和贸易还让落后的发展中国家搭上一部上升的电梯，变成了繁荣的新兴市场。自20世纪90年代以来，世界各国已经就数十项自由贸易协定（FTA）进行了谈判,每个世界贸易组织成员至少加入了一个自由贸易协定。前不久,非洲国家共同谈判达成了一项历史性的大陆贸易协定。撇开最近的中美贸易摩擦不谈,自由贸易联盟已经形成:从大萧条时期到现在,贸易自由化没有出现重大逆转。

然而,我们几乎没有理由停滞不前。

第一,几乎所有主要经济体的生产力增长都在放缓。经济增长是市场繁荣和收入增加的引擎,而支撑经济增长的正是生产力增长。因为生产力的提高,我们可以付出比祖辈更少的劳动去创造更多的价值。近年来,美国和其他发达国家生产力增长放缓引起了极大的关注。除了中国和少数东欧国家,大部分新兴市场的生产力增长比美国慢得多。[5]2019年的前几个月,美国的生产力出现了大幅增长,希望这是对未来的一种预示。

第二,2008—2009年全球金融危机后,作为生产力增长的关键驱动力,世界贸易触底后仅小幅反弹,随后便跌入了低谷。在后金融危机时代,全球化丧失了一部分活力。受制于经济降温和自由化进程放缓,2008年后的贸易增长比20世纪80年代早期经济衰退以来的任何时候都要缓慢。2015年,人们对贸易增长尚抱有乐观态度,但到了2016年,世界航运巨头马士基便宣布,航运业面临的情况——比如,原油价格危机和巴西、俄罗斯、欧洲的需求萎缩——比2008—2009年全球金融危机之前要糟糕得多。随着贸易增长放缓,全球生产力增长放缓并非巧合。2017年,世界贸易增长达到4.6%,但到2018年便跌到3%,低得无法推动经济增长。[6]

第三,尽管大家都在谈论全球化,但世界经济远没有完成全球化。贸易经济学家早就了解到"丢失的贸易量"——各国的内部贸易量远比国际贸易量大得多,也比人们预期中的建立在经济基础上的贸易量大得多。世界上有近一半的国家对（每两个国家为一对），大约为 15 000 对，相互间没有贸易往来。世界贸易大多发生在邻国之间：拉丁美洲国家间的邻国贸易占贸易总量的 20%，欧洲和北美洲国家间的邻国贸易则高达 35%。经济学家口中的"本土偏好"一如既往。举例来说，只有 5% 的美国公司、6% 的墨西哥公司和 20% 的瑞典公司从事出口业务。根据我的经验，世界上绝大部分贸易量来自全球前 1% 的大出口商，比如，通用电气、波音和沃尔玛这些"超级明星出口商"。而它们的贸易主要发生在企业内部，也就是下属公司之间。世界还不像我们想的那样"平"。

第四，自由贸易受阻，贸易政治恶化。在我写作本书期间，中国和美国卷入了一场徒劳无益、适得其反的贸易摩擦，每一方都对另一方的出口商品加征关税，造成了双输的局面。很多美国人对全球化的印象，仍然停留在美国工厂为了寻求廉价劳动力而出走墨西哥或中国。过去 7 年，双边贸易协定谈判得红红火火，多哈回合多边贸易谈判却一片冷清。美国退出《跨太平洋伙伴关系协定》（TPP）和英国"脱欧"引发了人们对世界贸易体系分裂的担忧。自 1995 年成立以来，除了在 2013 年达成一项贸易便利化总协定，世界贸易组织还没有取得任何重大进展。世界贸易组织的 164 个成员世贸含港澳台不再签署多边贸易协定，而是继续在自愿联盟之间就双边和诸边协定进行谈判。

本书认为，贸易是一股能提升全世界人民生活水平的伟大力量，也是这个国家的买方和那个国家的卖方之间的一种自愿交换产品和服务的行为。没有人强迫美国企业从中国或法国的网上商店进口电脑，或者购买阿根廷的马尔贝克葡萄酒，他们这么做是因为他们乐意享受贸易自由。但是，我也承认贸易对分配有影响。如果不努力延缓没有竞争力的企业和工人进入自由贸易世界的时间，贸易自由化就会在使好企业变得更好、更具生产力，使消费者和进口企业明显受益的同时伤害到前者。就个人而言，我无法理解这种分配效应怎么能搅乱美国政坛，怎么能帮助特朗普赢得总统大选。但我是一个经验论者，我赞成这样的观点：贸易或者更准确地说进口不是造成就业机会流失、失业和就业不充分的原因。从经验上来看，导致这些问题的因素有很多，包括自动化等技术革命和劳动力技能发展差距等。

但本书探讨的不是过去或现在的贸易，而是未来的贸易。

时代不同了

在你读这句话的一分钟里，17 200 个包裹正在欧洲最大的市场上被订购和投递，476 个新网民开始上网冲浪，380 个人通过智能手机登录全球性的网上商城，162 个在阿里巴巴上注册的新用户开始浏览和购买商品，易贝和亚马逊卖家的总收入达到 228 064 美元，全球上传到互联网的视频需要花 23 年时间才能看完。[7]

这是 21 世纪的全球化，是颠覆性技术——3D 打印、电子商务、区块链、人工智能、5G 等——正在彻底改变全球生产和贸易的世界。它们正在降低不同规模企业的成本，使其在世界范围内制造、运输、销售产品和服务时比以往任何时候都更轻松；它们正在激励数百万个个体企业家成长为跨国卖家；它们正在使消费者和公司能从全球获得和选择产品和服务；它们正在通过将商品流通、付款流程自动化和加速，将每年伴随着全球数十亿次贸易往来产生的文件、数据和信息数字化，削减企业必须付给银行、货运代理、报关行、贸易律师和航运公司等中间商的成本。它们正在帮助我们实现世界贸易的终极理想：

支撑贸易往来的三条供应链——信息、金融、实体——实现一体化和自动化。

还有一个最好的消息：新技术改变了贸易的可能性——重新刺激经济体的生产力增长，增加收入，让全世界人民都能充分实现他们的经济潜力。

本书探讨的技术正在消除阻碍世界贸易的每一项主要成本。电子商务和在线支付在降低搜索和交易成本。几个世纪以来，这种成本使相隔千里的买家和卖家之间很难发生交易。3D打印、机器人、区块链和新的配送模式在降低交通和供应链管理成本。海量数据和计算效率在增强企业预测消费、市场和价格趋势的能力，也在降低导致企业跋涉于全球市场的迷雾中甚至犹豫要不要上路的信息成本。

我们所知道的全球化正逐渐消失在历史的长河中。本书讲述了这件事的发生过程和意义所在，揭示了正在进行的、由技术驱动的变革并不是小打小闹、各自为战。它们在改变全球化的整个范式，在改变存在已久的"事实"或者整整一代人对全球化及其影响所抱有的传统观点。这些观点包括：庞大的全球供应链孕育出"世界制造"的产品；小企业出口难是因为固定成本高；边境贸易便利化是促进贸易量增加的关键；等等。过去30年，诸如此类的观点——所有这些当然是正确的，也得到了广泛的研究——影响了数以百计的重大贸易政策决定、数以千计的学术和政策论文、数不胜数的政策制定者和数千亿美元的发展援助。但我认为，在接下来的5~10年里，这些"事实"将不复存在——一种崭新的全球化范式正在形成。在此范式下，新技术正在改变贸易的模式、参与者、可能性，甚至政治。

我们可以将这波已经开始涌现的新全球化浪潮称作"全球化4.0"。但和你祖父甚至你父亲那个时代的全球化相比，新全球化发生了巨大的改变：驱动方式由全球企业供应链变为在线平台，如连接亿万个人买家和卖家的阿里巴巴、亚马逊、美多客（MercadoLibre，拉丁美洲地区的知名电商平台）、吉米亚（Jumia，非洲地区的知名电商平台）和易贝；主导方式由大型连锁零售店变为亿万消费者，他们使用智能手机订购送货上门的产品和服务；这种全球化的衡量方式不是实物产品贸易，而是比特和字节的跨境流动，也就是数字设计、数字服务和数据的买卖；生产方式由在劳动力低廉的国家制造大量标准化产品变为在小型生产单位用接近终端消费者的 3D 打印和机器人技术按需设计和制造个性化产品；面临的阻碍由国与国之间的文书工作、官僚作风变为"最后一公里"配送、网络安全挑战，以及会给企业进出口贸易增加成本的数字监管。

当然，我们这个时代也不过是"旧瓶装新酒"。这么多年来，新的全球化超级周期无不是由技术和贸易共同创造的。科技进步改变了企业生产、运输、销售产品和服务的方式和场所，引领了发生在 19 世纪 50 年代、20 世纪 50 年代和 20 世纪 90 年代的每一个全球化周期。和以前的周期类似，刚刚开始的"全球化 4.0"从根本上说同样源自科技进步，它就是常被称作"工业 4.0"的新工业革命。这可能是迄今为止最具革命性和最令人兴奋的全球化浪潮。它为全世界的生产者、在线卖家、出口商、进口商和微型跨国企业打开了机遇之门。

传统的全球化观点仍然有用且重要。它帮助政府进行海关现代化改革；支持开放的贸易政策和对外国投资者的有力保护，让全球企业供应链的运转更加便利；促使政府为小企业提供促进出口的措施和流动资金。然而，我们必须为新全球化时代做好准备，并帮助它成为现实。虽然这个时代可以改善很多人的生活，但它不会自动出现，仍面临着很多"拦路虎"。首先，那些能改变贸易机会的技术应用尚处于初级阶段。其次，无论是陈旧、烦琐的清关程序，还是新兴、严格的数据传输规定，都在阻碍企业将技术转化为贸易机会。最后，低效率也在困扰着贸易往来：贸易双方无法很好地进行互操作；企业出货量能见度偏低；突如其来的关税和贸易壁垒扰乱了企业规划；国与国之间货物运输所涉及的监管文书不计其数。在这个货物和服务被买卖、运输、安检并越来越多地被退回的庞大系统里，整体在许多方面仍落后于各部分的总和。

想象一下，假使我们走得更远：小企业在几分钟内就能获得所需的流动资金，雇用新员工去交付出口货物。大公司不必在跨市场销售和运营过程中费力应付烦琐复杂的各国规范。贫穷的发展中国家拥有5G网络，人人懂得运用电子商务、人工智能等技术更有成效地做生意。大额跨境支付在数秒钟内就能完成。在国际贸易往来中，产品从A市场到B市场的流通完全数字化和自动化，如买卖双方跨境支付和向各国边境机构提交监管文件。想象一下，假使世界经济是一个巨大的市场，好比中世纪的城市广场。在那里，无论买卖双方身处何地、来自哪个国家、使用何种货币或语言，都能在任何地方、任何时间与任何人交易任何东西。在这样的世界里，大家可以充分地实现经济潜能、建立商业王国，并为孩子们创造更好的生活！这个世界第一次触手可及，但我们需要努力才能实现。

随着世界贸易模式和参与者的改变，贸易的掣肘因素也在改变。因此，全球贸易与发展议程必须在很多政策行动领域进行调整。本书同样涉及需要做什么的问题。政府需要调整贸易、教育和经济政策，重估贸易执法、贸易便利化、贸易金融、贸易调整和出口鼓励，开启下一个全球化时代。贸易政策不应该像几十年前一样强调关税和非关税壁垒以及对外国投资者的保护，而应该聚焦于数字监管政策，比如，数据的跨境自由流动、电子产品免税进入各国市场以及新市场中顾客对电子商务和支付平台的流动性访问。国际贸易发展不再是建更宽的路、更好的工厂或更多产的稻田，而是推动发展中国家的企业、公民和政府传播和使用前沿技术。美国贸易政治不应再专注于从中国夺回工厂就业机会——未来的生产不是由美国或中国的劳动力完成的，而是由少量人力操控的3D打印机和机器人来完成的。

最好的美国贸易政策里根本没有"贸易"这个词。它应该给工人和下一代以指导和武装，让他们作为企业家、商业领袖、雇员和自由职业者在全球数字经济中茁壮成长；它应该使各行各业的美国人能够发挥聪明才智，创造并应用技术去解决重大的商业和经济问题。谁懂得运用技术，谁就能提升能力、增加收入。

为未来做好准备

决策者和分析家对本书可能有三个反对意见。一是"事情还需要很长时间"——书里提到的技术要想成熟并真正改变工业和贸易模式尚需时日。二是技术不是"万能药"——每项技术都有自身的问题，也会带来新的问题，比如，假消息、网络安全威胁和隐私担忧。三是技术虽然存在，但被应用到跨境经济交易领域仍面临很多挑战，比如，管理层的惰性以及由上一代人构建的过时政策和体系。

我不接受第一个反对意见——我认为改变要比我们设想的快得多。只要回顾一下上一个10年，你就会发现，技术改变贸易的方式好比海明威的《太阳照常升起》一书中迈克的破产过程："开始不知不觉，然后突然崩溃了。"如今，从个人品牌到政治话语，全球性平台塑造了一切。在 2008 年，推特诞生不到两年，用户为 600 万；脸书用户只有 1 亿；新兴的电子商务帝国阿里巴巴的用户为 400 万；改变了产品、服务和信息订购方式的苹果手机刚刚面市 10 个月，售出 700 万台。但到了 2018 年，推特的用户为 3.35 亿，脸书的用户为 23 亿，[8] 阿里巴巴的用户为 5 亿；[9] 苹果手机在全球销售了 2.18 亿台。[10]

我们很容易忘记全球数字经济在 2008 年才刚刚萌芽。10 年后的 2028 年，我们会意识到今天的全球数字经济是多么弱小！本书与未来 10 年有关——新兴技术如何重塑全球化，商业和政策领袖如何利用这些技术促进世界范围内的贸易、包容性和经济增长。

至于第二个反对意见，所谓"新技术带来新问题"，我表示有条件地接受。问题肯定有，新问题也会出现——脸书和俄罗斯巨头之间的冲突只是众多巨大挑战之一。研究量子计算的读者清楚技术会给国家安全带来一系列令人揪心的风险，但同时也极可能治愈疾病，揭开包括经济增长之谜在内的宇宙奥秘。此外，我们还有一系列技术和政策方面的解决方案来应对这些风险——考虑到下文提到的后果，这是当务之急。

我接受第三个反对意见。新技术的采用不平衡且缓慢，阻碍它们的政策也有问题，所以我才写了这本书。技术变革正在发生，而过时的政策、严格的规定、遗留的制度和数字鸿沟限制了它们促进贸易增长和提高生产率的能力，这使得数亿人可能错失在全球数字经济中充分实现自我潜力的机遇。本书着重剖析了这些挑战，并提出了应对这些挑战的政策建议。

本书的写作目的是敦促政策和商业领袖创造一个更好的未来。"新问题好多"和"现在这么说为时过早"创造不出好的未来。我们唯有正视眼前的机会，倾尽所有，再接再厉，才能创造出一个全球化新时代。

专家们可能会反对说，目前还没有足够的数据和证据能表明技术的影响，或证明相关因果模式的真实性。但本书不是那种传统意义上的学术作品，通过分析几十年的数据和引用数百篇论文来解释并重现某一现象。我探讨的是新技术，它们的影响刚刚开始显现，数据自然不足。而有关因果关系的研究也处于初始阶段，将会在未来几年里接受考验——就数字化对贸易的推动和影响而言，一个完整的领域正在形成。打个比方，如果这是一本论述外包和离岸外包的书，那么它一定写于外包和离岸外包趋势刚出现的1990年，而不是弗里德曼的著作成书的2006年，或大量相关数据和实证研究涌现的2018年。我结合现有的数据、研究和过去200年里的全球化趋势，试图说明正在发生的变化和影响，并在我们正确行事的前提下描绘出一个可能的未来。

那为何又是现在呢？为何不谨慎行事，等到我们有更多的数据、论文、证据的时候，等到新全球化被广泛接受的时候再写？时间不等人——我们正站在促进贸易、包容性和经济增长的历史机遇的风口浪尖，必须有人站出来说话。我为推动各个政策领域的调整以抓住新机遇而写；我为激励年轻高管在不断变化的全球经济中看见企业发展和职业生涯所面临的机遇而写；我为塑造一个正在迅速扩大的领域的研究议程而写——我相信它将成为未来10年贸易经济学家与贸易和发展政策机构关注的前沿和中心；我还为填补政策辩论中仍然经常缺失的东西而写——宏观的思想、大胆的想法。

在接下来的6章里，我将详细介绍技术如何改变贸易和改善经济前景。我艰难地选择了一些我个人认为能在重塑世界贸易诸多重要事实方面发挥特别作用的技术：增材制造与3D打印在瓦解供应链；电子商务在为世界贸易带来新"玩家";智能手机革命在促成全球化;区块链在加快全球物流和企业获得贸易融资的速度;云计算在为跨国经营的企业提供全新的分析、预测和精度可能。我还展示了由新兴技术驱动、辅以良好政策的世界贸易是如何复兴全球经济的——开创一个比以往任何时候都有机会让企业发展、消费者受益、国家繁荣的时代。

书的第二部分聚焦于挑战。虽然21世纪的技术与贸易可以共同推动生产力的发展,但也潜伏着危机。要想让技术驱动的贸易自由运行,促进经济增长,就必须清除税收、关税、文书、监管等一系列障碍。第8章至第12章详细介绍了各种挑战,例如,国内和国际在技术应用方面存在的巨大差距,经常使贸易停摆的复杂清关程序和拥挤的城市交通,正在蔓延的、阻碍企业扩张的数字保护主义,阻碍小公司发展全球业务的融资渠道限制,以及围绕贸易、自动化和人工智能对就业影响的政治激辩。

第13章的末尾提出了一个大胆的政策议程,以促使一个空前繁荣、创新的时代到来,为全人类实现他们在世界经济中的全部潜力提供机遇。

第 2 章

世界经济欣欣向荣

2005年，托马斯·弗里德曼在他的畅销书《世界是平的》中描述了一个新全球化时代，一个由大公司掌控庞大全球供应链的时代。[1]但这种对全球化的流行表述已落于窠臼。全球生产正处于二战以来的第三次拐点。

第一次拐点出现在二战后，带来了垂直组织公司。产品从设计到制造、市场、品牌和销售，都在同一家公司进行。美国、欧洲和日本是龙头企业的发源地，它们通过原材料进口和产品出口，为全球的制造业和贸易提供了动力——主要是相互提供动力。

战后的第二个经济体系是"世界工厂"，也被称为"扁平世界"。20世纪90年代，由于政府开放了贸易体制和互联网技术革命降低了通信成本，世界经济形成了基于分工协作的体系——将生产外包给低成本地区，并从世界各地采购零部件。世界零部件贸易突飞猛进。从戴尔到苹果，许多公司都建立在全球供应链上。拥有廉价劳动力和大量订单的国家成了赢家——西方消费者则享受着更便宜的电脑、服装、汽车和呼叫中心服务。

我们现在正接近战后的第三个经济体系。随着云供应链的出现，这个体系将使世界经济大放异彩。贸易更多地发生在数字产品、设计和数据的跨境流动中，而不是实体商品的运输中。"扁平世界"里那种从世界各地进口零部件，在中国、墨西哥或波兰组装成苹果手机、宝马汽车和索尼电视的贸易正在让步于一种新模式。在这种新模式下，只需要在产品的最终组装地将零部件进行 3D 打印即可。

在即将到来的全球制造时代，中间产品贸易已非必需。东亚、北美和欧洲的区域性生产中心，"扁平世界"的标志，正在转变为真正的全球化供应链——虽然这些供应链的长度还比不上一个人与他的笔记本电脑之间的距离。如今，汽车和汽车配件可以按需出售给堪萨斯城的顾客，然后第二天再由智能机器人将 3D 打印零部件在当地的小型工厂进行组装。这些智能机器人能利用物联网相互沟通，并和携带平板电脑的人类管理员交流。无论在北京、亚特兰大还是新德里，市场推广和定制化服务都是关键竞争力，因此，生产也将越来越多地由靠近终端消费者的小型工厂完成。还能剩下什么中间产品可交易呢？

大分工

2011 年 5 月的一个凌晨，3 点 30 分，加利福尼亚州。惠普公司负责运营的高级副总裁托尼·普罗菲特被唤醒，他听到了地震和海啸袭击日本的消息。日本是计算机、电子和汽车等行业零部件和设备的重要供应国。[2] 不久之后，普罗菲特就建立了一个虚拟指挥部，调动日本、中国台湾和美国的经理们共同拯救惠普的全球供应链。这条供应链为惠普庞大的制造引擎提供了动力，每秒钟生产两台个人电脑和两台打印机，每 15 秒钟生产一台数据中心设备。惠普公司做到了，但并非每家公司都这么幸运：通用汽车公司在路易斯安那州的货车工厂因为缺乏日本制造的零部件而暂时关闭，丰田和索尼暂停了几家工厂的生产。韩国的造船企业、欧洲的手机公司和美国的太阳能电板制造商也受到了冲击。

第2章 世界经济欣欣向荣

普罗菲特遇到的问题体现了全球化的脆弱性,他那一代人已经认识到了这一点。这是一个依赖巨量流动零部件的体系——数不清的供应商和服务提供商通过船舶、火车、卡车和覆盖全球的快递公司向制造中心发送资源和服务,为消费者带去打印机、智能手机和电视机。它是脆弱的:这个全球管弦乐团中任一乐手的失误都会影响到其他成员。

2006 年,贸易经济学家理查德·鲍德温将普罗菲特经历的全球化浪潮定义为"第二次分工"。[3] 第一次分工发生在 19 世纪后期,是生产和消费的地域分工。随着船舶航速的加快与铁路在美国和西欧境内的扩张,城镇和乡村不用再保留大量产品以自给自足。按照大卫·李嘉图在 1817 年提出的比较优势理论,他们可以专注于生产最好的商品,并用它们交换从其他地方运来的制成品。拥有水力的英国城市可以利用蒸汽动力机械组件,专注于生产纺织品和其他制成品,并可以依靠更好的交通系统以交换西班牙、法国出产的食物、酒和原材料,它们拥有充足的耕地。

虽然法国的农民现在可以更容易地从英国买到便装,但从研发到设计、品牌、制造、市场、销售,便装等商品的生产直到战后依然局限在同一家公司。原因很简单:生产从开始到结束是一个复杂的过程,涉及数个环节和资源配置——人员、信息、投资,而这些在同一个地方最容易协调。对经营着世界制造业的欧洲、美国、日本公司来说,也没有能离岸外包的地方——中国等发展中国家当时还是以种植水稻和开采矿石为主的经济体。

20 世纪 90 年代的互联网技术革命和贸易投资自由化打破了这一平衡。企业可以利用信息技术管理世界各地的供应商和制造商,并将生产流程分配到效率最高的地方,即中国、捷克和墨西哥的制造业中心，那里充满了廉价劳动力。工资的差距很大。中国工人 2002 年的时薪是 60 美分，约为美国工人的 14%。[4] 这促使苹果、戴尔、通用电气、索尼、IBM（国际商业机器公司）等数百家公司将生产外包给低成本经济体，将零部件生产外包给世界各地的供应商。现代全球供应链由此诞生。

中国成为"世界工厂"，为美国消费者大量生产电脑、服装和各种小商品。东亚作为中国的零部件仓库，也在蓬勃发展。比较优势得以凸显。发展中经济体专门从事手工组装，发达经济体则专注于自身的强项——研发、设计、市场和销售。经济学家施振荣将全球生产描绘成一条著名的"微笑曲线"。[5] 这个 U 形"笑容"的两端是高附加值活动：一端是创意创造、研发、品牌和设计，一端是分销、市场销售和服务合同。它的中间则代表了低附加值的制造和组装部分。外包就是为了将低附加值部分转移到最省钱的地方，即劳动力充足且低廉的国家。

这种生产转移并不新鲜。20 世纪 60 年代，日本学者赤松要就将低端生产从发达国家转移至较贫穷国家的现象称为"雁行"模式。[6] 日本产业作为"头雁"，逐渐从手工组装转向以知识为基础的经济活动，并将生产转移至"亚洲四小龙"（韩国、中国台湾、中国香港、新加坡），接着转移至印度尼西亚、泰国、马来西亚，再转移至中国、越南、菲律宾，以此类推。直到 20 世纪 90 年代，外包现象才真正从经济数据中脱离：20 世纪 70 年代，美国、日本和西欧掌握了全球 70% 的制造业。但到 2010 年，这一比例降至 47%，剩余大部分被东亚、墨西哥和东欧瓜分。[7]

拥有丰富廉价劳动力和大量供货订单的国家成了该经济模式的赢家，而西方消费者则在沃尔玛的货架间穿梭，在百思买（Best Buy）试用平板电视，呼叫印度那些饱受折磨的客服人员帮忙维修他们的台式电脑。当各国专注于自身最擅长的领域，并互相交换产品和服务时，经济就会增长。跨国公司严格的质量标准迫使小型供应商变得更好，那些表现优秀的企业进入戴姆勒、索尼或苹果的供应链，即使只是作为向上游供货的二、三级供应商。

然而，跨国公司要付出很大代价才能保证外包和离岸外包的效率。许多像惠普一样的公司在供应链和仓储管理方面的花费达到数十亿美元——例如，寻找高绩效供应商，操纵贸易政策壁垒，支付运费，处理国际物流、运输成本、瑕疵产品和及时仓储管理等问题。根据美国装配商赞助的非营利组织"回归倡议协会"（Reshoring Initiative）的数据，商品在中国生产的"总拥有成本"远远大于在美国生产的成本。因为在美国，供应商表现不佳、运输中断或合同执行不力的问题要少很多。该组织声称，美国公司在中国生产商品的实际成本被少算了20%以上。[8]而且，对美国来说，外国的劳动力成本也不比以前——2011年，中国的时薪达到2.2美元，几乎是2002年的四倍，到2016年又进一步上涨到3.6美元。美国公司开始重新审视中国，许多公司迁回了生产线——通常是去墨西哥，但也有的迁回了美国。像明尼苏达矿务及制造业公司、波音、卡特彼勒、通用电气、恒适和J. Crew（美国知名的服饰零售企业）等中坚企业均做出了一些回迁举动。但这一趋势并没有对美国经济产生压倒性的影响。而现在，新技术正在打破全球供应链背后的等式。

3D技术里的全球化

20世纪80年代初，加利福尼亚州一家利用紫外线灯加固桌面涂层的小型企业——UVP公司的工程师查克·赫尔找到他的上司,提出了一个想法:使用紫外线技术将电脑设计迅速转化为可以拿在手里的产品原型。[9] 出于专注于公司核心业务的考虑,赫尔的经理否决了这个想法,但最终两人还是达成了妥协:赫尔白天研究紫外线灯,晚上制造他的梦想机器。

1986年,赫尔的夜间努力终获回报:他获得了立体光刻设备的专利,并与雷蒙德·弗里德在瓦伦西亚共同创立了3D Systems公司。不到两年,该公司就开始率先销售3D打印系统,并于1990年上市。

大约25年后,3D打印机在2014年度拉斯维加斯消费电子展上脱颖而出。"技术共和国"(TechRepublic)网站盛赞3D打印是一个"将会改变我们生活的方方面面,并开启下一轮工业革命"的行业。[10] 据报道,玛莎·斯图尔特就用3D打印机制作了许多复活节物品,[11] 包括细高跟鞋、奥巴马总统半身像、人体器官、比萨,甚至还有整栋房屋。

这种优势并非没有根据:3D打印为大幅节省成本和无限定制提供了令人难以置信的可能性。在软件的操控下,3D打印不需要更换工具就能制造出不同的产品原型。随后,3D打印机耐心地一层一层地添加生产产品所需的材料,每层材料都薄得像剃刀。这种做加法的增材制造和过去那种做减法的生产,如切割、钻孔、敲打金属,形成了鲜明对比,节省下来的成本很惊人。总部位于休斯敦的隐形牙套制造商ClearCorrect拥有130名员工,以前用铣床为客户制作牙套的牙齿模型。这些模型是用一种薄而透明的塑料热塑而成的。昂贵的机器在制作一个模型后就必须重置,而且还经常出现故障。有了3D打印技术,该公司就可以一次性批量打印60~70个模型。每个模型耗时5分钟,而过去要13分钟。[12] 到2015年,对赫尔那一代人来说仿佛是电影《星球大战》(*Star Wars*)中才有的机器,已经把ClearCorrect的生产效率提高了130倍。该公司得以将其占地11 000平方英尺*、配备10~15名操作工的生产中心缩减为一个占地4 000平方英尺、只有3名员工的工厂。

大公司同样从3D打印中得到了惊人的好处。沃尔沃用3D打印机将生产发动机和沃尔沃卡车的时间缩短了94%，从36天缩短至2天。[13] 空中客车公司用3D打印制造的飞机零部件减少了90%的原材料需求，其重量也只有原来的一半。通用电气报告称，由于产品设计的改革和原材料的减少，3D打印组件的成本要比用传统方法制造的组件的成本低25%。[14] IBM预测，到2022年，3D打印制造的助听器将比传统方式制造的助听器便宜65%。由于零部件可以随时按需打印，库存成本将大幅下降。

3D打印加快了创新的脚步。现在，几乎每家公司都能迅速设计和打印出各种粗糙的产品原型，与买家一起测试，再进行重新设计，或许还可以申请专利，然后开始大规模生产。美国领先的小型企业制造商罗伊·保尔森在加利福尼亚州蒂梅丘拉市的公司实验室拥有一名专业3D打印软件工程师和两台3D打印机。他的团队用打印机打印护眼和护脸产品，如医疗防溅保护装置、士兵和执法人员使用的防弹盾牌，测试它们的耐用性，然后复制生产弹性最强的产品。实验室一天可以测试数个模型，这在需要几周时间才能创建一个新模型的世界里是不可能完成的任务。保尔森的父亲在1947年创立了这家公司，他通过手工模式来测试新设计方案，这不但需要高超的技巧，而且过程非常缓慢。现在，一台机器能在几秒钟内对模型进行调整。保尔森将快速制作原型的过程视作一种沟通方式：它为新产品概念的表达提供了物理部件。

---

* 1英尺=12英寸=0.3048米。——译者注

3D 打印有助于更快地将好产品推向市场。例如，福特使用 3D 打印技术快速生产气缸盖、进气管、排风口、发动机罩等原型零部件，从而使单个零部件的研发时间缩短了数月。耐克和阿迪达斯都推出了 3D 打印跑鞋。[15] 埃及时装设计师萨拉·赫加齐尝试用 3D 打印制作了晚礼服原型。[16] 就在新德里郊外，印度最大的两轮车制造商英雄摩托公司（Hero MotoCorp）在其三家工厂里使用 3D 打印机、机械臂和自动化仓库，一年可以生产摩托车近 700 万辆，并希望全球 20 个市场到 2020 年均采用这种模式。[17] 苹果手机的中国供应商，拥有百万名工人的富士康不再只盯着美国消费者，而是通过电子商务渠道向中国消费者销售越来越多的手机和配件，并在 2016 年宣布了无人操作计划。[18]

增材制造技术正在成为制造业主流。68% 的美国制造商——世界 3D 打印领域的先锋——已将 3D 打印用于原型制造；52% 的美国制造商认为，到 2020—2022 年，3D 打印将被用于大批量生产。[19] 全球管理咨询公司麦肯锡认为，如果各行各业继续以目前的速度应用增材制造，那么对整体经济的影响到 2025 年可能高达 2 500 亿美元。[20] 航空航天、国防、汽车、医疗、消费品等行业受 3D 打印的影响最大。制造商甚至不用出资购买生产用的打印机，只要将设计方案送到附近的 3D 打印店就行了，就像 15 年前到金考（Kinko，提供复印与文件处理的大型连锁店）用 2D 打印机制作文件和横幅一样。

这项技术也很适用于在偏远地区制造定制产品。尼泊尔地震后数小时，人们就用 3D 打印技术制造出了适合当地的新水管。[21] 在缅甸，农民正在使用公益性企业"邻近设计"（Proximity Designs）的 3D 打印机生产洒水系统和太阳能泵的零件。[22] 军队是明显的受益者，汽车、电脑和电视维修店也是如此。3D 打印尤其适合制造滞销和稀有的零部件，这些零部件的采购和库存需要很多资金。[23] 售后服务团队和终端用户，如矿业公司、农业公司，只要点击一下眼前的"打印"键，就能制造出几十个零部件。

3D打印的好处数不胜数，成本的大幅降低最惹人注目。所以，我们也不难看出，这项技术除了有利于生产，还会使贸易规模激增，给全球化带来变革。毕竟，人们再也不用将零部件从A国的供应商运送给B国的制造商了：现在，它们是在国内完成数字设计，或者通过云端被发送到最终产品的组装地进行打印。

那么，这会对世界贸易产生什么影响呢？3D打印对贸易最直接的影响体现在零部件或"中间产品"上。通用电气在3D打印机上投资了数百万美元，在美国国内为Leap喷气发动机生产了85 000个燃油喷嘴——该喷嘴过去由从世界各地进口的20种不同的零部件组装而成。[24] 诞生于内华达州的3D打印汽车Strati只用了49个零部件，而生产传统汽车则需要从全球各地运来大约30 000个零部件。[25] 多年来，波音和福特一直在最终产品的组装地设计3D打印喷气式飞机和汽车的零部件——波音的"梦想客机"（Dreamliner）使用比传统零部件轻的3D打印零部件，为航空公司节省了50%的燃油成本。[26] 由此，波音和福特避开了全球供应链管理方面的很多麻烦，如碳排放量高、交货时间紧和库存过剩。

3D打印会影响中间产品贸易，并逆转始于20世纪90年代的生产分工：通过重新分工，将全球供应链拉回公司内部。中间产品生产本土化；供应链缩短、简化、本土化，而不是拉长、复杂化、全球化。随着中国制造商用国内供应商来替代国外供应商，国际中间产品贸易已在大幅下滑。1995—2015年，加工贸易在中国出口中所占份额从60%下降到35%，这表明更多的零部件是在中国国内被生产的。[27]

此外，拉丁美洲、欧洲的制造业中心墨西哥、波兰目前使用的进口中间产品也比20世纪90年代初有所减少。

3D打印还会影响某些最终产品的贸易。例如，假设一位忙碌的纽约女强人早上8点30分在手机上看到了一位巴黎企业家设计的高跟鞋。她立刻订购了这个设计方案，并根据脚的大小和自己的喜好定制了鞋子（浅紫色、2英寸高的鞋跟、6.5码），然后将这些喜好连同脚的3D模型发送给曼哈顿的一家3D打印店。下午5点，这家店就完成了鞋子的制作，且这双鞋子和她的脚完美契合。没有跨越大西洋的包裹，也没有关税或运输费用，但这位女士在短短8小时内就得到了一双设计方案来自巴黎、新鲜出炉的完美高跟鞋。这可不是空想：耐克已经和惠普合作，为职业橄榄球大联盟（NFL）的球员定制球鞋；阿迪达斯正在和Foot Locker（全球领先的体育运动用品网络零售商）合作，使用3D打印生产市场需要的跑鞋，生产速度快了36倍。[28]

那么，3D打印将会取代多少世界贸易呢？咨询公司普华永道认为，3D打印会重塑并取代飞机和汽车零部件、电子设备、陶瓷产品、玩具、鞋类以及电脑等的贸易。其中，41%的空运、37%的集装箱海运和25%的卡车运输贸易将面临3D打印的威胁。[29]保险公司荷兰国际集团（ING）也得出了类似的结论：预计到2060年，3D打印将消灭25%的世界贸易，尤其是在汽车、工业机械和消费品领域。该集团认为，如果对这项技术的投资每五年翻一番，那么到2040年，这些影响就会出现。[30]

3D打印得用材料。这些原材料可能需要进口，但也可能从当地的回收设备中提取。塑料3D打印机已经在使用海洋塑料制作鞋子和衬衫。在3D打印时代，国际贸易不会终结，但确实在改变。

怀疑论者认为，上述未来离我们尚远。从经验主义的角度看，这个观点合情合理——3D打印在大规模生产中还未成功应用。相反，30年来，它一直被国际厂商当成原型生产技术在用，而其他大批量生产方法却在规模经济的刺激下不断发展。但这次不一样，理由有四条。

第一，技术的进步使3D打印机更适合大规模生产。第二，制造业的整体范式在转变：大规模定制和按需生产将取代大规模制造，成为未来方向，而这正是3D打印的潜力所在。第三，机器人技术在改进，企业使用机器人的成本也越来越低，这使得制造商可以将3D打印机与智能机器人配合使用，在同一个地方打印和组装零部件。第四，政策在发挥作用。开明的政府已经开始支持3D打印应用，以促进经济创新、减少环境压力、降低消费成本。接下来我们就探讨这些趋势。

大规模打印

30年来，3D打印一直被当作原型生产技术使用。很多观察家认为，将来这种情况必然会持续下去——理由相当充分：尽管3D打印在创新和原型生产方面带来的收益已经超过了成本，但就生产过程而言，在节省材料、避免运输和供应链管理成本等方面，生产流程的收益仍面临挑战。挑战主要来自技术层面：打印机成本高；打印质量不佳；制造商自身有限的设计才能；金属零部件打印困难；网络安全问题；行业内缺少明确的检测程序和规范，特别是对金属零部件的检测。[31]然而，如今有很多力量正在将3D打印推向大规模生产。

首先，材料和3D打印技术已经发展到让一些公司愿意为大规模生产创建3D打印生产线的阶段。2018年,在中国、土耳其、印度、印度尼西亚和泰国生产大部分跑鞋的德国运动用品制造商巨头阿迪达斯宣布推出"Futurecraft 4D"跑鞋生产线。这条生产线使用3D打印制作鞋底,当年可生产跑鞋10万双,未来的生产总量将达到1000万双。[32] 这些跑鞋的生产被委派给阿迪达斯位于亚特兰大郊外的快速工厂,由160名高技能工人配合机器人通过"数字光合成"完成。这项工艺由加州科技公司Carbon研发,打印高分辨率零部件(如复杂的高性能整体设计,通常需要装配多个零部件才能在一个单独的鞋底上创建出不同的性能区)的速度比标准增材制造程序快上几十倍——专家们认为,这与现有技术有天壤之别。这款售价为每双300美元的跑鞋很快售罄,转手收藏价高达2万美元。

用户基本上可以定制每一双鞋,既能优化舒适度,又能减少浪费。耐克随后也推出了一款3D打印跑鞋"Flyprint"。这款跑鞋采用了一项名为"固态沉积建模"的新工艺,通过3D打印制造织物鞋面,首批上市了100双,售价为每双600美元。[33] 所有鞋业巨头——耐克、阿迪达斯、新百伦(New Balance)、亚瑟士(ASICS)、安德玛(Under Armor)——都拥有自己的3D生产线。

法国时尚"领头羊"香奈儿在2018年就开始使用3D打印批量生产睫毛刷,6台工业3D打印机每天能生产5万支睫毛刷,完全能实现香奈儿每月生产100万支睫毛刷的目标。[34] 自2007年以来,该公司就拥有3D打印睫毛刷的专利,并用3D打印创建、改进了100个睫毛刷原型,这些原型的颗粒纹理和微腔构造最大限度地提高了刷毛对睫毛膏的利用率。如果采用传统的注塑成型法,这是不可能实现的。经过10年的努力,香奈儿目前已经拥有了进军大众市场的产品和技术。

这些案例说明，使用增材制造技术大规模生产各种消费品的时代即将来临。在牙科保健领域，3D打印也正在成为主流。例如，美国科技公司艾利科技（Align Technology，美国一家从事隐形矫正牙套和口腔扫描仪生产、销售及配套服务的公司）每年在墨西哥华雷斯市用3D打印生产的牙齿矫正器多达800万只。

其次，3D打印在金属零部件领域的应用前景正在改善。大规模的金属3D打印可能会对世界贸易产生重大影响。2018年，惠普推出了金属3D打印机。这种3D打印技术被誉为大批量制造生产级金属零部件的一次飞跃。[35] 市场是巨大的：汽车、工业和医疗领域每年需使用数十亿个金属零部件。迄今为止，3D打印机对金属还有些"力不从心"。举例来说，打印金属所需的温度远比打印塑料高——高碳钢在1 370摄氏度才能熔化，钛金属在1 668摄氏度才能熔化（相比之下，水在100摄氏度就能沸腾，但最老到的桑拿浴者也扛不住这个温度）。惠普金属3D打印机采用了新方法来熔化钢铁，生产率是一般3D打印的50倍。这款打印机起价40万美元，适用于跨国公司和中型企业。惠普还推出了这款打印机的轻量版，售价13万美元，被认为是目前最具竞争力的产品。

这款金属打印机生产的部件重量轻且美观大方，迷住了大众汽车的工程师。他们认为，这款打印机能批量生产所有足球大小的汽车部件，每台机器的年产量将达到10万件。[36] 大众汽车已经在使用3D打印机制造小型定制部件，如尾板刻字、齿轮旋钮和个性化的钥匙。通用汽车的工程师也有类似的想法。以为汽车座椅和安全带提供坚实基础的座椅托架为例：[37] 以前，它的生产需要8种独立的零件，而这些零件又需要从不同的供应商那里采购。现在，它可以通过3D打印技术被整体制造——比上一代部件重量轻40%，强度高20%。这些数字意味着汽车的速度更快、油耗更低，想必会吸引几乎所有消费者的注意。通用汽车每天生产 8 000 辆汽车，需要 3 万个零部件。该公司认为，可以在初始阶段使用 3D 打印生产其中的 1 000 个零部件。

后来者也在影响大规模打印领域。例如，意大利一款最高时速为 50 英里、非常适合拥堵城区的 3D 打印电动小汽车 X Electrical Vehicle 正在接近大规模生产。[38] 该汽车的车身部分为 3D 打印，车窗、轮胎和底盘仍旧以传统方式制造，售价为每辆不到 1 万美元，已经收到了来自企业和邮政服务商提供的 7 000 份订单。很多美国人可能认为，这种行驶速度慢的小型电动汽车没什么市场，但有报告称，中国的需求量极大：2017 年，这样的小型电动汽车在中国市场上共售出 175 万辆，是普通电动汽车销量的两倍还多。[39] 我们很容易想象在罗马或巴黎的狭窄街道上来往的欧洲城市居民多么渴望这种汽车。中国的电动汽车公司正在抓住这一市场机会：到 2025 年，电动汽车预计将占到汽车总数的一半，使用 3D 打印汽车零部件也将成为主流。[40] 随着产量的增加，生产 X Electrical Vehicle 的公司预计，规模经济效应将降低一半的汽车成本。虽然 X Electrical Vehicle 与通用汽车的销量不可同日而语，但这也许预示了小型企业的未来，它们可以利用增材制造技术在重要行业赢得一席之地。

最后，惠普和通用电气等大型企业最近已进军大规模 3D 打印领域。这也刺激了斯特塔西（Stratasys）和 3D Systems 这样的行业巨擘。经过数轮 IPO（首次公开募股）和宣传，斯特塔西的股价下跌了 50%，与 2015 年相比处于低水平均衡状态。斯特塔西梦想着自产的 3D 打印机能走进每家每户，但要实现这一目标很难。一方面，惠普打印机等替代产品分走了市场；另一方面，对原型打印的需求也在放缓。[41] 2016 年，惠普、通用电气和西门子通过收购欧洲的主要公司进入打印机市场。华尔街分析师由此认为，斯特塔西也能通过制造用于大规模生产金属零部件的打印机而得到复苏。这一点已有体现：美国刚宣布对中国商品加征关税，斯特塔西的股价就应声飙升。华尔街认为，对中国加征关税能推动美国大规模 3D 打印的发展。[42]

随着越来越多的参与者"逐鹿"大规模 3D 打印领域，竞争必然会促使打印机价格降低，从而解决主要的问题。打印机制造商之间的整合，以及全球对打印机需求的增长，可能会给 3D 打印机制造领域带来进一步的规模经济效应。专家们一致认为，专利到期和后处理需求的减少将进一步促进该行业的发展。3D 打印机厂商目前正在努力满足制造商一直以来的要求：完善机器的过程控制、质量诊断、数据存储以及最终的产品认证所需的生产流程。[43]我们仍需要能跟得上最终产品生产速度的金属打印机和对工业化规模生产很重要的、能传输零部件文件的数字中枢。[44]我们还没走到这一步，但市场前景很广阔。偏爱简洁设计、低碳生活和更低油耗的消费者，以及看到未来机遇的企业，将汇聚成我们前进的动力。

个性化市场

全球供应链与福特 T 型车在发展动力方面没什么不同，同样受标准化和规模经济的驱动。用标准化零部件制造最终产品始终是制造商的"万能药"。首先寻找一名装配工，使生产过程标准化；然后雇用成千上万的工人，每个工人重复各自的那一部分工作，共同生产出大量的产品。这样一来，制造商就可以通过降低产品的单位成本来提高单位利润。生产规模越大，成本就越低，生产商恨不得用 1 个单位成本生产出 100 万件产品。这种旧的运作模式，是 3D 打印在影响全球生产和贸易方面受到质疑的主要原因。是时候升级成大规模定制模式了。

自 20 世纪 80 年代以来，对定制产品的需求一直在增长，而且这种趋势还将继续。2015 年，英国的一项调查表明，36% 的人想要定制产品，48% 的人愿意等待定制产品，20% 的人已经准备好为定制产品多付 20% 的费用。[45] 新兴的消费者，即 16~39 岁的人群，是定制产品的主要目标群体。定制还能带来品牌忠诚度。贝恩咨询公司发现，在网上定制特定公司产品的客户，访问该公司网站的频率更高，停留在页面上的时间更长，也更有可能再次进行购买。[46] 自己设计鞋子的顾客给公司打出的净推荐分数——用来衡量顾客忠诚度——要比购买常规产品的顾客高出一半。

商家已经在回应这些"个性化市场"，发送个性化的数字广告和电子邮件，推出定制汤类、洗发水、化妆品和比萨等一系列消费品。今天，我们拥有定制化最重要的赋能技术：算法。例如，欧莱雅（L'Oreal）正在使用机器学习来帮助女性（或许也有男性）找到与肤色相配的粉底。一台手持分光仪就能解决问题，只需要向购物者脸上发射一束光，就能测出肤色（原理是皮肤对光的反射）。这些信息被输进 App（手机应用程序），再由算法生成适配的粉底。接着，魔法开始了。合适的原料和定制精华液被送进混合器混合，然后被装进一个瓶子里。瓶子上贴有这位购物者的身份证号码，方便下一次进行订购。瞧！她接着可以登录 Function of Beauty（美国一个护发产品定制品牌）的网站做一次个性化的发质测试，选择一种与她的沐浴美学相配的颜色和味道——不到两天就能得到一套定制洗发用品。然后，她还能逛逛在 2017 年完成 IPO 的时尚电商 Stitch Fix，点击喜欢的服装图片，回答几个简短的问题，而且很快就能收到一些个性化的包裹。包裹里装着各类算法认为很适合她的，特别是搭配起来很适合她的裤子、西装、夹克和围巾。随后，她可以再次登录并对发货进行评论，从而帮助算法进步。

那么，运动鞋服、网球拍等体育用品能大规模定制并获利吗？数年来，耐克、戴尔、李维斯等公司都对定制化产品的需求做出了回应，且大多取得了成功。但是，从小规模生产的个性化产品中获利，还是近年来才有的事。这要归功于机器学习和3D打印。由于增材制造技术的出现，无论是生产一款产品的100种不同变体，还是生产100件完全相同的产品，时间和成本都在不断缩减，而且可能在大幅缩减。IBM预测，3D打印成本将在2017—2022年下降79%，在2017—2027年下降92%。到2022年，相较于传统供应链，企业在成本方面具有竞争力的相应产量将下降75%，到2027年将下降98%。[47]换句话说，制造企业通过小规模生产来获取利润正变得完全可能。与福特生产T型车，或者保尔森的父亲手工制造原型的时代相比，企业最小有效规模非常小。

目前，最先适应数字技术的企业已经成功实施了大规模个性化定制。阿迪达斯、香奈儿等公司使用增材制造技术的事实表明，传统的实体店也在寻找更多的方法来个性化它们的产品。问题在于，汽车和白色家电等大件产品的可定制程度如何。宝马、大众等汽车公司已经在使用3D打印机对某些汽车零部件进行个性化，如驾驶舱仪表板和舷窗。宝马、惠普、Carbn和EOD（创办于法国的一家女装品牌商）开发的3D打印技术获得了德国设计委员会颁发的"最佳B2C（企业对消费者）"金奖，这受到了整个行业的瞩目。[48]此外，汽车公司戴姆勒也在使用3D打印机为旗下的公共汽车按需生产内饰。

大规模定制的另一个好处是，增加了产品使用定制材料的可能性，比如让消费者使用环保材料。荷兰的两位设计师已经研发出一种以藻类为基础的聚合物。这种聚合物可以吸收二氧化碳，从而让3D打印的过程无碳化——边生产商品边吸收二氧化碳。[49] 相比之下，普通塑料在生产过程中会释放出大量二氧化碳。这种生物塑料和工艺可以应用到从洗发水瓶到建筑外墙的各个制造领域。你能想象吗？去附近的3D打印商店订购海藻椅，或者用菌丝、马铃薯淀粉和可可豆壳制成的特百惠（Tupperware）系列产品。生物塑料也比合成塑料更容易回收和降解。调查显示，在发达经济体中，绝大多数购物者，尤其是互联网一代，愿意为3D打印的定制化产品和用生物塑料等可持续材料制成的包装支付额外费用。[50] 难怪星巴克等许多品牌正在放弃塑料。洛杉矶一家名叫FinalStraw（美国一家致力于生产一次性塑料替代品的公司）的公司已经在用硅和钢制造可折叠、可重复使用的3D打印吸管，截至2018年年底，其总营收接近500万美元。[51]

毫无疑问，香奈儿也是生物塑料刷的拥趸。但它究竟会在哪里打印这些刷子呢？3D打印和机器人技术是如何改变生产地点的？

令人难以置信的供应链萎缩

琼·狄迪恩在《我来自何方》（Where I Was From）一书中描述了20世纪80年代加利福尼亚州黄金时代的终结——航空公司迁去了南方和华盛顿特区。[52] 南方的吸引力在于低租金、低税收，以及少有工会维权的廉价劳力。20世纪90年代，美国学者开始解释这种产业向底特律、达拉斯等特定区域聚集的现象。他们认为，在一个产业集群中，如果很多公司集中在同一地区，生产成本就会下降。毕竟和同行聚在一起，企业能更方便地发掘行业人才，更广泛地连接供应商和获得投入，更及时地觉察最新的行业技术和理念，还能挖一挖隔壁公司的"墙角"。跳槽的员工就像蜜蜂一样，从业绩不佳的公司流动到业绩良好的公司，将思想和信息带给不同的公司，为这个行业注入活力。（听上去像硅谷，是不是？其实，全盛时期的底特律、日久年深的好莱坞和"包办世界"的华盛顿政府也是如此。）保罗·克鲁格曼在其经典的"集聚经济"理论中提出，供应商进驻这些区域中心，与所在行业的最终产品制造商成为邻居，会进一步降低成本。这不仅能使零部件的贸易成本几乎降到零，而且能使两家公司的生产率都获得提高。[53]

随着时间的推移，各家公司的专业化程度越来越高，并共同创造了新的生产力增长。如果劳动力成本和税收上涨太多，整个行业就会迁去一个新地方——例如，航空制造业从加利福尼亚州迁至美国南部，电子制造业从日本迁至"亚洲四小龙"。然而令人惊讶的是，这种集聚会持续很长时间：产业在一个地方扎下了根，就没有"心情"再次迁移了。其中一个原因是迁移的成本相对较高——毕竟，从业人员在当地有房子，有亲朋好友和潜在的雇主，他们的孩子和配偶也在当地上学或工作。要想让他们离开，那得下很大本钱。

不过，当时有两件事促使企业开始重新思考生产地点的问题：一是互联网，它使信息和知识得以广泛传播；二是贸易成本的降低，它使远距离运输更具成本效益。

随着各国海关的自由化和现代化，以及航运效率的提高，世界高收入国家的贸易成本在1996—2008年下降了15%，中高收入国家的贸易成本在1990—2010年下降了将近10%。[54]历史的车轮滚滚向前，企业与企业之间、企业与特定的工人和供应商之间的共存需求渐渐减少了：它们现在可以在中国或墨西哥找到工人，在全球各地找到供应商，还可以在各个市场之间经济地运送货物。当时的经济学家发现，企业是根据贸易成本来优化生产的：既然向中国运送零部件和从中国运出最终产品，都达不到在中国使用廉价劳动力生产产品的目的，那么为什么不在中国生产呢？在北美自由贸易协定（NAFTA）签订之初，贸易经济学家戈登·汉森就指出，更好的运输系统和贸易自由化使企业放宽了交易行为的成本约束，从而使墨西哥北部边境的生产设施得到了改善。[55]

贸易成本的下降，再加上使企业能够远程协调和监管生产的IT革命，激活了全球化的超级周期——一个关于外包、离岸外包、全球供应链以及寻找廉价劳动力的超级周期。

在这个超级周期中，3D打印和机器人技术将缓解企业对世界各地低成本供应商和发展中国家低成本劳动力的需求：3D打印和智能机器人技术的结合将再次瓦解企业的区位决策。

机器人出现很长时间了，也做好了工作的准备，但每台售价20万美元，难与人力成本相抗衡。如今，情况正在发生变化：一些最新一代的机器人，每台成本只有2.5万美元。[56]与上一代机器人相比，它们具有更大的灵活性和更强的操控力，能更好地在非结构化环境中自由转动。它们不需要接受面试、签订合同或给予医疗保险，只要设定好程序，一天之内就可以开始工作，每周7天，每天24小时，用不着休息，也不会抱怨。它们像钢琴演奏家一样努力练习，行动愈加敏捷；但不像艺术家那样反复无常，反而愈加遵从安全措施的指引。随着微纳米材料在制造业的广泛应用，如生产防刮眼镜、防裂涂料、防涂鸦涂层、防污织物和自清洁窗户，这些机器人也能被用于纳米级的生产制造。

3D打印生产零部件的能力在增强，机器人组装复杂最终产品的能力也在增强，这促使制约制造商发展的因素也发生了改变。他们不需要再去世界各地寻找廉价劳动力，只要在公司内部就可以完成设计、获取零部件和组装产品。这并不一定意味着美国生产企业的大规模回流或者亚洲制造业的终结，而是预示了零部件和劳动力这两项成本制约的消失：在其他条件不变的情况下，零部件的生产、组装和需求可以更多地集聚于一处。

问题是，集聚在哪里呢？

我们会下意识地回答，靠近顾客，以便提升响应力和最小化商品的运输成本。许多研究该问题的学术论文给出的答案正是如此，行业调查结果也是如此。[57]如果这些预测成立，我们应该会看到世界各大城市的制造工厂如雨后春笋般地出现。那么，企业会决定在各大城市附近建设生产设施，还是会专注于少数基地，从而为更广阔地区甚至一些小国家提供产品呢？

最终的选择将取决于多种变量，如地方税、办公室租赁和房地产成本、运输成本。当然，制约因素因行业和公司而异，企业主也很可能因为自己的孩子喜欢现在的学校而不愿离开。但最大的变量还是运输成本。在自动化增材制造的时代，问题变成了，你是愿意在税收负担较轻的内华达州建造使用3D打印和机器人技术的汽车厂，并从那里运送汽车，还是愿意在税收负担较重但跻身全球最大汽车市场的南加州建厂？

答案可能取决于从内华达州至洛杉矶县的运输成本。如果运输成本是影响选择的主因，那么结果显而易见：如果运输成本为零，不考虑劳动力成本，企业可能会希望集聚；如果运输成本涉及最终产品的销售，不考虑劳动力成本，企业则可能会在销售地进行生产。或者，它们可以把生产外包给专业的增材制造公司。

3D打印对全球供应链的总运输成本有什么影响？德国的一个研究小组模拟了308种不同的行业，得出了以下结论：从工厂到消费终端，从原材料供应商到工厂，产品运输总里程和总成本的降幅可能都高达30%（因为3D打印减少了对原材料的浪费）。[58]不过，该结论也有值得注意的地方。举例来说，这些影响取决于企业在制造产品时距离消费者有多近：如果生产基地持续引进增材制造技术，那么虽然供应链的总运输成本会降低，但产品从工厂到消费终端的分摊成本却会相应增加；[59]如果生产在经济层面能够适应分散管理的微制造，那么靠近消费者建立新的生产单元就成为可能，总运输成本也会降低。相较于材料投入量与产品自身质量之比较低的生产方式，分散型网络的灵活性和收益率更高。材料投入量与产品自身质量之比代表了生产过程中的材料使用效率。换句话说，在高效行业中，企业更有可能把生产放在消费者附近。

退一步说，无论在哪种情况下，你都会发现各国的劳动力成本差异和规模经济的机遇无法再决定生产地点和消费地点了。这就是30年来我们所熟识的全球化范式的转变：它与全球供应链无关，而和本土化生产有关。倘若这种转变属实，我们就应该会看到圣保罗、芝加哥、曼谷等大城市附近涌现出与城市规模相适应的生产单位，以及零部件贸易乃至最终产品贸易的萎缩。

事实上，清晰的模式还未出现，原因包括以下几点：企业的区位选择受到诸多变量影响；投资3D打印和机器人工厂需要时间；企业在采用3D打印技术时不可能冒进，放弃所有的传统生产方式；每个行业都各有不同，很难一概而论。但增材制造和机器人技术确实创造了一种不断发展的趋势,即生产的本土化和小批量化——这种趋势在经济层面的吸引力越来越强,足以使它成为范式改变者,就像当年外包和离岸外包改变全球化一样。东亚、欧洲和北美的集聚性区域生产中心将让位给一幅更加丰富多彩的全球制造业蓝图。

对美国贸易逆差来说,这意味着什么

假以时日,痴迷于消除美国贸易赤字的特朗普政府会将增材制造视为解决方案吗?几乎所有的经济学家,包括我在内,都认为将贸易差额当作贸易成功与否和我们幸福与否的衡量标准是错误的。但这个问题很有意思。举例来说,美国能不能停止从墨西哥和中国进口产品,只在国内进行 3D 打印和组装呢?

不太可能。美国的贸易逆差主要集中在最终产品而不是零部件上。因此,由全球 3D 打印导致的中间产品贸易减少,实际上可能削减美国的中间产品出口,从而扩大贸易逆差。例如,在 2017 年的中美贸易中,美国出口到中国的中间产品约为 220 亿美元,但从中国进口的中间产品达到 360 亿美元。与此同时,美国出口到中国的最终消费品"只有" 240 亿美元,从中国进口的最终消费品却高达 2 270 亿美元,几乎是出口贸易的 10 倍。美国对墨西哥的中间产品出口顺差达 220 亿美元,这些中间产品包括机动车零部件、石油和煤炭产品、电脑设备、半导体等其他电子元器件,以及基础化学物。但同时,美国会从墨西哥进口主要由这些零部件制成的最终产品,如汽车、电脑、电视、音响和通信设备。[60] 和美国相比,墨西哥在消费及资本产品方面顺差较大,但在中间产品方面却是逆差。

增加国内最终产品的产量，有可能缩小美国的贸易逆差。然而，即使所有消费品都在美国国内生产，因为3D打印和机器人技术的出现，美国的工作岗位也不会增加。全美制造业协会（NAM）预计，美国制造业将在2018—2027年新增350万个工作岗位。但该协会的主席杰伊·蒂蒙斯解释说，这些岗位需要的是能掌握最新技术的技师，如软件工程师、数据科学家等。[61]

要想缩小美国的贸易逆差，还得靠服务出口。多年来，美国在服务贸易方面一直保持顺差，无疑是世界上最大的服务出口国。2016年，美国的服务出口额是中国的四倍、印度的五倍。技术能进一步增强美国在服务业的优势。

服务的拆分

1776年，亚当·斯密参观了一家别针工厂。他发现，生产别针需要18个工种，如果工人专门从事其中一种，而不是独自生产整个别针，那么每个工人的产量将是原来的24倍，从每天20个增加到每天4 800个。[62]这种专业化如今正出现在全世界的服务行业中，蕴藏着巨大的提效潜力。

自20世纪90年代以来，企业已将非核心服务，如法律、金融、人力资源、广告、咨询、业务流程、IT、会计、医疗、旅游、建筑服务、软件开发和维护等，外包给国内外的供应商。全球服务贸易在过去15年增长了两倍，印度、美国、菲律宾、东欧和哥斯达黎加成了服务中心。有些服务是当面提供的，例如，美国人可以去印度做髋关节手术。但"任务贸易"之所以增长，最简单的原因还是互联网。互联网使供应商更容易发现需求并与之取得联系，它使服务的交付数字化，从而可以更容易地提供远程、有效的服务。此外，一些工具也发挥了作用，如多宝箱（DropBox，一款网络文件同步工具）等应用可以让用户安全地在线共享各种文件。目前，美国超过60%的服务都可以通过数字方式提供。我们不知道，贸易数据也显示不出，律师、建筑师或贷款人最终如何提供法律、建筑或金融服务，但我们知道这些行业对文件、图像、图纸、货币等数字传输高度敏感——这类服务可以"实现数字交付"。

21世纪初，"任务贸易"的增长在美国引发了"至少有300万个白领工作岗位会流向印度等发展中经济体"的担忧。实际上，服务贸易仍是有限的，因为大公司希望把大多数服务留在国内，以便更容易协调。企业特别希望在内部开展工作，包括高水平的信息沟通和面对面交流，如销售、协作、谈判、创新、解决复杂问题和创造性思维。为了支持软技能信息工作者，海外外包的信息处理过程更加标准化。[63] 正如集聚经济学著作所预期的那样，外包供应商通常会在客户附近提供高附加值服务。举例来说，巴西拥有世界第二大的通用航空业，其圣若泽杜斯坎普斯科技园区的航空航天集群已经发展到90家企业的规模，其中包含18家服务企业。它们可以互相分享知识、共同开发新产品和完善生产流程。配套服务集群在产品非标准化的研发密集型制造商中尤为突出。这类企业也更倾向于将离岸外包的服务转回国内。[64]

但现在情况正在发生变化：如果说全球制造业在复苏，那么服务业就是在拆分。贸易数据表明，作为世界贸易和新兴市场贸易的一部分，知识密集型商业服务增长特别迅速。知识密集型商业服务贸易的范围相当广泛，只有投入密集的技术和/或人力资本，才能为其他企业提供服务。

例如，知识密集型商业服务在阿根廷出口中的占比，从2005—2007年的5%增长到2015—2017年的8%以上，将服务出口占总出口的份额从14%提高到了18%。[65]与此同时，巴西的知识密集型商业服务出口也从6%增长到近9%，占巴西服务出口的3/4。发展中国家的计算机和信息服务——知识密集型商业服务的一个子类——出口增长尤为迅速：2000—2013年，发展中经济体增长了22%，转型经济体增长了35%，拉丁美洲增长了22%。[66]

云计算是服务拆分的一个关键动力，它为B2B（企业对企业）教育、金融、物流、商业等服务提供了新的机会。例如，印度软件公司Freshdesk（现更名为Freshworks）通过云计算帮助了思科、本田、3M等全球20万家公司提供更好的客户体验，已经从2010年的2名员工发展到如今900名员工的规模。[67]2016年在西雅图设立办公室的巴西公司Samba Tech（一家提供在线视频服务的公司）创建了一个企业分享平台。在这里，CEO（首席执行官）和主管可以录制视频，并和企业内部拥有该平台电子邮件账号的人进行分享。[68]南美航空（LATAM Airlines）、微软、IBM等大公司都在使用这一功能。智利公司Mediastream（一家流媒体公司）帮助西班牙对外银行（BBVA）、墨西哥跨国公司Claro等进行视频内容的创建、发布和分类，并将其提供给全球7 000多万名用户。[69]阿根廷的"独角兽"公司Despegar（一家提供在线旅游服务的公司）帮助拉丁美洲旅行者在线预订机票和酒店，就像Orbitz（美国领先的在线旅游服务提供商）帮助美国旅行者一样。墨西哥公司Softek（一家专注于条形码读取技术的软件公司）为《财富》100强企业提供省钱的小众市场IT解决方案，如飞机行业或传媒行业。[70]

由于经济学家将汽车、食品加工、航空航天、制造业、农业等领域的传统制造业也称为"服务",市场对服务供应商的需求也在增长。许多制造业和农业领域的公司,无论是投入还是产出,现在都离不开服务。制造商和农民正在雇用数学家、计算机科学家、IT 经理、环境经理和懂得人工智能的气象学家。服务外包尤其可以给类似阿根廷这样的国家带来好处。这些国家的贸易成本居高不下,但拥有一批精通数字技术的企业,能够以低于发达经济体企业的费用提供高质量的服务。各国政府认识到,服务企业的活力对各个经济领域——特别是制造业和公共部门本身——以及出口机会的增加至关重要。例如,在全球第三大 IT 服务外包中心墨西哥,由政府支持、投资 2.5 亿美元的"促进软件产业发展项目"已经推动 700 多家服务企业为传统制造业和生物技术等新兴行业提供服务,并将服务出口到跨国公司和外资企业。

虽然还需要更多数据才能了解这些大类里的具体服务,但知识密集型商业服务的增长说明,企业不再将标准化服务和新兴市场割裂开来,而是越来越多地借助新兴市场公司完成更加复杂的任务,如软件咨询、市场调查、民意调查、数据科学等。

推动服务拆分的另一个因素是 Freelancer(全球领先的外包服务平台)、Upwork(全球综合类外包平台)等在线工作平台的激增。这使得各种规模的企业都能有效地审查和雇用服务供应商。网页设计、编码、搜索引擎优化、设计、翻译、市场营销、会计等 2 700 多种职业的专业人员在乌克兰、中国、印度、菲律宾、巴基斯坦、孟加拉国、肯尼亚、阿根廷等国使用这些平台为全球客户提供服务。每年,仅在这些平台上寻找工作或人才的用户就接近 4 000 万。乌拉圭公司 Codigo Del Sur(移动应用程序开发公司)在 Upwork 上承包了 150 多个项目，服务对象包括总部在美国、拥有 2 亿多用户的约会应用软件 Skout，以及受欢迎的健康创业公司 Kindara。[71] 该公司从 2008 年的 2 名员工发展到 2016 年的 48 名员工，工作时间超过 5 万小时，收入超过 100 万美元。[72]

本土工作平台也在启动：阿根廷的 Workana 成为连接 40 万名拉丁美洲自由职业者与寻找兼职远程员工的小型企业的桥梁。与此同时，平台也在分化。例如，Toptal 为摩根大通等跨国企业带去了经验丰富、能力卓越的自由职业者。麦肯锡预计，到 2025 年，服务类就业平台的从业者将达到 5.4 亿。[73]

服务拆分加剧了全球的劳动分工，促进了企业专业化，专业化有助于增加产量。亚当·斯密参观过的别针厂已经说明了这一点。人才是墨西哥、阿根廷等国在知识密集型服务出口方面遇到的主要瓶颈。美洲开发银行的经济学家卡门·帕格斯和格雷西安娜·鲁奇带领的团队通过研究领英的数百万数据，比较了拉丁美洲国家的技能工人和人力资源经理青睐的软件开发人员、创造设计师、商业分析师和社交媒体顾问等顶尖人才的差距。[74] 他们发现，拉丁美洲工人的技能水平明显比美国工人低。这使得他们（如阿根廷人）很难从 IT 顾问、会计等衰退行业转向朝阳行业。换句话说，美国人拥有更高、更可转移的技能，因此也能更好地承受数字化世界经济里的市场动荡。这巩固了美国作为超级服务出口国的优势。

结论

20 世纪的全球化的表现形式，也就是全球供应链正从内部被反转。在产品方面，3D 打印和机器人技术正在帮助企业重新分工，并摆脱劳动力相对成本、供应商质量、标准化和规模经济的制约。生产的经济学正在改变：企业完全能从小规模的按需定制中获利。贸易成本将逐渐被降低：企业现在拥有由软件驱动的供应链，而且只要一台电脑和一台 3D 打印机就能办到。它将取代容易受到贸易摩擦、自然灾害、运输成本和不良供应商影响的实体供应链。贸易不会结束，但其构成将发生变化——粮食、原材料以及经数字化设计和个性化定制的最终产品会越来越多。

服务贸易的走向则恰恰相反：企业把服务分拆给了国内外的服务提供商，这将加剧全球分工。新时代下，全球化可以更高效地运行。正如别针工厂的表现一样，厂家能提高生产率，终端消费者能以更优惠的价格获得更多的产品和服务，而专业供应商则能直接参与国际竞争，从而进一步专业化，孵化出全新的产业。

第 3 章

世界贸易的"撒手锏"

第3章 世界贸易的"撒手锏"

2005年，墨西哥托卢卡市一家生产定制USB（通用串行总线）驱动器并提供驱动服务的实体公司Urmex还在通过传单和电话推销产品。不久后，其创始人决定试试在线引流。Urmex针对墨西哥城的客户投入了10美元在线广告。接着，该公司利用谷歌广告关键字（Google AdWords）、优兔（YouTube，美国一家知名视频网站）和推特在墨西哥和拉丁美洲其他地区进行了更多在线促销活动，同时在电子商务平台美客多和阿里巴巴上进行销售，很快获得了回报。到2012年，面向秘鲁、哥伦比亚、智利、巴西等拉丁美洲市场以及可口可乐、惠普、宝马、敦豪快递（DHL）等公司的在线销售占到了Urmex总利润的60%。

Urmex的故事只是全球数以百万计正在上演的故事之一。它是世界贸易革命的缩影：规模再小的企业，只要在世界性的电子商务平台上开店，就能从多个市场获得全球客户，而不用像实体店那样，要预先投入各种费用。这颠覆了长期以来的传统观念，即小企业无法从事出口业务，因为只有付出高昂的固定成本才能找到全球客户。电子商务正在改变世界贸易的面貌，随之改变的还有企业的发展前景和全球的经济版图。

人人都是出口商

2008—2009年国际金融危机后的7年，世界贸易跌至谷底。贸易年增长率一直保持在3%以下，2016年更是成了少有的贸易增速低于世界经济增速的几个年份之一。然而，在这种萧条景象下，还隐藏着一个令人震惊的增长趋势——跨境电商的爆炸性增长，尽管它在世界贸易中的占比很小。全球的B2C（企业对消费者）电子商务正以每年近30%的速度增长。到2020年，B2C电子商务将占到所有B2C交易的近30%，这一数据在2014年只有15%。

在美国、英国、中国等发达的电子商务市场，在线销售已经占到零售总额的1/5左右。仅在美国，在线交易总额就从2006年的3万亿美元增长到2013年的6万亿美元，相当于美国经济总量的1/3。中国是世界最大的在线市场，拥有7亿网民，几乎是美国和日本网民总和的两倍。中国电子商务在零售中的占比从2010年的3%飙升至2017年的近21%。在一定程度上，这是因为中国的互联网普及率在此期间迅速增长，实体零售的基础设施也比欧洲或美国更发达，企业无须再为在线渠道重新调整线下系统。它们生来就具备数字化属性。

跨境贸易发展迅速。在亚太地区、欧洲和美国，多达40%的电子商务是跨境完成的。虽然中国在美国和欧洲市场是无可争议的电子商务出口之王，但美国和英国之间也存在大量的电子商务贸易：70%的英国在线购物者使用美国电子商务网站，49%的美国在线购物者使用英国电子商务网站。[1]全球电子商务中最具爆炸性的增长并非在于集装箱式的大宗交易，而是包裹式的、100美元以下的低价商品交易，如二手跑鞋、机器零部件等。2011—2015年，低价商品贸易增速是世界贸易增速的10倍。[2]

世界贸易是零售及交易数字化的最大受益者。对大多数公司来说，向其他国家出口商品或服务，真是"蜀道难，难于上青天"。东亚和撒哈拉以南非洲地区只有10%的企业从事出口业务，该数据在拉丁美洲是13%，在美国是5%。全球绝大多数公司是雇员不足250人的小企业，绝大多数小企业只在国内市场进行销售。

那些从事出口业务的公司往往也是零零散散、各自为战——定期出口，通常只面向一两个国外市场。大多数公司的出口业务并不长久：70%以上的公司在一年后就不再出口了。

对一些出口企业来说，出口是一笔大买卖。例如，在撒哈拉以南非洲地区，大约50%的出口企业源自出口业务。然而，对一个国家来说，即使把所有小企业的出口都加在一起，也不算什么。事实上，真正左右国家出口的只是少数几家"超级明星"式的大企业，如通用电气、波音、巴西航空工业公司（Embraer）、三星、索尼等，这些企业拥有走向全球、削减成本以参与竞争的人力、财力和规模。就大多数国家而言，5%的最大出口商创造了80%以上的出口。换句话说，每当谈起世界贸易时，它们总是最先出现在人们的脑海里。在智利，超过90%的出口来自前5%的最大出口商（大部分都与智利铜业有关）——也就是说，剩下的95%的智利出口商只创造了不到10%的出口份额。[3] 长期以来，贸易一直呈现出少数大公司独占鳌头、绝大多数小企业无人问津的"长尾"态势。

这些为数不多的出口公司有什么共同点呢？研究表明，它们相当出色：通常比非出口公司规模更大、生产率更高。达特茅斯学院的安德鲁·伯纳德团队就此发表了一系列颇具影响力的论文。他们发现，出口公司在多个方面领跑市场。比起只面向国内市场的中小型企业，开展出口业务的中小型企业雇用的工人更多，薪资水平、技术密集程度、销量以及劳动生产率更高。[4] 我在拉丁美洲商业计量研究中发现的公司等级秩序，与伯纳德团队在美国发现的如出一辙：进口公司的表现优于非进口公司，出口公司的表现优于非出口公司和进口公司，而双向贸易商，即进出口公司，比出口公司或进口公司生产率更高。[5] 此外，出口公司的产品种类也比非出口公司更丰富。其他研究也表明，那些在海外投资的公司，也就是那些在国际化进程中承担巨大沉没成本的公司，其生产率最高。[6]

2003年，哈佛大学的马克·梅里兹试图弄清这一规律的原因——为什么出口公司比非出口公司的生产率更高。他认为，出口公司的起跑线更靠前。[7] 换句话说，主动开展出口业务的都是"精英"公司——那些落后的公司在世界市场的动荡中根本无法生存，甚至连尝试的机会都没有。梅里兹认为，生产率更高的出口公司开始开展出口业务时，能做到非出口公司做不到的一件事，那就是支付高昂的沉没成本，如寻找外国客户、签订合同、调整产品以符合国外产品标准、履行贸易协定等产生的成本。大公司当然比小公司更容易处理这些事务：出口初期的固定成本占大公司收益的比例很小，但对一家只有10名雇员的企业来说，这个比例往往大得惊人。而且，固定成本还会随着新产品的出口而增加。这就是为什么好公司不仅从事出口业务，而且出口的产品种类更多。这也意味着，即使小型出口企业确实存在，也必须具备很高的生产率，同时拥有特别勇敢、愿意在国际市场碰碰运气的企业领袖。

如今，电子商务正在打破这些所谓的国际贸易"铁律"。

在美国企业中，从事出口业务的占5%；在美国制造商中，从事出口业务的约占20%。但在易贝上开店的小微企业，从事出口业务的多达97%——平均面向28个市场，而美国实体出口公司通常只面向墨西哥或加拿大。此外，比起线下出口企业，线上出口企业的存续性更强：即使是最小的公司，5年后仍从事出口业务的也占到54%。[8]

全世界都是如此。泰国只有约5%的实体公司从事出口业务，出口收益占到公司收益的56%。与此同时，泰国易贝卖家100%从事出口业务，出口收益占易贝收益的98%。每个网上卖家平均拥有的出口市场数量令人震惊：泰国卖家为46个，韩国卖家为56个，中国卖家为63个，而发展中国家的实体出口公司平均只拥有2.6个市场。[9]同样，在阿里巴巴上开店的中国中小微企业拥有多达98个出口市场，销售的产品种类也比线下同行更多。[10]换句话说，数据表明，电子商务正在帮助小卖家成为微型跨国公司。在此过程中，我们熟知的与国际贸易公司相关的所有数据都发生了翻天覆地的变化。电子商务是小企业贸易的"撒手锏"。

电子商务尤其适用于发展中国家。我查看了美国国际开发署一份报告里的全球网络平台交易数据，发现在小的发展中国家，在平台上从事出口业务的卖家达到90%~100%，其中90%的卖家拥有10个以上出口市场，出口收益平均占到平台销售额的96%。[11]而在发达国家，在平台上从事出口业务的卖家约占70%，其中约50%的卖家拥有10个以上出口市场，出口收益平均占到平台销售额的50%~60%。换句话说，就扩大出口而言，平台对发达国家企业非常重要，但对发展中国家企业非常有用。

发展中国家企业在平台上的销售也并非偶然的小交易。发展中国家，尤其是中等收入国家的公司，其平台出口销售额往往与发达国家不相上下。

现如今，对小企业来说，找到全球客户并发展壮大的最佳途径是登录易贝、TradeKey（全球著名的 B2B 平台）或阿里巴巴等全球性平台。这些平台拥有数量庞大的买家——截至 2017 年年底，仅易贝上就有 1.7 亿个买家。平台之于小商家，就像温室之于植物，可以系统地培育适应国内贸易尤其是国际贸易的环境。在全球性平台以外，线上企业和线下企业之间的差异也很明显，比如，那些自身拥有在线商店或在拉丁美洲的美客多或东南亚的的来赞达（Lazada，现为阿里巴巴集团旗下公司）等区域性平台上开店的企业。2017 年，我的公司随机抽查了加纳、肯尼亚、智利、哥伦比亚、孟加拉国、巴西等 16 个发展中经济体的 3 500 家企业，发现相较于小企业或没有在线销售能力的企业，具有在线销售能力的企业的出口可能性提高了两倍。[12] 在未上线小企业中，从事出口业务的只有 20%；在上线小企业中，从事出口业务的超过了 60%。在未上线大公司中，从事出口业务的不到 30%；在上线大公司中，从事出口业务的接近 90%。而且，这些小企业或大公司并不只是偶尔从事出口业务：它们的收益有 26% 来自出口，且其中超过 60% 拥有 3 个以上出口市场。

你可能会问，线上出口公司是在未上线之前就开始从事出口业务的，还是上线之后才转而从事出口业务的？这两种观点均有调查数据支持。中美洲、东南亚和中东的数据表明，40%~50% 的线上卖家在上线后才开始从事出口业务。在线销售带来的最重要影响就是出口的变化。在一项对拉丁美洲公司的调查中，我们发现，2/3 的公司在上线后获得了全新的客户——换句话说，在线销售能使公司获得它们没有接触过的外国买家。[13]

电子商务也能使企业进入全球的供应及进口超级市场。波士顿咨询集团的一项研究表明，经常使用互联网的公司从全球市场上进口产品和服务的可能性，比不使用互联网的公司高69%。[14]在拉丁美洲，小国家的企业很少能在国内找到高品质的资源供应，而互联网可以帮助它们从国际市场上获取零部件。在从事在线采购的拉丁美洲公司中，85%也会开展出口业务，而在未从事在线采购的公司中，只有58%会开展出口业务。反过来，开展进口业务的公司也倾向于双向贸易——80%的在线公司在开展进口业务的同时也开展出口业务，可能正是因为从国外进口零部件和服务，它们在全球市场上开展出口业务更具效率和竞争力。

如果说以前的企业需要有一定规模才能开展贸易，那么在电子商务时代，能让企业扩大规模的恰恰是贸易。这到底是什么样的魔法呢？

新贸易经济学

1962年，荷兰经济学家简·丁伯根率先将此后备受贸易经济学家追捧的引力模型应用于国际贸易。该模型将国与国之间的贸易量表示为GDP和距离的函数关系。因此，邻近大国之间的贸易量远远超过远距离小国之间的贸易量。根据经验，企业之间开展贸易的一大阻碍就是距离。德国与法国相邻，它们之间的贸易量也是德国与巴西之间贸易量的10倍。巴西的经济规模与法国相当，但距离德国比法国要远5 850英里。然而，当经济学家分析在线贸易时，发现距离的影响力要小得多，互联网极大地缩短了地理距离。几个世纪以来，遥远的距离不仅使买卖双方失去了可见性、信任和贸易，也使小企业寻找外国客户的成本变得高昂。

电子商务使买家能够在线找到全世界卖家的产品，从而降低了卖家进入全球市场的门槛。现如今，希望寻找巴西客户的小企业主不必再花钱出差，坐在那里无休止地谈判，尝试学点儿葡萄牙语，或者为买家是否愿意付钱而辗转难眠。相反，他可以把产品放到网上，让圣保罗的顾客立刻看到，通过分析访问流量找出最佳客户群，不断准确及时地将商品发送到每一位顾客手里，从而获得全球卖家认证。他还可以在优兔等全球性平台上做广告，这比在线下做同样的广告要便宜得多。举个有趣的例子。犹他州一家名叫 Blendtec（美国一家厨房电器公司）的拥有 300 名员工的公司在优兔上开设了"它能搅拌吗"视频专栏。在第一批上传的视频中，一个记录了 Blendtec 高端搅拌机粉碎一台 iPad 的视频在世界范围内获得了 1.35 亿点击量，该公司的全球零售额在 2007 年增长了 500%。

在线卖家有时会被描述为"偶然出口商"，它们从事出口业务不是因为自身的努力，而是在被国外买家发现后才开始向海外销售。这并不完全准确：企业主之所以进入主要电子商务平台，是因为他们知道一个全球性的平台有助于他们面向世界各地的买家并通过表现赢得买家。毕竟，平台的星级评价系统和顾客评论会立即向潜在买家传递卖家的信息，而在线下还需要时间进行沟通——如产品质量是否确实上乘，卖家是否及时发货等。

例如，韩国买家若想考察阿根廷红酒卖家的诚信，可以借鉴一些在网上有影响力的消费者和其他购买者的意见，而不是根据国家形象等间接信息来揣测，从而减少对阿根廷卖家的偏见。这种口碑在很多行业都能起到说服买家的作用。在一项自然实验中，经济学家团队对易贝上拥有买家评论的资深卖家和没有任何买家反馈的新卖家进行了比较。[15] 前者的销量比后者高出 8%。收藏型轻巡洋舰等产品的销售并不受卖家评级系统的影响。[16]但总体来说,卖家评级吸引了买家购买,提高了产品价值。

在某些方面,电子商务的功能与海外移民数世纪以来为贸易所做的事情类似。加州大学圣迭戈分校的经济学家吉姆·劳赫和维托尔·特林达德合作提出了一个著名论断,即海外华人促进了贸易——拥有大量华人的国家之间的贸易远远超过预期。[17]他们认为,华人共享跨国商业和社交网络,协助匹配不同国家的买家和卖家,并通过告知买家卖家信誉的方式为双方降低信息成本,通过把不履行合同义务的买家和卖家逐出网络的方式防止机会主义行为。如今,这些对贸易至关重要的工作由Etsy(一个主要销售手工工艺品的网络商店平台)、易贝等全球在线平台完成。而且,你也不必非得精通中文才能完成销售、获得认证。计量经济学研究表明,与传统的线下贸易相比,买卖双方拥有共同语言对线上贸易来说并不那么重要——在线交易涉及的交谈和签约很少。[18]

增长"魔法"

电子商务能够消除距离,使企业转而从事出口业务。但随之而来的,也许还有更好的结果:商业增长和经济进步。

小企业的发展至关重要:小企业雇用了大多数经济体90%以上的劳动力。尽管许多研究一致认为,好的公司才会从事出口业务,但此后的研究也发现,出口本身能使公司变得更好。相较于非出口公司,出口公司拥有更高的收益和更大的生产率增长。例如,1997年一项关于德国出口公司的研究表明,在出口开始后一年内,出口公司的劳动生产率比非出口公司高出 7%。[19] 一项对哥伦比亚公司的研究也表明，出口公司在进入出口市场的 5 年内，年劳动生产率增速要比非出口公司快 1.5%。[20] 对意大利、英国、加拿大、中国和撒哈拉以南非洲地区公司的研究也得出了类似结果。[21] 2012 年，美国国际贸易委员会指出，在美国中小型制造企业中，出口企业增加了 37%，非出口企业则减少了 7%——据推断，这是因为，虽然美国遭遇的经济灾难比大多数新兴市场更严重，但其出口公司受国内经济的影响较小。[22] 我对拉丁美洲的出口公司进行了一项严密的计量学经济研究，结果发现，在同一行业相等规模的公司中，出口公司在关键商业指标上的表现均优于非出口公司：销售量和工人增加值高出 50%，薪资水平高出 40%，技能水平高出近 10%。[23]

出口至少在五个方面能让企业变得更好。第一，出口公司可以边实践边学习：它们从国际买家、分销商和竞争对手那里获取新信息，发现新市场机会，改进管理决策。[24] 第二，出口可以促使企业创新并增加研发投资，因为出口公司需要改善产品和流程，以满足客户需求和应对竞争压力。[25] 第三，出口公司可以在不同的国际市场上实现收益多元化，这通常能降低公司的销售波动性和遭遇低迷市场时的易损性。第四，面向国际市场销售提高了企业的产能利用率，降低了企业的平均成本，从而帮助企业扩大了规模。第五，出口公司通常面临激烈的国际竞争，为了在全球市场上生存，它们必须持续提高效率。

在线卖家表现更好的另一个原因是，它们也经常进行在线采购。在网上，它们能快速浏览各种产品，寻找能节省成本的最佳交易——这转而促使它们向客户提供更优惠的价格，从而更具竞争力。[26] 对于国内供应有限的发展中国家企业来说，进口特别关键。通过电子商务，它们能发现合适的供应商，并选出其中的佼佼者。

无论促使公司变好的是贸易的哪种因果机制，它最终都见证了公司业务的增长。这种增长转而又会产生许多可能的结果：随着业务的增长，企业主可以赚取更多利润，雇用更多工人，也许还能把孩子送去好的学校，让他们成为高收入的知识型员工，创立自己的企业或得到高薪工作。创业者改变了自己和家人的生活，并在此过程中为国家和全球的经济增长做出了贡献。

对出口企业和在线卖家来说，如果其所在国实行贸易自由化并允许更多进口，那么它们会更好。为什么？因为当政府放开进口时，有竞争力的高生产率企业会扩张，低生产率企业难以与效率更高的外国企业竞争，进口就会萎缩甚至消失。这听起来很刺耳，但却能使经济更快地增长，让消费者更省钱：在同一个行业内，工人、投资等资源会向扩张中的高生产率公司转移，促使该行业提高生产率，进而振兴经济的各个方面，也就是增加经济的平均成功率。2002年，达特茅斯学院的经济学家妮娜·帕维克里克指出，智利在20世纪70年代末80年代初实行贸易自由化后，生产率提高了19%，其中约2/3要归功于高生产率公司的存在和扩张。[27]这就是自由贸易的魅力所在：它能促使经济长期增长，因为经济向贸易开放后，会持续产生筛选和分类效应。

毫不夸张地说，电子商务在帮助企业开展出口业务的同时，也提高了企业的生产率，推动了经济增长。调查数据显示，在线卖家确实增长更快。例如，拉丁美洲"南锥体"地区公司的增长率往往较高：超过40%的在线买卖公司每年以10%或更快的速度增长。与此同时，只有28%的线下公司以同样的速度增长。[28]世界银行发现，拥有在线业务公司的劳动生产率几乎是没有在线业务公司的四倍，而那些拥有在线商店的公司的生产率更高。例如，在其他条件相同的情况下，相较于使用互联网但不从事在线销售业务的越南公司,越南在线卖家的劳动生产率高出 50%,总生产率增长率高出 75%。[29] 换句话说,刺激增长的不仅仅是在线,还有在线销售。由此可见,很大一部分在线卖家已经进入了在线销售、贸易和增长的良性循环。

创建"生态系统"

如果你今天种下一棵苹果树,3~6 年后就会收获第一颗苹果。电子商务市场也是如此:完成第一笔交易,广而告之,消费者学会信任新渠道,大规模网上交易变成现实。第一笔交易开始后,电子商务市场通常会在 3~6 年内迅速扩张。在消费者在线购物需求的阶梯中,信任是第一级。发达经济体的消费者相信亚马逊会在第二天就把包裹送到家门口,因为亚马逊已经送出了数百万个次日到达的包裹。这种信任在大多数发展中国家尚未建立。多数卖家仍是所谓的脸书卖家,通常在脸书或其他社交平台上推销自己的产品和服务。他们第一次接触互联网时就使用这个平台,熟知平台的一切。他们的客户也一样。

新兴市场的电子商务平台,如肯尼亚的 KiliMall(非洲的一个电商平台)和孟加拉国的 Chaldal(一家网上便利店),天然具有与买家建立信任的动力。这既是为了保护消费者,也是为了在那些冒险首次进行在线购物的消费者中建立良好的声誉。平台方强调及时发货、反复检查订单产品、若顾客投诉应及时更换产品或退款的重要性。迅速解决争端是建立信任的一个关键。例如,易贝设立了一个半自动的在线纠纷解决系统,每年可以解决小商家和买家之间的 6 000 万起小纠纷,全世界的律师都在评估将其应用于法庭的可行性。[30]

在电子商务蓬勃发展的市场中，政府已经在弥补网络经济的信任缺口。墨西哥政府早在2008年就开发了一套名叫Concilianet的在线争端解决系统。该系统允许消费者在线发起针对公司的投诉或索赔，并通过高效的在线法庭视频程序获得公正处理。截至2017年，加入该系统的公司已超过90家，包括美国航空、美客多、沃尔玛等大型航空公司和零售商。[31] 在中国，大量电子商务消费投诉已经让法院应接不暇，于是政府设立了互联网法院，用来处理电子商务的产品责任、互联网服务合同纠纷，以及在线贷款、版权问题等方面的案件。法院配备了高科技设备，原告在5分钟内就可以将案件和证据提交到网上，支付宝会对他们的身份进行验证，而庭审则通过在线视频进行，时长仅为20分钟。[32]

在解决信任问题后，电子商务市场就有了增长和多样化的更大空间。巴西的购物者在手机上购买各种各样的产品和服务，包括时装、化妆品、家用电器、家居装饰品、香水、啤酒、书籍等。美国的亚马逊几乎销售所有种类的产品，除了处方药。处方药销售的监管极其复杂，但亚马逊目前已经在着手应对。中国的电子商务市场最多样。从新鲜的进口车厘子到豪华的宝马汽车，几乎所有的东西都可以在线销售——在美国，40%的在线销售集中在电子产品、服装等5个类别中；而在中国，同样的40%被分成了15个类别。[33]

随着电子商务的发展，个体购物者自身也变成了在线卖家。首先，他们可能会在脸书等社交媒体上销售二手货或自制品。接着，他们可能会逐渐在电子商务平台上进行销售。这与他们可能会开优步（Uber）顺风车的原因相同，即通过开展副业获得额外收入，以应对城市生活的高成本。他们中的许多人可能也是循环经济的积极践行者——这些人也许是亚马逊的Prime用户（亚马逊的付费会员），喜欢使用一段时间产品后将其放在易贝上出售，以便购买新产品。

随着在线卖家的不断增加，"数字原生代"和利基品牌也开始涌现。想想那些你推着购物车在杂货店走来走去的时光，那些你走进展厅测试不同种类床垫或新眼镜的时光，或者那些你永远希望不要到来的去牙医那里植牙的时光。多年前，Grubhub（美国领先的在线和移动餐厅配送服务平台）、Caspar（美国知名的床垫电商平台）和Warby Parker（美国当红的眼镜电商平台）等企业就把这些产品和服务类别搬上了网络。现在，专业的在线零售商也在发展中国家兴起，使购物者能够在节省时间的同时以更优惠的价格获得更多种类的商品。孟加拉国的杂货电商Chaldal正在为顾客解决一个问题。孟加拉国的首都达卡交通十分拥挤，消费者出门购物要花很长时间，这让他们很恼火。这家由Y Combinator（美国著名创业孵化器）培育的公司在该市不同地区的住宅楼里都拥有办公场所兼仓库，可以在一个在线平台上实时监控、处理、交付市内5个地点的数百个订单，这大大简化了Chaldal的发货流程和路线选择。

电子商务市场的成熟和多样化，催生出了支持在线卖家和买家的本土服务生态系统。在孟加拉国，随着电子商务经济的增长，Bkash等创业型在线支付公司如雨后春笋般出现，以便解决阻碍市场发展的支付瓶颈。在肯尼亚，Sendy通过一个市集，将内罗毕地区想要寄送包裹和文件的消费者与摩托车、货车和皮卡连接在一起，打通了"最后一公里"物流服务。在雅加达，FinAccel利用1 800多个数据点，两分钟内就能评估出申请人的信用价值，从而为东南亚在线购物者授予信用额度。[34]

在很多国家和地区，电子商务参与方自身也在改变生态系统。拉丁美洲领先的B2C电子商务公司美客多创建了一个包括运输、在线支付和融资在内的完整生态系统：Mercado Envíos 可以让美客多上的买家即时组织运输并实时跟踪包裹；Mercado Pago 可以在产品交付前确保资金安全。[35] Mercado Envíos 发展得很快：2017 年，该平台发送了 1.5 亿件物品，约占美客多所有订单的 60%，相比 2016 年增长了 74%。[36] Mercado Crédito 为每月销售额超过 5 000 美元的美客多卖家提供快速发放的营运资金贷款，并使用平台的交易数据来评估他们的信用价值。

电子商务市场一旦建成并得到当地企业家的认可，就会成为商业巨头的战场。墨西哥无疑正是如此，亚马逊、易贝、沃尔玛、美客多和阿里巴巴等公司都在争夺这个蓬勃发展的市场。印度的电子商务市场超过 10 亿个，销售额每年以 30% 以上的速度增长，买家钟爱亚马逊、阿里巴巴、乐天（Rakuten）和本土巨头 Flipkart（印度知名电商平台）——对长期受困于从夫妻店高价购物和中间商盘剥的人们来说，这是一个翻天覆地的变化。在各国走向电子商务时代的路上，谁是赢家？以更低价格购买更多商品的本土消费者，紧跟亚马逊、vTex（巴西知名电商平台）或阿里巴巴进入新市场的公司，以及在电子商务生态系统中努力工作的数百万名物流、IT 和管理从业者。

随着行业的繁荣，平台及其支持公司变得更加先进成熟。三种技术至少在三个方面正在将电子商务推向下一个时代。

首先，人工智能正在使消费者和产品之间的匹配日趋完美。机器比你更清楚你的需要和欲求：企业运用跨平台数据为购物者建立完整的消费档案，帮助平台锁定新客户、赢回老客户，建档的速度和规模都是诺德斯特龙（Nordstrom）最佳店员比不上的。阿里巴巴为其商家提供消费者需求的实时数据，非常精准地推荐最合适的产品及其周边产品，如搭配跑鞋的袜子或搭配夹克衫的围巾。用网络营销奇才尼尔·帕特尔的话来说，向购物者展示他们最爱产品的周边（与新买皮鞋相配的丝袜），可以让电商获得15%以上的回报。[37] 匹配越精准，销售量越大。

其次，区块链有助于在进行线上交易的买家和卖家之间建立信任。为了解决食品安全恐慌问题，中国电商巨头阿里巴巴与普华永道、澳佳宝（Blackmores）和澳大利亚邮政（Australia Post）合作推出了区块链协议，旨在帮助中国消费者区分合法优质的产品（如澳大利亚保健品、啤酒、红酒、蜂蜜、车厘子等）和假冒伪劣的产品。[38] 中国另一家主要电商平台京东用区块链技术追踪蒙古牛肉生产商 Kerchin 的冻牛肉生产和配送情况。[39] 阿里巴巴旗下的天猫商城也用区块链技术帮助中国网民在智能手机上追踪来自50多个国家的3万件商品的原产地和物流数据。[40]

最后，5G技术正在改变网上购物。5G的下载速度比4G快1 000倍，这赋予了卖家吸引买家的"超能力"。阿迪达斯等服装制造商使用了增强现实技术来帮助消费者找到合适的服装。瑞典家居产品和家具零售商宜家开发了一个在5G环境下运行顺畅的增强现实应用程序，可以帮助消费者直观感受宜家家具的装饰效果，使他们在购买家具之前就能找到适合家装风格的设计和颜色。[41] 美国、韩国、新加坡、英国、日本等拥有5G以及区块链、AI（人工智能）人才的经济体，将成为下一个电子商务时代的引领者。

电子商务能创造就业机会吗

电子商务通常被视为小企业参与贸易和创造就业机会的方式。然而，关于企业如何使用电子商务以及创造了多少就业机会的实证仍然有限。调查数据有力地证明，线上卖家比线下卖家更可能从事出口业务，增长也更快，因此也更可能创造新的就业机会，但其间的相关性或因果关系还不清楚——高速增长的公司也可能主动选择成为在线卖家。早期的证据表明，这两种情况可能同时存在：更好的、生产率更高的、创造力更强的、实际上更具出口驱动的公司，更可能进入电子商务市场。而它们一旦进入电子商务市场，电子商务就会起到和出口一样的作用——提高利润率，让企业变得更好。

坊间证据表明，拥有在线销售能力的公司会去掉低薪职位，转而创造更多高薪职位。我在访问萨尔瓦多期间，听说了一个成功故事，值得决策者借鉴。一家 B2B 婴儿服装公司，先前通过美国一家分销商进行销售，后来决定通过电子商务直接面向美国消费者进行销售。该公司花费了大约 15 万美元来拓展数字营销和销售能力，培训员工从事电子商务，并开发逆向物流。另外，可能还花费了 5 万美元来建立逆向物流网和处理贸易规定等相关问题。最后，该公司成功地将产品直接卖给了销售者，虽然销量减少了，但利润增加了，变得更加赚钱了。该公司还雇用了更多的高薪员工，同时削减了低薪劳动力。换句话说，该公司做到了大多数政府希望企业做的事情：创造高效、高技术含量的工作岗位，提高利润和生产率。

不过，从事电子商务的企业，其技术密集程度可能更高，更倾向于用技术取代劳动力。因此，虽然它们增长很快，但创造就业机会的潜力有限。该假设取决于许多变量，如技术对人力的相对需求和成本，以及不同国家不同行业的实际情况。我们会在第 12 章讨论这一点。可以肯定的是，电子商务的就业途径并不清晰：在线卖家的诞生是顺其自然的，而非一蹴而就的。例如，平台卖家通常由兼职者起步，在获得一些关注之后才会辞职成为全职者。Etsy 上的主要卖家是在自家客厅里制作与销售工艺品和服饰的女性，其公共政策主管奥尔西娅·埃里克森认为，卖家从兼职"爱好者"变成了后来的全职"制造者"。[42] 这些人很容易就能创造一个新工作岗位（前雇主会雇用新员工来替代他们）。在拓展业务的同时，为了专心工作（或许吧），他们往往也会雇用网络营销人员和社交媒体经理。

当然也存在间接影响的问题。例如，在线卖家的崛起是否也促进了周边产业的增长和就业，比如物流和法律、商业、IT 等知识密集型服务。而这正是物有所值的地方。根据毕马威（KPMG）的估算，印度每出现一个新的电子商务商家，就能分别为下游行业的物流和仓储创造 10 个和 4 个工作岗位。[43] 到 2021 年，印度预计将增加 1 000 万个电子商务工作机会，其中电商领域 145 万个，物流领域 100 万个。在这 100 万个物流岗位中，大部分涉及"最后一公里"的配送，也就是说，这些工作不需要正式培训。[44] 此外，电子商务还将创造出大约 40 万个技术、IT、人力资源和金融等传统企业的工作岗位。中国政府也得出了类似的统计数据：截至 2016 年，电子商务在网上商店和相关服务中创造了 1 000 万个就业岗位，约占全国工作岗位的 1.3%。[45]

美国的电子商务工作岗位数量也在增加——2014—2017 年，仓储、快递、无店铺零售的就业机会每年都增加了 5% 左右（2015—2016 年，仓储就业机会增加了 10% 以上）。相反，一般的店内零售就业机会每年只增加了 1%。电子商务从业者，包括运营中心的工作人员，赚的也更多：他们平均工资为每小时 17.41 美元，比实体店平均每小时 13.83 美元的工资高出 26%。2007 年以来，电子商务从业者的整体工资增加了 180 亿美元，而传统零售业只增加了 10 亿美元。[46] 这还不包括那些同样受益于电子商务的公司经理、IT 专员和数据科学家。

这些数据引发了有趣的假设。其一，电子商务是否能通过在物流和仓储领域增加新工作岗位（通常是适合男性的低技能岗位），来弥补手工制造业工作岗位的流失？其二，电子商务使"职场妈妈"得以在线订购食品、家庭用品、外卖和清洁服务，这是否能使女性专注于工作甚至在办公室待更长时间，进而使她们有能力成为组织领导，从而改善经济的劳动力分配？关于这类电子商务次生影响的相关政策问题，我们甚至还没着手开始研究。电子商务能帮发展中国家的企业扩大规模并创造就业机会吗？它能增加电子商务领域或周边行业从业者的收入吗？它缩小还是扩大了企业劳动力和总要素生产率的地理差异？我们将在下文讨论这些问题。

新经济地理学

偏远乡村的企业受到的待遇历来不公，尤其是在发展中国家。与港口城市的企业相比，它们只有付出更高的成本，才能将产品推向市场，它们进入互联网与获得贷款和人才的渠道也更有限。美洲开发银行的研究表明，拉丁美洲的出口产品大部分来自那些进入大型市场或出口成本最低的地区。例如，巴西西南部和墨西哥北部的公司，要比巴西东北部和墨西哥南部的公司从事更多出口业务。仅这一点，就扩大了偏远地区的企业与港口附近的企业之间的差距。[47]美洲开发银行曾得出结论，这些偏远地区的企业纯粹是因为"距离太远而无法从事出口业务"。乡村企业周围的农村消费者通常要比城市消费者贫穷得多——中国农村人口的收入仅是城市人口的1/3。在世界贸易中，乡村企业基本都受困于农村的环境,这也是工业活动聚集在主要城市和主要公路、港口附近的原因之一。虽然知识密集型服务公司原则上可以自由流动,通过互联网为客户提供远程服务,但它们也倾向于认为最好还是"落户"在城市,"落户"在客户附近。

诚然,繁荣忙碌的城市里也有很多电商卖家,包括小企业和在线出售不合身的瑜伽裤或旧书架的个人。但在线卖家的增长表明,电子商务和数字化可能正在缩小国家内部农村和城市之间的差距,至少在发达国家是如此。例如,经济创新集团和易贝的一项研究表明,2010—2014年,美国新成立的企业有一半集中在7个州的20个大县,如洛杉矶县或纽约县,这20个大县有20%的美国人口。[48]与之相比,拥有600万美国卖家的易贝就萧条得多:只有38%的新卖家分布在大县,而且有一半的净增长买家来自24个州的45个县,这45个县有36%的美国人口。这些县里也有许多像达拉斯、亚特兰大这样的较大城市,但易贝的数据显示,相当一部分卖家(36%)并不在大城市,而在农村地区或小城镇。在商业卖家数量最多、人均收入最高的100个县里,农业县占了32个,如佛蒙特州的埃塞克斯县、北卡罗来纳州的克莱县、佛罗里达州的弗拉格勒县。

Etsy上的情况也类似。根据卖家普查数据,Etsy拥有170万个美国卖家,遍布全美国99.9%的县,其中28%生活在农村社区,17%是非农业企业主。[49]Upwork(一个国际化的线上兼职平台)还对美国的自由职业者进行了分析,发现自由职业者在某种程度上比其他从业者更可能生活在农村地区:18%的自由职业者生活在农村地区。[50]

我们还可以换个角度思考电子商务的地理分布数据,看看3 143个县中有多少个在大萧条后出现了增长。就整体经济而言,2010—2014年这一比例仅为41%。相比之下,71%的县的易贝卖家实现了净增长，这些县的人口占美国人口的95%。[51]易贝的汉娜·梅林·奥尔贝在欧洲发现了类似的模式。例如，尽管伦敦和英国东南部地区声称2011—2014年45%的英国企业实现了增长，较贫穷的威尔士、西米德兰、约克郡、东北地区和北爱尔兰合计占8%，但较富裕地区的易贝卖家的比例比传统经济低30%，比较贫穷地区低16%。[52]在民主德国（不包括柏林），2011—2014年传统企业对德国企业总增长的贡献率仅为3%，而在此期间，民主德国的易贝卖家对德国易贝卖家总增长的贡献率达到了20%。这些趋势很可能说明，很多卖家都是利用电子商务来补充收入的个体。

电子商务似乎在重塑印度的经济地理格局。到2020年，70%的印度在线卖家将诞生于更偏远的小城市。[53]Etsy正帮助世代从事纱丽等印度特产制作的手工艺人使用互联网、在平台上开店，并为他们提供高质量的产品图片和专业的工艺故事讲述，从而推动他们在网上进行销售。这会带来很多激动人心的好处：这些卖家一夜之间就能向纽约或伦敦的购物者展示他们的产品，这在现实世界中几乎不可能。他们可以直接面向外国买家，避开很多中间商的盘剥，从而提高利润和收入。最重要的是，该模式在商业上具有可行性：世界各地的富有购物者获得他们想要的东西——独特的、高度差异化的产品，发展中国家卖家的业务和收入得以增长。

如果说第2章讨论的二次分工使发展中国家的数百万名农村工人成了大型工厂雇用的城市居民，那么电子商务革命能使他们成为企业家和在线卖家。

非洲农村地区的电子商务也逐渐变为现实，这在一定程度上是因为非洲企业需要利用电子商务进口它们无法在自己国家获取的产品。2010年，布隆迪互联网通用应用网进行了一项"布隆迪互联网使用情况"调查，结果表明，超过 70% 的农村受访者认为，电子商务能显著解决他们的农业生产问题，如难以接近城市买家，以及种子、肥料、零部件供应不足。[54] 当地平台布隆迪商店（Burundi Shop）回应称，将推动农村买家从东非各地获取产品和服务，通过短信跟踪发货情况，采用价格实惠的送货上门服务，并与当地银行合作推出创造性的解决方案，从而实现跨境支付。这会面临巨大挑战——宽带几乎不存在，进口必需的跨境物流也可能变成一场噩梦。但需求始终存在，如果需求能得到满足，那么布隆迪商店也许最终能使农村企业变得更加繁荣和富有竞争力。

这些模式表明，电子商务也许能使农村企业蓬勃发展，让它们留在原来的地方，做它们该做的事，从而减少农村地区的企业外迁。当然，仅仅把电子商务扔进一个没有互联网、无法派上用场的"数字沙漠"是不行的，还需要畅通的宽带、良好的物流和懂得如何使用电子商务的人。就经济发展来说，还有一个更有趣的问题：电子商务是否能促使城市企业搬迁到遥远的绿色牧场？如果 3D 打印和机器人技术能使产品生产靠近城市中心——消费者路过时就能停下来定制新车，并且不会产生将车从遥远的制造工厂运来的运输成本，那么电子商务可能会刺激更多偏远地区在轻工产品和服务方面的创业。无论如何，至少美国人已经厌倦了昂贵和拥挤的城市生活，27% 的美国人想去农村地区生活（15% 的美国人已经付诸行动）。在那里，他们能拥有更大的房子、更绿的草坪，以及和平和安宁。[55] 电子商务能让他们把工作和生意带去农村吗？

你可以预料，企业和自由职业者，尤其是那些不用销售产品因而也不用考虑物流成本的企业和自由职业者，将越来越自由，得以离开城市。毕竟，我们只要一台笔记本电脑、出色的工作能力以及接入最重要的互联网就够了。在线工作平台 Upwork 就催生出不少"数字游民",他们不仅能去农村,而且能环游全球。例如,印度的 Upwork 自由职业者拉迪卡·巴苏萨克一直活跃在社交媒体上,面向全球提供内容营销服务,同时还享受着四处旅行的生活方式,曾在泰国、哥伦比亚等多个国家生活过数月。[56]

但是,公共部门的干预还是必要的,只有这样,才能让城市居民搬去农村地区。2010 年的一项研究表明,美国农村宽带连接的改善,虽然没有阻断人们外迁至城市,但吸引了一些人口的流入。[57]另一项细化到以邮政编码来划分区域的研究表明,在靠近较大城市的半农村地区,宽带连接的改善对企业迁徙的影响最大。在那里,企业两头受益,成本更低,空间更大,而且距离城市消费者的车程很短。[58]与此同时,非常偏远的地区如果想留住企业,防止资本和人才流向城市,要做的就不只是建立"最后一公里"的宽带连接那么简单,更别提让企业从城市搬迁过去了。

何种性别更适合从事电子商务

电子商务领域是否存在性别差异?这个问题提得很及时,因为提升女性的经济地位已经成为全球发展的一个重要宗旨,是联合国 2030 年可持续发展目标之一。[59]各国政府和企业也在积极提升女性在国际贸易和电子商务领域的地位。这将产生积极影响,原因有三。首先,虽然我们就关于性别对贸易自由化影响的课题开展过一些研究,但女性领导的公司在国际贸易中表现如何,相关数据却很少。其次,由于女性在很多经济体中作为雇员、雇主、企业主、消费者和投资者的地位越来越突出，了解她们的选择和局限性大有裨益。最后，赋予女性经济权力有助于优化社会生产资源，扩大税收基础，促进经济增长、家庭福利和财富的代际转移。因此，更多地了解女性的工作和偏好，以及她们在贸易等方面遇到的挑战，用处很大。

随着贸易和发展政策领域对女性的关注日益增加，你也许会认为，女性领导的企业和男性领导的企业在贸易或电子商务领域的表现和面临的障碍方面存在显著差异。我在研究了迄今为止对非洲、亚洲、拉丁美洲 7 000 多家企业的数项调查后发现，在规模、行业和国家实力相当的情况下，女性领导的企业与男性领导的企业在在线销售、出口和增长方面的表现都势均力敌，男女商业领袖对电子商务壁垒的认知也极为相似。在企业规模和国家实力相当的情况下，我没有发现在电子商务参与方面，或企业面临的监管挑战的严重性方面，存在任何重大性别差异。

CEO 与 CEO 之间确实存在性别差异。线上男性 CEO 和女性 CEO 的细分数据反映出整体经济的细分情况。在大多数国家，创办、经营企业的女性人数明显少于男性：2015 年，15% 的拉丁美洲企业、13% 的非洲企业和 19% 的亚洲企业雇用了女性 CEO；在各洲企业中，担任管理职务的女性比例略高于 1/3。[60] 在经济合作与发展组织经济体和中国，25% 的 CEO 是女性。[61] 线上的数据也非常相似——这在很大程度上是因为很多公司既在线下进行销售，也在线上进行销售。虽然有关纯互联网公司的数据很少，但从科技初创公司的融资情况看，在融资的科技公司中，有 90% 是由男性创办的。[62]

如果数据显示的情况属实，即在传统的线下经济中，企业经营存在性别差异，那么电子商务可能正在为女性领导的企业创造公平的竞争环境。由女性经营的从事在线销售的公司还是很少。这表明，让更多女性从事商业和在线销售,或许有助于促进女性领导的企业和男性领导的企业之间的公平竞争。

此外,女性可能更喜欢当在线卖家。例如,2015年,我和亚洲开发银行的艾丽莎·迪卡普里奥在斐济、萨摩亚等太平洋岛屿进行的一项调查显示,活跃的在线企业规模更小,成立时间更短,45岁以下的女性高管更多。[63]这些女性表示,她们之所以喜欢电子商务,是因为它的灵活性——她们可以在经营在线业务的同时处理家庭事务,还因为电子商务使她们能够将触角伸向澳大利亚等富裕市场,从而增加收入。事实上,世界银行认为,电子商务尤其能给身处某些文化环境的女性赋能。在那些文化中,女性不得不待在家里,因而也缺乏男性拥有的职业网络和资源。世界银行还给出了一个证据:Upwork上的女性雇员比例(占总雇员的44%)远远高于线下非农业劳动力市场的女性雇员比例(25%)。[64]

当然,网络并非完全没有偏见。以色列一个分析团队发现,女性在线卖家的销量更低,新产品和二手产品的销量分别只有男性在线卖家的80%和97%——即使女性卖家被认为比男性卖家更诚实可靠。[65]他们认为,这是因为人们觉得男性售卖的产品更有价值,尤其是军刀或汽车座套等。也许女性假装成男性来售卖这些产品会更好。总的来说,早期的证据表明,电子商务正在给女性提供帮助,包括直接进行沟通交流。通过网络,女性可以绕开以前充当客户和资金阻断角色的关系网,找到并审查供应商,获取实时信息和数据,对产品和服务进行营销和定价,甚至可能同时处理多项任务,兼顾工作和家庭。

然而,我们还有许多工作要做:女性领导的榜样企业以及可推广的经验仍旧很少。我们还要做大量的工作,才能了解作为在线卖家和在线进出口商,女性领导的企业表现如何,才能了解相较于不在网上销售的企业，女性领导的企业是否以及哪一类女性领导的企业增长更快，创造的就业岗位更多，在减轻雇员和社区的贫困方面可以做出更多贡献——就这些而言，任何在线企业都值得研究。

这意味着政策制定者需要谨慎解读性别差异方面的数据，在评估这些数据时不要过多地将它们看作描述性统计。在得出"女性面临更多阻碍，女性领导的公司比男性领导的公司表现更好或更差"的结论之前，我们有必要考虑很多其他影响公司的表现、电子商务参与度、出口参与度、就业机会创造和增加的变量。（CEO或管理团队的）性别可能是造成差异的因素之一，但绝不是唯一的因素，是主要因素的可能性也很小，甚至根本无关紧要。企业规模等常见的基本要素仍然是决定企业表现的关键因素。

结论

几百年前，古希腊、古罗马和中世纪城镇的露天广场在周六早上会变成熙熙攘攘的集市。它们也是非常有效的市场：卖方、产品、价格全都肉眼可见，买方可以货比三家，顺顺利利地完成所有交易。双方几乎无须承担搜寻、信息或交易成本。广场还刺激了创业——让有东西可卖的人能够接触到大部分购买者，让有想法的人能够付诸实践。这里是民主的乐园。城镇广场把所有人（买方和卖方、富人和穷人、老人和年轻人）聚在一起，鼓励大家进行对话和自治。

有史以来，我们第一次有机会在全球范围内开放"中世纪城镇广场"。电子商务在相距遥远的买方和卖方之间架起桥梁，使小企业能够从事出口业务。它为希望在全球范围内销售产品的小企业提供助力,是城市和农村地区的企业之间的平衡点,为青年就业、女性创业和出口提供了机会。它摧毁了实体店,创造了充满活力的支付、物流、IT和金融服务新生态系统以及数百万个相关就业岗位。它催生了数百万个新的卖家和出口商——这些人会在周六举行车库甩卖,然后在周一回到他们的日常工作中。如今,事实证明,车库甩卖也可以在全球范围内举行,它可以成为人们的谋生手段。最棒的是,电子商务还处于尝试阶段。巴西是世界十大电子商务市场之一,但其在线销售只占总销售的4%。这一数字在亚洲和非洲的大部分地区甚至更低,这显示出在线增长的巨大机会。下面让我们看看电子商务的另外一面:在线购物者数量的增长。

第 4 章

60 亿人线上购物

你可能已经拥有了正在促进全球化的工具：智能手机。尽管富人们早已无数次通过手机、平板、电脑和电视登录全球购物中心，但大多数发展中国家的百姓还是在实体店里买东西。不过，这种情况正在发生变化——日新月异。根据网络移动通信公司爱立信的数据，2015年全球智能手机用户为26亿人。爱立信预测，到2020年，全球智能手机用户将达到61亿人，占全球人口的七成；而全球生活在具备移动宽带网络的地区从而有可能上网的人口将高达九成。[1] 仅亚太地区就将诞生16亿新网民；非洲和中东地区的网民将达到7.4亿人；预计到2021年，拉丁美洲将有2.7亿人使用智能手机，是2015年的两倍。虽然有些预测数据略小，但所有人都看到了智能手机和移动服务使用量的大幅增长。何况，我们花在手机上的时间占总上网时间的比例也在稳步攀升，从2014年的26%上升到了2019年的48%。[2]

智能手机革命正在解锁连接新发现和收入增长的超级市场。从时尚衬衫到家用电器和食品，个人几乎可以直接面向全球销售所有东西。用不了多久，差不多任何人都能随时面向任何人售卖任何东西：车库甩卖在全球范围内成为可能。智能手机究竟是怎样重塑世界贸易和带来繁荣前景的呢？

"网购天后"

通过智能手机、平板电脑和笔记本电脑,以往由大型零售连锁店把持的销售渠道可以直通消费者,让他们能够在世界范围内购买商品和服务,实现下单、更改订单和退货。消费者不用开车到现实世界中的零售巨头沃尔玛去购买中国制造的衬衫和玩具,也不用在诺德斯特龙里走来走去寻找秘鲁制造的阿尔帕卡牌(Alpaca)羊驼毛毯了。他们现在上网购物,无论是沃尔玛网站,还是在库斯科开有店面的阿尔帕卡在线商店,都会将他们购买的商品送到家门口。电子商务已走进千家万户:2018年,电子商务占美国零售额的10%,占英国零售额的18%,占中国零售额的28%;而2008年电子商务在这三个国家的零售额中所占比例都还不到3%。[3] 全球的网上购物都在增长,所占零售额比例从2015年的7%上升到了2020年的15%。[4]

富有的女性尤其热衷于网购。1946—1964年"婴儿潮"时期出生的美国女性获得了"网购天后"的称号。据估计,她们拥有多达19万亿美元的净资产,上网购物的平均花费是一般人的250%。[5] 对比收入来看,至少美国的女性在网上的花费比男性多,而且她们还呼朋引伴:多达92%的"网购天后"会把购物信息分享给别人,从而促进销售、传播品牌。[6]

研究表明,受过良好教育的富人是在线购物的第一批消费者。芝加哥大学的伊森·利伯和查得·赛弗森发现,受教育水平是推动美国电子商务购物发展的一个特别重要的因素。[7] 高中毕业生使用互联网的概率下降了8%~9%,而大学毕业生使用互联网的概率提高了

6%~8%。受教育水平无疑还关系到收入水平——亚马逊的 Prime 用户基本都是年收入在 15 万美元以上的城市居民。[8] 年龄也是推动美国电子商务购物发展的一个因素。研究表明，35 岁人群上网的概率比 25 岁人群低 5.5 个百分点，而 60 岁人群上网的概率比 50 岁人群低 6.8 个百分点。种族因素同样影响在线购物模式，这可能是因为种族往往关系到受教育水平和收入水平。黑人上网的概率比白人低约 4 个百分点，而亚洲人上网的概率比白人高 3 个百分点。我的公司在研究决定主要平台电子商务活动的地理空间因素的过程中也发现了这些模式。

"网购天后"和富裕的西方购物者将会推动全球范围内的电子商务发展。到 2020 年，预计 430 个城市将带来全球 80% 的购物者和 91% 的消费增长。[9] 你可能认为这些城市会是拉各斯、里约或孟买，但到 2030 年，就绝对数而言，大部分城市消费仍将产生在北美——315 个城市创造全球 40% 的消费增长。2015—2030 年，纽约、洛杉矶、大阪和东京的消费将增长 4 倍，伦敦的消费将增长 3 倍。到 2030 年，仅这 5 个城市的购买力就接近 6 万亿美元，几乎相当于今天日本和韩国经济的总和。[10] 届时，大部分购物都将在网上完成。

当然，新兴市场的富裕阶层也一直在网上大举消费。中国的大部分电子商务消费由所谓"超高消费人群"完成，他们平均每年在线消费超过 1 500 美元，虽然人数只占全部在线消费者的 7%，但对销售额的贡献占到了 40%。到 2020 年，中国还将有 1 亿人年收入达到 2.4 万美元或更多。[11] 届时，仅这部分人的新增消费就将达到 1.5 万亿美元，市场规模与西班牙经济总量相当。他们已经在网上购买西方名牌产品。一部分中国消费者出于对本土食品安全的担忧，开始在网上订购墨西哥牛油果、阿拉斯加龙虾和苏格兰马鲛鱼。其他新兴市场的网上购物也在增长。例如，2000—2015年，巴西网上购物增长了45倍，电子产品、书籍、家用电器、服装和鞋类备受买家欢迎。[12] 此外，随着越来越多的职业女性上网购物，美容和保健产品的在线销售也在飙升。印度2 638个城市的购物者向141个国家的易贝商家敞开钱包，购买电子产品、生活用品和高端巧克力。[13]

新兴电子商务市场通常呈现"长尾"态势——小部分人完成了大部分购买，大部分人只花了很少的钱。但至少中国的"千禧一代"正在拉高"长尾"：他们占中国在线购物者的一半还多，上网购物的概率比同等收入人群高出40%，而且购物行为简直让人瞠目结舌。例如，我们都知道，中国的"千禧一代"会在移动设备上购买"事前未看货"的海外房产，用以对抗货币贬值，摆脱污染问题，或是为他们的子女铺平道路：在海外留学期间有地方住。[14]

手机优先

世界各地的富裕阶层可以使用很多工具在线购物——平板电脑、笔记本电脑、台式电脑以及最新一代的智能手机。但正在崛起的新市场恰恰是发展中国家的低收入人群用智能手机进行购物。该人群只能通过手机上网访问全球购物商城。例如，印度的手机用户里有3亿人没有个人电脑。截至2014年，在包括印度、尼日利亚、孟加拉国和其他发展中经济体在内的40个国家中，手机网络浏览量均超过了电脑网络浏览量。[15] 即使在广泛使用电脑的阿根廷等新兴经济体中，"千禧一代"等新兴消费群体也更倾向于拥有智能手机而非个人电脑。[16]

非洲人使用电脑的比例较低，堪称全世界最坚定的智能手机拥趸：肯尼亚、尼日利亚和南非使用移动设备上网购物的人分别多达63%、65%和73%，而澳大利亚和美国使用移动设备上网购物的人只有10%，使用电脑上网购物的人多达80%。[17]到2021年，预计将有近10亿非洲人拥有智能手机，其中许多人会使用手机上网，因此在线消费预计将在2016—2025年增长75倍，从10亿美元增加至750亿美元。[18]相较于电脑购物，智能手机购物整体上与国际、国内的收入数据呈负相关。例如，巴西有53%的人使用智能手机上网购物，但低收入人群中使用智能手机上网购物的却达到了68%。[19]

推动智能手机革命的因素一目了然：设备和网络连接成本的降低与收入的增长。尽管在刚果、尼日尔等国家，移动宽带的成本仍然高于消费者的可支配年收入，但在世界上大多数国家（包括83个发展中国家）中，移动宽带成本已经降至消费者年收入的5%以下。[20]收入、网络连接和在线购物之间存在很强的相关性。当一个国家的人均收入从1万美元增加至2万美元时，上网人口的比例就会从20%飙升至70%。2020年，拉丁美洲与中东和北非大部分地区的人均收入将达到2万美元，而新兴和发展中亚洲国家的人均收入在2016年分别为1万美元和1.5万美元，需要一些时间才能实现这一目标。

最新一代的网民仅使用手机上网，现有的网民尤其是"千禧一代"则主要使用手机进行购物。零售商的营销和销售团队因此会优先考虑手机购物者的需要和欲求，从而催生了"手机优先"这个术语。率先行动的公司收获颇丰。印度最大的电子商务平台Flipkart开发了一款应用软件，让数千万依赖移动设备的印度人搜索、分享、比价、购买数千种第三方供应商提供的70多类产品。如今，移动应用程序承载了Flipkart业务的90%。[21]联合利华（Unilever）是以小包装产品线和不惜代价的物流为金字塔底层市场提供服务的先行者之一，现在正在与"手机优先"的巴基斯坦电子商务平台领头羊 Daraz 合作，向巴基斯坦的 900 万智能手机购物者（包括许多农村购物者）推销其个人护理产品。[22] 越来越多的卖家除了智能手机什么都没有，因此，电子商务平台也在适应这一趋势——新加坡"手机对手机"电子商务平台虾皮（Shopee）让卖家用一行文字和智能手机拍摄的几张照片来展示商品。在中国台湾和东南亚推出仅 6 个月，虾皮就拥有了 300 万用户。[23]

当然，尽管收入增加了，大多数新网民也不会去购买古驰（Gucci）的产品——他们更靠近收入金字塔的底部。虽然世界上最贫困的人每天生活费不足 1 美元，他们仍将继续他们本质上黑暗的"离线生活"，但绝大多数人——20 亿人每天挣 10~60 美元，30 亿人每天挣 1~8 美元——还是构成了一个亟待服务的 7 万亿美元数字化市场。你可能会说，这些人不会上网买东西。毕竟，他们要买的食品、纸巾、罐头等普通商品不是在隔壁小摊上就能买到吗？但数据显示，上网购物的人在每个收入群体里都越来越多。例如，2017 年，欧洲约 56% 的低收入网民在网上购物，高于 2013 年的 32%；而在最富裕的那 1/4 人口中，约 74% 的人在网上购物，高于 2013 年的 67%。[24] 高收入购物者和低收入购物者的人均在线花费都在增加。有趣的是，网上购物在低收入购物者中越来越流行，即使一开始他们可能不会在网上买很多东西。

换句话说，在线购物似乎是一种后天养成的偏好：富人率先接触到互联网，其网上消费行为随着时间的推移越来越多；而现在，相较于其他购物方式，较贫困新网民的在线购物比例正在上升。高收入群体和低收入群体的网上购物行为都在增多，但增多的原因却各不相同：穷人是因为物美价廉，富人是为了节省时间。[25]

智能手机革命带来了消费能力日益看涨的新兴群体。拥有了智能手机的农村购物者走出大卖场，涌向网上超市。亚马逊、Flipkart 和 Snapdeal（印度最大的电子商务平台）使印度的农村购物者能够接触到以前只有城市消费者才能见到和接触到的零售商。1/3 生活在农村地区的印度人口正在掀起一场电子商务热潮：到 2020 年，预计印度近一半的在线购物者将来自农村地区。[26] 大卖场正通过智能手机和邮政服务进入印度农民的生活，而且还没有中间商的盘剥。

拥有智能手机的发展中国家女性可能会是商业公司最大的收益来源。全世界女性拥有的智能手机总数要比男性少 2 亿部，拥有的财富也只占全球财富的 30%，但这些差距正在缩小。上网的女性越来越多，到 2020 年，中国和印度女性的可支配收入将达到 5 万亿美元，远高于 2015 年的 1.5 万亿美元。[27] 她们还掌管着全家的网络消费：例如，亚洲"虎妈"们已经掌管了全家在杂货、服装和化妆品方面的开销。安永会计师事务所（Ernst & Young）认为，到 2028 年，女性将拥有全球 75% 的可自由支配支出能力。[28]

"手机优先"也在成为 B2B 销售的关键。谷歌的搜索统计数据显示，"千禧一代"几乎包揽了 B2B 购买量的一半，还有 42% 的 B2B 购买搜索来自手机，比 2012 年增长了三倍。[29] 如今"1+1>2"效应正在显现。到 2025 年，"千禧一代"将构成全球大约 85% 的劳动力，通过手机 B2C 社交媒体、电子商务和共享经济的社会化，他们也会在网上进行 B2B 搜索。他们已经包揽了 B2B 购买量的一半。你能想象出 B2B 移动市场强劲的新买家：中国的"千禧一代"职业女性。智能手机就像新的商场和仓库——预示着可观的经济收益。

掌上经济

2003年，诺基亚推出了一款小巧的手机诺基亚1100，售价为每部100美元。这款坚固耐用、防尘防水、带有手电功能的手机风靡全球，销量超过2.5亿部，成为有史以来全球最畅销的手持设备，也是全球最畅销的数码产品。诺基亚1100开启了手机革命——到2013年，全球已售出70亿张SIM卡（用户身份识别卡）。[30] 非洲有成百上千家修理店，它们靠出售诺基亚1100的零部件赚得盆满钵满。

这家芬兰通信巨头还引发了关于手持设备对经济影响的大量分析。早期研究表明，其对经济的影响皆是正面影响：手机可以加速交流和信息共享，提高金融、医疗保健、农业等各个领域的经济活动的效率。例如，勇敢的巴基斯坦农民可以利用智能手机里的价格数据，了解并转产市场需求量大的高回报易腐经济作物，将收割期后的损失降低35%。[31] 计量经济学家告诉我们，如果每100个人中有10个人使用手机，人均GDP就增长1.2%。[32] 进一步的研究表明，从2G系统升级到3G系统后，3G系统的使用率每增长10%，人均GDP就会增长0.15%。[33] 此外，一个国家的手机普及率每增长10%，长期生产率就会提高4.2%。非洲人是诺基亚1100最主要的用户，他们直观地感觉到生活因手机变得更好：76%的人说手机帮他们节省了出行的时间和成本，62%的人认为手机给他们带来了安全感。[34]

那么，如果第三世界的手机也能上网，会发生什么呢？

第三世界无法接触到国内外更多、更好的服务，以及包括跨境交易在内的更多商品贸易的机会。为了描述这些收益，经济学家提出了

"消费者剩余"的概念——你愿意支付的价格（一杯星巴克咖啡价值 2 美元）与你赋予该产品的价值（当你清晨确实需要一杯咖啡时，也许它能值 20 美元）之间的差额。

量化互联网消费者剩余的典型方法是问：如果必须为谷歌搜索付费，你愿意支付多少钱？谷歌首席经济学家哈尔·瓦里安说，美国人的回答是每年 500 美元。但这样的价钱也许并不能买到互联网的许多好处，如无穷无尽的选择、便利、知识和休闲时间（还有大幅提高阅读的速度）。他们可能仍然低估了自身从互联网中的获益。有些学者采用了另一种方法，如奥巴马总统的经济顾问奥斯坦·古尔斯比及其合著者彼得·克莱诺，他们问的是：你在数码产品上花了多少空余时间，从中得到了什么价值（或"好处"）？考虑互联网接入成本、消费者花在网络上的时间以及这些时间的机会成本后，古尔斯比和克莱诺得出结论：2005 年美国的互联网消费者剩余平均为 3 000 美元。[35] 另一项全球性的研究估计，2012 年互联网创造的年度经济价值，在联网程度极高的发达国家是人均 1 488 美元，在联网程度很低的发展中国家是人均 119 美元。[36]

还有一种方法是问：相较于线下购物，消费者在网上购买相同产品时节约了多少成本？事实证明，网上的竞争更激烈，选择也更多，尤其是造成消费者剩余的选择更多。2003 年，麻省理工学院和卡内基梅隆大学的经济学家团队发现，相较于在线下买书，美国人在网上买书时幸福感提升了 7~10 倍。这还没计算去实体店找书和在亚马逊上找书的用时不同。[37]

当然，在网上买书也会让消费者丧失一些幸福感，因为它不像在书店翻书那样浪漫或有趣。但有些应用程序正在改变这一点。例如，在线百货递送公司 Instacart 可以让位于不同地点的朋友一起装满虚拟购物车。在线购物的另一个负面影响是冲动消费。很多研究该课题的学者都表示，在智能手机推出后，在线买家开始越来越频繁地后悔。

总体来说，智能手机增加了互联网创造的消费者剩余。如果你是"千禧一代"，你可能最近已经利用智能手机（其智能化程度越来越高）通过互联网省下了最基本的信息成本。研究公司 Alliance Data 发现，84%的"千禧一代"在商店用智能手机来协助自己购物，53%的"千禧一代"在商店用手机搜寻折扣券或优惠券，34%的"千禧一代"用手机查看产品评论。[38] 相比之下，你的祖母年轻时还生活在一个信息不对称的时代。她从隔壁邻居那里收集产品和价格信息，每周日从报纸上剪优惠券，然后去商店亲自查看产品，收集最后一点信息，而且通常会决定就在那里购买。

在一项激动人心的研究中，斯蒂芬妮·李以韩国为实验对象，分析了 2010—2014 年消费者剩余的增长情况。当时由于智能手机的普及，韩国的互联网用户比例从 10% 飙升到了 70%。[39] 她发现，智能手机产生的年均消费者剩余是人均 492 美元，其中 276 美元来自扩展（消费者使用智能手机从事之前不方便操作的数码活动所带来的影响，如在上班途中或在公交车上上网搜索信息），剩下的 216 美元来自替代（消费者可能会使用智能手机从事之前在其他设备上操作的活动，如到公用电话亭打电话叫出租车，而不是通过手机应用程序预约专车）。李还发现，首尔公共交通上的免费 Wi-Fi 每年可以增加 1.17 亿美元的消费者剩余，这远远超过了提供数字服务的年度预算。

这些发现呼应了贝宝（PayPal）、爱彼迎（Airbnb）、来福车（Lyft）等"互联网中介"通过帮助个人和公司获得、分享和访问内容，相互交流，彼此交易，提高了消费者福利和公司竞争力的观点。哥本哈根经济咨询公司的一项研究表明，"互联网中介"在 2012 年为欧盟增加了4 300亿欧元的GDP，约占GDP的3.3%。其中，2 200亿欧元得益于投资、私人消费和出口，2 100亿欧元间接产生于互联网所服务的公司的生产率提高。[40]此外，还有6 400亿欧元来源较复杂。比如，消费者从免费在线服务中获得的福利收益，以及在线广告的增长。

事实上，明尼苏达大学的金敏贞在一篇引人关注的博士论文中指出，许多应用程序都是免费的，这给消费者带来了巨大好处。这些应用程序和付费程序没什么两样，但却不要钱。[41]她发现，智能手机在2011年创造了高达人均271美元的年均消费者剩余，其中90%的福利收益来自免费应用程序。那还是在2011年，当时苹果应用商店（Apple App Store）的下载量"只有"100亿次——与2016年9月的1 400亿次相去甚远。美国人花在应用程序上的时间也有所增加，从2011年6月的每天81分钟增加到2016年年底的每天300分钟。

这些发现让哈尔·瓦里安等对数字化持乐观态度的人兴奋不已。他们认为，衡量经济增长的标准太过狭隘，无法将消费者从智能手机和应用程序中获得的福利纳入考虑范围。与此同时，西北大学的罗伯特·戈登等对数字化持悲观态度的人则认为，应用程序之类的新技术并不像蒸汽机那样具有革命性，对经济增长的贡献微乎其微。贸易经济学家会说，真是一派胡言。

视频交易

互联网已经提升了商品和服务贸易在经济中的作用。美国国际贸易委员会的大卫·赖克指出，宽带使用量的增长使2000—2011年世界贸易与世界GDP之比平均提高了4%以上，几乎是世界贸易与世界 GDP 之比总增长（从 51% 增长至 61%）的一半。[42] 在这些数字背后，活跃着数以百万计的卖家。他们承接其他国家买家的订单，不断发展自己的业务。有了电子商务，你不仅可以搜索和比较国内在线卖家的产品，而且可以搜索和比较全世界在线卖家的产品。喜欢易贝上那件好看的衬衫？嗯，它已经在从意大利运来的途中，还让你成了一个进口商。

随着智能手机的普及，全球购物中心也开始向发展中国家的数十亿消费者开放。谷歌发布的《消费者晴雨表》报告显示，大多数发达国家和拉丁美洲的在线购物者已经至少从国外购买过一次商品：70%的墨西哥智能手机用户从海外购买过商品，64% 以上的美国智能手机用户也买过。[43] 不到 25% 的非洲智能手机用户从海外购买过商品，但随着非洲在线市场的成熟与购物者关注的价格和物流两大问题的解决，这种情况也在发生改变。尼日利亚已经成为全球增长最快的跨境在线购物市场。[44]

即使关税、税收和物流成本是运输成本的两倍，人们仍会跨境购物。巴西有超过一半的购物者在网上买过国外的东西，尽管这个国家的税收和关税高得离谱，还要额外征收 6% 的跨境信用卡支付税。中美洲的富裕阶层从美国亚马逊上购买夹克、耳机和其他各种小商品，经常要为物流支付高额费用。在墨西哥的 25~34 岁人群中，65% 的男性和 50% 的女性每年至少从海外购买一次商品。中国的 "X 世代"和 "Y 世代"女性最有可能在她们的虚拟购物车中装满外国产品，并且每年至少从海外购买一次商品。[45]

智能手机革命不仅推动了商品贸易，也推动了内容交换——视频、音乐、书籍和广告。2006—2015 年，网络下载速度飙升了 10 倍，从而推动了视频这个迄今为止最大的网络战利品的发展：IT 架构巨头思科预计，到 2020 年，视频将占移动数据流量的 60%，其中有一半来自优兔。[46] 加拿大、美国、英国和澳大利亚 50% 以上的优兔浏览量产生自海外上传的内容。[47] 在稳定美国市场后，流媒体公司网飞（Netflix）正在积极寻求全球扩张，以锁定澳大利亚、拉丁美洲、北欧和中国的智能手机观众。[48] 到 2015 年年底，网飞的美国用户和外国用户分别为 4 200 万和 2 300 万。到 2019 年，网飞的国际用户激增到将近 1 亿，略多于 6 000 万的美国用户。[49]

智能手机对发展最重要的影响，可能是给了发展中国家获取传统上难以获得的教育、医疗和金融服务的机会。调查表明，斯坦福大学和麻省理工学院等大学教授开设的在线公开课程，虽然主要面向发达国家的观众，但却给发展中国家带来了最大的收益，因为它们使社会经济地位较低、受教育程度较低的人群得以拥有更好的职业前景。[50] 比尔·盖茨因这些发现而大受鼓舞，他在比尔和梅琳达·盖茨基金会的年度公开信中呼吁，让智能手机成为下一个教室。阿富汗女性的识字率为 12%，智能手机应用程序和简单的短信已经悄悄帮助她们学会了读写。你能想象这会给她们带去多少潜在好处吗？[51]

这些好处可以迅速扩展到远程医疗检查、法律服务、会计等领域，甚至不需要人工操作。例如，总部位于加州圣塔莫尼卡的 Tala Mobile 公司通过智能手机应用程序向肯尼亚、坦桑尼亚和菲律宾的企业提供小额贷款，该应用程序可以从用户的手机里提取信用信息。伦敦在线医疗顾问公司 Babylon 使用人工智能技术，正在卢旺达和中国为那些通过手机应用程序准确描述病痛的人进行诊断。有了全球范围内的病人，Babylon 的诊断也会变得更加准确：如今，这款应用程序每天从上千次检查咨询中提取数十亿个数据点，准确率高达 92%——这是人类医生每年进行约 7 000 次咨询所无法比拟的。[52] 甚至还有一种更简单的解决方案，它被称为"移动医疗"（Medic Mobile），正在改变那些需要步行100英里去看医生的非洲短信用户的医疗现状。[53]"移动医疗"为100多名社区卫生工作者配备了移动设备，使他们能够更有效地快速诊治病人，如马拉维的农村结核病患者。

智能手机使发展中国家的人们能够获得有史以来最多最好的产品和服务。实际上，智能手机带来的最大好处，可能不是更多的贸易，而是更多的可交易的产品和服务。我们接下来就探讨这一点。

选择，选择，更多的选择

1922年，当国际贸易产品首次被分类时，各国共有186种不同的贸易产品。到1974年，这个数字激增至1 214；到2011年，这个数字超过了5 000。每个产品种类还可以分成更细的类别，如"蔬菜"可以分成"黄瓜"和"胡萝卜"，并进一步细分成"胡萝卜，醋腌品，冷冻"。按照这么细的分类，美国的进口目录上有19 111种不同的产品。[54]

20世纪90年代，随着贸易自由化促使更多公司从事贸易，很多国家开始出口更多种类的产品。例如，1990—2001年，也就是《北美自由贸易协定》实施的首个10年，美国从墨西哥进口的产品种类每年增长2.2%。[55]冷战后，南欧和东欧经济体得以和欧盟进行贸易，其出口产品种类也翻了一番。1984—2000年，爱沙尼亚的出口产品从388种增加到2 670种，斯洛伐克的出口产品从2 681种增加到5 471种，西班牙的出口产品从6 260种增加到13 652种，希腊的出口产品从4 225种增加到8 037种。[56]中国悄悄占领了产品出口的全球市场。1972—2001年，中国的制造业出口增长了一倍，机械出口增长了近五倍。[57]

在线市场的发展与贸易自由化相似：它为公司拓展可行性市场，现在几乎已经延伸到了互联网的边缘。需求方的增长使得更多产品相似但有区别的公司进入市场并蓬勃发展——于是，电商平台和网上商店在消费者面前摆上了一盘不同于以往的产品和服务大杂烩。

耳机可能就是差异化产品之一。在亚马逊上搜索一下，你就会找到由全球各大品牌和各国非品牌企业生产的几百种不同类型的耳机。这些产品在本质上都是同一种产品，如降噪耳机和轻量化耳机，或者黑色耳机和粉色耳机。贸易的关键在于，中国消费者可能喜欢美国生产的品牌耳机，美国消费者也可能喜欢中国制造的低端耳机。正是消费者对多样化的热爱，使电子商务充满了活力，同时还推动了产业内贸易，也就是在各国之间进行差异化同类产品的贸易。

贸易产品的多样性也在增加，原因是电子商务让小企业能够从事出口业务——小企业出口的产品总种类要比大公司多得多，这通常正是为了凸显产品的差异化。例如，在我的公司为美洲开发银行所做的一项研究中，我们发现，阿根廷、哥斯达黎加和秘鲁这三个拉丁美洲国家的小企业出口了上千种大公司没有出口的产品，而大公司只出口了两三百种小企业没有出口的产品。[58]

全球在线平台的后来者使产品多样性更加丰富，如得到 Etsy 赋能的印度农村手艺人，以及床垫卖家 Caspar、眼镜卖家 Warby Parker 等都极度关注顾客体验，正在打造优质口碑的所谓数字原生垂直品牌。此外，消费者下意识寻求"参与产品制造"的行为生成了新的库存单位——如 MakeYourOwnJeans.com 上的新款牛仔裤、NikeiD.com 上的新款跑鞋，以及孩之宝（Hasbro）门店里那些通过 SuperFanArt 项目征集到的由消费者设计的玩具。"Me2Me"产品是下一个快速增长点：衣服、玩具、珠宝、工具等，都是由购物者（或者由购物者变成的制造者）构思、设计并通过3D打印制作的。

在全球化早期，贸易的利润来源于产业间贸易，也就是不同国家之间不同产品的交易，比如，英国向殖民地出售制成品以换取日用品。过去几十年，随着发展中国家的工业化以及其与发达国家进行的汽车和配件交易，行业间贸易得到了增长。韩国在工业化进程中变得越来越像美国或德国，但并未停止与这两个工业化国家进行贸易。相反，韩国增加了与美国和德国的贸易，向美国人和德国人销售美国和德国公司也在生产的产品——汽车、工业机械、电子产品、办公设备等。很多美国人会买这些产品，比起福特、苹果，他们更喜欢现代、三星。

自大卫·李嘉图之后，贸易经济学家搞清楚了产业间贸易发生的原因，但产业内贸易的发生仍然令人费解。为什么各国要从别的国家购买它们也能生产的产品呢？20世纪70年代，保罗·克鲁格曼发表了"新贸易理论"，解释了相似国家之间会进行相似产品贸易的原因，比如，日本和美国互相交易东芝笔记本电脑和苹果笔记本电脑。克鲁格曼的主要观点是，消费者热爱产品多样化：有些美国人喜欢东芝，有些美国人喜欢苹果。贸易的发生是因为并非每个美国人都喜欢美国制造的电脑、汽车、电视或其他小商品。[59]贸易使我们过得更好，因为它能让我们接触到最喜欢的产品——这也是网上书店使我们过得更好的原因。

克鲁格曼的经济学理论获得了诺贝尔奖。在此基础上，经济学家克里斯蒂安·布罗达和大卫·温斯坦指出，美国可以购买的产品种类在1972—2001年增长了三倍，也产生了大量消费者福利收益。到2001年，消费者愿意支付2.6%的收入去购买比1972年种类更多的产品。[60]随着智能手机的普及，全世界人民都将从多样化中受益。克鲁格曼可能也没有料到,"新贸易理论"会以这样的方式闪耀光辉。事情还远不止如此:世界各地的卖家一旦上网,就要面对与同类卖家的竞争,以抢占在线买家的钱包,他们必须提高差异化程度和生产力水平,这也将促进经济增长。

这些影响在中国农村地区得到了体现。为了促进电子商务发展,阿里巴巴集团一直在投资"农村淘宝"项目,试图通过构建农村电子商务生态系统来促进中国农村和城市地区之间的贸易。在一项名为"阿里巴巴效应"的研究中,中美学者团队发现,小城市和偏远城市的居民比大城市的居民更频繁地上网购物,主要目的是获取大城市里的种类更为丰富的产品。[61]这似乎正在大规模地发生:2015年,农村地区约有7 700万人上网购物,比2014年增加了41%,大大超过了城市网上购物者的增长速度。[62]随着这些小城市居民可以获取的产品种类越来越多,他们从电子商务中得到的消费者福利收益也大大超过了大城市居民——这表明电子商务和智能手机可以减少城市之间的收入不平等。维克多·科图雷、本杰明·法伯尔、顾逸真(音)和刘立志(音)在另一项关于中国农村家庭的严谨研究中也得出了相似的结论:电子商务使农村家庭,特别是年轻富裕的消费者,能够像城市同龄人一样买到品种丰富的商品,从而增进了他们的福利。[63]最大的福利来自家用电器、电子产品等耐用品,产品多样化不仅使农村消费者节省了成本,也减少了出行时间。

他们的研究还总结出一条重要的政策经验:尽管阿里巴巴建立的智能手机和电子商务终端使农村居民能够在线浏览和订购产品,但正是中国政府对农村物流的支持,让农村网民得以避免支付高昂的运输成本。毕竟,农村"最后一公里"物流对电子商务企业来说是一笔庞大的支出,因为相较于将产品运往高楼林立的繁忙城市,将产品运往人口稀少的农村地区所能产生的规模经济更有限。大型电信公司也面临类似的挑战，它们认为将安第斯山脉偏远村庄的几户人家接入高速互联网毫无价值。如果政府想要发展本国的电子商务，也许就得插手干预，为农村地区的"最后一公里"配送提供资助，正如很多政府资助"最后一公里"互联网连接一样。埃及、印度、越南等国的政府已经宣布了在城市中心以外投资电子商务应用的政策。

结论

在20世纪80年代，如果你想知道主演《终结者》(The Terminator)的是西尔维斯特·史泰龙还是阿诺德·施瓦辛格，或者在你研究的领域，哪些大学表现得更突出，你可能会问朋友或乘公共汽车去当地的图书馆翻阅目录卡，然后再费力地去找目录卡上提示的书。如今，你几乎可以随时随地用裤兜里装着的手机在线搜索这些问题，用不了一秒钟就能得到所有信息。不仅查资料的速度比20世纪80年代快了许多倍，你还能更便捷地对其进行比较和选择——你可以快速查看哪部电影和《终结者》类似，查看成千上万人对《终结者》的评分，上网讨论《终结者》等电影里的暴力，或者拍摄一个自己扮演终结者的搞笑视频发给朋友。

智能手机赋予我们的"超能力"，是我们在短短20年前做梦也不敢想的。然而，我们如今也开始理解它正在以何种方式改变着世界贸易。它让数百万卖家在全天候开放的全球购物中心里拥有一席之地，销售产品和服务，同时发展业务。它让购物者能获得全世界的供应，更好地进行选择，以更低的价格购买商品。它还给从中国西部到巴西西北部的偏远农村带去了城市消费的可能性,使那里的人们能获得金融服务、免费的世界级慢性胃灼热诊断,以及来自哈佛大学的廉价天体物理学课程。它能提高跨境贸易和数据交换的速度,增加互联网带给消费者的幸福感。它正在进入全球范围内的工作场所,同时也在改变 B2B 交易和自身的作用——智能手机变成了工作电脑。即使不买 999 美元的新手机,你也能得到这些好处——裤兜里的那部手机,也许已经让你享受到了 21 世纪的便利和贸易收益。

第 5 章

无人驾驶,送货上门

尽管金融危机后世界贸易额连续下滑了 5 年，但在过去 30 年里，世界贸易额的增长一直快于世界经济——从 1980 年的 2 万亿美元增至 2016 年的 15 万亿美元，几乎增长了 8 倍；而同一时期，世界经济从 18 万亿美元增至 75 万亿美元，增长了大约 4 倍。如果没有突然出现的保护主义浪潮，或者 3D 打印在各个行业的迅速普及，贸易额至少在中期内会继续上升。2015—2050 年，海上商品贸易必定会激增 4.3 倍。假设进出美国主要港口的产品每年以 5% 的速度稳健增长，2015—2030 年的集装箱流量将翻一番。[1] 近几年，电子商务的爆炸式增长已经使世界上以集装箱为基础的贸易堆起了"包裹山"，给海关、边境机构、邮政系统和繁忙的城市中心带去了压力。

迅速增长的贸易流动是一把双刃剑。贸易是经济、商业和贸易中介增长的一个巨大来源，如为快递托运、银行、货运代理、仓库等提供运输服务的班轮。但贸易的增长需要与港口、航运、货运代理、"最后一公里"配送等许多行业的新产能投资相匹配。美国海事委员会在 2014 年敲响了警钟："美国联运系统中港口和其他环节的拥堵，已经成为美国经济相对强劲的增长及其在世界经济竞争中的地位的一个严重风险因素。"[2] 航运和港口的拥堵可能增加运输成本，特别是对长距离运输高重量价值比商品的公司来说，如发展中国家的出口商。高运输成本还会增加最低可行出货量，有可能导致 B2C 和 C2C（消费者对消费者）电子商务的低价值产品无法出口。

为了应对日益增长的海上贸易量，港口进行了耗资数百万美元的大规模扩建，航运公司制造了越来越大的轮船，卡车安装了更多的轮子。然而，如今这种大规模扩张带来的收益正在递减。当今世界贸易的流动吞吐量与体力关系不大，而主要和脑力有关：物联网、人工智能和区块链推动下的效率提升，正在加快世界贸易的速度，同时降低成本、减少碳排放。轮船、火车、卡车和港口变得越来越智能，贸易也在变得更快、更便宜、更安全、更清洁。这是如何发生的呢？

越大越好

贸易自由化是二战后贸易增长的关键。但是，推动世界贸易的还有另外两位"无名英雄"。贸易的一个主要驱动力是经济增长。原因很简单，随着经济的增长，一个国家的人民和企业会购买更多东西，其中也包括从国外市场购买东西。这就是美国的贸易赤字和 GDP 增长率保持一致的主要原因。贸易的另一个主要驱动力是全球航运规模扩大和技术进步的相互作用。

在全球航运的早期，大船意味着速度更快。19 世纪的美国船舶建造者明白，船体越长，可携带的船帆越多，速度就会越快。1825 年，黑球航线（Black Ball Lines）从纽约航行到利物浦只用了 23 天，几乎比 1620 年"五月花"号 66 天横渡大西洋的航程快了 3 倍。[3] 大约 20 年后，无法在 14 天内横渡大西洋的船只根本不值一提。[4] 19 世纪，铁路和蒸汽机的兴起帮助创造了现代全球化的第一波浪潮。1819 年，"萨凡纳"号成为第一艘使用蒸汽动力横渡大西洋的轮船，它用 27 天完成了这一壮举。到 1937 年，由涡轮推动的"诺曼底"号能在 3 天 22

个小时内快速穿越大西洋。

与此同时,口岸上的情况还很落后。19世纪中叶,洛杉矶港的货物运输全靠牛车、马车。但1869年开通的美国横贯大陆的铁路系统和苏伊士运河使环球运输成为可能。[5]

这些突破使西欧的出口额翻了一番,从1850年的占GDP的7%增长到1913年的18%。[6]它们还促进了殖民者和殖民地之间的贸易——苏伊士运河使英属印度的贸易额增长了41%。[7]它们也促进了国内贸易。麻省理工学院的经济学家戴夫·唐纳森指出,1870—1930年,急剧扩张的印度殖民地铁路系统推动了地区内贸易的发展,甚至帮助消除了印度各邦之间的价格差异,提高了印度人民的收入。[8]例如,与铁路网互通的地区,农业收入增加了16%。1880年,新港口建设不仅增加了中国的进口量,而且可能也是蚕茧出口增长6倍的主要原因。[9]

20世纪,基础设施和技术不断获得进一步突破。1992年竣工的美国州际高速公路系统(随着贯穿科罗拉多州格林伍德峡谷的I-70公路的开通而最终完成),推动了辛辛那提、伯明翰、底特律等城市的重型货物贸易的发展。[10]重型货物贸易最易受运输成本的影响。1914年巴拿马运河的开通,不仅使美国东西海岸之间的海上距离缩短了8 000英里,而且扩大了美国与拉丁美洲国家的贸易往来——与萨尔瓦多的贸易额增长了41%,与厄瓜多尔的贸易额增长了31%,与秘鲁的贸易额增长了15%,与智利的贸易额增长了11%。[11]世界各地的港口扩张促进了全球供应链中的商业流动:50年里,中国的出口额增长了600多倍,从1960年的26亿美元增至2010年的1.6万亿美元。上海港经过全面改革和扩建,到2011年已成为全球最繁忙的港口,贸易吞吐量是洛杉矶港的三倍。[12]

21世纪，随着内燃机和燃气涡轮取代蒸汽机，海上贸易加速发展。到2000年，海运成本只有1930年的20%。世界贸易发展还面临另一个重大障碍，那就是集装箱问题。直到20世纪中叶，货物的形状、大小和包装还是参差不齐的——板条箱、托盘、小件，卸货因此变得极为缓慢，货物经常会被偷窃或损坏。1956年4月26日，这种情况发生了改变。马尔科姆·麦克莱恩将二战时期的油轮"完美X"号改装成一艘货船，在加固甲板上装载了58个金属集装箱，从纽瓦克港驶往休斯顿。货船停靠在休斯顿期间，该公司已经收到了集装箱运输的订单。[13]集装箱通过运输标准化改变了游戏规则：它们很容易被装载、密封、运输，从卡车上被转移到船舶上，再转移到火车上，从而开启了全球联运的时代。仅仅5年后，也就是1961年，国际标准化组织对集装箱的尺寸进行了标准化，以确保集装箱适用于所有船舶、火车和卡车。麦克莱恩做起了海路运输服务，他的公司现在隶属马士基集团。

开启智能

2011年，"Triple E"面市。这种迄今为止最大的集装箱船有四个足球场那么长，比帝国大厦的高度还要长19米，可以装载18 000个集装箱（或者364万亿部苹果平板电脑）。"Triple E"的运力是20世纪50年代早期集装箱船的30倍，它给航运行业带来了前所未有的规模和效率，也将航运价格降低至前所未有的水平，让全世界的贸易商欢欣鼓舞。

"Triple E"试水"处女航"的同时，古往今来推动贸易发展的秘诀——扩大规模、改进技术——仍然有效。在很长一段时间里，船舶总是越大越好：20世纪初出现了能够容纳5 000个标准箱（1个标准箱=1个20英尺长的集装箱）的巴拿马型船，接着是容纳12 000个标准箱的后巴拿马型船，再接着是像马士基集团"Triple E"这样的、可以容纳18 000个标准箱的超级后巴拿马型船。船舶越造越大，设计于20世纪早期、适合美国海军舰艇通行的巴拿马运河不得不进行扩建。2005年，拓宽后的巴拿马运河通航，能够通过容纳12 600个标准箱的船舶，但船舶的尺寸再次超过了它的水道宽度。这种对尺寸的持续追求令人难以抗拒：船舶运力从8 500个标准箱增至15 000个标准箱，每个集装箱能省下约80美元的成本；从15 000个标准箱进一步增至19 000个标准箱，每个集装箱能再省下40美元的成本。[14]此外，世界贸易在2005年前后发展迅速，恰好成了"规模即客户，大就是好"这种观念的佐证。

但现在，航运行业的"越大越好"模式带来的收益正在递减：每扩大一次运力，节省的成本越来越少。

原因之一是港口、机场或高速公路的扩建空间有限，无法容纳一艘巨轮上的货物量。对更大船只的追求给下游的港口带来了麻烦。这些港口不得不扩建场地，更深地疏浚港湾，架设桥梁，想尽办法迅速迎巨轮入港、送巨轮掉头。例如，跨大西洋走廊是中国和北欧之间走廊的1/3长——因此，需要1/3的在港时间来实现新船型的预期节约额。在巴拿马运河扩建的推动下，纽约、新泽西、萨凡纳、休斯顿、长滩、洛杉矶等港口都开始筹集资金，以便更好地服务巨型船舶。然而，这会导致一个问题：经济合作与发展组织估计，港内和港外腹地成本的畸形增长，最大集装箱船尺寸的增加，实际上会增加货物运输的总体成本。[15]巨型船舶还会给供应链带来巨大风险——任何一艘船的倾覆都会让保险公司赔到破产。

原因之二是班轮服务公司对规模的集体痴迷：每条航线都在建造更多更大的船舶，然而，世界贸易增长在金融危机后停滞不前，航运行业发现自身面临严重的产能过剩。到2017年，航运行业总供给超过需求20%。班轮服务公司的高管惊讶地发现，本该节约成本的大型船舶并未达到预期。结果表明，规模并不是节约成本的唯一动力——60%以上的节约来自引擎的优化。[16]多年来，船舶都是半满航行，而航线则被合并，以为船舶提供资金。世界第七大航运公司——韩国的韩进海运（Hanjin）宣布破产。规模扩大带来的成本节约达到峰值的速度快于行业预期。

航空货运也面临同样的产能过剩问题，因为该行业的货舱总容量在不断扩大。2015年，航空运费月环比下降9%。但航空货运业平安渡过了危机，这要归功于更大的航空燃油价格跌幅以及与电子商务相关的包裹运输的惊人增长——需要空运超过1 000公里的包裹从2010年的3 000万件增加到了2015年的将近4亿件。[17]航空运输也越来越受电子商务买卖双方的欢迎。2015年，每吨电子商务包裹的空运总里程从16%飙升到74%，且有望到2025年增至91%，这意味着货机将运送9.5亿件电子商务商品。波音公司预计，2018—2038年，全球将需要2 480架新货机。[18]

当然，低廉的运输成本对进出口商来说是件好事，尤其是那些出口高重量价值比商品的发展中国家，它们的经济情况与那些出口苹果手机或奢侈手表的国家截然不同。例如，2008年拉丁美洲对美国贸易的海运成本比荷兰对美国贸易的海运成本高出172%，这主要是因为拉丁美洲国家运输的货物比荷兰运输的货物更重。[19]

多余的船舶空间也给从事电子商务的中小企业和电子商务平台带

来了好处。班轮服务公司迫切希望填满自家的船只，于是和电子商务平台结成了超级联盟。这些电子商务平台可以凭借其用户基础，生成大量新业务，帮助整合小规模货运。例如，长荣海运（Evergreen Line）、马士基海运、达飞轮船（CMA CGM）和阿里巴巴合作，使阿里巴巴的小企业卖家能够在需要时直接通过OneTouch航运平台从班轮服务公司预订货舱。OneTouch航运平台可以提供清关、物流服务，为阿里巴巴的消费者预订空运等进出口服务。[20] 如此一来，小企业无须经过单独的中间商就能和终端服务企业打交道，也许还能获得更优惠的价格。

阿里巴巴同样从中受益：通过由第三方物流公司构成的物流网，阿里巴巴能更好地控制物流、降低成本，因为班轮服务公司知道阿里巴巴更换航线的成本很低，因而它的议价能力很强。航运公司方面，澳大利亚的China Sea Rates公司正在为数家电子商务网站开发全球首个即插即用、送货上门的海运预订系统。[21]

除寻找电子商务客户外，班轮服务公司还试图从技术上节约成本。这确实也是可以节约成本的地方。该行业最引人关注的概念是无人驾驶船舶。当然，无人船舶早就存在了：2014年，劳斯莱斯试航了一艘无人船；埃隆·马斯克的两艘"Space X"无人驾驶太空船"看看说明书"（Just Read the Instructions）和"我当然还爱你"（Of Course I Still Love You）一直作为可回收火箭的接收设备漂浮在大西洋和太平洋上。但是到如今，全球航运业已经迎头赶上。挪威价值2 500万美元、可容纳100个标准箱的无人船"亚拉·伯克兰"号于2019年投入使用，并在2020年完全实现自动驾驶，届时将出台允许无人船在国际水域航行的法规。为了将集装箱运过大西洋和太平洋，日本邮船株式会社（Nippon Yusen K.K.）正在建造远程控制的船舶。

第一艘船计划在2019年启航，到2025年，将会投入使用更多遥控船舶。中国海航集团也携手合作伙伴制定了在2021年推出第一艘自主航行货船的目标。[22]

无人驾驶船舶具有重大的经济意义，有望为这个不景气了10年的行业节约成本——并最终降低进出口商的成本和消费者购买海外产品的价格。

在19世纪末的第一波全球化浪潮中，一艘船需要200多名水手，但如今只需要不到20名水手。一艘万吨级集装箱船可以由14~15名船员操控。之后，规模经济开始真正发挥作用：一艘10万吨级的船只需要再增加5名船员，也就是说总共只需要19~20名船员。然而，即使这么少的船员，也会产生成本，约占一艘船总成本的44%（想想船员的薪水、占用集装箱空间的宿舍、空调等）。与此同时，无人驾驶船舶顶多只需要一个人进行远程控制。[23]这对航运业的经济影响非常显著——全球9万艘商船上的船员超过150万人。自动化还有助于消除人为错误，人为错误是公海上96%事故的根源。无人驾驶船舶还可以根据天气、维修计划和货物来优化航线，从而节省费用。[24]

它们还有可能取代其他运输方式。例如，"亚拉·伯克兰"号专攻短途运输，目前每年能沿海搭运40 000辆卡车。"亚拉·伯克兰"号是纯电力驱动，被称为"海上特斯拉"，因此可以再削减40%以上的船舶运营成本，同时减少卡车用汽油的消耗。一般来说，船舶的能源经济状况要比卡车好得多：一辆半挂车每吨耗油1加仑可以行驶59英里，而一艘货船每吨耗油1加仑可以行驶526英里。由电力驱动的"亚拉·伯克兰"号能节省更多燃油，二氧化碳排放量为零，几乎没有噪声污染。

也就是说，如果卡车还是原来的样子，那就成了18个轮子的

"吃油怪物"。事实上，卡车也越来越电动化了——2017年，仅特斯拉一家就接到了百威英博、沃尔玛、敦豪快递等多家公司的全电动卡车订单。卡车也越来越智能化——同向行驶的卡车，可以通过传感器和其他通信设备的连接成为伙伴关系，就像自行车赛手一样一辆紧跟着一辆形成队列，从而提高燃油效率。这就是"汽车队列控制技术"。传感器负责控制车队的速度和刹车模式，使车与车之间的距离比人类能够做出反应的距离更近。这种新型卡车在自我意识和自我提升方面也技高一筹。为了"看"清楚世界，车队的卡车上装载了很多传感器——业界领先的戴姆勒公司的卡车上就装了400个传感器。这些传感器构成了一个比喷气式客机更复杂的系统，通过1.3亿行代码将天气、交通、路线、卡车重要部件等数据传输给软件。它们可以预测故障、自我诊断，还可以下命令更换零件，进行自我维修。

班轮服务公司在供应方面的成本节约本身并没有改变航运业的经济状况——随着航运货物量的增长，船舶上的集装箱空间有所增加。尽管贸易复苏会导致商船和航运公司增加交易量，但该公式仍然适用。无人驾驶船舶一旦进入市场，在收回初始投资以及航线学会管理船舶的海上维修成本后，就可能给班轮服务公司省钱。航运班轮市场不景气时的并购活动也能节约成本——虽然专家已宣布将采取反垄断行动。

通过并购，班轮服务公司获得了议价能力，能够和码头营运人谈判长期合同。班轮服务公司还能从爆炸式增长的电子商务中受益，但也可能遭到电子商务巨头的干扰。这些电子商务巨头拥有远比它们好的客户服务、数字能力，以及货主和贸易生态系统中其他参与方（如提供贸易融资的海关和银行）梦寐以求的端对端出货数据。[25]亚马逊一直在推进绝密的"龙舟"（Dragon Boat）项目，或者叫"亚马逊全球供应链"项目。该项目的设想是端对端地控制供应链,直接将商品从中国和印度的工厂运送到亚特兰大、纽约和伦敦的客户家门口。为此,亚马逊租赁了20架波音767飞机用于空运,注册了一家货运代理公司为中国消费者提供海运服务,还购买了数千辆拖挂车。这样的规模使亚马逊能够向小批量卖家提供与大公司相同的运输折扣。精细的端对端垂直统一管理将整个供应链的数据汇集到了一起,亚马逊因而得以更深入地了解贸易路线和客户。

海运和货运代理为亚马逊进入这些全程离不开纸张、高中介成本且不透明的人工行业做好了准备。世界各地的创业公司也在纷纷进入该领域。旧金山的"独角兽"公司——货运物流服务商Flexport将这些不透明的、以纸张为基础的货运代理业务数字化,开发出了一个平台。在这个平台上,进出口商可以预订货运服务,实时跟踪产品的行程,再也不用整晚睡不着觉了。Flexport自身还拥有一个由10 000名进出口专家组成的网络来处理中介业务,随时可以实现海运物流的"优步化"(Uberize)。创始人赖安·彼得森饱受从中国进口摩托车缺乏透明度和效率的困扰,最后创办了该公司。乌拉圭的Gurucargo公司的商业模式与之类似,也是充当货运代理界的"方舟",让拉丁美洲的公司可以从一个地方选择路线、货运代理、海关经纪人和货运保险。

"幽灵港口"

在中国东北部的青岛,当地人把这座城市的港口称作"幽灵港口"。青岛港开放于2017年3月,是亚洲首个自动化港口。在那里,起重机使用激光扫描和定位技术查找集装箱四个角的位置,然后准确地抓住它们,将之转移到无人驾驶的电动卡车上。青岛港不知疲倦地连续运转,无论是在明亮的白天还是在漆黑的夜晚,都很少看见人影。该港口不用60名工人从船上卸货,只要9个人就够了——大部分是掌握远程控制技术的人员,而非起重机操作员。[26]青岛港的劳动力成本降低了70%,效率提高了30%——这意味着缩短了巨型船舶在港口停留的时间,让它们得以更快地执行下一趟运输任务;涉及人为错误的事故也被降为零。[27]该港口使用涡轮增压,能够适应未来三年的发展需要。对于上海港等中国许多其他港口自动化项目来说,现在的青岛港就是一个概念成功的证明。

未来的无人驾驶船舶极有可能停靠在自动化港口。欧洲传统大港鹿特丹港在多年前就开始了自动化:由软件操控的堆垛起重机、车辆以及风力设备每年要处理4.45亿吨货物。北美自动化程度最高的集装箱码头洛杉矶港采用TraPac设备对货物进行分类,这样卡车司机可以在同一个地方卸下出口集装箱,装载进口集装箱。[28]事实证明,人力很难与机器人对抗:伦敦的自动化码头盖特韦港在两个月的时间里,从附近的费利克斯托港吸引了24艘船舶临时停靠。费利克斯托港是英国最大的集装箱港口,至今仍由人工管理。[29]

作为14世纪汉莎同盟最闪亮的一颗明珠,汉堡港用物联网应用编了一出由尽职尽责的轮船、卡车和起重机主演的慢动作芭蕾舞剧:每天搬运25 000个集装箱,管理40 000次卡车进出。[30]所有的冗余都被削减了:传感器通过跟踪卡车、起重机、运输工具、道路、闲置的停车场和仓库与过剩产能,优化集装箱进出的路线,并将货物从繁忙的地方重新分配到不那么忙的地方。汉堡港还使用区块链技术从码头提取特别有价值的货物的订单。[31]新效率是这样的:卡车司机早上

6点30分到达，6点35分载着集装箱离开，当晚就能让产品摆上汉堡的商店货架。假以时日，这些收集到的数据将被用于规划未来的交通基础设施投资。

汉堡港不仅是一名伟大的编舞师，而且是一名伟大的维修员：智能维修系统可以分析固定资产的使用和磨损情况，促成机器与机器的对话，并根据需要及时进行维修；智能存储系统可以满足货物需要，评估存储设施的湿度、通风、冷却、气压等参数，而热探测传感器可以监测在有人情况下的异常模式。虽然这看上去很有未来感，但汉堡港几乎没有选择：2014—2025年，该港贸易吞吐量将翻一番，从900万个集装箱增至1 800万个集装箱。然而，该港周围是一座繁忙的城市，并没有扩建的空间。因此港务局认为，如果不能建得更宽阔，就得更智能一点儿。

在地球的另一边，洛杉矶港和通用电气运输业务部通过一个门户网站，每天可以指挥4万辆卡车和船只的行动。这个门户网站建立了基于云的系统，通过人工智能和机器学习预测装运轨迹，使APM Terminals公司、马士基航运公司、地中海航运公司（Mediterranean Shipping Co.）得以与很多货主和卡车司机分享装运信息。这有助于卡车司机大致了解装运情况，安排好他们的调度时间表；有助于货主了解货物距离交货地点还有多远；也有助于码头充分利用劳动力和设备。[32]据报道，该门户网站每天平均可以为卡车调度员节省2~3个小时。美国联邦政府以及其他港口也在考虑建立一个类似的全国性门户网站。反过来说，最智能的卡车和供应链里的其他参与方被连接到了一起——货主、船队、司机、执法部门、市政当局和边境当局都能实时看到每一辆卡车的位置、行驶轨迹，以及货运的进展情况。

港口还可以在由自动化操作产生的数据中创造新的收入来源。安特卫普港建立了 NexPort 平台。巴斯夫公司（BASF）、地中海航运公司、迪拜世界港口公司（DP World）、标致雪铁龙集团（PSA）等大公司在该平台上共享信息，以寻求将各种各样的物流数据商业化。[33] 可以进入该平台的还包括海关等边境机构，以及应用程序开发商。

港口自动化对发展中国家的贸易大有裨益。以拉丁美洲和荷兰为例，它们运输成本差异的 1/3 源于港口效率的高低（拉丁美洲低，荷兰高）。对港口而言，相较于在当地居民和环境人士眼皮底下疏浚、铺砌、建造阶梯等更加高昂的花费，在自动化等增效技术方面的支出很容易被证明为合理，比如，检查仓库情况的无人机，以及使港口生态系统各方都能访问数据以便了解托运物位置、托运进展情况的区块链。的确，港口工人会担心自动化影响到他们的工作，从而对数字化持反对态度。智能港口的主张者需要正视并设法解决这些问题：一方面，让工人看到数字化不仅能帮助他们更好、更快地工作，还能给港口带来新业务；另一方面，根据需要对工人进行再培训。

如今，发展中经济体正在投入使用港口社区系统（PCS）平台。该平台最早出现于 20 世纪 90 年代的欧洲，虽然没有区块链那么先进，但却能让港口生态系统各方实现数据共享和更好地合作。2007 年，由于货物激增、等待时间长、污染以及每年 60 万趟卡车进出港口给城市造成的交通拥堵，智利的瓦尔帕莱索港濒临崩溃，不得不创建一个港口社区系统平台，以促使港口各方更好地相互协调。该港口在数字化改造上总共花了 5 000 万美元。结果，货物装卸时间大幅减少，班轮掉头速度更快，卡车和码头在几分钟内就能查到货物的清关信息，卡车和船舶在等待期间的二氧化碳排放量减少了 80%。[34]

港口的终端也变得越来越智能化。世界上最繁忙的码头之一，巴拿马的曼萨尼约港采用了一种新的终端操作系统软件，只需按下一个按钮,就能生成全方位的终端操作数据报告,并深入钻研诸如堆垛起重机每小时转弯数等性能指标。[35] Navis 等终端操作系统也在帮助终端运营商利用运营数据快速生成更准确的航线发货单,并对全程服务进行收费。

当然,刚刚开始数字化的发展中国家还有许多工作要做。除了德班和蒙巴萨这两个较好的非洲港口,撒哈拉以南非洲地区港口的货物平均滞留时间接近 20 天,而领先港口仅为 3~4 天。[36] 世界银行的研究团队发现,这种令人遗憾的情况是由一系列激励倒错造成的。进口商利用港口存储货物;海关经纪人迟迟不动,因为货物的延误成本由进口商承担;在某一行业拥有垄断地位的当地公司希望货物的滞留时间越来越长,以此作为阻止其他生产商进入市场的手段。[37] 技术可以瓦解这种状况,但只有在各方达成一致的情况下才能奏效。首要的解决方案不是新技术,而是政治——取缔地方保护、惩治勾结,让技术能够进入。

"最后一公里"的经济学

1962 年,管理学大师彼得·德鲁克写了一篇关于"经济的黑暗大陆"的文章。德鲁克提到了配送物流,并将之喻为"黑盒子"。盒子里满载世人知之甚少的活动,很可能会给企业带来巨大的效率收益。德鲁克的论点刺激了对供应链管理的经济学分析,其影响力足以促使零售商对物流进行思考。[38] 20 世纪 70 年代,零售商店通常直接从供应商或批发商那里进货。过了 10 年,也就是到 20 世纪 80 年代,零售商希望获得更大的分销优势,建立由自己控制的分销中心。20 世纪

90年代，随着全球采购的盛行，零售商设立了进口中心来接收和处理集装箱。自始至终，他们都在致力于降低库存水平、加速产品流通，并考虑将非核心业务外包给专业供应商。

到了电子商务时代，产品的购买方式发生了翻天覆地的变化。在过去的几十年里，产品都是被装在托盘上的箱子里，通过零售进口和配送中心被运送到购物者经常光顾的当地商店。现在，它独自穿过一个巨大的分拣中心，进入一家快递公司，再被送到购物者的家里。对包裹来说，这似乎是一趟孤独之旅；但对发货人来说，尤其在全球商业中心、拥挤的大都市，这是一场物流噩梦。但总体来说，快递的速度越来越快，价格也越来越便宜。

部分原因在于仓储革命。亚马逊、沃尔玛、家得宝（Home Depot）、塔吉特（Target）等公司纷纷建造了大型运营中心——在美国，洛杉矶、"内陆帝国"（河滨圣伯纳迪诺大都市区）、芝加哥、达拉斯－沃斯堡、新泽西、费城和亚特兰大为电子商务建造的巨型仓库高28英尺、占地100万平方英尺，规模在2011—2015年扩大了6倍。[39]与之不相上下的还有中国上海、中国香港、中国台湾的足有50个足球场大的超级配送中心，以及散布在欧洲各地的无数巨型仓库。那些没法往宽里建的公司就往高里建：澳大利亚开发商Goodman在香港建了一座27层的仓库，1~13层使用坡道，14~27层使用电梯。[40]

这些都不是无脑的"大盒子"：它们是仓库界的"精英"，拥有建立在传感器基础上的精确跟踪系统和由机器人操控的挑选包装系统，最大限度地减少了手工操作、空间占用和返工。专家称，相比直运模式，也就是从配送中心或直接从工厂运到买家手中，几十年来从供应商到零售商再到消费者模式的供应链极为低效：库存成本更高；多余的货运"接触"增加了时间、成本和受损概率；现金周期更长。[41]直

117

运模式节约了货运、仓储和劳动力成本。

专攻不同送货周期的快递中心进一步节约了成本：那些在城市圈20英里以内的中心负责配送价值更高、对时间更敏感的产品，如智能手机、食品等，这能满足80%希望当天或次日送达的消费者的需求。与此同时，距离城市圈更远、规模更大的中心专门处理家具、折扣服装等对时间不那么敏感的产品。

城市是仓储领域最激烈的战场。亚马逊的"Prime Now"（一小时送达服务）已经渗透进城市中心，在伦敦和美国一些城市设立了面积不到200平方英尺的小型配送中心和城市仓库，可储备2 500件库存，并在一小时内将货物送到消费者手中。它们的本土优势非常明显：一般商店为最低订购量提供的送货周期是两天以内，而亚马逊只需要两个小时就能送达。此外，它在速度和价格上都更具竞争力：尽管租金很高，但只要供应方能充分预测需求，城市仓库实际上可以通过减少运输成本、缩短交货周期和减少库存管理成本为亚马逊节约资金。[42]

亚马逊、阿里巴巴、蓝裙网（Blue Apron，一家生鲜食材送货上门服务提供商）、Hello Fresh（欧洲知名的半成品生鲜电商）、美国联合包裹运送服务公司（UPS）、联邦快递（FedEx）和美国邮政服务（U.S. Postal Service）等公司之间的城市仓储空间大战，使得仓储成本也创下了新高。[43] 线下时代，零售商打算在季节性贸易高峰时期增加的仓储成本也不过是20%~30%。但在电子商务时代，高峰意味着增加的仓储成本可能是100%或更多，这让零售商对长期仓库租赁失去了兴趣。[44] "哈利·波特"系列之一新书上市当天就发生过一次超级高峰——数以万计的亚马逊客户希望这本书一出版就能被送到自己的家门口。

对小规模高峰运营来说，将搬运设备相同和需求高峰期不同的公司联合起来是有意义的。这就像分时使用：同一栋房屋，一家人冬天住，另一家人夏天住。一家人喜欢滑雪，另一家人喜欢远足，但他们都喜欢这栋房屋和屋里的桑拿浴室、洗衣机、干衣机以及厨房里的大岛台。物流专家大卫·施韦贝尔举例说，电子产品公司可能会在"黑色星期五"和"网购星期一"出现需求高峰，糖果公司可能会在情人节出现需求高峰，而体育器材公司则可能会在返校期间出现需求高峰。[45] 西雅图的Flexe（一个按需仓储管理平台）等初创公司能让零售商共享仓储空间，也能像爱彼迎帮助出游者一样，在需求激增时找到仓储空间。[46] 业内人士称，共享第三方物流设施可以降低 1/3 的货运费用。[47]

仓库的兴起给城市带来了好处。它们创造了销售点的税收和新的就业机会，同时减少了传统配送中心的卡车运输量。制造商、零售商等城市空间的所有者也在获益。它们翻修仓库以满足电子商务企业的需求。这些企业想要现代化的设施，无论是在技术方面还是在设计方面，比如，用于引入自然光的玻璃幕墙、能源与环境设计先锋（LEED）认证、员工骑行或步行的通道等。[48] 例如，明尼苏达州的一家仓库将原来的锅炉房重装成一间出售自制啤酒的酒吧，以吸引公司在仓库附近"落户"。[49]

面对电子商务企业的不动产混战，传统零售商也有优势——它们的门店距离城市和郊区的消费者很近。科尔士（Kohl's）、潘尼百货（J.C. Penney）等公司都发现，关闭一家门店会让它们损失门店周边 10 英里以内的在线销售——因为消费者"眼不见，心不想"。此外，实体店还能通过提供方便的退货服务吸引消费者。[50] 潘尼百货的九成退货都是在店内完成的。但是，也许这只能为零售商拖延一点时间——因为其电子商务销售额的增长与实体店销售额的下降并不相等。[51] 70% 的美国人驾车 5 分钟就能到达的沃尔玛可能是个例外。它具有一个特殊优势，那就是把门店用作电子商务的配送站，为很多在网上购物但希望节省配送费用的消费者服务。好市多（Costco）的股价也因为允许顾客线上购物、线下提货而上涨。

推动运输效率提高的另一个关键因素是"最后一公里"物流的改善。以前，"最后一公里"靠的是购物者自己。驾车到宜家，买好东西，把它们拖到车里，最后再驾车回家。现在，快速送货和免费退货服务应运而生。购物者希望把"最后一公里"外包给任何一家送货又快又便宜的公司。根据调查，这种需求在30岁以下的人群中尤为强烈。"最后一公里"蕴含着无限商机。

美国很多公司涌入了这个市场。优步、Postmates（一家按需配送服务商）、Deliv（一家以众包方式提供当日送达服务的公司）和亚马逊生鲜（Amazon Fresh）都提供司机（独立合同工）现货配送服务。大众运输服务公司Roadie把每一个拥有自行车或汽车的人都纳入了送快递的行列。印度和俄罗斯有些城市的地方基础设施仍然薄弱，于是出现了争当"最后一公里"送货员的热潮。大家骑着自行车穿过繁华的街区，将顾客在网上购买的商品送货上门。

聚合技术使"最后一公里"得以发挥经济效益。例如，在订单源源不断的情况下，印度超本土化的快递公司Roadrunnr会使用数据分析技术来最大限度地提高每一趟次的处理量，决不让车辆空跑。众所周知，美国联合包裹运送服务公司的卡车经过繁忙的街区时，会使用全球定位系统避开左转的路口，节省下来的运输时间如果以燃油价值计算，相当于3亿美元。在如今这个3/4的人都说不清自己住址的世界里，这些技术还能走得更远。在许多发展中国家，住宅和企业不是通过地址，而是通过诸如"从湖边凉亭数第三个房屋"之类的指示来定位的。为此，初创公司三词地址（What3words，英国一家提供全球精准定位系统的公司）开发了一个地理编码系统，将全球分成57万亿个3米×3米的小方块，并为每个小方块分配了"地址"，也就是该位置特有的三字代码，比如，自由女神像的"地址"就是"toned.melt.ship"。这个系统可以为135个国家的40亿个没有正式地址的人提供送货上门服务，但想要靠它在人口多达1 100万的里约热内卢贫民窟里找出是谁订购了披萨也没那么容易。事实上，达美乐披萨（Domino' Pizza）正在使用该服务在加勒比海的圣马丁岛提供外卖服务。

墨西哥等国的"最后一公里"谜题很有意思。在这些国家，电子商务发展迅速，快递网络却难以跟上。亚马逊、沃尔玛、客美多等电子商务巨头都在投资建设自己的快递网络。美国到墨西哥或拉丁美洲的海运面临的挑战在于，设有海关的港口数量有限。因此，国外的包裹必须空运到墨西哥城、蒙特雷或瓜达拉哈拉进行清关，然后再运送到最终目的地。这在三个中心造成了拥挤，也增加了配送成本。亚利桑那州的凤凰城反其道而行之：将墨西哥的海关人员请到美国进行预先清关并收取关税，使包裹可以从美国就近飞往墨西哥的最终目的地——明智的举措吸引电子商务企业、仓库和物流提供商纷纷到亚利桑那州投资。

邮政系统更精明。新加坡邮政（SingPost）已经投资数亿美元用于建设一个由12个国家的24座仓库、实时库存盘点系统，以及可以让邮差跟踪送件情况的移动电话构成的网络。只要顾客愿意，他们就能使用手机应用程序解锁寄存柜，到新加坡邮政全年无休、24小时营业的派送站点取包裹。新加坡邮政还接收来自国外的货物，并将它们转运至东南亚的其他市场。德国邮政（Deutsche Post）旗下的敦豪快递正在委托小型厢式货车公司StreetScooter完成"最后一公里"配送。[52] 埃隆·马斯克设想中的超级高铁从维也纳驶到布达佩斯只要 10 分钟（乘坐火车需要 2 小时 30 分钟），它也许会给欧洲的邮政和快递带来革命性的变化。邮政正在开辟新的领域——新西兰邮政（New Zealand Post）为了弥补断崖式下降的邮件投递，已经试着送起了肯德基外卖。

"最后一公里"既是商机，也是挑战。它在端对端配送中的成本占比平均为 28%，最高为 75%。[53] 在竞争激烈的城市地区，它会严重侵蚀企业的利润率，因为楼下就有大量的替代品可选，比如纽约市里的送餐服务。而且，交货时间越紧，成本就越高。2001 年电子商务刚在英国兴起时，查尔斯·诺克奥尔德就为伦敦的快递公司创建了一个模型：将交货时间从 180 分钟延长到 225 分钟，可以削减 6%~12% 的运输成本；进一步延长到 360 分钟，可以削减 17%~24% 的运输成本。[54] 完全取消时间限制，则可以节约高达 1/3 的运输成本。21 世纪初，赫尔辛基的研究人员也得出了类似的结论：将交货时间从两小时延长到一个工作日，可以削减 40%~60% 的运输成本；如果把快递放在很多人共享的快递箱里，从而创造出新的规模经济，那么在两个小时的交货时间里，以家庭为单位的个性化配送可以节约 55%~66% 的运输成本。[55]

在客户密度较低的偏远农村地区，快递行业的单次配送成本进一步上升：农村客户的住处往往距离较远且分散，这导致配送成本居高不下，且无法形成规模经济。根据调查，农村的"最后一公里"配送是发展中国家电子商务卖家面临的最大障碍之一。例如，非洲的城市配送不成问题，但农村地区"最后一公里"的配送成本成了在线买卖的拦路石。解决方案正在出现。印度的 Inthree 公司专攻农村配送，通过与小额信贷组织、农业委员会和印度邮政（India Post）合作建立配送网络，采取佣金制和品牌商合作，成功实现了盈利。[56]不过，为了让更多农村地区的居民能够购买和使用以前只提供给城市居民的低成本产品，公共部门可能需要采取更有力的措施对农村"最后一公里"配送进行补助。中国就是榜样。

无人机比赛

在纽约市和华盛顿特区这样的中心城市，办公大楼林立，到处可见递送文件的景象。行人也早就习惯了留心骑着自行车横冲直撞的快递员，他们不是送文件到这里签字，就是送文件去那里审批。虽然自行车快递员仍会对一边过马路一边专心发短信的人造成相当大的危害，但新的麻烦又出现了，这就是电子商务快递卡车。2013年，哥伦比亚大学城市研究专业的约翰·本杰明·伍达德开始分析电子商务对纽约市交通的影响。[57]他监测了亚马逊的快递以及美国联合包裹运送服务公司、联邦快递的卡车后发现，平均而言，快递卡车每次停车的时间为21分钟，其中2/3的卡车占用了两个车位——因此，单是快递卡车就占用了整整7小时的道路空间。

随后，另一项对曼哈顿43个邮区的研究表明，这样的问题在其中10个邮区更加严重：快递卡车的停车需求超过了这些地区所有街道的容量，[58]而快递卡车的数量还在迅速增加。例如，美国联合包裹运送服务公司每天在华盛顿特区配送的包裹同比2010年多出了6 500个。亚马逊已经在总部所在地西雅图建立了一间实验室，正在研究城市商品配送的策略问题。

还没有足够证据表明替代效应在发挥作用，即家庭前往购物中心次数的减少，会在电子商务送货量的增加方面得到补偿。事实上，电子商务让交通变得更加糟糕：纽约一个地区规划协会的研究表明，周六去商场购物相当于在不同的日期、不同的时间为10户人家送货上门。[59] 放弃去商场购物反而给城市带来了噩梦。如果家里没人收快递，问题就更复杂了。以英国为例，每100次送货中就有12次是二次投递，这不仅加重了道路拥堵，而且造成了每年高达8.5亿英镑的运输成本。[60]

技术正在彻底改变受到劳动力成本、劳动力可用性和轮班影响的送货成本。Eat24（美国知名外卖服务提供商）已使用机器人为汉堡和旧金山提供一天24小时的快递服务。中国第二大电子商务公司京东正在全面应用四轮机器人。它们一次可以携带5个包裹，充满电后能行驶超过12英里，还能找到从仓库到目的地的最短路线，但成本仅为人力快递的1/5。[61] 无人机可以到达美国联合包裹运送服务公司快递员到不了的地方，例如，从陆地向海上石油钻井平台和货船运送糖果和药品。斯里兰卡的电子商务支持公司Grasshopper在中部地区推出了无人机快递，用于斯里兰卡岛的送货服务。2017年10月，特朗普总统发布了允许地方适当测试无人机的行政令，美国的城市地区由此得以使用无人机。[62] 当然，管控也很重要：无人机可谓运送毒品、冷冻食品或烈酒的最佳工具，由于传感器的存在，买卖双方在运送过程中随时能看到这些物品的情况。

机器人、无人驾驶汽车、美国联合包裹运送服务公司的棕色卡车、邮政服务，哪一种系统将会在便利性和成本方面占据主导地位呢？便利性问题已经在很大程度上得到了解决，至少在发达国家是如此。例如，一项针对中国、德国和美国4 700名受访者的调查表明，相较于不那么方便的寄存柜（即使寄存费可以打折），70%的消费者更喜欢选择最便宜的送货上门服务。此外,将近25%的消费者和30%的年轻消费者愿意为了当天到达或即时到达的快递特权支付大笔额外费用。[63]

成本问题更加复杂。最简单的计算也许要看哪一种送货方式最便宜。在成本方面,速度不快的邮政服务优势明显。但与无人机相比,联邦快递在某些情况下可能会输给无人机。研究公司Skylark Services从25家商业无人机公司的数据中得出结论,如果一家大型在线零售商(如亚马逊)通过一个商业无人机系统提供送货上门服务,并为每个平台支付2 000美元,该无人机系统每周最少运行50个小时,并运送91%重量在5磅*以内的包裹,那么每次送货的成本是1.74美元——起码比使用传统送货上门方式所支付的2.5美元减少了76美分。(联邦快递一个包裹的送货成本是8.5美元,其中地面成本就占了2.72美元。)[64]

Skylark Services预计,到2030年年底,无人机送货量将从每天800万件的低点上升至每天8 600万件的高点。这意味着,即使按照每天5 000万件的送货量估测,无人机也能给大型零售商节省下100亿美元。在这里,我们假设无人机的使用成本固定不变——能为重量达5磅、至少飞10英里的无人机提供电力,使用寿命为250小时的商用级电池的批发价是100美元/个;能为重量达10磅、至少飞6英里的无人机提供动力,使用寿命为750小时的发动机价格为60美元/台,共需四台;电力边际成本大约为0.25美元/次。

对于道路状况差的发展中国家来说,无人机是值得特别关注的解决方案,但仍然需要考虑经济效益。例如,南非的平均工资是2美元/

---

* 1磅≈0.45千克。——译者注

小时。在这一小时里，如果送货方位大致相同，并且道路通畅，快递员骑手可能不会像无人机那样只送一个包裹，而是送 5~10 个包裹。而对于交通拥堵到骑手恨不得长出翅膀的发展中国家城市来说，无人机显然是卓越的解决方案。在意价格的购物者可以选择邮政服务或骑手送货，而在意产品包装和送货速度的奢侈品购物者则可以使用无人机等实验性系统。

展望发达市场的未来，麦肯锡认为，无人机将是电子商务的主要送货方式。该公司预测，在所有的电子商务中，78% 的包裹会由自动驾驶汽车和无人机配送，仅 20% 的包裹会由传统快递配送，2% 的包裹会由快递员骑手配送。在 B2C 和 C2C 电子商务领域，包括无人机在内的自动驾驶运载工具送货率将接近 100%。

更有趣的问题是：不同配送系统之间是替代关系还是互补关系？美国西北大学的邮政经济学专家约翰·潘扎创建了一个由快递服务、邮政服务和自带配送系统的大型零售商（如亚马逊）构成的三方模型。[65] 在大型零售商自营配送的威胁下，系统之战变成了包裹数量之战。潘扎认为最有可能的结果是共生性"合作竞争"：零售商平时使用自家的配送系统，但当出现送货高峰时，也会委托邮政或快递服务进行"最后一公里"配送。

这种模型似乎抓住了当前的形势：亚马逊没有取代美国联合包裹运送服务和联邦快递的意思，而是希望在送货高峰期实现顺畅配送。未来的快递系统可能是电子商务平台、快递公司和邮政服务（相对便宜的送货上门方式）的混合体。

不管怎么说，"最后一公里"业务的赢家都将是那些拥有数据从而能优化配送服务的公司。除了大型零售商能在消费者购物之前就预测到他会买什么，几乎全世界的传统运输公司都积累了大量的数据集，这是相较于新兴地区或本土公司的一个优势，它们也正在对其进行开发利用。那些将运输和仓储整合成"移动仓库"的公司也将是追加销售和交叉销售最多的公司：它们可以将未交付的库存装进送货卡车，让司机在运输过程中追加销售，就像点餐时服务员的询问那样："你要配薯条吗？"

理想中的世界贸易

20世纪90年代，生态学家苏珊娜·西玛德发现森林里的树木会互相交流。[66]它们借助网状真菌网络沟通需求、传输养分。她如今在英属哥伦比亚大学任教，发现树木会对环境变化发出警示，会寻找亲缘关系，并将养分输送给附近正在枯萎的植物。换句话说，森林之所以大，不是因为它得到了一群大树，而是因为这些强壮的大树聚集到了一起。生活在共生关系中，并像人类大脑的神经网络一样运作，它们让彼此变得更好。

IBM认为，我们的世界由11种核心系统组成，如交通系统、医疗系统等。[67]每种系统或生态系统都包含很多跨越多个行业的公共部门和私营部门组织。例如，医疗"森林"包括医生、医院、药房、保险公司、研究人员、药品制造商、监管机构等，它的效率极低。想想那些医疗记录吧——需要反复输入相同的数据，文本和复印件堆积成山，而且还不能有效地进行数据共享。

这种低效率是系统性的——它影响了系统的所有部分，无论是保险公司、接待员，还是消费者本人，每一方都要为此负责。电子医疗记录可以有效共享数据，且无须反复输入信息，能使医院的成本在3

年内削减3%以上——但这只是针对那些准备使用它们的医院而言,比如,那些具备强大IT能力的医院。[68]通过分析GDP数据和对经济学家进行调查,IBM发现世界贸易系统的效率极其低下——总价值达15万亿美元,占全球GDP的28%。[69]受访经济学家一致认为,全球有可能节省4万亿美元。这等于整个南亚大陆的经济规模,接近日本的经济规模。

世界贸易这个复杂的系统存在很大的缺陷,如用于入境的纸质信用证复印件,港口和卡车在装卸货物过程中不协调的时间安排,码头和班轮之间的发货错误或延误,以及为小错误和误解导致的低效率而付出的高昂代价。例如,航运和物流公司运输一趟货物就要处理40多份文件,且多达70%的数据至少需要重新输入一次,这不仅浪费时间,而且增加了出错的概率。[70]截至2017年,电子收据在大型航空公司的航运收据总数中占到了41%。[71]数据往往是手工输入的,容易出错。不同的数据库需要彼此协调,找出差异来源,不过在很大程度上仍然需要手工操作。该过程的数字化和简化能降低出口商20%~30%的运输成本,同时减少发送给各方用以安排发货的电子邮件和文件的数量。[72]

然而,世界贸易系统的共生性如今越来越强。汽车、轮船等运输方式都在变得更快、更清洁和更安全,而港口、仓库、配送中心等连接点则更加数字化、自动化和高效。各种运输方式和连接点正在渐渐融合,并使彼此变得更好。它们借助机器间的对话,通过互相提供关键"养分"(也就是数据)进行协作,可以更好地完成自己的工作。尽管还处在萌芽阶段,但运输方式和连接点的互操作性将会给全球商务带来最大的收益。

寻求贸易互操作性并不是什么新鲜事。例如,早在19世纪50年代，为确保各国铁路的无缝连接，英国铁路先驱乔治·斯蒂芬森就推动了铁路轨距在世界范围内的标准化，统一定为4英尺8英寸，也就是1 422毫米。北美、欧洲大部分地区、澳大利亚、中国和中东地区现在都采用这一标准。[73]电子票务标准使航空公司、旅行社、机场和系统供应商都能无缝对接另一种贸易——全球商业领袖和旅客的出行。

目前，世界贸易在两个方面仍有机会减少浪费、提高速度：港口与城市的一体化，汉堡就是一个现成的例子；供应链各方之间的互操作性，如港口码头、物流运营商，以及运营中心和仓库。

2005年，加拿大研究团队将全球运输的这种未来概念化为"物理互联网"，也就是连接全球物流运输生态系统中所有参与方的系统，包括运营中心、配送中心、仓库、运输中心，就像20世纪70年代互联网把计算机连接起来一样。[74]仅美国就有535 000个仓库和配送中心。如果每个仓库和配送中心都连接到一个巨大的数据库或网络中，生产商、分销商和零售商就能更有效地在很多表面分散实则相连的中心之间来回转移产品。整体可以大于各部分之和。现在，再连接上海关、港口、船舶和卡车，就能形成一条虚拟的全球物流高速公路。

这种去中心化和互联化的系统对小型企业特别有利，因为它们的发货需求往往比较随机，且每次的发货量很小。该设想在物流行业很难实现，因为大家各自为战，只在自己的数据库里操作。专家认为，系统、数据和信息格式的标准化仍需提高10%，才能达到最佳水平。不过，这样的一体化正在以两种方式发生。

一是班轮运输公司内部的垂直整合。马士基不只是一家班轮运输公司，它还有自己的卡车、仓库、货运代理和集装箱。与之类似，金吉达（Chiquita）也拥有自己的垂直整合供应链，专门将香蕉从洪都拉斯的农场运到瑞典的商店。码头运营商巨头迪拜世界港口公司（DP World）不仅运营码头，而且精心开发了一款应用程序以配合内地物流，使货物更快地进出码头、送达客户。这些公司更能端对端地了解出货情况和生产效率。

二是区块链。它也许是更具开创性的解决方案，可以促使交易各方协同合作。区块链是物理互联网的一种运行机制，发明者是一位或多位匿名的杰出人士，他们在2014年公布了它的开放源代码。区块链使所有参与者都能了解整个交易过程，访问与之相关的全部文件，并共享数据和信息。所有的入境记录都是不可篡改的，同时还能实时更新。先进的数据库能将全部交易都编成连续的防篡改区块，从而让参与者得以回看并检查可能发生故障的地方。

马士基创建的区块链平台TradeLens可以协调整个贸易生态系统，囊括了航运公司、仓库、货运代理、港口、海关、进出口商和贸易融资银行。该平台已经将肯尼亚的鲜花、加利福尼亚的柑橘和哥伦比亚的菠萝都运到了鹿特丹。根据马士基的测算，为了将货物运到荷兰，肯尼亚的鲜切花出口商要和农民、货运代理、陆地运输商、海关经纪人、政府、港口、运输公司等30个参与方打200次交道。[75]TradeLens平台能够代替完成大部分工作。

全世界的大型物流企业几乎都建立了区块链试点或实验室。阿里巴巴旗下的天猫商城和菜鸟物流采用区块链技术为跨境供应链提供支持，使双方可以将进出口信息记录在区块链上，从而跟踪产品的原产国、出发港口和到达港口、运输方式和海关信息。[76]韩国三星每年使用区块链运输48.8万吨的空运货物和100多万个标准集装箱，不仅削减了1/5的运输成本，而且缩短了新产品的发货时间，使三星得以对竞争对手的产品发布做出快速反应。[77]新加坡国际港务集团（PSA International）、太平洋国际航运有限公司（Pacific International Lines Ltd.）和IBM新加坡公司已经成功利用区块链执行多式联运的预订、法规监管，以及跟踪货物从中国重庆到新加坡的运输情况。[78]端对端数字化贸易交易也正在东南亚人的家门口展开：泰国邮政（Thailand Post）正在与泰国的铁路公司合作，用区块链追踪高价值的包裹配送，比如运送贵重物品和奢侈品的包裹。[79]

港口也在使用区块链，好让港口生态系统中的各方都能看到事件的进展，同时还使用智能合同，在货物代理、码头、进口商、海关等环节开展账单和支付活动的自动化。例如，墨西哥的维拉克鲁斯港正在尝试使用区块链让产品和流程对墨西哥海关、和记黄埔码头以及海关经纪人可见。"最后一公里"同样在使用区块链，将之作为协助跟踪、监管无人机配送的一种手段。在全球贸易生态系统中应用区块链的最大障碍是，如何为所有的利益相关者提供一个可信的商业案例，说服他们共享数据、相互协作。这需要克服两大困难；第一，大家都想获得更多的数据，但却不愿意分享自己的数据；第二，大家都能从共有的区块链平台获益，但却不想为它付钱。决定投资该生态系统平台的公司很难说服其竞争对手签约注册。让该生态系统中的很多公司共同投资平台同样面临很大挑战，因为每一家公司都想坐享其成。尽管建立合资企业和企业联盟极具挑战性，但它们却是在贸易生态系统中推广区块链的关键。当参与方已经在构建各自的区块链账本时，我们还需要标准，使不同的区块链账本能够互操作。美洲开发银行独创的LACChain也许是一种捷径，其本质是一块底板，可让拉丁美洲新兴的不同区块链账本接入和实现互操作，无须在不同账本的运营商之间逐一进行复杂的双边谈判。

贸易金融领域同样在进行由区块链推动的端对端数字化，其效率与贸易物流领域不相上下，令人惊叹。这也是下一章的主题。我们正在接近理想中的世界贸易：作为世界贸易交易支柱的物理、信息和金融供应链的一体化、互操作性和自动化。这将带来以下结果：加快商品流通，为进出口商节省时间和金钱，给小企业开展跨境贸易提供更好的机会。

结论

在想象世界贸易时，大多数人可能仍会想到静静地漂洋过海的集装箱。这幅图景没错，但下一次看见班轮在海上航行或在港口停泊时，你会发现一场革命正在悄然进行。船舶和全球航运的后端都在发生改变。我们正在接近一个端对端自动化物理供应链时代，有自动驾驶卡车、无人驾驶船舶和由数据驱动的自动化码头港口。而且，在区块链的支持下，与货运相关的多方都能无缝共享数据。运输集装箱或送货上门所耗费的燃料更少、需要的人力更少。相较于传统承运商，由科技公司、电子商务平台等更多参与方提供的送货服务将会更快、更清洁、更好、更安全。这些公司在收回新技术成本后，是否会将节省的费用回馈客户还不得而知——但存在这样的可能性和希望。

另一个重大转变是包裹贸易的兴起：飞机和飞越屋顶的无人机将逐渐成为未来贸易的主流运送方式。这将大大缓解交通拥堵，并使产品到达更多偏远地区以及没有正式地址的住所。只要有停无人机的地方就够了。

第6章

找到1.7万亿美元

第6章 找到1.7万亿美元

假设现在是20世纪80年代,坐在客厅里的你想从墨西哥商人那里买珠宝。首先,你要在可邮寄到家的产品目录中找到这些珠宝,因为当时没有互联网。其次,你可能永远不会下单和付款——卖家会收到订单和支票吗?或者不如寄美元?最后,如果卖家收到了钱,他还会把珠宝寄给你吗?珠宝和图片上的一样吗?他真的有珠宝可卖吗?

如今,要注意的事项有所不同。你可以在易贝或商家的网站上找到产品,使用信用卡或贝宝支付,然后开始等待,像20世纪80年代的自己一样想知道"如果他们不发货怎么办",至少你还能反击,比如,在卖家的易贝商店严厉批评卖家没有发货,也许还能获得退款。但是,如果你只肯在收到商品时付款,那么卖家可能永远不会给你发货,因为卖家不相信你会给钱。

价值数百万美元的小麦、铁矿石、纺织品、医疗设备等很多产品都遭遇过相同的跨境支付骗局。几个世纪以来,买家一直在问:"他会像承诺的那样发货吗?"而卖家也一直在问:"我发货后他会付款吗?""他会按时付款吗?"有时货发出去了,却没人付钱。2012年,印度大米出口商因为伊朗买家未支付20万吨大米的1.44亿美元货款而倒闭。[1]

买卖双方可以通过在多次交易中言出必行架起信任的桥梁。但相较于在反复互动中逐渐建立信任,买卖双方更愿意委托银行对"货到付款"进行担保。银行的做法是准备和签发信用证。当卖方同意给买方几周时间来支付货款时，他还可通过保险公司发行的贸易信用保险工具来维护自身权益。银行还精心设计了金融供应链系统，向大公司买家提供现金，让它们能以更快的速度向小型供应商付款，然后要求买家分期偿还现金。

自从公元前 3000 年巴比伦人发明楔形板版本的本票和信用证以来，这种贸易金融交易就成了全球商业的基础。公元前 1500 年腓尼基商人发明的"保理"——以折扣方式购买应收账款——至今仍是全球的一项庞大业务。银行和金融机构的参与，并没有带来太大的变化：跨境贸易金融交易仍然停留在基于纸张的手工阶段，效率低、速度慢、易受欺诈，管理起来也需要大量的时间和人力。日益复杂的金融监管进一步增加了银行本就很高的交易文件准备成本，这导致银行更愿意和那些交易量更大、知名度更高的大公司合作。而对小额交易来说，大部分利润会被银行固定收取的国际电汇和外汇管理费所侵蚀。现在，在线跨境支付新技术、人工智能和区块链终于打破了这一格局，开启了端对端数字化下的流动、透明的贸易交易时代。

贸易融资大缺口

1970 年，乔治·阿克洛夫发表了影响深远的论文"柠檬市场"（The Market for Lemons）。文章指出，当卖方（如二手车商）比买方更了解产品时，买方会认为卖方在欺诈（嘴上说要卖一辆很棒的二手车，实际上却打算卖一辆坏车）。[2] 由于无法确定汽车的质量，买方便不愿意为了"桃子"，也就是状况良好的汽车，向卖方支付全部款项。如此一来，卖方只能向市场提供"柠檬"（坏车）。结果，市场面临崩盘，交易就此停滞。

在电子商务领域，这种信息不对称在一定程度上可以通过用户对卖家的评论和在线纠纷解决机制消除。用户的评论能让潜在买家了解卖家的信用值和产品质量，在线纠纷解决机制能让买家在卖家违约时寻求赔偿。但在跨境货运领域，信息不对称比比皆是。这对银行来说是福音。银行主要靠获取买方、卖方、产品和交易的信息取得收入，同时组织交易，做好一切准备，确保买方收到货物时，卖方也能收到货款。这就是挑战所在：企业对银行的这些信息需求越来越大。全球金融危机以降，尽职调查成本飙升，原因主要在于"了解你的客户"（KYC）和"反洗钱"（AML）这两大规则。这些规则在"9·11"恐怖袭击后得到了进一步强化。由于需要聘请"了解你的客户"和"反洗钱"方面的员工，并为贷款争取更多的内部批准，银行每笔贷款的固定成本一直在上升，这导致小额贷款的吸引力持续下降。[3] 90%的银行表示，"了解你的客户"和"反洗钱"这两大规则是它们提供贸易融资的一个重大乃至非常重大的障碍，使它们更偏向于大型借款方和现有客户。[4] 2016年，汤森路透集团（Thompson Reuters）对全球822家银行的调查显示，平均每家银行花在"了解你的客户"和客户尽职调查上的费用为6 000万美元；与此同时，开发一名新客户所耗费的总时长则以每年20%的速度增长。[5]

小企业受到的冲击最大。据估计，全球贸易融资缺口达到了1.7万亿美元。这种被抑制的需求半数来自亚洲发展中国家，尤其是印度和中国，而且受影响的大部分都是中小企业。银行拒绝了约一半中小企业的贸易融资申请，而大公司的被拒比例只有21%。[6] 一项又一项调查显示，融资是中小企业寻求业务增长和开展出口业务的"拦路石"——小企业的"头号杀手"，中型企业的"前排劲敌"。"了解你的客户"和"反洗钱"这两大规则堪称罪魁祸首。

贸易融资需求未得到满足,会对经济产生消极影响:贸易量减少、就业机会减少、生产量减少,最终导致贸易需求减少。根据亚洲开发银行的数据,60%无法从银行获得贸易融资的公司从未开展过贸易交易,因而也放弃了可能带来的出口收入、生产增长和就业机会增加。但是,只要小企业能够获得贸易融资,它们就能增加20%的雇佣率和30%的产量。[7]一项大型学术研究表明,获得信贷的中小企业远比得不到资金的企业更有可能从事出口业务。[8]

银行之间也存在信息冲突。贸易融资通常需要两家银行共同完成。例如,由进口商的银行发放资金,由出口商的银行收取货款。由于不知道下一笔业务的来处,即使是全球最大的银行,也要和世界各大城市的本土银行保持代理银行业务关系。然而,代理银行并不总像人们期望的那样好:发展中国家贸易的崛起,迫使世界上最受尊敬的贸易金融家必须和他们过去不怎么合作或业务标准更宽松的发展中国家银行打交道。[9]

根据国际商会银行委员会的调查,出于合规性的考虑,2015年有44%的银行终止了代理关系,2016年该数据仍高达40%。[10]代理银行是新兴的,其所处市场的宏观经济和政策风险还要高于发达经济体,这等于在风险上增加风险,对银行家来说,这意味着一笔坏交易。艾丽莎·迪卡普里奥和姚英(音)的研究表明,交易对手风险和"了解你的客户""反洗钱"问题是造成贸易融资缺口的主要原因。[11]

两年前,新加坡的一家小企业找到了我的公司。当时,这家企业正在运作一笔价值50万美元、从中国到俄罗斯的钢铁交易。它去了每一家听说过名字的银行,希望这些银行为俄罗斯买家开立信用证,确保钢铁运抵俄罗斯后中国卖家能收到货款。但这几乎不可能做到——站在银行的角度，你就会明白其中的原因：为了让交易成功，你需要获得交易双方和俄罗斯银行的资料，还要设法从这笔价值相对较小的 50 万美元交易中赚到钱。即使有 15% 的提成，也不值得你去付出风险成本和机会成本。毕竟，为什么不考虑一笔价值 5 000 万美元的交易呢？何况你和买方、卖方以及代理银行还非常熟悉。

如果贸易双方是在合同执行方面有着不良记录的两个发展中国家，那么挑战将变得尤其巨大。美联储高级经济学家蒂姆·施密特-艾森洛尔发现，当国家之间的贸易融资合同极有可能被成功执行时，出口就会增加；当融资成本上升时，出口就会减少。[12] 等待增加了不确定性，融资成本上升使得回报变慢。这意味着，在司法体系薄弱、供应链效率低下的国家，企业获得贸易融资的概率很低，至少以较低利率获得贸易融资的概率很低。因此，同样是发展中国家，两个高融资成本国家之间的贸易比两个低融资成本国家之间的贸易要少。[13]

2008—2009 年金融危机后，监管机构签订了《巴塞尔协议Ⅲ》，增加了对银行所需的缓冲资本额（缓冲资本支撑着银行的偿付能力）和流动性的要求（确保取存款时银行有资金）。但这对中小企业来说与事无补。与金融危机前相比，受限于《巴塞尔协议Ⅲ》的银行向风险较大的小企业发放的贷款额度减少了，而这些小企业比低风险公司需要更高的资本配置。宏观经济情况加剧了这一问题。银行主要通过留存收益来建立缓冲资本，但在经济缓慢增大的后危机时代，大多数发达国家的利率为零甚至为负，银行盈利能力下降，因而也更难获取留存收益——这意味着银行不愿意冒险向小企业放贷。[14]

手工困境

贸易融资的信息成本充分体现在银行开具信用证的成果上——通常是一叠40页的文件。由多方操作的较大交易,需要的文件可能厚达10英寸。准备一笔交易的信用证,如从巴西出口大豆到中国所需的信用证,或许要花上6周时间,因为出口商和进口商的银行需要手工填写和复查同样的文件。贝恩咨询公司估计,银行开具信用证所产生的成本中,56%来自手工填写和复查文件。[15] 此外,银行还需要尽可能多地获得关于买家、卖家和交易货物的信息,以降低欺诈、出售假冒伪劣产品、贩卖人口等违法犯罪行为带来的风险。出口商往往在发货后3~4周就能收到货款,但光是结算就需要多达5天的时间,因为货款需要通过相关银行转汇。恼怒情绪促使金融科技公司转向跨境支付,旧金山金融科技公司瑞波(Ripple)CEO布拉德·加林豪斯总结说:"为什么我们能从(国际)空间站传送视频,我却不能把自己的钱从这里转去伦敦?现在想把钱从这里转去伦敦,乘飞机已经是最快的方法了。"[16]

整个贸易金融生态系统的效率极低。交易各方——进口商、出口商、货主、银行等——都必须维护自己的数据库。这些数据库里存放着与交易相关的所有文件,如信用证、提货单、仓库收据、发票等。为了出具发票、装箱单等很多文件,出口商必须多次重复输入纸质信用证代码。尽管如此,疏漏和错误还是不可避免,这导致欺诈事件频发。2008年,摩根大通落入虚假采购单和伪造发票的圈套,为子虚乌有的金属出口交易发放了将近7亿美元贷款。[17]

尽管仓储、运输、港口运营等实体供应链多年来一直在推行数字化，但贸易中的信息和金融供应链并未摆脱20世纪70年代的传统。卫生保健部门曾经有过类似的处境，但后来提出了使用电子医疗记录，摆脱了无休止的文件和重复性劳动。你如果造访过不止一个医生，就会对这种恼人的经历深有体会。为了应对日益增多的纸质文件，银行界开发出了电子信用证和银行付款责任（继汇付、托收、信用证之后的第四种国际贸易结算方式）。摩根大通估计，电子信用证将使银行贸易融资部门的劳动力成本降低30%，费用降低50%。[18] 美国银行发现，贸易融资的数字化使未完成销售的次数减少了75%，并完全消除了文件中的差错。[19] 贸易界也开始尝试使用电子提货单，提货单是一种说明货运内容并随产品一同被运输的文件。

然而，即使这些小小的突破也没有被推广。2015年，只有7%的银行报告称贸易融资流程已经"在很大程度上"被数字化，而有43%的银行报告说"几乎没有"进展。[20] 银行数字化进程缓慢的原因有很多，比如，由稳定的中介费用导致的惰性和紧迫感缺乏。一位资深银行家对我解释说，统领银行业的多数高管都想在没有压力的情况下退休，而不是面对投资回报率不确定的数字化实验。再比如，对数字文件和系统中包含的数据完全缺乏信任。电子提货单存在争议，尤其是电子提货单是否与纸质提货单具有同等的法律效力尚不明确。互操作也是一个问题：用户受限于各自的使用电子提货单的供应商，无法与更喜欢使用纸质提货单或使用其他电子提货单的用户进行交易。谁都不愿意真正行动起来，这导致所有人都待在原地：贸易融资是一个网络化系统。在这个系统中，各方——银行及其竞争对手、货主、海关、出口商和进口商——都需要数字化，因为每一方都能从数字化中获益。如果其他各方都未采取行动，自己又何必改变和推动数字化呢？如果自己没有改变也一直在赚钱，那么为什么要改变呢？

区块链革命

这种现状终于在 2015 年被打破。

第一，人工智能开始被应用于贸易融资文件的数字化。2017 年，汇丰银行和 IBM 合作将贸易财务专家每年手工审核处理的上亿页文件进行了数字化，这是一个突出的例子。IBM 从文件的半结构化信息中提取了 65 个最相关的字段，为汇丰银行交易处理系统提供了定制的结构化数据库。[21] IBM 的机器人是出色的语言学家，能够阅读法语、汉语和西班牙语，从而解决了贸易融资领域这个多语言世界所固有的一个问题——在翻译过程中丢失信息。这不仅加快了处理速度，而且为自动改进和法规遵从铺平了道路。人工智能程序可以像人类一样，从经验中学习，发现异常并随机应变——而且比人类更快、更准确。

第二，银行开始对合作试验区块链产生了兴趣。这使同一系统里的多个参与方得以进行数字化操作和交易，并从同一个账本中获取数据。

区块链正在通过消除风险、信任、成本、速度等方面的问题，悄然改变跨境支付。这些问题不仅困扰过腓尼基商人，也困扰着 21 世纪全世界的企业。基于区块链的交易十分安全，它在交易双方之间进行，但对货主、海关、银行等所有市场参与方同样可见。这就消灭了重复劳动和堆积如山的文件：因为区块链数据库会即时更新，反映最新交易，所以各参与方无须在各自的数据库里储存相同文件的副本。交易速度将大幅提升：付款像发送电子邮件一样快，只需几秒就能完成，而不像电汇那样，需要好几天的时间。它们甚至能实现自动化：通过智能合同，买卖双方可以根据货物在运输途中的位置来触发支付流程。[22] 无须打电话、按按钮或签字画押，只要一个电子信号，交易就能在几秒钟内完成。

区块链已经成了众多领域的解决方案，例如，它可以保护汇款支付、确认产权和跟踪供应链中的产品。在贸易融资领域，它可能特别具有变革性，原因是这个行业的中介成本极高，而且也一直存在着对欺诈的担忧。多家金融机构开启了区块链应用的先河。2015年，新加坡星展银行和渣打银行用区块链开具了贸易融资发票；2016年，澳大利亚联邦银行和富国银行用区块链设置了一笔3.5万美元的付款，以将得克萨斯州的一批棉花运往中国青岛。双方还尝试了智能合同，货物到达目的地港口后就会自动支付。[23]

自此，许多机构加入了区块链的"战场"。美银美林、汇丰银行联合新加坡资讯通信发展管理局推出了一款类似信用证交易的区块链应用程序。[24] 欧洲的桑坦德银行、德意志银行、汇丰银行、比利时联合银行、法国外贸银行、荷兰合作银行、法国兴业银行和裕信银行发布了一个名为"we.trade"的区块链系统，以简化欧洲的贸易融资交易。为了帮助发展中国家的农民获得贸易融资，IBM、西班牙对外银行和几家亚洲银行合作，在太平洋群岛、澳大利亚、新西兰和英国的12条货币走廊试用区块链技术，希望能让萨摩亚的小农场主和印度尼西亚买家订立智能贸易合同。[25]

区块链热潮促使IBM在2017年发布了一份涉及200家银行的研究报告，该研究报告将银行形容为"奔向区块链的赛马"。[26] 出现这种情况的原因在于：区块链使银行能远离欺诈、获取实时交易数据，尤其是打通中小企业的融资通道。银行选择了主动出击。

共享账本不可篡改且由计算机维护,因此,区块链还能极大地减少关乎"了解你的客户"检查的时间和文件。目前,交易中的每一家金融机构都必须各自开展"了解你的客户"检查,这意味着同一个客户在一笔交易中可能会被审查5~6次。诚然,环球同业银行金融电讯协会在2014年开发的"了解你的客户"Registry共享平台已拥有2 000多个银行会员;当客户要求进行新交易时,银行也可以在大型网站KYC.com上展开详细的尽职调查。但是,基于区块链的登记能使交易各方无须进行"了解你的客户"检查,并为每个用户的活动创建不可篡改的审计跟踪,以展示给要求查看"了解你的客户"分析的监管机构。在东南亚这张区块链的温床上,华侨银行、汇丰银行、新加坡资讯通信发展管理局和三菱日联金融集团成功完成了"了解你的客户"区块链的概念验证。区块链应用带来的最大好处是消除了重复劳动:用户只需要提供一次信息;各方均可通过数字化手段实时获取相同的信息;所有信息都安全可靠、不可篡改,在减轻行业对错误和诈骗担忧的同时,也能降低实际犯罪活动的概率。[27] 区块链同样可以被用于"反洗钱"检查和打击恐怖主义融资。

大胆的发展中国家已经用上了区块链。泰国的14家银行联合3家国营企业和4家公司,创建了一个信用证共享平台,用于处理数百亿美元的贸易融资。[28] 该系统在泰国银行的"监管沙盒"中进行了测试。"监管沙盒"是一个"安全空间",比起标准程序下的按部就班,可以使创新发明更快上市。银行希望这个平台能让它们削减一半的运营成本。将文件数字化并将其转变成为区块链,能把周转时间从几天缩减到短短半小时。[29] 区块链和智能合同的应用消除了中间商,提高了效率。到2022年,泰国银行的日常开支和基础设施成本每年可以减少150亿~200亿美元,出错的概率也会降低。[30]

泰国电子交易发展署表示,他们正在试图使用区块链智能合同,以对区块链贸易融资平台进行适当补充。一个信息、金融供应链(如贸易融资合同)与物理供应链(如发送产品位置的传感器)相结合的贸易世界即将来临。越来越多的进出口商将使用传感器,它们比射频识别(RFID)更先进可靠,能够传输有关湿度、温度、位置、粗加工以及产品在海运过程中受损情况的信息。将这些数据导入区块链,不仅可以让交易各方了解货物的位置和情况,而且能使智能合同在货物送达进口商时执行对卖家或出口商的支付动作。

区块链创业公司已经开始涉足贸易融资领域。它们虽然拥有技术,但却不像银行那样拥有庞大的用户网络,更别提和多家银行协同合作了。现在,这两者走到了一起。例如,巴克莱银行和以色列金融科技创业公司 Wave 合作,用区块链将一批价值 10 万美元的奶酪和黄油从爱尔兰的奥努合作社(爱尔兰最大的乳制品出口企业)运往塞舌尔贸易公司。[31] 渣打银行尝试用瑞波公司的企业区块链平台和一家未具名的"大代理银行"合作。不到 10 秒钟,交易就完成了,比传统的银行贸易融资交易所需的 48 小时快了 17 280 倍。[32] 瑞波声称其区块链协议使国际支付基础设施成本降低了 33%,而其数字资产瑞波币又将这一成本降低了 9%。[33]

亚洲各国政府非常支持在贸易融资领域应用区块链。例如,中国人民银行已表态支持用区块链打击贸易融资交易中的长期诈骗行为。中国香港金融管理局和新加坡金融管理局更进一步,已经启动了全球贸易支付网络。这是一个可以促使双边贸易融资流动的平台。其他国家如果也希望加入的话,可以将自身的区块链系统接入这个平台。[34]

当然,这样的尝试只有在数据被输入区块链时才有用——就像所有数据库一样,区块链也存在无用输入、无用输出的问题。人类是最典型的无用信息贡献者——他们会在数据库中输入错误的数字，在电话中听错法国同事说的数字，还会试图为了自己的利益篡改数字。不过，我们确实也有办法解决这些问题。一是使用能发现无用信息的技术。例如，新加坡金融科技贸易融资市场开发了一种名叫"发票检查"（Invoice Check）的新产品，它用人工智能来识别区块链上的虚假贸易发票。二是进行"横向监督"：由于区块链可以向系统中的银行提供客户的实时详细加密信息，银行也可以就可疑活动向其他银行发出实时警报。

还有一种方法是把人类排除在外，用机器生成数据并将其输入区块链。无论如何，机器在很多方面都可靠和强大得多，如记录仓库温度、从合同中提取正确数字、完成一项客观任务，以及在与大洋彼岸的机器同伴交流时几乎不丢失翻译信息。

连锁供应链

长久以来，出口商一直依靠信用证来确保收到进口商的货款。但近年来，随着进口商对支付条件的要求越来越多，这种做法已经"失宠"了。换句话说，进口商只想在30天、60天甚至90天内付款，而非在货物到达港口时付款。由于出口商将提供支付条件的能力视为一种竞争优势，他们往往会答应进口商的要求，从而迫使其他出口商做出同样的选择。根据计算，高达45%的贸易交易额和80%的贸易交易量都采用了赊账条款。[35]然而，进口商一旦延迟支付大额订单的款项，出口商的现金流就会受到影响，致使其难以购买相应的物资和劳动力来完成新订单。为此，进口企业和银行设计了一套帮助中小企业供应商的解决方案：供应链融资。

腓尼基人发明的"保理"，指的是供应商将应收账款（未付发票）打折出售给保理商，以便在客户支付前就获得应收款项。供应链融资则恰恰相反。典型的供应链融资交易，指的是企业买家通过第三方金融机构，帮助小企业供应商获得更实惠的信贷。金融危机期间，由于各国政府和企业都希望在信贷紧缩的情况下推动中小企业的发展，对供应链融资的需求出现了爆炸式增长。例如，2013年，英国劳斯莱斯、沃达丰、通用动力（General Dynamics）等36家企业创建了一个供应链程序。如果中小企业供应商开具的发票获得了付款批准，它们就会通过该程序通知银行。接着，银行会以低利率向供应商提供100%的即时预付款，因为它清楚这张发票最终会由信用评级很高的大公司进行支付。[36]企业青睐供应链融资，认为它能确保供应商的稳定和可靠。

供应链融资对发展中国家尤其具有价值。在这些国家里，小型企业供应商很难凭借应收账款从银行获得贷款，或是将应收账款出售给保理商。例如，巴西能源巨头巴西国家石油公司携手巴西六大零售银行，帮助其中小企业供应商在巴西国家石油公司未支付的应收账款基础上获得了贷款。巴西国家石油公司拥有3A评级，是银行信赖的对象。美国进出口银行意识到了供应链融资的力量——推动了成千上万家美国中小企业的发展，而这些中小企业正是波音、卡特彼勒、凯斯纽荷兰等美国大出口商的供应商，因此，它允许中小企业在付给贷款方少量折扣费用后提前收到它们的应收账款。美国进出口银行提供90%的发票担保，贷款方则承担10%的风险，比如向波音供应商发放贷款的花旗银行便是如此。

尽管所有小企业都梦想着和世界级的大买家签订大合同，但如果大买家不及时付款，这笔交易可能就会扼断小企业的现金流。对小公司来说，从运送一大批货物到收到货款之间的这段时间就像在穿越撒哈拉沙漠——毕竟，小公司需要连续自由的现金流，以支付员工的薪水、购买新订单的生产所需，以及支付租金、贷款等日常业务费用。当然，它总能凭借大买家未支付的应收账款获得贷款，但前提是存在这样的供应链融资解决方案。世界范围内未得到满足的供应链融资需求巨大，估计为7亿美元，造成了全球贸易融资缺口。这么多需求是从哪里来的呢？

一是面向二、三级供应商的供应链融资缺口。[37]目前，企业供应链融资的重点是一级供应商，如飞机座椅制造商，但并没有惠及二、三级供应商，如生产座椅把手、人造革或座椅框架的公司。一级供应商得到了货款，但对二、三级供应商的支付出现了停滞和延迟。这可能会导致供应商无法交货，从而给企业买家带来风险。银行非常了解一级供应商，但并不了解二、三级供应商——这些供应商通常比一级供应商规模更小，也更脆弱。二是跨境供应链融资缺口。美国、巴西等国家的国内供应链规模庞大，但一些较小国家的供应商往往面向外国公司销售。这些供应商地处异国他乡，对它们进行尽职调查的难度很大。

还有就是银行退出发展中国家所造成的缺口。为了减轻股东对其盈利能力的担忧，各银行纷纷宣布，由于"反洗钱"规则在2014年开始收紧，它们将通过解除代理关系的方式"化解风险"。"化解风险"是一个经过美化的词，实质上就是从发展中国家大规模退出。虽然越南、孟加拉国、柬埔寨、斯里兰卡等国家拥有很多大型企业，但在缺乏流动性的情况下，这些企业的供应商体系相当脆弱。[38]

现在有了区块链。想想吧：每一级供应商都能链接到同一个区块链；只要设定明确的触发条件，如确认收到供应商提供的货物，每一笔交易都能交给智能合同来执行。举例来说，一级供应商收到了

1 000 万美元的货款，便会自动向二级供应商支付 200 万美元，二级供应商则自动向三级供应商支付 20 万美元。[39] 突然之间，整条融资"食物链"变得自动、透明，各方都可以在其中累积属于自己的不可篡改记录。由于发起支付的银行能看到企业客户及其一级供应商之间的合同正本、一级供应商向二级供应商下的订单、二级供应商向三级供应商下的订单……因而也能核实合同的真伪和产品的出处。与此同时，企业客户将更能确保其供应链的稳定和流畅运行。

连锁合同和自动支付的观念并不新鲜。1999 年，花旗集团、英国调查公司 DCE 和德国企业软件供应商 SAP 公司试图解决这些问题，于是成立了合资企业 Orbian（第三方供应链融资系统服务商）。Orbian 的电子支付系统不需要使用实际的货币，允许买家使用信用值向供应商付款，供应商同样可以使用信用值及时向下一级供应商付款，以此类推。这个想法超越了时代，并在一定程度上取得了成功。截至 2014 年，Orbian 已经拥有 36 个供应链融资项目，其中包括通用磨坊（General Mills）、西门子等《财富》1000 强企业客户和 4 000 家其他客户。[40] 区块链在推动该想法的发展创新方面大有潜力。这已经发生了。例如，印度跨国企业集团马恒达（Mahindra）已经与 IBM 合作，在资金紧张的印度供应商中间开展区块链供应链融资试运营。[41]

智能合同面临的挑战

区块链在革新贸易融资，但如同所有其他技术一样，它仍然面临发展的阵痛。[42] 例如，虽然区块链在执行贸易融资合同方面具有很高的效率，但智能合同仍要靠技术来优化——一项研究表明，约3.4%的以太坊（Ethereum）智能合同，也就是100万份合同中有34 000份合同，易受黑客的攻击。[43]此外，在有关合同执行和智能合同系统的语义学方面，还需要设法使合同编写者做出一致的假设。[44]例如，智能合同不像人类一样能够直观判断各方的行为或意图，如并购协议的各方是否做出了"合理努力"以获得监管部门的批准。[45]智能合同不知道"合理"与"不合理"的区别。智能合同的编写者需要注意，他们编写的合同不归律师解释，而是由机器简单执行的。因此，编写者需要清楚地了解智能合同会如何解释他们所使用的语言。同时，智能合同系统的创造者也需要懂得合同编写者的思维方式。

区块链的安全和访问是又一个需要研究的重要领域。如果一家银行拥有区块链数据的很多授权用户，那么任何有权访问区块链数据的人都可能成为黑客。应该赋予哪些人访问区块链数据的权力呢？应该完全授权还是部分授权呢？

在回答这类问题之前，区块链经营者需要考虑各种平衡。一是安全性和可访问性。例如，银行为了控制访问权限，可能希望拥有计算机密码和加密数据，同时又能使员工轻松访问数据。[46]二是区块链数据库与传统数据库交互的技术性问题。显然，如果区块链能提供更出色的商业洞察力和连接，那么理想的状态是将所有数据都导入区块链——这也使链上系统和链下系统运行相同的查询和分析程序的可能性越来越大。但是，将链上数据导出到链下数据库可能会使数据容易遭到篡改。

技术公司和研究人员承认，数据安全、数据共享、数据转换以及链上链下的数据集优化问题亟待解决。[47]为了确保技术能获得广泛应用，区块链公司也很有必要解决这些问题。

还有一个重要挑战是账本的互操作性问题，这在国际贸易融资中尤其突出。就像由个人用户构成的社交媒体网络或由独立买家、卖家组成的电子商务平台一样，区块链的价值往往会随着用户规模的扩大而增长。然而，没有一个领域建立起全球性的区块链。相反，世界各地的各行各业涌现出许多区块链系统。虽然这些实验性做法非常积极，但它们也意味着，无论是企业用户还是个人用户，最终都可能加入许多技术和管理各不相同的区块链系统，而这些不同的数据系统或网络架构很可能无法顺畅地实现一体化和互相交流，这导致 A 区块链的用户不能和 B 区块链的用户交易。

这会造成许多消极影响。例如，一个区块链以一种方式记录业务实体或用户的数据，另一个区块链则以另一种方式记录同一个业务实体或用户的相同数据。互不关联的多个账本组成了一个支离破碎的系统，这将导致操作上的各行其是，形成"数字孤岛"。在这种情况下，用户需要同时注册多个系统，以便与各个参与方进行交易，从而实现不同目标。

很多领域都存在"孤岛"或"围城"，只有解决相互连接的问题，才能让所有用户与其他"围城"里的用户进行交互。软件之间的通信需要借助应用程序接口，但这并非总能奏效。发展中国家电子商务的一个突出问题就在于，很多人没有信用卡，也没有银行账户或贝宝账户，使用不同支付系统的买卖双方无法便捷地进行交易——都只能和使用相同系统的买方或卖方交易。这显然不是最优的交易环境。

连接区块链以构建一个更大的生态系统，需要区块链经营者愿意相互一体化并扩展其用户基础，还需要制定共同的数据管理传输规则和连接系统管理协议。换句话说，需要为区块链贸易融资制定互操作标准。几个这样的互操作标准正在制定，或已在考虑制定。我就是其中一个标准——新加坡"数字贸易标准"——的联合创始人。还有一种可能的解决办法是让智能合同跨区块链运行。[48] 尽管国际标准化组织正在包括贸易供应链和融资在内的许多领域内制定区块链标准,但私营部门需要继续推动和制定自愿的互操作标准。世界贸易与其说是由遵守区块链合作边界的交易商组成的庞大网络,不如说是必须一起合作以效仿和赋能网络的联盟。

结论

几个世纪以来,无论是买方违约还是船舶失事,商人和银行在进行贸易时始终伴随着风险。在古希腊,货运商人从富裕的雅典人那里借钱购买货物,这就是所谓的"航海贷款"。贷款以船舶为抵押,利率高达30%。[49] 万一船舶到不了目的地,商人什么也不用偿还。现如今,游戏规则有所不同,但基本原理还是一样的:买卖双方之间的信息不对称以及不可预见的事件,都可能会阻碍货物按照预期离开或到达。只是应对这些风险的工具与古希腊时期的工具大为不同。如今,货物运送的速度越来越快,效率越来越高。这要归功于古希腊人可能设想过但很难快速发展的技术。

区块链是一种开创性的基础技术,正在改变包括贸易在内的经济和社会互动。它能给贸易融资领域带来莫大的好处:通过降低企业的中介成本、增加企业的现金流,来弥补全球贸易融资缺口、帮助中小企业参与贸易。小额贸易交易也显得非常活跃。但在实践中,各种区块链试验案例仍存在许多不可见的影响。技术的成功离不开两个要素——技术和用户网络,两者需要同时存在。现在,我们要先把它们整合在一起,然后才能管理网络风险,加快发展速度。

第 7 章

大查询

第7章 大查询

电影《隐藏人物》(*Hidden Figures*)取材自 20 世纪 60 年代的一个真实故事,讲述了美国国家航空航天局三位非裔美国女性取得的非凡成就。她们在数学和计算机科学领域开拓创新,帮助人类进入了太空并最终登上了月球。1969 年登陆月球的"阿波罗"飞船离不开她们的智慧:"阿波罗"飞船本身的计算能力仅仅相当于两台任天堂游戏机。

在这之后,人类的计算能力直线上升。尼尔·阿姆斯特朗登月前不久,英特尔联合创始人戈登·摩尔提出了著名的定律:计算机硬件的性能每隔 18 个月就会提高一倍。事实正是如此:据说现在很多 USB 记忆棒的计算能力都比将人类送上月球的计算机强;机器智能像人类智能一样灵活的时刻(奇点)已经指日可待;计算能力大范围传播所产生的影响尤其深远。20 世纪 90 年代以来,云计算甚至让小公司也能使用按次付费的云服务和数据分析服务,而此前只有美国国家航空航天局和大公司才能使用这些服务。接着,智能化开始统领一切:特斯拉汽车是移动电脑,空中客车是飞行电脑,智能洗衣机是清洁电脑。

如今,一项技术成就(认知计算)大规模传播的时代正在来临。人工智能使公司在优化、匹配、预测方面做得更好,而且在很大程度上不需要很多人的参与。它还能从杂乱无序的数据中提取信息,并识别其中的模式。认知计算的发展动力来自全球数据网也就是企业内外的定性和定量数据的惊人增长——到 2018 年是 2008 年的 33 倍，到 2025 年是 2010 年的 175 倍。[1]2019 年的全球互联网流量能让 1.42 亿人全年每天 24 小时同时观看互联网高清视频。

数据的增加和计算能力的提升正在迅速改变世界贸易。我在上文已经描述了亚马逊的城市物流链和阿里巴巴的产品推荐，这两者都得益于大数据、人工智能和预测分析的推动。仅仅 10 年时间，公司的处境就今非昔比，它们不但能更好地发现新市场和微观市场、瞄准外国客户并向其营销，而且能更好地协调全球业务、管理供应链——包括预测并避免下一轮金融风险。贸易往来和产品交易比以往任何时候都更加具有即时可见性和可追踪性。虽然在跨境贸易中仍存在出错的可能性，但这种可能性从没像现在这样小。

全球营销的黑魔法

1997 年，里德·哈斯廷斯和马克·伦道夫创办了 DVD（数字激光视盘）租赁邮寄网站网飞，旨在与市值 30 亿美元的视频租赁巨头百视达（Blockbuster）竞争。网飞为那些前往商店租赁 VHS（家用录像系统）录像带和 DVD 的用户提供邮寄服务。这家公司很快就发现了商机：库存中的 DVD 新片数量无法满足用户需求。为了在不增加库存的情况下解决这一问题，网飞开发了一种基于用户兴趣的算法，帮助预测哪些商品的需求量较大，并根据用户的喜好进行定制营销。如今，网飞成了一家主要的流媒体服务公司，在全球拥有 1.6 亿用户。它在 DVD 时代初期所做的预测，为之后的成功奠定了基础。

流媒体服务也大大充实了网飞的数据库：每年可以产生 10 亿个

数据点，用于加强算法并向每名注册用户提供完全定制的内容。通过提供那些算法表明用户会喜欢的非主流电影，网飞深受"长尾"观众的欢迎；通过提前预判用户的喜好，网飞能够自己开发用户最终会买单的内容。由于是数字化企业，网飞可以做到这一切，否则单凭租赁邮寄很难吸引上亿用户。

网飞是消费心理学和"微目标"营销领域的先行者。消费心理学和"微目标"已经改变了全球范围内的商品、服务、创意以及政治家的营销方式。消费心理学研究消费者的活动、兴趣和观点，也就是营销术语中的"AIO"。从人口统计的角度看，一名在跨国广告公司找到第一份工作的22岁巴黎男大学生和一名在应对气候变化的4个非营利组织董事会中任职的79岁亚利桑那州北部女性毫无相同之处；但从消费心理学的角度看，他们可能都喜欢阿斯汤瑜伽和草莓冰沙，都向世界野生动物基金捐款，都在脸书上关注巴拉克·奥巴马，都喜欢写理性（而非感性）的推特文章。对于一家销售用海洋塑料制成的瑜伽垫的公司来说，他们可能是最理想的目标客户。只要在营销过程中列出购买瑜伽垫的合理原因，就很容易影响他们。

早在20世纪80年代，美国的市场营销人员就讨论过消费心理学。区别在于，现如今的数据是由互联网提供的。公司可以更快地发现这些目标人物（如通过筛选客户数据，进行在线用户调查，甚至用自然语言处理从语法方面分析其话题），并向他们营销（如在脸书上进行"微目标"营销）。在网络时代，服务于利基市场也能成就全球性的大业务。

相比之下，过去的公司会参照国内客户的构成基础，对其他国家的人群进行评估，并使用与国内市场相似的营销手段。结果令人遗憾。通过电子商务推动美国公司进入中国市场的美国商务部前副部长、Export Now（一家帮助美国中小企业拓展中国市场的国际贸易公司）的 CEO 弗兰克·拉文在其书中讲述了这样的故事：好心的美国商人获得了来自墨西哥的消息，连忙带着合同坐上了飞机，指望很快就能完成交易并回国。而此时墨西哥的市场才刚刚打开，还处在依靠谈论家庭、爱好来建立关系的阶段，也许要过上几个月才能进入交易流程。[2] 这种"一成不变"可能就是美国公司未能将其产品全球化的首要原因。

总部位于洛杉矶的订购式美容设备销售商 Dollar Shave Club 利用消费心理学"黑魔法"，在 2017 年成功地将自己以 10 亿美元的价格出售给了联合利华。创办初期，Dollar Shave Club 发布了一段自嘲视频《我们的刀片真是棒极了》，以吸引在线购物者的关注，结果一炮而红。这段视频传播得很快，在一小时内就让公司的服务器崩溃了。随着公司的进一步发展，Dollar Shave Club 开始用人工智能来发现人类分析者无法识别的模式。比如，哪些客户值得投入营销资金，哪些客户不打算继续购买，哪些客户需要更多关爱来维护。为了减少客户流失，Dollar Shave Club 将退出客户的调查数据和交易、行为、人口统计数据相结合，建立起取消订购客户的档案，使该公司得以识别出那些即将流失但值得挽留的用户。[3] 之后，Dollar Shave Club 为这些客户开发了新的营销方式，进行了个性化的消息推送，从而把重新订购率提高了 5 倍。这不是特例。麦肯锡预测，定制化针对性营销的投资回报率和销售额分别是"万金油"式营销的 5~8 倍和 10 倍。[4] 剑桥分析公司曾暗中使用类似的心理统计方法将美国选民分成五大性格特征人群——开放型、尽责型、外向型、亲和型和神经质型，从而利用这些心理特征更好地进行定制化针对性政治宣传。

克服"牛鞭效应"

预测和抢占客户的能力不仅是在线营销人员的福音,更是那些想要最小化库存成本(可能占到库存价值的30%)同时最大化客户响应能力的供应链管理人员的"救赎"。最典型的情况是,因消费者行为突然改变而造成的破坏会经由整个全球供应链传递到原料供应商,导致企业错估实现这两个目标的供应量,从而形成"牛鞭效应"。

当需求突然下降时,"牛鞭效应"意味着公司的库存无法产生价值;当需求突然上升时,公司会出现库存不足、销量流失的情况。研究人员调查了 4 689 家在 1974—2008 年上市的美国公司,发现有 2/3 的公司遭受了"牛鞭效应"的折磨,而原因通常是过于乐观的销售预期——最终导致每年产生 8 000 万美元的过剩库存。[5]购物者的反复无常并非总是"牛鞭效应"的成因。例如,2015 年异常温暖的气候让梅西百货(Macy)的冬季服装销量下降了 80%,致使库存严重过剩。

的确,企业几十年来一直在使用"准时生产"、"精益生产"、看板管理等方式从供应链和库存中抠利润。就像网飞在内容预测方面所做的一样,亚马逊多年来也一直在使用"预期出货"技术,通过分析购买记录、在线搜索等因素,预测特定地区消费者的产品需求,从而在该地区建立恰好能满足需求的产品库存。消费数据的爆炸式增长同样能让制造商克服"牛鞭效应"。西门子、陪耐力(Pirelli)等制造商和零售商利用销售点数据以及社交媒体聊天信息等非结构化数据来预测全球消费者的偏好。最近的研究表明,需求预测能更容易、更有效地解决"牛鞭效应"问题,尤其是使用人工神经网络精度预测等前沿方法(与朴素预测、滑动平均等传统方法相反）。[6] 相较于数据的数量和种类，数据传输速度造成的影响似乎特别重大，如对销售点数据的实时访问。[7]

第三方数据增加了这种需求感应的可能性。例如，制造商和零售商可以利用关于天气变化如何影响消费者选购服装的气象资料、关于价格水平和价格变化如何影响消费者未来购物的价格数据，以及由人工智能处理的货架库存实时图像，来更好地应对需求激增。

要应对供应链动荡，就必须打破数据壁垒——汇集来自制造商、分销商、经销商、供应商等供应链中所有参与方的数据，以获得端对端可见性。这一直是一个棘手的问题：供应链参与方各有动机，唯恐失去自己的数据，很难将它们的数据集一体化。区块链的出现可能会改变这一点——只要区块链的拥护者能找到一个适合所有人的商业模式。事实上，区块链被应用于全球供应链面临的最大挑战不在于技术或设施，而在于能否找到让各方愿意加入并获取价值的方法。

金字塔底端的数据化

2006年，普拉哈拉德出版了《金字塔底层的财富》，让西方公司看到了发展中国家数以亿计贫穷人口带来的商机。只要满足一定的条件，比如年收入达到1 500美元，这些穷人就愿意购买西方的产品。这类消费者不太可能存下很多钱，也不太可能大量购买产品。因此，宝洁（P&G）、高露洁棕榄（Colagte-Palmolive）、联合利华等公司开发出了包装更小的产品，以低于发达国家的价格销售。[8]

这本书风靡一时。但不久之后，许多公司就意识到，了解新市场机会是一回事，开发出既适合发展中市场又能盈利的产品是另一回事，因为这个市场不但注重价格，而且在物流方面也面临挑战。理解穷人的动机和行为是最大的难题，他们似乎并不想要那些合乎情理、"于己有利"的东西。例如，撒哈拉以南非洲地区的消费者不愿意使用住友化学（Sumitomo Chemical）等公司生产的驱虫蚊帐，尽管这些蚊帐使用起来极其简便，在预防疟疾方面也效果卓越。虽然蚊帐让人感觉更热，但它们很容易被挂起或取下。庄臣（SC Johnson）公司也面临相似的挑战，它在内罗毕贫民窟以"清洁健康的家园"为广告语推销产品，结果铩羽而归。据报道，这是因为当地的消费者已经习惯了他们的脏乱环境和清洁方式。[9]

很多跨国公司都经历过这样的挫折。它们针对市场提出了从农作物保险到清洁剂的各种解决方案，这些方案看起来合情合理，但在实践中从未奏效。由于本土公司对当地的市场、状态和瓶颈有着更加直观的感受，西方公司通常不是它们的对手。安东尼·范·阿格塔米尔在2007年出版的《世界是新的：新兴市场崛起与争锋的世纪》（*The Emerging Markets Century：How a New Breed of World-Class Companies Is Overtaking the Wolrd*）中指出，就理解发展中国家的混乱情况并在这些国家经营而言，韩国三星、中国海尔、印度印孚瑟斯（Infosys）等新兴市场企业比西方公司处于更有利的地位。[10]

范·阿格塔米尔的假设似乎在传闻中得到了证实。例如，华为之所以在非洲和亚洲表现出色，是因为它起步于当时还在发展的中国市场，从而学会了前缘市场（指新兴市场中发展欠佳的部分市场）的游戏规则。印度的塔塔汽车（Tata Motors）在非洲、拉丁美洲和亚洲发展迅速。总部位于斯里兰卡的电子商务平台Kapruka开发了一款名为Grasshopper的应用程序，以便平台卖家了解情况复杂的南亚跨境物流。该款应用程度目前在东非市场独占鳌头，那里面临着相似的物流挑战。曼哈顿那些没有接触过低收入国家电子商务市场的企业家，可能永远也想不到这样的商业模式。

如今，数据正在削弱本土公司凭借直觉判断发展中国家购物者偏好的优势。总部位于科罗拉多州的 GeoPoll（一家允许研究人员通过开放的移动投票平台进行调研的公司）通过短信、语音、移动网络，对亚洲和非洲的 2 亿名手机用户进行了产品偏好调查，以便可口可乐、联合利华等公司了解相关最新情况，比如，南非的消费时尚和品牌忠诚度、肯尼亚观众的收视习惯、坦桑尼亚玉米种植户的行为和需求。[11]本土数字业务的兴起，为西方公司培养了一支"接地气"的第二方数据合作"友军"。例如，可口可乐和哥伦比亚广受欢迎、按需服务的送餐应用程序 Rappi 合作，以找到波哥大和麦德林这两座城市中最有可能消费可口可乐产品的人群，了解他们对饮料的偏好和习惯。

价格数据同样唾手可得。即使远隔千里，公司也可以看到全球竞争对手的价格并随时进行自我调整。例如，最近被 Market Track（美国一家咨询公司）收购的芝加哥 Dynamite Data 公司（一家互联网数据资讯公司）通过分析 54 个国家的 3 000 多家在线零售商的 10 亿个电子商务购买页面，生成了覆盖无数垂直行业，如厄瓜多尔的高清显示器、泰国的汽车等众多行业的《财富》1 000 强公司线上和线下店面价格的实时数据。

数据公司也已经准备好挖掘线下价格数据。想想发展中国家超市里那些贴在香蕉和大豆罐头上的价格标签，或者坦桑尼亚露天市场里那些挂在土豆篮子和花生碗上的小小价格标签吧。以拉里·萨默斯等名人董事会成员著称、总部位于旧金山的 Premise 公司（一家大数据分析公司）密切关注现实生活中的价格。该公司雇用一支兼职劳动大军拍摄发展中国家露天市场和超市里成千上万种食物和其他消费品的价格标签，获取了海量的价格数据，引起了那些想要抢占先机以应对通胀加剧和食品危机的全球企业和中央银行的关注。

发展中国家的突发政治危机也能被更好地预测吗？2000年，津巴布韦驱赶白人农民，将11万平方公里的土地重新分配给黑人农场主。先不论大部分土地最终落到了总统穆加贝及其政党的忠诚分子手中，并且农业产量下降了3%，至少外国投资者遭遇了一场"飞来横祸"，被吓得完全终止了投资。毕竟，谁知道穆加贝明天会使出什么"幺蛾子"。过了大约20年，英国"脱欧"、特朗普当选美国总统，以及诸如意大利2018年政治骚乱等小动荡又让投资者措手不及。

长久以来，政治风险一直是那些抽着烟斗、经验丰富的国家智囊团关注的焦点。欧亚集团（Eurasia Group）等多家公司从各个方面将政治风险变成了一门生意，它们向华尔街提供有关选举结果和紧张态势的预测，前者会对市场产生影响，后者则可能导致又一场"阿拉伯之春"运动。现在的政治风险还能被量化和"人工智能化"。例如，从欧亚集团独立出来的Geocast公司就使用人工智能对涉及新闻、政策文件等在线资源的250个变量所生成的数据进行分析，预测从政变、骚乱到诸如智利总统竞选结果之类的普通事件。美国国防部高级研究计划局正与机器学习等领域的专家合作，以便预测地缘政治风险。尽管我们尚需等待结果，但结合伊恩·布雷默、康多莉扎·赖斯等政治风险学者的主张，地缘政治风险已经恶化。

墙里有耳

生活在Grubhub、Instacart和亚马逊环绕的世界里，我们很容易忘记 90% 以上的人仍在实体零售店里购物，这和 20 世纪 70 年代的情况没什么两样。更令人惊讶的是，为了让消费者触摸和体验产品，同时收集更多消费数据，"数字原生代"正忙着开店。例如，通过在网上销售时髦镜框而让眼镜行业焕发生机的 Warby Parker 就开设了许多实体店。最初，该公司利用这些商店进行营销，后来才意识到购物者会同时使用线下和线上渠道：75% 的进店顾客此前从未访问过该公司的网站。Warby Parker 的实体化改造起先相当低调：一辆黄色校车被改装成一间流动商店，里面配有深色的木质书架和旧书，穿梭于美国的各个角落。它在城市里随意停泊，寻找商店会蓬勃发展的地方。[12] 如今，Warby Parker 被认为是地理位置数据之王——它使用由 250 多万个美国人提供的 129 个变量和步行轨迹来决定商店的位置，实现人流量和增长潜力最大化。了解购买眼镜的人群，弄清他们是什么人，在哪里，何时以及为何购买眼镜，这就是业内人士预测 Warby Parker 将成为亚马逊三大收购目标之一的一大原因。[13]

数据彻底改变了零售商选择店面的能力，而 Warby Parker 也并非第一家"吃螃蟹"的公司。早在 2014 年，星巴克就开始系统性地使用地理位置数据来确定下一家门店的位置，以免自家门店在同一个城市"互相残杀"。它收集了人口统计数据、房地产市场数据、竞争数据、购买力数据和社区行为数据，用于识别人类分析师发现不了的模式和动力，以预测消费者对拿铁、苏打水等不同产品的需求。同时，它还利用店内数据进行电子邮件宣传，推出新产品以吸引特定社区消费者。

加盟店也可以用客流量来预测消费者的失落感，从而抢占先机。2016 年 1 月，由于接连暴发顾客用餐后感染大肠杆菌事件，Chipotle 连锁餐厅开始跟踪供应商并在云端提供数据。这是一个很好的举措，但 Chipotle 在利用数据预测顾客感知和消除相关不良后果方面仍然面临挑战，而那些非常准确的预测反映了企业的灰暗前景。2016 年春天，Foursquare 公司（一家基于用户地理位置信息的手机服务商）的 CEO 杰夫·格鲁克获得了 Chipotle 等餐厅的进店数据和客流量数据，并在美国消费者新闻与商业频道上预测 Chipotle 的一季度销售将下降 29%。[14] 两周后，Chipotle 发布报告称其销售额下降了 29.7%。

这就是 20 世纪 70 年代与今天的不同之处：墙里有耳。事实上，商店就是眼睛和耳朵。亚马逊在西雅图总部新开了一家实验性超市，进去购买食品和其他商品的消费者可以像小孩子一样随心所欲——区别在于，他们的一举一动完全暴露在感应器和摄像头下。通过计算机视觉、重量传感器和人工智能等程序，这些感应器和摄像头能够识别他们放入购物篮中的商品，在他们离店时收取相应费用，并开具电子发票。[15] 这家"未来商店"没有收银员，没有小偷，完全依靠自动化补货，拥有海量数据。这些数据不但使亚马逊得以预测什么样的人，如亚马逊 2017 年收购的全食（Whole Food）超市的消费者，会在什么时间、什么天气购买什么东西，而且让亚马逊能够预测某个购物者可能会从亚马逊的在线市场和在线商店订购哪些商品，从而决定城市特定区域的库存情况。

20 世纪 70 年代，销售人员可能是购物者情感的整合者；20 世纪 80 年代，信用卡读卡器等销售点技术提供的结构化数据补充了店员的第一手观测结果，同时帮助管理随着产品种类增加而越来越复杂的库存。互联网让"众包"成为可能，企业可以与消费者共同开发产品和服务。例如，菲亚特（Fiat）和 160 个国家的 10 000 个人携手合作，共同设计出了菲亚特 MIO 汽车，在全球著名的车展上获得了好评。如今，利用购物者面部表情产生的大量数据，商店本身就能完成这项工作。

经验证明，比起消费者在调查或座谈会中的自我报告，灿烂的笑容、嗤之以鼻的哼声以及蔑视等微表情在判断购买倾向方面要有效得多（还没人知道它们相较于20世纪70年代的销售人员如何）。[16] 我们仅仅看一眼店里的商品和包装，就无意识地暴露了自己的心中所想。2018年，美国民权联盟询问20家最大的实体零售商是否在店内使用了摄像头来收集面部识别数据。只有阿霍德·德尔海兹集团（Ahold Delhaize）表示没有使用摄像头，其余零售商均拒绝回答。[17] 阿霍德·德尔海兹集团在美国拥有的连锁超市品牌包括 Food Lion、Stop&Shop、Giant 和 Hannaford。

当然，除了进店购物者，电视观众和网民也是面部分析数据的采集对象。美国领先的面部分析公司 Affectiva 正在采集保时捷等在高速公路上飞驰的新一代汽车驾驶者的情绪数据。[18] 预计到2025年，面部分析市场规模将达到150亿美元，并成为各类产品和服务公司实现全球营销梦想的数据通道：它们可以快速检测全球消费者对电影场景、视频游戏、广告、产品、酒店大堂设计、球队球员、音乐会编舞、新教学方法和授课教授等的接纳情况。技术还可以帮助商店预防被偷盗，提高护照检查的速度和质量（很多发达国家已经这样做了），让家庭成员察觉到3 000英里外已患病但强装无事的父母的真正感受，或者协助精神病医生更快地了解病人的情绪状况，还能促进人形机器人的情商发展。

在某种程度上，这让人有一种"老大哥在看着你"的恐怖感觉。然而，对那些想要测试以及"众包"新产品和解决方案的各种规模的企业来说，好处是巨大的。它们不需要成为网飞那样的公司，就能在世界各地的客户意识到自己想要什么之前掌握他们的需求，然后开发出符合这些潜意识需求的产品。区块链公司 ConsenSys 的丽贝卡·米基洛夫认为，如今的供应链已经成为一个"供应圈"。在这个"供应圈"里，消费者充当公司的研发部门，共同创造产品。[19]现在，购物者甚至都不必有意识地这样做。

以假乱真

你是否曾经在餐厅点了一瓶昂贵的葡萄酒，却没想过这瓶葡萄酒可能只是将廉价酒灌在昂贵的酒瓶里而已？葡萄酒造假每年给全球造成的经济损失高达30亿美元，催生了诸如Wine Fraud这样以举办红酒认证培训课程为主业的公司，与此同时，很多造假者也因为犯下惊天大案而锒铛入狱。现在，防止造假的希望就在眼前：由琳恩·肯普创立、总部位于伦敦的Everledger公司（一家提供区块链技术开发服务的公司）利用葡萄酒商添加的隐藏代码来追踪优质瓶装葡萄酒，让晚宴举办方能查明他们将要以每瓶300美元的价格订购的葡萄酒产自何地。

Everledger公司更广为人知的商品是钻石。这些商品更加昂贵，同样存在验真和诈骗问题。该公司通过列出一颗钻石的数十种属性特征，包括颜色、克拉数以及用激光刻在钻石顶上或中间的证书编号等，将160万颗工业用钻石数据导入了区块链。这些数据能够预防诈骗，让边境代理更易清关，为买家提供钻石产地、"来源"和真实性保障。[20]它们还有助于你应对准新娘给你出的难题：她戒指上镶嵌的石头是不是一颗被用来资助某些国家种族战争等可恶之事的"血钻"？Everledger正与蒂芙尼（Tiffany）合作开发消费类钻石，以使购买婚戒的用户能够在手机上追踪钻石产地。博物馆管理者和艺术收藏家同样可以通过Everledger来鉴定艺术品，只要该公司能避开不许在油画上印刷哪怕一行小字的行业禁忌。

无独有偶,生菜和钻石具有相同的属性:难以验证生菜产地并对其进行追踪。和钻石一样,生菜也会被弄混并很难追溯源头。但是,现在就连一颗生菜都"有名有姓"了。2017 年,《纽约时报》刊载了沃尔玛食品安全经理弗兰克·扬纳斯为了快速找到沙门氏菌暴发的源头,多年来如何努力追踪从农场、工厂运往沃尔玛商店的生菜、牛肉和蛋糕的报道。[21] 目前,作为世界上最大的进出口商之一,这家公司正在使用区块链追踪中国猪肉的产地及其在美国的运输和仓储。沃尔玛将杧果的溯源时间从 6 天 18 小时 26 分钟缩短到了 2 秒,这是惊人的效率提升。

这些都是食品供应链(或许也是最令人头疼的供应链)领域极其宝贵的进步。诚然,区块链要想打败细菌还有很长的路要走——即使厨房拥有可以追踪每一种产品(包括装运公司、产地等)的超级系统,Chipotle 餐厅还是像麦当劳一样备受食品安全恐慌的困扰。但是,通过赋予公司追踪原材料供应商及其下级供应商、运输途中各种活动的能力,区块链提供了迄今为止快速追踪变质食品源头并召回该源头产品的最好机会。

区块链还有助于满足消费者对供应链日益增长的安全和可持续发展要求。越南的 Trace Alliance 公司(一家提供基于区块链的供应链解决方案的公司)正在使用区块链向消费者提供有关鱼、杧果和宠物食品的溯源信息,包括产地、加工厂、加工时间、运输公司、运输路线等。[22] 操作方法很简单。渔民通过短信息将鱼获登记到区块链中,送货途中也会记录运输情况。或许不久之后,优食(Uber Eats)就能让你追踪到墨西哥鱼卷里的鱼是哪一艘拖网渔船捕捞的,鱼卷里的卷心菜又是哪一块农田种出来的。

制造商也可以使用类似的工具对产品的质量进行细化。随着制造业的数字化，以及3D打印产品开始在全球商贸中更广泛地流通，区块链能帮助制造商解决这些3D打印产品在质量、来源、知识产权等方面的棘手问题。企业通过使用区块链对产品及其生产数据进行编码和加密，就可以创建一个安全数据流，像鱼类供应链一样提供关于特定部件由谁制造、何时何地以及怎样（如用什么材料）制造的信息。通过这些安全数据，制造商能确保并查验产品及其生产商的品质，甄别盗版产品，追踪问题部件的源头，并在必要时迅速进行召回。通用电气便是该领域的先行者之一。它拥有一项专利技术，能够使用区块链核实验证3D文件和3D打印过程，从而对3D打印部件进行认证。[23] 考虑到区块链的安全优势，美国海军已将其引入军队的增材制造研究之中。[24]

  区块链技术还有助于维修零部件。举个例子来说，2016年，我从华盛顿里根机场乘机飞往亚特兰大。飞机沿着跑道加速起飞，突然间，机头下压、刹车紧拉，致使机上乘客全都向前倒去，原因是机长发现一个关键部件失灵——它的故障指示灯亮了。这段短暂的插曲让航空公司接到了一些愤怒的投诉，也让我错过了在亚特兰大转机的时间。但在5年后，这种情况可能永远不会发生。例如，空中客车公司正在使用区块链来深入分析其供应商和零部件来源，同合作伙伴分享收益。这些数据对航空供应链的下一个节点亦即客机也有所助益。比如，汉莎航空公司（Lufthansa）的维修人员可以调看区块链上列出的部件，以判断这些部件使用了多长时间，以及是否需要更换或维修。

寻找最弱一环

  区块链和大数据分析也在帮助制造商和零售商规避供应商风险。

每一家大公司的供应商里都可能存在成千上万的薄弱环节———一架波音"梦想客机"需要3万个供应商，一家全球性银行需要5万个供应商。2005年，芭比娃娃制造商、美泰玩具公司（Mattel）的二级供应商，也就是一级供应商的分包商被发现用含铅涂料（这种涂料比无铅涂料便宜60%）给娃娃上色，而且生产的部件也会松动。美泰玩具公司基本不关注这些分包商，但松动的部件被美国的小女孩吞下，造成了死亡事件。[25] 2007年，美泰玩具公司宣布在全球范围内召回43.6万件玩具，其中在美国召回了25.3万件玩具。最终，由于涂料含铅和磁铁松动，该公司召回了1 900万件玩具。

对于以高标准著称的美泰玩具公司来说，这场由供应商风险造成的巨大损失令其全球的供应链经理和代工厂不寒而栗。[26] 供应商的某些商业行为，如使用童工或向河里倾倒化学品，导致西方消费者对他们喜爱的品牌敬而远之，也给企业造成了重大打击。20世纪90年代，耐克的越南分包商被发现在生产乔丹气垫鞋（Air Jordans）时违背了人道主义劳动规范，因而引发众怒。零售商意识到了这样的现实：产品虽好，但作为基础的供应商却存在缺陷。随着企业将生产离岸外包，人权倡导者和工会也联合起来，以确保以《北美自由贸易协定》为代表的美国贸易协定得到实施，要求墨西哥等发展中国家的同行支持劳工保护。当然，劳工游说团体还另有目的，那就是削弱墨西哥产品对美国公司的吸引力。

多年来，企业、政府及其主要承包商花费了大量资源去寻找严格遵循六西格玛管理法、劳动法、环境标准、透明财务管理和反腐败规范的高质量低成本的可靠海外供应商。如今，寻找成本已经降低，这部分要归功于阿里巴巴、TradeKey等电子商务平台为B2B买家提供的鉴别和筛选卖家的途径，以及对数千家供应商的即时评价。尽管阿里巴巴很难消灭诈骗,但它提供了许多可以让买家加快筛选供应商的方法,从第三方公司的供应商评估,到其他买家的满意度评级,再到阿里巴巴团队的现场核实,不一而足。

大数据是甄别"鱼目"与"珍珠"的最佳利器。例如,Import Genius公司(一家全球贸易数据提供商)使用之前闲置在政府数据库里的1亿份海运记录,帮助美国制造商和零售连锁店了解潘尼百货、波音公司等中坚企业的合作供应商,并免费与这些大公司筛选出的供应商取得联系。突然之间,各行各业都能彼此看见对方的全球供应链。海运公司的数据让一切"无可遁逃":尽管苹果手机的上市时间绝对保密,但Import Genius却提前公开了苹果公司从中国运送一大批手机到美国的海运记录。相关机构更容易获取摧毁恶劣劳动环境的工具。美国劳工部在其网站上列出了世界各地通过某种形式的劳工剥削制造的产品,世界宣明会等非政府组织则根据这份清单重点公示了违规者和产品使用者。[27] 万事达卡(MasterCard)向市场推出了一款"了解供应商"的软件Track,该软件覆盖了1.5亿家企业,根据4 500份处罚、监管及执法名单和21 000个"敌对媒体"来源对风险管理发出警告。这款软件能使《财富》500强公司将法律、监管和品牌风险降到最低,还能防止在支付过程中虚开发票。

机器与机器的对话

机器对机器通信在数量上迅猛增长,创造了新的价值洼地——工业物联网。通过工业物联网,机器之间的数据流通常能被传输到世界各地,预计在2015—2035年将额外产生高达15万亿美元的效率收益。[28]

为何会有这样巨大的收益？让我们回顾一下许许多多的应用案例。

澳大利亚矿业巨头力拓公司（Rio Tinto）在全世界拥有数十个矿山，这些矿山的卡车、钻井实验室、过程监视器、控制系统和维护系统日志每天生成的数据达 30GB，而且这些数据在生成后 100 毫秒内就会被提取。[29] 该公司会在澳大利亚的布里斯班分析这些数据，从而轻松找到降低成本、提高矿山安全和环保性能的方法。一架波音双引擎飞机从纽约飞往伦敦能生成 320TB（也就是 327 680GB）的数据，使航空公司得以缩减成本、减少航班延误并提高飞行安全性。世界第二大消费品公司联合利华将 190 个国家的实时数据汇集到其配备了 4 000 台服务器的英国数据中心。这些服务器能帮助该公司规避全球供应链风险，提高业绩，降低产品价格。巴西国家石油公司利用 387 台指示器监控其环保表现，并建立了一个平台用以获取和处理各类钻探设备的实时运营数据。[30] 马来西亚种植企业集团森那美公司（Sime Darby Berhad）在马来西亚、印度尼西亚和利比里亚的商业活动中使用无人机、土壤传感器和数千名现场工作人员携带的移动设备来收集生产数据以及物流、生产力、田野条件等信息，以改善农业管理，确保质量、工人安全和环保合规。[31] 印度塔塔集团成立了一个完整的分析部门，以帮助旗下横跨软件、茶叶、电信等行业的 100 多家独立运营公司分析它们生成的所有数据。[32]

科技分析与咨询公司 Gartner 预计，到 2020 年，40% 的企业净投资将瞄准规范性预测分析。投资回报无可限量。根据麦肯锡咨询公司的研究，拥有一流商业分析能力的公司可以将营业利润率提高 60%。[33] 经济收益主要产生于传统产业向数字化转型的过程中。在某种程度上，数据流通过提高生产率创造了传统产业里 75% 的附加值。[34]

那些像森那美公司、巴西国家石油公司一样，在消费者、特定市场的价格、供应商风险、天气等方面成功将内部数据与第二方、第三方数据结合起来的企业受益最大。美国中西部一家创办于1837年的农业器械企业迪尔公司（John Deere），如今正利用土壤条件、作物特性、天气等多个要素的数据，帮助农民使用手机应用程序"移动农场管理人"（Mobile Farm Manager），以判定种植什么作物，何时何地种植，何时何地耕地，哪里的作物将获得最好的回报，甚至包括耕地时该沿着哪个方向作业。他们还能利用气候数据避免作物损失：大多数作物损失都是由气象活动造成的，其中25%的气候性作物损失可以通过使用气象预报模型来预防。[35]此外，拖拉机等机械设备上安装的传感器还能提供数据，让农民得以缩减停工期，让迪尔公司得以预测其联合收割机的部件更换需求。

如今，即使是小企业也能利用数据。它们无须购买昂贵的硬件和软件系统，也不必雇用内部数据分析师，只需要从亚马逊、Salesforce（一家客户关系管理服务提供商）等公司租用按次付费的数据服务。例如，南非旅游预订网站Travelstart借助亚马逊网络服务平台运行其中非和中东的在线预订业务，节约了43%的运营成本，减少了25%的故障时间。[36]东南亚打车服务巨头Grab公司利用其150万份订单的实时数据流来预测未来的需求模式，并及时解决运营问题。[37]该公司声称，这已经转化为人力和运营方面30%~40%的成本节约，改进了客户服务，降低了客户成本。巴西公司WebMotors（一个销售汽车的电商平台）每月需要存储20万条新车和二手车分类广告，它使用亚马逊的CloudFront服务（一项快速内容分发网络服务）传输了大量数据，不仅提高了45%的业绩，还扩大了规模，每月吸引的全球独立访问者达2 000多万。[38]

结论

作为一种中间产品，数据突然变得更易获取，也更具价值。对大大小小的公司来说，难的是如何完全理解它——用谷歌中国香港公司总经理莱奥尼·瓦伦丁的话来说就是，"从大数据到大查询"。即便是一些最大、最具活力的全球消费品牌，也仍在尝试系统化数据，以建立汇集所有数据的数据池，并确保数据完美无缺，为机器学习做好准备。"关于数据的数据"也是新生事物，我们现在才刚开始了解数据是如何改进公司的客户维系、供应链和运营情况的。

100年后，预测力能强大到让我们制造逆因果事件吗？在这个物理学和哲学的狂想里，结果先于原因存在。

几十年来，物理学家一直在努力解决该问题，其中很多人得出结论说，我们对时间和因果的认知是一种错觉——实际上，未来可以影响过去。假设正常的事件过程是A原因导致B事件。如果逆因果关系存在，那么B事件的发生就可能干扰事件过程，从而阻止A原因的发生。物理学和医学领域都做出了一些令人震惊的实验。这些实验证明，在当下改变过去的结果确实是可能的。[39] 说得更明白些，大查询能让我们预测B事件从而改变A原因吗？虽然我们大多数人还没有进化到能够回到过去，并挽救由飓风导致的极度不良收益或重大损失的程度，但大查询正在带领我们前进，让我们走在未来的前面，为企业在全球经济中制造一个有利的结果。

· 第二部分 ·

挑战

第 8 章

线下与线上的距离

1994年，联合国发起了一场全球性的活动，试图弥合发达国家与发展中国家之间的"数字鸿沟"。20多年后，"数字鸿沟"变成了"数字天堑"。2016年，德国和瑞士的网民比例达到了90%，而撒哈拉以南非洲地区的网民比例只有20%，发展中亚太地区的网民比例为49%，拉丁美洲的网民比例为56%。[1] 在数字化方面，非洲、南亚、拉丁美洲和东欧的欠发达地区远远落后于新兴市场国家。瑞士拥有宽带的人数比例是44%，而发展中国家的这一比例仅仅超过了10%。布隆迪的宽带普及率最低，每100个人中只有0.03个人拥有宽带（占总人口的0.3%）。该数据在肯尼亚为0.28个人，在印度为1.3个人，甚至在墨西哥和巴西也只有12个人。就企业而言，94%的发达国家企业通过电子邮件与供应商进行沟通，78%的发达国家企业拥有网站。但如果将企业扩大至全球范围，拥有网站的企业比例就下降到了44%。该比例在撒哈拉以南非洲地区为33%，在南亚地区为32%。[2]

诚然，网络连接情况在过去20年里已经有了很大改善。到2000年，尽管大多数美国人和欧洲人都能上网，但在撒哈拉以南非洲地区和亚太地区，却分别只有0.5%和2%的人能上网。[3] 此后，手机得到迅速普及，多数国家的移动宽带费用也下降到人们月收入的5%以内，这使得数亿人能够参与在线经济，作坊式小工业也得以"起飞"。[4] 刚果一名大胆的创业者建造了一架坚固的梯子，好让村里人爬到他搭建在大树顶端的平台上，在高处连接网络——当然，这些人在上树时得付给他一笔"入场费"。但在最不发达国家（多数位于撒哈拉以南非洲地区），移动宽带普及率仍然只有12%，这导致大部分企业和潜在消费者无法从在线经济中受益。

如今，由于存在商业利益，这一现实正在被快速改变。例如，谷歌气球网络计划（Google's Project Loon）用太阳能驱动的气球连接起没有网线的农村地区。脸书发射了一架名为Aquila的高空太阳能无人机，将互联网带到非洲和印度的偏远地区。[5]科技公司也在全球布局海底电缆，这些电缆承载着横贯大陆的电子邮件和数据传递，几乎包括了从纽约到加州的所有在线传输。[6]长期以来，这些电缆的铺设一直停留在19世纪的架构，连接起了北美和西欧，但在很大程度上忽略了非洲和发展中的亚洲。[7]现在，谷歌正在非洲各地铺设光缆，逐步打开数字服务的在线市场，使数百万至今只能在高山或树顶寻找网络信号的人得以上网。[8]谷歌还在建设从洛杉矶到智利，以及从中国香港到关岛的电缆，以便将该公司的数据中心连到一起。[9]太平洋群岛是一个产品进出成本很高的地区，华为正计划在该地区架设设备，以通过在线服务实现增长。

联网只是跨越"数字鸿沟"的第一步。要想让企业和个人在全球数字经济中茁壮成长并参与贸易，还有更多"数字鸿沟"需要弥合。从全球范围看，只有一小部分企业接入了4G和5G网络，进行着在线销售，并采用了人工智能等新技术；另外有一部分企业虽然接入了互联网，时不时也会进行在线交易，但并非技术密集型企业；还有一部分是脸书卖家，不具备在线交易和货到付款的能力；剩下一部分企业仍然处在离线状态，仿佛在黑暗中踽踽而行。对国家来说，发展第一部分企业关系重大。本章阐述了其中的原因，以及企业和政府需要做出什么改变。

艰难的联网

我们很难想象世界上有超过一半的地区仍未联网。当你坐在布宜诺斯艾利斯、内罗毕或曼谷的酒店大堂里时,会发现 Wi-Fi 信号很强,周围的人都在用智能手机"冲浪"和通话。当你打车去开会时,司机很可能会使用 Waze 导航或谷歌地图。但出了大城市,情况就变了。城市和农村、年轻人和老年人以及男性和女性之间的数字化存在着巨大差异。例如,2016 年,非洲城市地区使用互联网的人口约为 23%,而农村地区只有 10%;使用互联网的男性约为 17%,而女性只有 12%。[10]

就企业而言,规模较大、生产力较强、以出口为导向的城市企业往往具备数字化和在线交易的能力。许多农村小企业甚至还没有接入互联网。矛盾的是,尽管互联网给予了偏远地区缩短与市场之间的距离的机会,但这些地区也是最不可能联网的。农村企业为"农村"二字付出了代价。[11]

联网和联网质量对企业参与电子商务和贸易至关重要。正如第 3 章所示,在线销售企业比线下企业或不具备在线销售能力的企业更有可能从事出口业务和实现增长。我的公司在 2017 年进行的一项调查表明,联网和 IT 基础设施方面的欠缺,是最不发达国家的小企业参与电子商务的主要障碍。[12] 在另一项研究中,我发现,宽带使用率是影响各国电子商务卖家数量的一个重要指标,其他任何联网数据都没它重要。[13] 在全球互联网平均连接速度不到每秒 7 兆比特的情况下,只要企业的互联网连接速度高于每秒 30 兆比特,它们参与电子商的可能性就会提高。[14]

这些数据表明,经济的数字化程度越高,"数字鸿沟"对企业和国家竞争力的影响就越大,很多人也将面临落后的危险。要想弄清互联网对经济增长的影响,只需要问这样一个问题:如果没有互联网,企业的境况会糟糕到什么地步?尤其要问一问:如果被拒绝接入互联网或其他数字网络,企业的生产力(这里指每名员工的销售额)会受到哪些影响? 89% 的拉丁美洲企业会损失 5% 以上的生产力,77% 的拉丁美洲企业会损失 15% 以上的生产力。[15]换句话说,接入互联网是企业内外部运营的巨大增长动力。这与美国的情况相同:大部分数字密集型美国企业表示,如果不接入互联网,它们的生产力将下降 15% 以上。[16]切断网络,等于剥夺企业 15% 以上的销售额。

早在古代,中国人和印第安人就懂得用烟雾信号来警示即将到来的危险。此后的几个世纪,互连互通始终关乎竞争力。19 世纪 60 年代,政治新闻、大宗商品和债券价格等有利可图的时效性信息几秒钟内就会在伦敦和纽约之间传播开来。相较于消息不灵通的同行,那些负担得起每个单词 10 美元费用的投资者往往更具优势。[17]20 世纪 50 年代,美国和欧洲之间架设起能用于通电话的同轴电缆,从而使越来越多人了解到在大陆与大陆之间流动的有价值信息。20 世纪 90 年代,光缆让数据以光的形式跨越大西洋进行交换成为可能,群发电子邮件的时代由此到来。所有政府都明白互联网的力量,其中的大多数政府也都为企业和公民的联网付出了努力。过去 20 年里,超过 140 个国家制订了国家宽带计划,通常目的是提高联网质量,比如,从 2G 网络升级到 3G 或 4G 网络,以及让偏远地区也能上网。有些国家很快就获得了成功。例如,秘鲁的移动宽带网络规模从 2010 年的 1 660 万人(其中 60 万人是移动宽带用户)增加到 2015 年的 2 960 万人(其中 610 万人是移动宽带用户）。[18]2016 年，秘鲁的 3G 和 4G 网络速度为每秒 9 兆比特，位列全球前 30 名。

这样的成功需要灵活政策的支撑。秘鲁政府允许移动运营商使用偏远地区的国有基础设施，如建筑物和公园，以此鼓励它们在广阔的丛林和山区建立基站。秘鲁政府还简化了流程：为了满足政府的覆盖率和服务质量标准，运营商需要额外架设 16 000 根天线，但它们发现每个市政当局都各有一套规则和限制条件。于是，政府通过了一项法律，规定符合标准的移动基站安装可以自动获得批准。[19] 为了解决"最后一公里"的联网问题，秘鲁政府和运营商 Movistar（西班牙知名的电信运营商）达成了共识，政府提供运营许可证，Movistar 则在 2015 年年底前将移动宽带覆盖至 1 842 个偏远村庄，并在 10 年内免费为学校、健康中心和警察局提供移动宽带联网服务，以便政府改善农村教育、卫生保健和安全服务。[20]

非洲国家卢旺达通过数字化转型实现了奇迹般的逆转。这是一个自然资源匮乏的内陆小国家，1994 年发生的可怕内战使其在四个月内失去了 100 万个生命。2000 年以来，卢旺达将互联网作为国家发展的优先项，推动业务流程外包行业蓬勃发展，希望成为"非洲的印度"。2000 年，卢旺达政府发布了国家信息通信基础设施政策，并制定了一个二十年规划，分四个五年规划实现全面数字化。这是一项艰巨的任务：2005 年，卢旺达的固定电话普及率仅为 0.3%，手机普及率为 2.5%。但政府顽强地向前推进，让人们了解互联网的力量。例如，政府通过 e-Soko 项目帮助农民在移动设备上获取农产品市场价格的实时信息，还设立了电信中心和"ICT 巴士"。[21]"ICT 巴士"配备了 20 台联网笔记本电脑以及投影仪、电视显示器等设备，它们在农村地区巡回展示，以提高卢旺达人对在线服务的认识。这并非一种表面公关——巴士会在一个地区停留数月，举办研讨会，对当地人进行数字化培训。

21世纪头10年，这项工作开始有了回报。由于积极的公共投资和私营电信运营商之间的竞争，到2011年，卢旺达的移动电话网络覆盖率达到96%。[22] 到2016年，1/3的卢旺达人能够上网，网速为每秒8.7兆比特，高于全球平均网速每秒6.3兆比特；约有70%的人接入了移动网络。互联网接入成本也下降了：2017年，卢旺达在廉价互联网联盟58个最廉价互联网发展中国家中排第21位。[23] 联合办公开始在卢旺达首都基加利萌芽。例如，著名的kLab（卢旺达最具活力的技术创新中心）为IT创业者提供了一个开放性办公区，使他们可以互相合作，并在资深导师和技术工场的帮助下将创意转化为可行的商业模式。

2010年，拥有电子邮件账户在缅甸仍是违法行为。如果记者通过互联网向国外发送信息，就会被判刑入狱。例如，25岁的记者拉温因将部分报道内容发送给流亡广播电台"缅甸民主之声"而被判20年监禁。缅甸完成民主化转型后，该判决于2012年被取消。自此，互联网开始蓬勃发展——上网人数从2011年军事政府开始放松限制时的1%，增长到2017年的28%，也就是约1 500万人。[24] 缅甸人的生活发生了变化。吴翁貌（音）居住在一个有900人的偏远村庄，以种植茶树和姜为生。2014年，村庄附近的一座山峰上架起了移动基站，他因而得以登录脸书，并在一个非营利组织的帮助下学会了通过"金色稻田"应用程序获取天气预报、市场价格和农药。[25] 吴翁貌（音）在意识到自己之前遭到了中间商的严重欺骗，以极低的价格售出了姜和牛油果后，便开始监控城市里产品的市场价格，以免再次受骗。他的故事是全世界数百万生活发生变化的农村人的缩影。

秘鲁、卢旺达、缅甸在全国联网方面都采取了正确措施。研究表明，当宽带普及率较低时，供给侧政策（如长期的宽带发展规划和公私营合作）与需求侧政策（如对使用宽带的企业提供财政激励）组合能够加快普及速度。[26]当普及率较高且供给侧政策已经出尽时，减税等需求侧政策也可以作为供给侧政策的补充。[27]

削减电子设备税费和关税就是最简单的一项需求侧政策。美国智库"信息技术与创新基金会"（ITIF）估计，《信息技术协定》将拉动阿根廷15%的经济增长提高1.5%，拉动巴基斯坦和肯尼亚1.3%的经济增长。[28]该协定有82个成员国，取消了97%的IT产品关税。2016年，阿根廷改革派总统毛里西奥·马克里认为，上届政府对笔记本电脑和电脑产品征收35%的税费，指望通过关税促进本土电脑制造业发展的举措愚不可及。该举措非但没有让阿根廷打造出自己的"三星"，反而给了渴望参与在线经济的阿根廷人当头一击：苹果公司出品的iPad mini 4在布宜诺斯艾利斯售价1 260美元，而在邻国智利仅售640美元。[29]

降低电子设备和互联网的获取和接入难度，只是个人和企业利用数字革命推动电子商务、贸易发展和实现增长的开始。刚果（金）基桑加尼的20岁学生安德森·昂巴多·恩达巴维耶就是一个很好的榜样。他借助一部旧的中国制造的智能手机，通过观看优兔上的奥巴马总统演讲视频学会了英语。[30]安德森眼馋手机易贝上的产品，但他没有银行账户或信用卡，因而无法进行支付（或通过购买比特币来支付）。而且，如果不支付特别运输费，不与沿途的海关和窃贼打交道，这些产品也无法运抵他所生活的偏远城市。他浏览里维埃拉的豪华酒店，赞美曼谷的美食，却无法接近它们。他能旁观游戏，但不能参与游戏。

相反，韩国企业享有世界上最快的网速。仅仅这一点，就解释了为何韩国拥有仅次于中国和美国的全球第三大最具活力的在线零售市场，为何研究公司 L2 依据"数字智商"排出的世界十大美容品牌中韩国品牌占七个之多，为何韩国企业的高管能坐在曼谷的餐厅里大快朵颐而安德森只能在千里之外垂涎三尺。[31] 对个人和企业来说，数字支付是将互联网转化为可扩展的交易、商业和增长的首要因素之一。

Instagram 卖家

即使在互联网连接良好、企业建有网站的国家，大多数企业仍未开展在线交易。最新数据显示，2015 年开展在线销售的欧洲中小企业比例仅为 20%。该比例在英国、比利时、荷兰、卢森堡略高，但越往欧洲东部越低。[32] 2014 年，美国企业里只有大约 40% 的数字密集型企业在线销售商品，30% 的企业在线销售服务，而其中只有不到一半的企业经常进行在线交易。[33] 发展中国家的电子商务使用率甚至更低，尽管对低到何种程度的估计差异甚大。2016 年世界银行的数据显示，在墨西哥、土耳其等中等偏上收入国家中，仅有 35% 的中型企业开展在线销售；而在加纳、孟加拉国等收入低、网络覆盖率最低的国家，仅有 9% 的小型企业和 16% 的中型企业开展了在线销售。[34] 我的公司曾对具备数字化能力的公司进行过在线调查，结果显示 1/4 的发展中国家企业开展了在线销售，1/3 的发展中国家企业进行了在线买卖，14% 的发展中国家企业只进行了在线采购，27% 的发展中国家企业既不进行在线采购也不进行在线销售。这意味着，约有 40% 甚至更多的已联网的发展中国家企业尚未利用网络进行销售。[35]

世界银行和我的公司给出的数据之所以存在差异，可能是因为采用的调查方法不同。但实际上还有一个原因，那就是"在线卖家"的定义非常模糊，并没有明确纳入数量庞大的"灰色地带"企业：开展在线营销但不用在线支付完成在线交易的脸书商家。脸书商家在发展中国家极为普遍，它们占小公司的大多数，而这些小公司并没有明确表示自己是在线卖家。孟加拉国 IT 协会的一项研究表明，该国脸书商家占在线卖家的 90%。

脸书商家的盛行在一定程度上反映了资源鸿沟和学习过程：从脸书商家到电子商务卖家的飞跃通常是一个艰难、缓慢的过程。创业者首先要登录脸书、Instagram（脸书旗下一款免费提供在线图片及视频分享的社交应用软件）和 Pinterest（一个供用户分享热门图片的社交网站），接着要投入时间和金钱获取相关的技术和知识，最后才能创立并运营一家完全具备在线支付和物流配送能力的在线商店。以珍妮特·萨布兰在 1989 年创办的萨摩亚工艺品网站 Janetssamoa.com 为例，该网站的第一笔出口业务是向刚去过太平洋群岛的澳大利亚购物者销售椰子壳耳环。珍妮特意识到，向到过该地区的国外游客销售工艺品可能大有前途，于是她于 1999 年创建了一个网站，开始在脸书上做广告，向澳大利亚和新西兰的买家展示自己的产品。[36] 为了吸引十几岁和二十几岁的年轻人，珍妮特还使用了 Instagram、推特和 Pinterest。到了 2015 年，珍妮特已经雇用了 12 名员工，但仍缺少可靠的在线支付方式。她在线下经营了数年，最后才接受了银行转账或使用贝宝支付。并非只有她一人如此行事：万事达卡对德国、加拿大、巴西和越南的公司进行的一项研究表明，尽管 90% 的商家拥有网站，但只有 20% 的网站接受在线支付。[37]

在柬埔寨，二十几岁的陈小姐开发了一项红红火火的业务：在阿里巴巴上寻找有吸引力的产品，再将这些产品发布在 Instagram 上出售给柬埔寨人，最后从阿里巴巴上批量订购她的Instagram"粉丝"想要的产品，并安排当地的物流配送，比如由金边的公共汽车派送包裹，等司机返程后拿回现金。无数柬埔寨年轻人将目光投向了Instagram、脸书以及当地平台，并在平台和当地人之间充当中间商，她只是其中的一员。[38]然而，落后的支付技术限制了她大规模交易的能力。毕竟，等待买家付款和司机回程阻碍了她的现金流，使她无法轻易在阿里巴巴上进行下一笔采购交易。

当然，技术落后的地方会出现变通的办法。在斯里兰卡，大部分Grasshopper卖家不使用电子商务平台。就像多数发展中国家的卖家一种，他们在脸书、Instagram等社交商务平台上销售产品，在交货时收取现金，因为买家希望在付款前对产品进行检查。不过，按照斯里兰卡的发展水平，买家通常都拥有借记卡或信用卡，80%的公民拥有其中一样。针对这种情况，Grasshopper采取了"货到卡付"的上门支付方式，即买家看到产品后，可以通过送货员携带的Square移动读卡器刷卡支付。这不仅加快了卖家的资金流动，也使还没习惯在线购物的买家敢于下单。

但是，这并非在所有地方都行得通。脸书商家的盛行同时反映了金融包容性方面的差距。在发展中国家，许多人还没有银行账户，多数人没有信用卡，也没有像贝宝这样的在线支付系统。2017年一项对25岁以上年轻人的调查显示，柬埔寨、加纳和巴西拥有信用卡的年轻人分别只占1%、6%和30%。移动支付还可以帮助人们汇兑资金：2017年，柬埔寨、加纳和巴西的25岁以上的年轻人中分别有13%、45%和49%至少在手机上进行过一次交易。[39]而在埃塞俄比亚等国家，由于禁止性法律的出台，许多全国性在线支付平台还无法互通。相反，用户必须在同一个平台上进行交易。很多国家的跨境支付甚至更复杂，因而，发展中国家的小型非出口企业通常将"无法跨境在线支付"列为开展出口业务的首要障碍。

让买卖双方达成交易的最简单方法是共用一个全球性支付平台，如现在的贝宝。就像信用卡公司一样，贝宝必须与银行合作，而银行也需要给出可信性证明，即贝宝拥有合适的筛选机制，能识别并拒绝为洗钱者等犯罪分子服务。寻找、筛选合适的银行合作伙伴是一项艰巨的任务。贝宝也能从电子支付法提供的法律确定性中受益，但很多发展中国家仍然缺少这样的法律，只能通过相对较快、成本较低的流程来确保和维持监管部门对支付公司的经营许可。

如果各家支付公司希望实现互操作，而且中央银行也支持，那么互操作是可以实现的。例如，2015年非洲电信市场的"死敌"沃达丰集团和MTN集团决定携起手来，使各自的用户能够跨网进行移动支付，包括肯尼亚、刚果（金）、坦桑尼亚的沃达丰用户与乌干达、卢旺达、南苏丹、赞比亚的MTN用户之间的跨境支付。[40]这两家公司希望将该地区由于使用不同系统而无法进行交易的跨境支付汇款人和收款人连接起来。此举将跨境转账费用从20%削减到3%，得到了该地区中央银行的支持。

B2B跨境支付尤其昂贵且复杂，特别是对小卖家而言。每年的跨境支付额度都十分巨大。2015年，跨境支付额度高达150万亿美元——是世界经济规模的两倍，而支付行业总收入约为2 000亿美元，其中80%来自B2B交易。[41]尽管如此，许多公司仍然难以进入这一领域。高昂的费用便是"拦路虎"之一。通常，电汇成本为50~75美元/次，对进行多笔小额交易的卖家和买家来说吸引力不大。在巴西，经营雷亚尔（巴西货币）兑换美元服务的公司还需要花300美元买一份货币兑换文件，这对小额交易来说是笔不菲的费用。[42]为了应对银行的固定费用，企业想出了许多变通办法，以避免支付高额的固定成本。例如，它们将数个小订单合起来开票，从而降低了电汇成本。[43] 但是，仍有一些可变成本需要考虑：通过环球同业银行金融电讯协会会员银行进行跨境电汇可能需要支付几个百分点的交易费用，因为支付价值链中的每一家银行都要抽成。这些费用平均通常为 1~3 个百分点，但当支付额较小且需要经过数家银行时，也可能超过 10 个百分点。[44] 此外，银行的结算过程需要 3~5 天的时间，这对那些习惯随时用电子邮件处理业务的人来说简直难以想象。当然，公司也可以使用信用卡——大多数跨境信用卡交易的成本占到货物价值的 3.5%，但这吸引不了大额支付者的兴趣。

  技术正在缓解公司全球化所面临的支付挑战。例如，巴西的金融科技公司 EBANX 使没有国际信用卡甚至没有银行账户的巴西人能够从国外购买产品。它被整合进了 Boleto Bancario 支付中。Boleto Bancario 是一份在线购物时打印的全国性条形码支付账单，可以到彩票店、超市等支付点进行结算，不需要用户具备银行账户。[45] 到目前为止，EBANX 已服务声田（Spotify，一个正版流媒体音乐服务平台）、爱彼迎等 500 多家国际商户，处理交易额 12 亿美元，在墨西哥城、蒙得维的亚、纽约和伦敦设有办事处。B2B 方面，西班牙桑坦德银行在巴西推出了一项名为 One Pay FX 的服务，可以通过区块链实现 B2B 的跨境支付结算，目的是进一步降低成本、缩短结算时间：相较于目前需要的 48 小时，该服务在两小时内就能结算完成，有时甚至能立即到账。为了提供这项服务，桑坦德银行使用了 xCurrent 软件。该软件由美国金融科技公司瑞波开发，能够端到端跟踪跨境支付的实时结算。2018 年，One Pay FX 服务开始在巴西、西班牙、英国和波兰进行试点，2019 年起开通了美元和雷亚尔的自动兑换。

使用在线支付系统的好处有很多。在线支付增加了贸易量，提高了中小企业的贸易参与度，拉长了跨境供应链，还降低了很多现金成本。[46]美国国际开发署在对受援助的发展中国家及其分包商向在线支付转型的分析中发现，采用在线支付后，交易费、前往支付点的出行费、现金运输的安全或保险费等财务成本，以及员工处理支付过程的时间、无法追踪的支付漏洞、货到付款的拒付风险等非财务成本都显著降低。[47]在线支付还让女性企业主受益匪浅。在发展中国家，她们经常受到朋友和家人的欺凌，被迫放弃了部分收益。

从监管角度看，鼓励在线支付的一个简单办法是制定电子支付法，以明确对非银行提供商的要求，比如，如何获得或保有经营许可证。这样的法律可以降低支付服务提供商的财务和运营风险。非银行机构加剧了印度、俄罗斯、土耳其、乌拉圭、欧盟等支付市场的竞争。[48]还有一个比较简单的办法是在"了解你的客户"的过程中采用以风险为基础的方法（RBA）。直到最近，"了解你的客户"规则仍受到法律的高度保护，这导致金融机构和支付服务提供商在筛查潜在客户时出现反复。结果，低风险客户经历了不必要的延误，对高风险客户的筛查则不够严格。以风险为基础的方法可以使金融机构和支付服务提供商根据客户风险高低进行"了解你的客户"处理。[49]在美国国际开发署参与的一项研究中，我发现，40个国家里有26个国家采用了某种形式的以风险为基础的方法。[50]

目前，大多数发展中国家已经意识到了无现金支付在降低成本方面的效果。现在的问题不是要不要"去现金化"，而是怎样去做。推动电子支付的一个办法是废止货币流通。[51]在瑞典等许多发达国家，现金交易仅占0.5%，数字支付因提供商推出的激励措施而得到了普及。然而，在印度等发展中国家，98%的消费者在交易时仍习惯使用现金。现金支付难以数字化,这是一个问题。印度消费者的现金成本——取现金时投入的时间和费用——是全世界最高的,甚至还受到人口规模的影响,比如自动取款机前总是挤满了人。[52] 这个问题在金融服务较少的小城市更严重。一项研究表明,德里的居民在取现金上总共花了 600 万个小时和 150 万美元,而海得拉巴只有德里的 1/3 大,居民却总共花了 170 万个小时和 50 万美元,人均花费是德里居民的两倍。[53] 在这种情况下,印度政府推出的数字化现金项目不仅加快了去货币化和数字支付的普及速度,而且促使企业向正规经济转型。[54]

2015 年,印度开始去货币化运动,成为首个对使用电子钱包、手机银行等数字现金进行大幅度补贴的国家。在线支付用户支付保险、火车票和高速公路通行费时可享受 10% 的折扣;[55] 政府还对额度在 2 000 卢比以下的在线交易免征服务税,规定在加油站进行数字支付可获得 0.75% 的折扣,并于 2016 年 11 月废止了面额为 500 卢比(价值约 7 美元)和 1 000 卢比(价值约 15 美元)的纸币,以此打击腐败和恐怖主义,防止 9% 不纳税印度人的逃税行为。

此外,新的基础设施和工具也在涌现,比如由政府资助的巴拉特支付界面(Bharat Interface for Money)。该系统能让印度境内所有拥有银行账户和智能手机的人进行支付,帮助他们节省时间和交易费用,同时与印度生物技术识别项目 Aadhar 建立了合作关系。Aadhar 让很多买不起手机的印度人无须手机等设备即可进行支付。例如,销售大米的商家只要将买家的指纹和 Aadhar 数据库对接,就能获得付款。

传闻去货币化的"恶果"正在显现。印度的这场运动从一开始就充满了争议和痛苦,消费者不能使用常用的现钞,只能迅速适应其他支付方式。推特在 2016 年 11 月进行的一项情绪分析表明,1/3 的印度人反对这一举措,但也有 45% 的印度人表示支持,认为政府雷厉风行对国家"更有利"。[56]强行去货币化也确实产生了效果。2016年11月至12月，由于小额现钞遭到禁止，流通中的现金减少了大约66%，数字交易额则同步增长了43%。[57]

如果在线销售能产生更多的销售量，能让产品出口到更多的市场，那么企业为何不全都上网销售呢？这一定比联网和在线支付更令人困惑。当被问及为何没开始在线销售时，很多公司都对开设网上商店的前期成本和投资回报的不确定性表示担忧。但卖方的担忧也因国家而异，不论这些担忧是真实的还是想象的。在电子商务市场尚处于萌芽阶段的非洲，企业认为开展在线销售的障碍是国内电子商务市场规模太小，而南美企业则认为开展在线销售的障碍是物流水平太差或物流成本太高。巴基斯坦企业最常提到的挑战更为基础，包括宽带成本太高和互联网连接不佳。在土耳其，消费者对在线支付安全性的担忧成了商家开展在线销售的"拦路石"，尽管在线支付要比刷信用卡安全得多。

换句话说，想让企业实现数字化并开展在线和跨国销售，还有一系列的问题需要解决。而且，并不是所有在线销售的企业都欣欣向荣，这一方面归咎于它们自己，另一方面则是因为糟糕的政策仍在扼杀它们的生机。同样是在线销售，什么样的企业会成功，什么样的企业会失败？为什么？

"虎鲸"与"旗鱼"

1994年，经济学家戴维·伯奇和詹姆斯·米多夫联合发表了一篇颇有影响力的研究论文，探讨了一些企业快速成长而另一些企业却在衰退的原因。[58]伯奇沉迷在他所谓的"瞪羚"企业中。这些企业的收入每四年翻一番,平均拥有61名员工,占美国所有企业的4%,却创造了70%的新就业机会。对于渴望创造新就业机会的政策制定者来说——哪位政策制定者不想呢——"瞪羚"企业是"粮仓"典范。

在伯奇看来,企业丛林中既有沃尔玛这样的"大象",也有街边小店这样的"老鼠",但需要进一步发现"瞪羚"的身影。20世纪90年代,"瞪羚"出现在科技公司中;21世纪,"瞪羚"现身于房地产相关行业。考夫曼基金会2012年的一项研究调查了500家具有代表性的"瞪羚"有限公司,发现"瞪羚"不仅会在硅谷、奥斯汀、波士顿出现,也会在盐湖城、印第安纳波利斯、布法罗、巴尔的摩、纳什维尔、费城、路易斯维尔、华盛顿特区等出人意料的地方出现,尽情享受着大萧条后充满活力的政策环境。[59]这些"瞪羚"有限公司有的从事IT行业,也有很多从事广告营销、商业服务、医疗保健和政府服务。

受伯奇的启发,学者们摩拳擦掌,试图分析"瞪羚"的特征和决定因素,从而预测哪些企业将来会成长为"瞪羚",以便风投资金和政府现在就给予支持。"瞪羚"企业共有的关键因素包括人力资本获得、与其他公司的关系网、资金、知识产权、出口导向和某些管理素质,如高教育水平和行业经验。[60]没有学者能弄明白高增长企业的神奇之处,否则超过1/12的风险投资都能取得成功。

今天的商业丛林是一个虚拟世界,许多企业在20世纪90年代还闻所未闻,如社交媒体企业、在线约会应用程度和在线机器人顾问经纪。考夫曼基金会2012年的研究表明,伯奇的"瞪羚"与21世纪互联网时代的"瞪羚"有所不同。数字时代的"瞪羚"尤其活跃,收入同比增长惊人:2008年增长17倍,2010年增长22倍。[61]尽管在线经济能帮助"瞪羚"企业以惊人的速度扩张,但并非所有的企业都能在在线经济里发展壮大。

看到对发展中国家企业的调查数据，我能想到的最贴切的比喻是"海洋"。在网络"海洋"中，"大鱼"往往比"小鱼"更健康、更强壮、更成功。"小鱼"整天在获取小额流动资金贷款这样的"陷阱"和"洋流"中打转，而"大鱼"对此几乎不屑一顾。有些"大鱼"像海牛，行动缓慢、增长稳定；但更多的"大鱼"是"虎鲸"，也就是那些一度真正团结一致的企业。"虎鲸"开展在线销售，从事全球进出口业务，增长迅速。它们往往规模很大，员工人数达到500名以上；愿意聘用高技能工人和使用新技术，以达到事半功倍的效果；坐落在大城市或港口附近。它们往往也最不受周围"洋流"的阻碍。当它们发牢骚时，它们也是针对一些无法靠其自身力量改变的宏观问题，如高税收、糟糕的交通基础设施和高昂的监管成本。

"小鱼"尤其是弱小的"鲱鱼"眼里的世界完全不同。这些企业通常有几十名工人，往往以线下销售为主，出口量很少，增长缓慢，而且都远离首都。它们每天都要为具体的在线业务而奋斗，这对大公司来说是轻而易举的事情，比如学习数字技能、获取小额贷款、上网和发货。它们对电子商务环境感到不满。例如，在我调查的发展中国家小企业中，大约有60%给其所属国的电子商务环境打5分（满分为10分），"鲱鱼"企业给出的评分甚至更低，而"海牛"和"虎鲸"企业给出的评分平均为8分。出于对支付系统质量和在线销售成本的担忧，许多"鲱鱼"企业仍然只是脸书商家。

与此同时，研究人员还发现，有些小企业正走在发展壮大的道路上。这些企业是网络"海洋"里游得最快的"旗鱼"。它们都是中小企业，通常以每年20%以上的速度增长，喜欢用新技术，主要在网上进行销售，从事出口业务，并不像温和的"鲱鱼"同行们那样发展缓慢，对建立正规网上商店所需的前期投资忧心忡忡。"旗鱼"企业是全球化的拥趸，它们往往有外国所有者或股东，这是出口企业常见的特点。相较于"鲱鱼"企业，它们都认为阻碍电子商务发展的因素较少，且更易获得促进在线销售的关键能力：能在产品的制造、运输、营销环节，以及宽带连接、资本方面使用最新技术的高技能人力资本。

"旗鱼"就像"虎鲸"一样，在开展在线销售之前就已经超越了它们的同类——仅仅是在线销售并不能成就它们现在的样子。但这些企业似乎在国际化方面受益于电子商务。虽然"旗鱼"不像"虎鲸"那样活得轻松，但它们已经形成了一个良性循环：在线销售、进行交易、保持增长，因此也有更多资源来获取更多在线买卖所需的技术和高技能人才。它们正变得越来越大，越来越厉害。

如何将"鲱鱼"企业和"海牛"企业变成"旗鱼"企业和"虎鲸"企业呢？如何保证今天的初创企业走上正确的道路，成为创造就业机会的"虎鲸"呢？首先应该从企业内部做起。完成这本书前的几个月，我在洛杉矶的海滩上（依旧是众多科技公司聚集的"硅滩"海滩）慢跑，无意中听到一位"千禧一代"女士对她的快走同伴抱怨道："你能相信我们老板不愿意给公司建一个网站吗？现在可是2017年！我的意思是，有没有搞错！"她的老板不听取"XYZ世代"员工的意见，比这更令人沮丧的是，这样的老板在美国和全世界还有很多。

2016年，我的公司未来贸易集团和美国中型市场中心沮丧地发现，规模在1 000万美元到10亿美元之间的美国企业——美国经济的中坚力量——的高管对各自数字化转型的评价均为"落后"，并且给数字化打出了一个相当于C+的2.8（在0~4的范围内）的平均成绩点数。[62] 只有在数字化方面投资最多、增长最快的企业才对其数字化转型的进展感到满意。这些落后企业的主要问题在于，管理层在数字化方面缺乏参与。在美洲开发银行委托我对拉丁美洲企业进行的一项类似调查中，62% 的企业认为，"获得高级管理层的支持"妨碍了在线收入的增加。[63] 最近的一份报告显示，只有 11% 的美国制造商和 1% 的英国制造商可以被视为"数字化拥趸"，或者说积极创新的企业。[64]

简而言之，管理人员可能是企业无法跨越全球数字化鸿沟的最大敌人。

管理人员的技术娴熟度和整体管理质量就像企业使用的任何一种技术一样，只要得到改善，就能提高企业和经济体的生产率。在一项调查研究中，世界银行和经合组织的经济学家安娜·宝拉·库索利托、雷德·萨法迪、达利亚·塔里尼奥发现，美国、日本等发达国家的整体管理得分最高，中国、巴西、印度等国家则相对落后。[65] 该评分以基于业绩分析的持续性改进、激励机制运用、目标设立等为基础。通过减少企业冗余和浪费、改善劳动力配置，这些经济体的管理质量可以达到美国的水平，从而提高 15% 以上的整体生产率。

企业也可以从其他行业的同行那里得到启发。在发达经济体中，最具生产力的企业，尤其是零售、媒体和金融服务领域的企业，正在稳步推进数字化转型，将技术普及到"长尾"市场；而制造业、卫生保健、建筑等行业则前路漫漫，即使是在最发达经济体中。[66]

但并非一切都该由管理人员"背锅"，政策无疑也很重要。例如，虽然"旗鱼"在某种程度上已经采用了新技术并开始从事在线销售，但它们仍然最可能出现在基本面有利于在数字经济中取得成功的国家和城市中——在人才、网络、资金充足，物流服务、劳动力市场非常灵活的地方，劳动力可以得到最有效的配置和利用。政府营造这样的环境有助于企业从事电子商务和贸易。原因很简单：在世界范围内，英国、德国等拥有高比例技术密集型企业和在全球性平台上销售产品和服务的企业的国家，同样拥有一流的人才、优越的互联网连接、快速发放的贷款和领先的物流，这可不是巧合。

当然，考虑到技术应用和电子商务贸易因国家、企业规模和企业出口状况而显著不同，我们需要根据国家和企业类型对政策进行调整。比如，萨尔瓦多的中型企业与印度尼西亚的中型企业面临的障碍不同，印度尼西亚的小型企业与大型企业面临的障碍通常也不同，印度尼西亚的小型出口企业（当地的"旗鱼"）与非出口企业（当地的"鲱鱼"）面临的障碍同样不同。政策制定者几乎是在默认情况下做选择：要么帮助"旗鱼"游得更快、长得更迅速，要么设法把"鲱鱼"变成"旗鱼"，要么帮助"虎鲸"更自在地遨游。

经济学家会把这种选择称为"内生性选择"——在某种程度上取决于不同类型企业的游说能力。但这也涉及关于政府角色的哲学问题，关于哪类企业能创造最多的就业机会、提高生产力水平的经济问题，以及关于如何选择效果最佳的政治问题——是支持中西部地区前景广阔的中型制造商，还是为布鲁克林5名女性创办的公司加油鼓劲？不过有一点非常清楚，即不同类型的公司需要不同类型的政策。但也存在可以让所有公司受益的改善环境的基本政策：没有强大的物流，没有获取资金的便捷渠道，没有灵活的数字化、商业和劳动力市场监管，任何一家公司都无法实现其潜力。

现在，假设你是政策制定者，需要选择优先事项。面对改善数字化和电子商务环境的呼吁，你也许会回应说，数字化已经发生，企业采用新技术并参与电子商务只是时间问题。这是一个愚蠢的决定，理由有以下三点。

首先，营造一个有利的政策环境能带来不错的短期回报，特别是在出口和创造就业机会方面。当被问及阻碍电子商务发展的三大难题（缺少融资渠道，物流不畅，很难找到人才）被解决后会有何种效果时，发展中国家企业的估计通常是，国内市场和出口市场的销售额增长 20%~35%，企业内部工作岗位增加 15%~25%。[67] 其次，不作为会加剧农村与城市等方面的国内差距。这种差距在日后可能更难弥合，从而迫使人们迁往城市。最后，今天企业在技术采用上的滞后，会对以后的长期经济发展产生巨大的负面影响。我们将在下文进一步探讨这一问题。

"趋同效应"

2014 年，达特茅斯学院教授蒂亚戈·科明写了一篇引人注目的论文，指出发展中经济体之所以在采用化肥、手机、心脏手术、个人电脑等新技术方面力有不逮，不是因为它们没有这些技术，而是因为发展中国家企业采用技术的时间较晚。[68] 例如，发展中国家使用蒸汽机的时间比英国晚了约 120 年。科明大胆地得出结论，新技术采用率的差异是发达国家和发展中国家收入差距拉大的关键原因。在过去的 200 年里，两者的收入差距扩大了 8 倍。[69] 据此推断，发达国家和发展中国家之间现今不断扩大的"数字鸿沟"只会进一步拉大这种收入差距，使发展中国家永远忙于追赶——包括在数字化贸易体系中。

当然，我们应该对科明的研究持保留态度。多年来，经济学家一直在研究长期经济增长的原因，发现需要同时具备三个因素：劳动力（大量的工人和工作时间）、资本（机器、建筑物、服务器、路由器、IT设备和基本网络软件等）、全要素生产率（神奇的增长"魔法药粉"，不仅体现在技术进步方面，而且体现在人力资本如受过教育的工人、好的制度、法治、贸易和经济开放等难以测量与追踪的变量方面）。全要素生产率往往随着国家的发展而变得越发重要，因为劳动力和资本在临界点后的回报会大幅减少——第1 000万个工人未必比第10个工人带来的收益更高。

但是，考虑到数字技术和人力资本对经济增长的重要性，以及中国等一些新兴大国的劳动力和资本回报率正在下降的事实，科明的观点也有一定的道理。换句话说，在区分贫富方面，企业对技术的采用和普及可能比过去更加重要。此外，有经济学家认为，数字化是一种新"资本"，其中包括一些无形资产，如吸引大量用户并改善用户数字体验的设计能力、捕捉用户行为和用户资料的数字能力、指导企业运营的大数据和分析能力等。尽管上述种种尚未被纳入GDP的衡量标准之内，但我们可以认为，不能有效利用互联网、电子商务等数字能力的国家注定会落后于能有效利用数字能力的国家。

令人鼓舞的是，发展中国家的收入水平在过去几十年里一直在向发达国家靠拢，原因是发展中国家的经济增长与人口增长之比始终高于发达国家。印度人均收入从1980年的390美元增加至2016年的1 862美元，增长了将近五倍；而同期美国人均收入从28 734美元增加至52 262美元，增长了不到两倍。科明的研究还表明，发展中国家采用一项新技术所需的时间已经缩短。例如，发展中国家使用个人电脑的时间要比发达国家晚14年，但使用互联网的时间只比发达国家晚8年。

不过，也有人认为，今天的技术变革要比19世纪快得多，因此，技术采用滞后产生的影响可能与过去200年产生的影响一样深远。当发展中国家终于实现线上交易时，发达国家已经用上了5G，在互联网的孵化下收获种种创新成果，如完全依靠人工智能进行产品推荐（消费者甚至从来不知道他们喜欢这些产品）的全球性在线商店、远程手术等医疗新技术和自动驾驶车辆。商业领袖对此抱有同样的担忧。例如，在2017年一项对全球3 000多名行业领袖的调查中，83%的人认为5G将促进小企业增长，但也会加剧全球竞争；近70%的人担心他们的国家会因为没有5G而导致在线经济竞争力下降。[70] 还有人认为，发展中国家在追赶中因为技术落后而失败的后果将比过去更加严重：互联网以及电子商务、区块链、人工智能等技术，虽然不像心脏手术那样关乎成千上万人的生命，但却影响着几乎所有的经济互动和经济交易，并塑造着经济发展路径。

发展中国家在技术应用方面能不能赶上发达国家呢？

在一定程度上，我们很难相信发展中国家的技术采用率会达到发达国家的水平，也很难相信发展中国家的收入增长能快到让它们迅速赶上发达国家的水平。我们对比一下韩国和尼日利亚的情况。韩国在2016年登上了全球互联网速度最快的宝座，其互联网速度为每秒41兆比特，互联网渗透率也达到了93%。韩国也是首批正式宣布采用5G移动网络的国家之一，并确立了到2026年5G网络渗透率达到90%的目标。[71] 韩国电信运营商SK电讯（SK Telecom）透露，5G的演示速度高达每秒19.1千兆比特，几乎比4G速度快1 000倍。这将改变电子商务，使增强现实（AR）应用于娱乐，届时下载一部电影仅需几分之一秒；加快发展那些数据传输滞后可能会危及生命的领域，如依赖网络导航和开车时；推动机器对机器通信和大规模数据传输这两种物联网基础技术的进步。相比之下，5G似乎离尼日利亚很遥远。尼日利亚2017年才开始使用4G网络，而且只有1/4的人口使用互联网。

较为乐观的看法是，发展中国家及其企业可以利用发达国家的技术进步实现跨越式发展，无须像发达国家先行使用技术时那样循序渐进、不断试验。在过去几十年里，发展中国家实现了大量的跨越式发展。例如，它们一下就跃入了电话时代，直接用上了手机和信号塔，而不是像曾经的发达国家那样铺设电缆、竖立电话线杆。如今，泰国、卢旺达等国家正在跨越数字化的多个阶段，银行、小额信贷、海关、投票等领域从纸张时代一跃进入了区块链时代。

那么，是韩国腾飞而尼日利亚衰落，还是尼日利亚会迎头赶上呢？问题的答案至关重要，将影响数十亿人的收入和福祉。这当然取决于许多变量，如这些国家在交通基础设施、建筑、机械等"硬件"方面的资本存量，以及劳动力储备的规模（尼日利亚的劳动力储备在猛涨，韩国和中国的劳动力储备在下降，因此大约到2120年，中国和尼日利亚的人口都会在9亿人左右）。尽管尼日利亚的劳动力在增加，但商业方面肯定赶不上韩国。韩国正在通过对技术、科学、教育和管理质量进行新一轮投资，大步迈进5G、人工智能和区块链时代。2018年，保罗·罗默因证明"技术进步与国家的外部因素无关，而与内生性政策因素有关，如与对人力资本和创新的投资有关"而获得诺贝尔经济学奖。尼日利亚等发展中国家的发展在很大程度上取决于政策：对科学与技术进行公共投资；改善人力资本以采用技术；维持良好的政府治理，如遏制仍在吓跑私人投资者的腐败。

发展中国家政府会对5G网络所需的成本高昂的运输、无线电、核心网络组件等尖端技术领域进行投资吗？发展中国家的5G频谱分配能做到高效透明吗？即便在美国，5G的部署也会受阻于官僚作风、监管程序、频谱稀缺和地方政府。它们会使用人工智能和区块链技术消除冗余、清除腐败吗？它们会像韩国、以色列、新加坡、芬兰等高科技国家的CEO那样，加强商业领袖在科技应用方面的教育和领导能力建设吗？发展中国家的年轻一代商业领袖和政策制定者——他们几乎总在强调技术对发展的重要性——能推动政策出台以加快他们国家的技术采用吗？除了几家创意公司里的一小撮聪明人，大多数人也能应用技术并进行创新吗？

欧洲或许可以让我们窥见答案的重要性。20世纪60年代以来，就穷国追赶富国的速度而言，世界上没有哪个地区比得上欧盟。例如，波兰的收入水平在2004年是欧盟平均收入水平的52%，到2017年则提高到了68%。这得益于使自由贸易、欧洲大陆内部劳动力流动成为可能的统一市场，以及欧盟用于东欧、南欧基础设施和其他投资的结构性基金。[72] 但是，近年来这种"趋同效应"已经放缓，无论是在北欧、南欧、东欧各国之间和各国国内，还是在高生产率企业和低生产率企业之间，抑或是在特大城市和普通城市之间。按照世界银行经济学家以及科明的说法，原因就在于技术。在北方和城市，能把握技术机会的高技能工人和技术驱动型企业更多；而在南方，面临落后风险的低技能工人和低生产率企业则更多。[73]

技术驱动型经济体已经形成一个良性循环：上学和工作的回报更高，因为两者都能让人在实践中学习，从而进一步提高技能。在瑞典，工龄每增加一年，工资就会上涨5.5%；而在阿富汗，工人们很可能还在辛辛苦苦地干着体力活，几乎没有技术变革，工龄每增加一年，工资仅会上涨0.3%（而且工人有很大概率会被机器取代）。[74] 发展中国家的工作回报率很低，因为人们没有受过技能教育，无法使他们的劳动回报最大化。无论他们跑得多么努力，都是在原地踏步。

未来，全球经济体可能会被分成四类：现在的发达国家和中国，在技术应用方面做得很好，企业也习惯从事数字贸易；巴西、印度等新兴市场，采取了非常明智的举措，经济"风口"极多，涌现出一批成功的全球化科技公司；尼日利亚等国，虽然取得了进步但企业仍在努力开展业务，进行数字化转型；阿富汗、刚果等国——大多数人还不能上网，别提获取应用技术所需的人力资本了。这关系到各国在世界贸易中的表现，关系到它们会成为富国还是穷国。那些拥有5G网络、智能港口、区块链银行和数字化企业的国家将奋起直追，提高生产率与收入。

结论

下次给欧洲的朋友发短信时，你可以跟他们讲讲第一封跨大西洋电报的故事。1858年，英国女王维多利亚向美国总统詹姆斯·布坎南发送了这封509个字的电报，耗时17小时40分钟才跨越大西洋。令人高兴的是，如今你所生活的世界与维多利亚时代的世界截然不同，几乎已连成一个整体；令人悲哀的是，世界上仍有很多地方没有互联网。即使在那些已经联网的企业和国家中，数字化给贸易和增长带来的收益也远非必然，而是取决于管理层的支持和好的政策：前者能为企业引入新的技术和商业模式，后者能让企业获取高技能工人、资金、便捷的物流和在线支付服务。

在接下来的章节中，我们将探讨这些不同的政策领域。各国政府当下采取何种措施，会对国家的发展和国民的生活产生巨大影响。

第 9 章

海关难题

第9章 海关难题

2013年12月，世贸组织成员在巴厘岛举行部长级会议，达成了具有历史意义的《贸易便利化协定》。当时，我们和一名澳大利亚同事已经离开巴厘岛，正在中国香港等待转机，听到这个最终结果时，我们不禁击掌庆祝。很多人认为，《贸易便利化协定》将世贸组织从多哈回合谈判失败的危机中拯救了出来。作为世贸组织达成的重要成果，《贸易便利化协定》要求各国承诺加快货物在其边境的流动、放行和清关。经济学家估计，由此带来的贸易吞吐量增加将为全球经济释放1万亿美元以上的资金。

过去200年里大幅降低的贸易成本和各种运输费用，与贸易自由化、贸易协定、经济增长一起为20世纪下半叶的世界贸易贡献了6%的年均增长。政策在降低贸易成本方面发挥了重要作用。20世纪90年代至21世纪初期，国际机构和各国政府将注意力从持续几十年的关税削减谈判转向了贸易便利化，投入了数百亿美元来改革海关监管，使边境机构电子化，并对各国的公路、港口等基础设施进行了升级改建。巨大的投资获得了回报。例如，对53个最贫穷的国家来说，在贸易便利化方面每增加100万美元援助资金投入，就能降低6%的货运成本，即将产品打包、装入集装箱、运至起运港以及装上轮船或卡车的成本。[1]

落实到贸易层面，事情就没那么简单了。许多国家的边境仍然存在巨大的瓶颈，导致发货被延误、企业的时间和资金被白白浪费，没有体现出旨在促使贸易便利化的新技术所带来的的好处。更糟糕的是,由于渴求关税收入、听从贸易保护主义集团的游说和担心国家安全,各国政府正在给新兴贸易商、电子商务卖家设置新的障碍,而这是《贸易便利化协定》无法触及的。

边境瓶颈

2015年,美洲市场情报公司(Americas Market Intelligence)开展了一项神秘的购物行动,以帮助一家领先的物流公司评估不同国家的送货上门时间。[2]该公司通过几家不同的物流公司向全球七大洲的顾客寄送包裹。寄往亚洲、欧洲和北美洲的包裹在2~5天内如期送到顾客手中,但寄往拉丁美洲的包裹经常被延误。阿根廷海关官员以加快包裹清关的名义索贿,哥伦比亚和墨西哥的海关不肯给包裹办理清关,理由是收货人必须是注册进口商。消费者并非不关心边境问题。尽管40%的巴西购物者和50%以上的墨西哥购物者每年至少从国外网购一次,但这些国家的购物者表示,他们也会因为运输成本和退货能力而犹豫不决。[3]阿根廷的电子商会发现,即使是国内的电子商务配送,通常也需要至少一周的时间才能送达,有1/3的电子商务配送花费了两周以上的时间。[4]

阻碍拉丁美洲电子商务发展的物流问题事关重大。对企业而言,由海关程序烦琐、物流条件糟糕等导致的贸易延误,相当于白白浪费金钱:大卫·胡梅尔和格奥尔格·绍尔的开创性研究表明,在运输途中延误一天,损失就约等于1%的关税——如果涉及有时效性要求的零部件,损失会高达2.1%的关税。[5]这还没算延误对公司的声誉和竞争力造成的损害,也没算延误给公司现金流带去的压力。公司的管理人员也深受其害,因为他们得频频询问滞留港口的货物的情况。这对国家的经济增长影响巨大:送货时间延误一天,相当于贸易量减少1%,或者增加70公里的运输距离;对有时效性要求的货物来说,延误一天相当于贸易量减少6%。[6]

然而,美洲市场情报公司所揭示的问题不过是新瓶里装的旧酒。数十年来,官僚的海关与效率低下的运输和送货系统一直在阻碍拉丁美洲贸易的发展。现在,它们又在影响电子商务。进口海关手续、出口市场准入、跨国送货成本和农村地区的"最后一公里"问题成为拉美企业开展电子商务的最大掣肘。墨西哥、巴西、阿根廷和智利的小型企业对这些因素按从1(很差)到10(优秀)的标准评分时,都给出了5分。[7]我联合美洲开发银行开展的另一项调查也得出了类似的结论:超过50%的拉丁美洲企业认为市场准入壁垒是一个"非常严重"的障碍,超过40%的拉丁美洲企业认为糟糕的物流和1/3的海关手续造成了同样的后果。[8]2014年,一项对美国3 466家数字密集型企业的调查显示,48%的中小型企业认为海关规定阻碍了贸易往来。[9]

非洲企业肯定愿意与它们的美国同行交换物流待遇。在我的公司进行的一项调查中,肯尼亚和加纳的企业给涉及电子商务的跨境物流打了4分(满分为10分)。清关方面的问题阻碍着整个电子商务生态系统发挥潜力。在内罗毕市郊的一次会议上,非洲电子商务平台巨头吉米亚的一名常务董事讲述了跨境业务面临的重重障碍,包括清关延误、清关费用,以及跨境物流运营商的严重缺乏,导致商家没有动力使用平台或其他正规渠道进行跨境贸易,而是在必要的时候选择走私。

1971年,乌拉圭记者爱德华多·加莱亚诺写了著名的《拉丁美洲被切开的血管》一书，描写了该地区在欧洲殖民时期的悲惨岁月。[10]将近40年后，美洲开发银行厚着脸皮发布了一本名为《疏通动脉：运输成本对拉丁美洲和加勒比地区贸易的影响》(Unclogging the Arteries: The Impact of TransPort Costs on Trade in Latin America and the Caribbean)的书，对开放两地的贸易要道提出了一系列政策建议。[11]突破瓶颈的一种大胆做法是取消边境。为了贸易，欧盟关闭了境内的海关。这一大胆举措，连同整体贸易一体化，给欧洲人带来了高达20%的人均收入增长。经济学家一致认为，纵然这一增长与美国这个一体化无海关英语联邦国家每年获得的增长不可同日而语，但已超过了其他一体化国家的增长。不过，对拉丁美洲等大多数地区来说，提高海关效率显然要比仿效欧盟快得多，而且技术在以下两个方面有助于改善效率低下的边境办理流程。

第一，各国海关实现了现代化和数字化，回报很高。世界银行估计，数字化清关手续可以将进口货物的清关时间从110小时缩短至37小时。菲律宾在展开数字化反腐后，70%的货物在2小时内就可以清关。[12]2015年，蒙古国另辟蹊径，决定用女性工作人员取代所有男性工作人员，以消灭海关腐败。这一尝试获得了巨大成功，快递公司纷纷欢呼庆祝。

第二，各国政府设立了贸易单一窗口以方便企业遵守边境监管规定，也就是让企业向一个"窗口"提交进出口清关所需的各种文件，而且通常是以电子表格的形式。比如，哥伦比亚的单一窗口连接了21家公共机构和3家私营企业。前者包括海关、食品和药物管理局、农业研究所等，后者负责提供进出口产品授权和认证所需的进口商、出口商、海关经纪人的电子签名证书和法律信息。[13]

单一窗口于20世纪80年代末在瑞典和新加坡进行试点，最近几年在全球范围内迅速普及。截至 2017 年，127 个国家里有 27 个国家设立了完全电子单一窗口，有 36 个国家设立了部分电子单一窗口。《贸易便利化协定》的 164 个成员都被鼓励采用电子单一窗口。

研究表明，电子单一窗口使边境机构得以把文件处理时间减半，把贸易合规检查时间缩短至原来的 1/3，增加了采用国的出口和 GDP，整体上提高了清关透明度，改善了用户体验。[14]2006—2011 年，哥伦比亚进口一个集装箱的时间从 48 天减少到 13 天，出口一个集装箱的时间从 34 天减少到 14 天，部分原因就在于其采用了电子单一窗口。[15]哥斯达黎加在 2005—2010 年采用了电子单一窗口后，出口商只需要在线填写单一表格一次，电子单一窗口就会自动将这张表格派给需要签发许可证的各个机构。这一方式处理的出口业务，在速度上要比未采用电子单一窗口快 1.4%。美洲开发银行估计，如果未采用电子单一窗口，哥斯达黎加在 2008—2013 年的出口将比已有的数据平均降低 2%，约占 GDP 的 0.5%。[16]据估计，每向电子单一窗口投资 1 美元，哥斯达黎加就能获得 16 美元的经济收益。

这些经济收益部分源于贸易文件的数字化。实践证明，相较于完全建立在纸张基础上的流程，无纸化贸易将进口合规检查时间缩短至原来的 1/3，将出口合规检查时间缩短至原来的近 1/4。[17]

尽管如此，清关程序中仍存在数千亿美元的资金浪费。世界经济论坛的研究表明，如果每个国家都能改善边境的管理、运输和通信基础设施，即使只达到世界"物流巨星"新加坡一半的水平，世界贸易也将增长 15%，全球 GDP 将大幅增长 5%，也就是 3.75 万亿美元。[18]我们迫切需要解决以下四个难题。

第一，尽管我们大谈特谈无纸化贸易的重要性，但边境上的纸张仍堆积如山。[19]截至 2017 年，119 个国家里只有 28 个国家可以办理出口许可证电子申请和签发，25个国家可以办理优选原产地证书电子申请签发，45个国家允许以电子表格的形式提交海运和空运货单，61个国家允许以电子表格的形式提交报关单。阿富汗、缅甸、也门、刚果等低收入国家甚至尚未实施最基本的无纸化贸易措施。纸张正在淹没那些没有配备贸易合规专业人员的小企业。撒哈拉以南非洲地区的进口商平均要花98个小时处理一趟货运的文书工作，而泰国的进口商只需要4小时，加拿大和瑞典的进口商只需要1个小时。这些国家的贸易商都使用了电子文件。[20] 在某些国家，一家企业光是完成出口文书工作所耗费的时间就十分惊人：在阿富汗需要228个小时，将近10天；在刚果（金）需要192个小时。

联合国亚太经济社会委员会贸易便利化事务负责人雅恩·杜瓦尔表示，亚太地区每年因贸易文件和烦琐的贸易程序导致的成本耗费为3 500亿美元，相当于该地区贸易额的15%。[21]

贸易无纸化难以实现的原因主要有以下几点。

第一，贸易机构积习难改，对电子文件缺乏信任，有些国家可能尚未制定电子签名法，贸易机构预算有限，贸易机构中处理纸质文件的工作人员担心就业问题。

第二，有些国家办理清关手续的速度依然慢如蜗牛。比如，在坦桑尼亚进口货物平均需要402个小时，在缅甸进口货物平均需要230个小时——这与瑞士的1个小时和美国的2个小时形成了鲜明对比，也让在这些发展中国家开展跨境业务的公司艳羡不已。这些国家存在的问题之一就是未设立单一窗口。即便设立了单一窗口，也不够高效或数字化，甚至根本没那么"单一"：边境机构各自为阵，并不愿意共享数据、互相协作。复杂的关税支付流程也是清关障碍，货物只有在付完款并与货运方对上号后才能入境。

例如，虽然斯里兰卡使用了联合国开发的海关数据自动化系统（ASYCUDA）来计算税费和关税，但贸易商仍然需要到海关递交纸质文件并缴纳税款。[22] 在已经启用关税电子支付的50多个国家中，直接存款与银行电汇所能提供的数据往往太少，导致海关无法迅速将汇款人与货运方对上号。相反，海关人员必须进行手动操作，将电子支付方与货运方一一匹配。这同样延长了清关时间。

第三，清关延误涉及贪污问题。海关官员是本国买家和急于销售产品的外国企业之间的关键环节，就像车管所官员是你和给你签发驾照的州政府之间的关键环节。许多发展中国家尤其是非洲国家的海关官员把清关延误当成捞钱的机会，经常人为地阻碍贸易。苦于等待和急于从客户那里拿到货款的企业最终屈服了。海关腐败是"地方病"，很难根除。据估计，世界海关组织成员每年至少要为此损失20亿美元的关税收入。[23]

第四，电子商务时代对海关安全提出了新的要求。以前，边境机构主要和数量有限、定期以集装箱运送货物的大型公司打交道，如今，它们却要面对陌生的小贸易商和数以百万计的快递包裹。接下来我们探讨一下这种转变的后果。

"害群之马"

马克·莱文森在《集装箱改变世界》一书中解释了集装箱这个世界贸易里最简单却最重要的一大创新是如何变成海关检查员和安全人员的噩梦的。[24] 虽然每个集装箱都有货物清单，但在打开集装箱并取出货物之前，谁也不知道集装箱里真正装了什么。需要耗费的时间自然就成了问题。最大的船舶，每一艘都可以装载 19 100 个集装箱（相当于 1 000 架波音 747-400 飞机的载货能力），这些箱子从下到上可以堆成小山。洛杉矶港、长滩港等美国最繁忙的港口，每年要吞吐数百万个集装箱。2017 年，洛杉矶港进口了 480 万个集装箱，平均每天进口 13 150 个。如果对每个集装箱进行 X 光检查需要 4 分钟，那么每天就需要共计 872 个小时，相当于 109 名工作人员在一个港口连续工作 8 个小时。

现在再把这个数字扩大到美国：美国海运集装箱数量约为洛杉矶港的 6 倍，还有很多通过卡车、铁路和航空运输的集装箱。2015 年，美国通过海运进口货物 2.46 亿吨，通过海运、卡车、铁路、空运或者多式联运进口货物总数为 11 亿吨（相当于世界人口总重量的三倍还多）。[25] 即使是一支规模庞大的军队，也无法在不堵塞世界主要贸易进口商的贸易通道或不触怒美国纳税人的情况下，把这些集装箱全都检查一遍。

一方是企业对贸易便利化的需求，另一方是海关对边境安全的需求。两者之间的拉锯战已经持续了几十年，而且战况在"9·11"事件后明显加剧。四种做法同时保障了货物流通和流通安全。

第一，美国将货物安全问题转移到了海外，这真是"神来之笔"。2002 年，美国海关与边境保护局发起了"集装箱安全倡议"，要求在外国港口对运往美国的货物进行运前检查。全球有 58 个港口加入了该倡议，遍及北美、欧洲、亚洲、非洲、中东和拉丁美洲。

第二，货运清单变得更长、更具体，且必须在船舶抵达美国港口之前就提交。2009 年的《港口安全法案》（SAFE Port Act）制定了"10+2"规则，要求美国进口商或其货运代理方，至少在货物抵达美国港口 24 小时前提交有关货物的详细资料和 10 项关键资料。

由于进口商抱怨"10+2"规则给企业遵守贸易规定增添了巨大的负担,[26] 美国和多个国家又制定了"可信贸易商"或"认证经营者"计划,以快速跟踪经证实的低风险公司的贸易往来。可信贸易商是指那些在经营场所采取强制性安全措施的企业,比如安装围栏、监控和仓库保护锁的企业。换句话说,如果即将登机飞往美国的某个人是可信贸易商,那么他可以自证那天早上他是在家里收拾行李的,而且从那时到登机这段时间里没人往他的行李里放过任何东西。

第三,海关改进了数据分析,以便在可疑集装箱抵达美国港口之前发现并检查它们,就像银行监测你的信用卡异常消费一样。约有5%的海运集装箱被标记为"高风险",并被要求接受X光检查。从国家安全角度看,其中只有一小部分具有高风险。[27] 这就使95%的合法、非可疑货物能够更快地清关。2010年,预测分析让美国政府部门得以识别出一枚炸弹。该炸弹被装在一个从也门运往芝加哥的打印机墨盒里。这一发现得益于贸易数据自动化,这些数据表明,也门向芝加哥供应办公用品是一种异常现象。[28]

第四,美国海关与边境保护局在也门事件之后制定了"航空货物预先筛选"计划,与联邦快递、敦豪快递、美国联合包裹运送服务公司等大托运公司合作,提前获取常规清关所需的部分资料,包括托运人和收货人的姓名、地址、包裹总数和重量、货物描述,以及空运货单,以便对进口货物实施风险目标管控。

集装箱已经使海关备受困扰,电子商务又带来了新的复杂情况。在海关安全官员的眼里,对四大走私贸易(爆炸物、毒品、枪支、假货)来说,在线卖家发送的数百万个包裹就跟集装箱一样高效。因为它们是为运送合法货物而生的。海关不清楚这些包裹里装着什么,更担心运送和接收包裹的小企业也不清楚里面装着什么。站在海关的立场，电子商务让世界贸易中的风险变得日益分散、不确定和难以捉摸。

因此，包裹给我们带来了新的"集装箱难题"：它们越来越多。我们要是不把它们打开，就无法知道里面装了什么。海关感到恐慌是有原因的：美国海关与边境保护局及其合作机构在肯尼迪国际机场进行了为期五天的测试，结果发现3 000个包裹里面有1 500多个不符合美国农业部、消费者产品安全管理局等机构的规定，也不符合美国的知识产权保护法。[29] 2016年，美国查封了32 000件违反美国知识产权规定的包裹。没人知道还有多少包裹已经入境。[30] 海关还担心危险药物阿片类芬太尼货运量的不断增加。

邮政包裹引起的麻烦尤其大。尽管联邦快递、敦豪快递等公司已经要求客户填写报关表并遵守贸易规则，但邮政系统尚未采取同样的举措。数百万件信息不明的包裹正在通过邮政系统绕过海关被运往美国各地，这已是当今贸易界公开的秘密。2015年的一项研究表明，在美国从印度非法在线药店购买并通过邮政服务运送的29件试销产品中，没有一件被美国海关拦截。[31] 政府支持下的低价邮政服务冲击了市场，不仅让快递公司感到愤怒，而且滋生出了其他麻烦。美国联合包裹运送服务公司赞助的一项对加拿大进口商品的研究表明，通过邮政服务运送的货物，被收取销售税和进口税的概率大幅降低：只有6%的邮政货物被收取了进口税，而快递货物被收取进口税的比例高达98%。[32]

由于卖家和买家不愿支付快递费用，通过邮局寄送的包裹数量肯定只会激增。因此，企业在全球化过程中也会继续"邮政化"。

打开并检查每个包裹的做法既不可行也很愚蠢，还会阻碍贸易，浪费纳税人的钱。2016年抵达美国口岸的包裹有4.57亿件，但其中大部分是T恤衫、跑鞋、美容产品、电子产品，而不是爆炸物、毒品、枪支、假货等"害群之马"。给在线买卖的小企业和消费者强加新的贸易合规义务和备案要求也不是最理想的解决方案。毕竟，相较于大宗货物运输，小规模货运的贸易合规固定成本更容易挤占利润。当小企业运输一件价值 1 000 美元的物品和大公司运输 10 件相同价值的物品时，前者付出的贸易合规固定成本要比后者高得多。一项对欧洲企业的研究表明，雇员少于 250 人的企业交易每批货物的成本要比大公司高出 30%~45%。[33] 该研究虽然开展于 20 世纪 90 年代，但仍能说明问题。继续提高这些成本可能会使低价值货运和小企业贸易失去活力。尽管世界经济在国际金融危机后陷入了低迷，各国政府仍对进出口商进行了处罚和判决，迫使小企业雇用内部贸易合规人员，否则只能"顶风行事"。贸易管理公司 Amber Road 在 2016 年进行了一项调查，结果显示，56% 的美国公司表示没有投资于贸易合规培训，虽然 28% 的公司曾因不合规而被政府罚款或警告。[34]

最具创新精神的海关机构已经将包裹检查工作交给了计算机。例如，新加坡海关运用技术来标记货运的异常情况。该技术根据预先设定的标准和货物清关时间、报关相关信息等历史数据集对报关单进行风险评估，还使用了机器学习技术，能以比传统计量技术快得多的速度对数据进行假设和关联分析。[35] 通过分析，机器可以发现香烟报关单中所申报的商品重量低于历史标准，从而看穿逃税行为。新加坡海关目前正在教人工智能读取集装箱的 X 光图像，以便机器自动探测异常情况，同时提醒海关官员手动打开可疑物品。[36]

区块链也有助于打击海关欺诈和促进贸易。例如，英国海关已经在试点区块链，以协调 28 家边境机构配合进行风险管理和干预。这在当时很有必要，"脱欧"让英国海关的报关单从 5 500 万份飙升到 2.5 亿份（以前非欧盟贸易和欧盟贸易都不需要报关单）。[37] 对苦恼于这些新需求的英国人来说，区块链似乎颇具可取之处。它可以追踪产品的原产地，从而帮助海关确定合适的关税种类，如对运往欧盟的包裹征收欧盟关税。区块链条目可以实时、安全、透明地与多方分享，每家边境机构都能了解任何一趟货运的情况，包括所有的相关文件和事项。这有助于协同检查，减少行政成本和贸易交易延误，让符合规定的公司和货物更快清关。[38]

这些方法有望帮助政府平衡贸易便利化、海关安全和关税收入这三大目标。但大多数政府对它们仅是有所了解，距离广泛采用还很遥远。与此同时，世界贸易中包裹的数量却在不断攀升。加快清关速度的一个简单方法是，让价值较低的物品免检免税清关，让机器去抓那些少报货物价值的逃税者。这对海关机构非常有利，因为它们从小规模货运中获得的收入还不够支付清关工作的成本。然而，大多数立法者却在朝着错误的方向前进。

世界上最糟糕的政策

就在几十年前，大国之间还在发生战争。问题是，钱从哪儿来。各方都瞄准了关税：贸易往来不绝，且易于监控和征收。德国起初就靠关税给一战提供资金；美国的独立战争也可以说是建立在关税基础上的，因为开国者通过对烟酒收取关税和消费税来偿还独立战争的债务。[39]1913年以前，美国还没开始征收所得税（好日子一去不复返了！），政府完全依靠关税运转。那时也没有农业补贴、社会保障或医疗保险。当然，此后的美国成了发达国家中最开放的经济体，平均关税仅略高于2%。

直到今天，还有相当多的发展中国家，尤其是逃税猖獗、存在大量未注册公司的非正规经济的非洲国家，其征收关税的目的仍是维持政府的运转。而发达国家的税收作用更大，关税作为一种收入来源已变得无关紧要。相反，关税壁垒与非关税壁垒在发达国家成了一种互惠互利的工具。掌权者对特定行业的进口产品征收关税，以保护害怕国外竞争的国内企业（从而获得竞选捐款）。但随着各国通过降低关税来换取出口——如美国的飞机和电脑、巴西的铁矿石和大豆，关税的这种作用也在削弱。

希望如此。

电子商务的崛起重新唤起了各个政府对贸易征税的兴趣。纽约州最近想到了一个主意：何不对密苏里州（或者其他任何一个州）那些向纽约州消费者销售产品的小型在线零售商征收州销售税和所得税呢？在过去，如果密苏里州的公司在纽约州建立了"关联"，也就是类似商店的实体存在，那么这种征税是可能的。但随着电子商务的发展，美国的很多州，如纽约州，已经在不遗余力地证明"关联"适用于任何销售业务或在线市场。[40] 有些州利用了已有定义的便利。例如，在亚拉巴马州，"关联"的建立取决于对"销售员"的定义——推荐你在线购买漂亮花瓶的亚马逊机器人，也许正好符合亚拉巴马州对"销售员"的定义。"关联"内涵的扩展，已迫使亚马逊在很多州缴纳了销售税，尽管它一直声称自己只在其中几个州开设了实体店。

这么干的并非只有美国各州政府。例如，巴西各州政府各收各的税款，这使得这个南美大国的州际贸易长期处于不应有的成本高昂、程序复杂的境地。而在这个几乎所有政府都想让小企业出口的时代，有据可查的最糟糕、最适得其反的政策也许就是低"最低减让标准"——进口商品可以免除关税、税费和不受原产地规则约束的最高价值。"最低减让标准"的本意是让不值得征税的低价值物品快速通过海关，毕竟，对低价值物品征收关税和税费的成本通常超过了其产生的收入。但在主要市场，"最低减让标准"仍旧低得可笑，如加拿大为15美元、墨西哥为50美元、欧盟为150美元。

做出重大改变的唯有美国和菲律宾。2016年，两国均提高了"最低减让标准"：美国从200美元提高到800美元，菲律宾从荒谬的48美分提高到210美元。其他国家的政府继续实行这种价值减让制度，一方面是为了保证收入，另一方面是为了安抚秉持贸易保护主义的国内零售商。更糟糕的是，许多政府正与美国背道而驰，开始对利润丰厚的电子商务征税。

例如，经过国内零售商的强力游说，澳大利亚2017年面向在澳年销售额超过53 000澳元的卖家，对价值低于国家"最低减让标准"756澳元的进口商品征收10%的商品服务税，实际上就是对澳大利亚消费者购买的离岸供应品征税。[41]这是该国零售业游说集团的"杰作"。他们认为，如果一家外国公司在澳大利亚无须缴纳销售税，那么它相对于需要缴税的国内零售商来说就获得了不公平的竞争优势。澳大利亚生产力委员会（由政府支持的研究经济的客观实体）早些时候发现，取消"最低减让标准"将使澳大利亚的企业、消费者和政府以共计17亿美元的代价换取5.2亿美元的新收入，净亏近12亿美元。[42]此外，取消"最低减让标准"还可能会吸引亚马逊到澳大利亚建造大型仓库，批量运入打折货物，接管澳大利亚国内零售市场。亚马逊2018年就开始如此行事了。

欧盟也针对"最低减让标准"发布了新措施。欧盟的情况很特别：关税"最低减让标准"是150欧元，增值税"最低减让标准"却仅为22欧元。欧盟企业认为，这样的制度于己不利，因为欧盟企业哪怕销售了一欧分也要缴纳增值税,而每年却有 1.5 亿件 22 欧元以下的包裹在免缴增值税的情况下被进口到欧盟。当然,他们的看法是有道理的。有些高价值的进口产品,如智能手机和平板电脑,在报关时会被故意低报或错误描述,以便享受免缴增值税的待遇。

目前流行这样的观点:每年在欧盟销售额达到 10 000 欧元以上的在线卖家可以享受与欧盟境内卖家同等的待遇,并免缴增值税;其他在线卖家需要缴纳增值税。

但欧洲经济学家最近的一项研究表明,提高增值税"最低减让标准"也许对欧盟更加有利:当前欧洲海关当局和私营部门的征税总成本大大超过了税收收入。[43] 为了实现收支平衡,该研究建议将关税"最低减让标准"保持在 150 欧元,但将增值税"最低减让标准"提高到 80 欧元。这样一来,欧盟各国将节省约 3 200 万欧元的成本,而且对增值税税收几乎不造成影响。[44] 更重要的是,这项研究只涵盖了贸易的一小部分,并未将邮政或非快递运输、海运、铁路和卡车货运囊括在内。

世界各地都开展了类似的研究,结果出奇得一致,但没有太大的实际影响。

2016 年对加拿大"最低减让标准"的一项研究表明,将"最低减让标准"从 15 美元提高到 150 美元意味着损失 1.17 亿美元的收入,节省 2.78 亿美元的政府征税成本。[45] 考虑到因企业和消费者导致的延误和成本,将"最低减让标准"提高到 200 美元会给加拿大带来 6.48 亿美元的净收益。一项对亚太经合组织 12 个经济体(加拿大、智利、中国、印度尼西亚、日本、马来西亚、墨西哥、巴布亚新几内亚、秘鲁、菲律宾、泰国和越南)的研究表明,只要将"最低减让标准"提高到 200 美元,每个经济体的平均净收益就能达到 54 亿美元。[46] 2012 年一项对东盟五国提高"最低减让标准"的研究表明，其效益成本比高达5.6。[47]

相比之下，美国和菲律宾正从"最低减让标准"提高中获益。假设菲律宾一名小企业主进口价值209美元的材料，接着制造产品，最后将价值799美元的成品运往美国。他的事业会在2016年迈上新台阶，因为他不必再为这些交易支付任何税费。我敢打赌，他的泰国对手正在为该国的28美元"最低减让标准"而焦头烂额，非常希望进口零件可以打折。要是美国消费者退回从泰国订购的产品，或许他还会希望"最低减让标准"能提高一些，因为被退回的产品即使在海外未被打开、损坏或使用过，在重新进入泰国时也要支付进口关税。苦恼于15美元"最低减让标准"的加拿大进口商肯定希望能享受到和其美国竞争对手相同的800美元"最低减让标准"的待遇。

2011年，彼得森国际经济研究所的加里·胡弗鲍尔和王仪（音）分析了800美元"最低减让标准"对美国的影响。这在当时还只是一个遥不可及的概念。[48]当时，200~800美元的货物入境是"非正式入境"，需要填写美国海关与边境保护局的7501表格，一份有着32页说明、要求提供大量货物细节的文件。文件柜也少不了，因为7501表格必须保存5年。对联邦快递这样的快递公司来说，每次报关需要9.2分钟，也就是0.15个小时。假设总劳动力成本为每小时21美元，快递公司和美国邮政每年要为填写表格支付2 400万美元，为保存表格支付100万美元。假设海关每次办理入境花费2分钟，那么每年在200~800美元货物入境文书工作上花费的成本达到800万美元。这意味着美国在进行改革之前，仅在200~800美元货物入境文书工作上就花费了3 200万美元，几乎等同于这些低价值物品的关税收入（3 700万美元）。

如果把美国进口商和消费者在免税进口中节约下来的钱考虑在内，所得将大大超过损失。据保守估计，卖家、快递公司或邮政系统、海关以及最终买家为200美元以上产品花费的时间共为4~8小时。在查看关税税率表、了解原产地规则、填写文书、与报关行打交道、收集货物和交货时，支付关税占据了其中大部分时间。

这些麻烦带来了高昂成本，尤其是对员工有限、因货运规模小而导致单次运输固定成本更高的小企业而言。因此，美国"最低减让标准"的提高，给全球小型企业出口商和美国所有大小进口商营造了纯粹的自由贸易环境。

"无代表也纳税"

政府制定低"最低减让标准"政策并非出于无知或偶然。它们反映了政治经济的动态：海关和财政部迫切渴望在低迷的全球经济中找到收入来源；传统国内零售商这一既得利益团体对外国在线竞争对手感到害怕。然而，低"最低减让标准"政策至少与两种观点相冲突。这两种观点都反对强制外国小型零售商在它们并不实际存在的当地市场纳税。[49]

第一，对外国小型在线零售商的销售行为征收消费税可能会被视为不公。全渠道模式的兴起取代了单一在线模式和实体模式；亚马逊在其进驻的市场建造了大量仓库。这些都证明了进驻零售市场所具有的价值，也就是对上市时间和响应能力的掌控。从事时尚等行业的公司进驻市场时，可以建造实体展厅让消费者触摸和体验产品，也不用处理跨境退货问题。相较于外国零售商，在国内拥有生产条件的零售商会给当地的基础设施带去负担：大型商店或配送中心需要水、下水道、排水、道路、电力、学校等各种基础设施。外国的小型在线零售商并没有享受到国内的种种便利，也没有因此产生任何成本。所以，有一种强有力的观点认为，对没有进驻国内市场的在线零售商征收销售税或其他税有失公允。

第二，外国税收的合规成本对小企业来说过高且麻烦，可能无法强制执行。大公司有律师和税务专家来应对不同市场的税收，小企业没有。讽刺的是，电子商务使小企业得以发展成跨市场的卖家，但同时也变成了它们的"紧箍咒"。因为跨市场意味着小企业要在多个各有规则的市场承受监管和税务合规带来的负担。如果像许多人提议的那样，对实际不存在于当地市场的企业征税，那么在线销售的小企业就会成为所有政府的征税对象。与此同时，为了向那些遥不可及的外国在线卖家征收为数不多的税款，政府的主要资源也可能会被占用。

就连在国际贸易与数字经济中表现最亮眼的新加坡，也展开了一场辩论，要求向新加坡消费者提供商品和服务的外国公司缴纳7%的销售税，并进行商品服务税登记。此外，还有人提出，互联网平台应该从小额销售中收取销售税。一份提案建议，在B2C市场上向新加坡销售商品和服务高于75万美元的公司应该缴纳销售税，低于75万美元的公司将在网络平台上进行注册并由网络平台代收销售税。显然，这让卖家又多了新的缴费负担，也让平台面临执行方面的挑战。

政府的错误之处在于，它们认为自己只是在对外国的公司和产品征税。毕竟，电子商务带来的大部分收益，都是为了使这些国家的企业和消费者能以国际价格获取更多种类的产品。低"最低减让标准"政策就等于对国内的进口商和消费者征税，而对外国公司征税就等于允许其他国家做出同样的举动。不如问问向欧洲消费者出口商品的澳大利亚小型零售商对欧洲增值税"最低减让标准"的看法。

结论

包裹在贸易中的激增，正在催生新的安全问题、本能的保护主义反应和创造性的税收。海关机构对非法贸易的担忧合情合理，可以使用区块链、机器学习等工具识别非法贸易和合法贸易。抱着贸易保护主义论调的零售商则前路渺茫：虽然外国的小型在线零售商不太可能形成巨大的竞争挑战，但大型在线零售商却会扰乱市场。安全考虑、保护主义、新增税收等障碍拦住了那些最有可能通过电子商务进行跨境贸易的参与方，也就是正在与繁文缛节、文书工作和海关腐败进行斗争的小企业。区块链、机器学习、人工智能等技术可以作为边境机构管理海量包裹的强大解决方案，并实现其三重目标，即保障安全、促进贸易便利化和收取关税。但对倾向于贸易保护主义的零售商来说，几乎没有希望：受到全球消费者欢迎的在线零售商正在颠覆实体店。贸易保护主义，如征收新税和关税、降低"最低减让标准"、限制对本国电子商务领域的外国直接投资，只会使国内消费者和小企业的处境更糟糕，并不能规避"零售商必须数字化，否则便会走向灭亡"的现实。

第 10 章

"分裂网"

第10章 "分裂网"

仅仅在25年前，比较大的发展中国家还在征收50%的平均关税，且对外国投资者几乎没有征收保护政策，就连苏维埃阵营以外的阿根廷、泰国等国政府也各自控制着许多经济领域。建立更加开放和一体化的世界经济，使商业领袖能够经营企业，使投资者能够得到保护，这是一个好政策。20世纪90年代，发展中国家和从苏联模式中解放出来的东欧经济体开始大幅削减关税，取消对外国投资的限制。世界各国展开了乌拉圭会谈，缔结了迄今为止覆盖面最广的多边贸易协定，成立了世界贸易组织，为推动自由化与管理贸易争端做好了准备。

柏林墙倒塌后，自由市场意识形态在全世界掀起了一波私有化浪潮，将政府从经济的管理者变成了市场的监管者。弗朗西斯·福山在其著作《历史的终结》中宣布，资本主义和民主制度这两股力量取得了胜利。[1]

这个伟大的政策实验取得了成效。落后的发展中国家利用贸易和外国投资成为生机勃勃的新兴市场。全世界有数百万人从贸易中获得了就业机会。仅美国就有7 200万人依靠出口企业维持生计。不断有研究表明，贸易开放如何使全球消费者更加富裕，使各国的比较优势更加凸显，使人们摆脱了贫困。如果世界经济是一出电视剧，那么过去30年里以经济自由化、企业自由化，以及商品、服务、资金和人员跨境流动为特色的剧集会得到最高评分。

但问题也接踵而来。今天的全球数字经济已不像20世纪90年代那样,有统一的意识形态或政策框架促使各国朝着同一个方向前进。它没有共同的可行性规则,给跨国业务带来确定性。它甚至没有一套人人愿意遵守的共同准则。相反,世界各国正在数据隐私、数据传送、互联网中介责任规则、数字销售税收等领域制定并实施自己的数字法规。很多人鼓噪的"数字贸易保护主义"似乎正在抬头。美国退出了极好的数字贸易监管协定《跨太平洋伙伴关系协定》,一厢情愿地固守过时的就业保护政策,未能发挥带头作用。

"分裂网"政策使得各国在网络上"跑马圈地"。这破坏了互联网作为工具的前景,尤其是对希望扩大规模、进行全球化的小企业和想要通过数字服务改善生活的世界各地人民而言。本章分析了各国在隐私、互联网服务提供商对发布内容负责的相关规定,以及对电信等传统互联网服务的征税和管理方面的多种数字监管模式,力图展现我们将为"分裂网"付出的巨大代价。

你的信息价值几何

电影《圆圈》(*The Civcle*)讲述了由艾玛·沃特森饰演的年轻女性梅进入硅谷一家创业公司工作的故事。这家公司旨在将一切隐私都公之于众。空无一人的海滩、繁忙的城市中心、私人起居室……到处都有"圆圈"微型摄像机的影子,它们无时无刻不在向用户传递信息,这些用户里既有冲浪者、情报机构,也有对彼此生活感到好奇的朋友。一次,梅在划皮划艇时遇上了狂风暴雨,最后因摄像机而得救,因而决心成为"圆圈"的广告代言人,倡导建立一个完全开放的世界，向全球数十亿"圆圈"观众公开她生活中的每一分钟。

开放隐私带来了许多好处。"圆圈"摄像机在10分钟内就能帮助人们抓到歹徒，该公司还鼓动用户进行投票，在50个州投出了巨量票数。但随着梅在父母家里的私人活动被播出，她面临着要么完全公开隐私要么保障隐私的艰难选择。她摇摆不定，请求公司创始人将他们一天24小时的生活情况公开给用户观看，这两名所谓的"无秘密"拥护者拒绝了。

虽然在影评网站"烂番茄"（Rotten Tomatoes）上只得到了17%的正面评论，但《圆圈》这部电影体现了隐私面临的挑战。我们都想保护自己的信息，但也想获取可以帮助执法部门抓捕坏蛋、帮助救援机构找到失踪家人的信息。真人秀电视节目的成功表明，我们中的许多人也像梅的观众一样，对别人的日常生活充满了好奇。我们在脸书和Snapchat（一款限时分享图片和视频的手机应用程序）上分享大量信息，而大多数人——至少在美国是如此——对个人信息的使用并不十分上心。我们不假思索，频频使用免费在线搜索服务、观看免费视频、阅读免费报告、体验免费定制购物服务，交出我们的搜索、联系方式、信用和消费数据。算法则利用这些数据简化我们的生活：Intelliverse（一家为企业提供通信托管服务的公司）的一项民意调查显示，45%的美国在线买家更可能在提供个性化推荐的网站上购物，56%的买家更可能再次在提供产品推荐的网站上购物。[2]

然而，随着数据使用问题的增多，用数据交换免费在线服务和信息的吸引力正在下降。斯诺登披露的美国国家安全局使用个人信息的情况尤其令欧洲人感到焦虑，他们担心自己的信息会被企业售卖，或落入见不得光的情报机构手中。2013年曝光的"棱镜"项目（美英情报机构从大型科技公司那里截取数据）和接二连三的数据泄露事件，如导致 4 亿个社会安全号码泄露的 2015 年黑客入侵英国酒吧运营商 JD Wetherspoon 事件和 2017 年 9 月美国信用评级公司 Equifax 违规事件，都加剧了人们的担忧。2017 年的一项调查显示，75% 的美国消费者对违规盗窃身份信息表示担忧。[3]

对隐私的日益关注，直接影响到 21 世纪的全球化。许多政府限制企业获取公民的个人信息，限制个人信息的跨境传送，但这些信息对为公民提供服务的企业和组织非常有用。该问题在欧洲各国和美国由来已久。

欧盟《通用数据保护条例》

2013 年 10 月，安格拉·默克尔终于失去了冷静。在与美国总统巴拉克·奥巴马通话时，一向沉稳的默克尔怒不可遏地将监听她私人电话的美国国家安全局比作了"史塔西"。她成长在民主德国，史塔西是 20 世纪 70 年代民主德国令人恐惧的秘密警察。奥巴马无法向默克尔保证不再有监听行为发生，默克尔的沮丧情绪过了几个月才消除。但这件事给极其注重隐私的德国人造成了精神伤害，民众开始呼吁严格保护个人信息。

这不是什么新鲜事。历史上，德国人和美国人对隐私的看法就截然不同，甚至两国学者在数据使用方面都各有各的观点。拉塞尔·A. 米勒在其《隐私与权力：美国国家安全局阴影下的跨大西洋对话》（*Privacy and Power：A Transatlantic Dialogue in the Shadow of the NSA-Affair*）一书中指出，德国隐私学者深受个人经历的影响，如让纳粹得以建立人口档案的 1938 年人口普查，倾向于将技术视作威胁。[4] 美国学者则更具平衡精神，发现了人口普查对身份证明的价值——每个人都对应一条信息。[5]

这些差异甚至在互联网出现之前就很明显了。1978年，《科学》杂志评论员约翰·沃尔什写了一篇可以在2018年发表的文章，文中写道："计算机和现代通信系统的结合，使得在世界范围内以相对低廉的成本大规模传输数据成为可能……美国一直是这项新技术的主要开创者，并在该技术的利用方面保持着主导地位。这种主导地位所造成的经济社会影响是美国与其他国家，尤其是西欧国家之间关系日益紧张的根源。"[6]在对待数据的态度方面，德国和法国有"鹰派"之称，美国则成了"鸽派"。

沃尔什生活的时代与当今时代的不同之处在于，现在的数据多得难以想象。从好莱坞明星、白宫住户、普通大众发布在社交媒体上的数百万帖子和推特，到一台机器向另一台机器传输的大量操作数据，互联网和商业世界里充斥着结构化和非结构化的数据。全球数据量将从2020年的2ZB增长到2025年的160ZB。[7]2016年，全球互联网流量达到了1ZB。（ZB是一个严肃的计量单位：1ZB等于观看高清视频1.52亿年产生的流量）当机器联网后，数据驱动交互次数将从2010年的每人每天85次激增到2025年的每人每天4 785次。[8]

沃尔什可能从没想到推特、交互式冰箱或1ZB，但他有关"数据流正在国际贸易政策制定领域引发混乱"的观点颇有先见之明。德国和法国对隐私的担忧促成了全球最具深远影响的隐私监管规定的订立。2018年5月，欧盟《通用数据保护条例》生效。《通用数据保护条例》旨在保护欧盟境内所有民众的数据，并监管个人数据的对外传输。员工等于或多于250人的企业需要遵守该规定，员工不足250人但经常处理个人数据或者牵涉某类敏感个人数据的企业也要遵守该规定。只有在得到个人同意的情况下，企业才能存储和处理个人数据，如果需求处理大量数据，还必须有一名"数据保护官员"在场。任何信息泄露都需要在72小时内向当局和受其影响的个人报告。

《通用数据保护条例》具有治外管辖权。也就是说，位于美国堪萨斯州的一家企业如果需求处理欧盟公民的数据，也要受到《通用数据保护条例》的管辖，即使它在欧盟境内并没有"关联"或任何实体存在。另外，为了方便堪萨斯州的企业将欧盟公民的数据传输到堪萨斯州进行分析，美国还需要从欧洲获得支持欧盟数据制度的"充分性"认证，因为欧盟公民的数据只可以被传输到具备"充分"保护措施的国家。那些保护措施"不充分"的国家需要遵守更严格的规则。欧盟各国在执行《通用数据保护条例》方面的不统一增加了问题的复杂性。例如，一家外国公司如果想从德国传输数据，不仅需要遵守联邦和各州的数据保护法，在德国对数据进行审查，还需要本国的法院或政府实体向德国索取文件，如引用一份法律互助条约。[9]

隐私很重要，《通用数据保护条例》对那些被斯诺登曝光事件激怒的欧洲互联网用户来说是个好消息。但企业为此付出的代价使它成了"GDP强盗"。首先，《通用数据保护条例》的执行成本对欧洲和其他国家的公司来说非常高。2/3的美国企业仅仅在执行《通用数据保护条例》上就要花费1万~1 000万美元。[10] 对于跟不上形势的企业，罚款最高可达2 000万欧元，相当于企业在全球收入的4%。跟不上形势的企业很多，欧洲各家银行预计在头三年里将为《通用数据保护条例》支付52亿美元罚款。[11] 在伦敦证券交易所上市的100家公司可能会因为违反《通用数据保护条例》而面临高达50亿英镑的罚款。[12] 可以想象，更严格的罚款处罚对消费者有利。这会迫使全球企业采取行动，否则就要承担高昂的费用。然而，罚款金额过高，也许会造成持久的财务影响。Veritas 公司（一家为企业提供数据管理和保护的公司）最近对 8 个国家 900 家企业进行的调查显示，21% 的企业担心因为违反《通用数据保护条例》而要支付的罚款会导致企业裁员，近 21% 的企业认为罚款会导致企业倒闭。

遵守《通用数据保护条例》的企业也面临亏损。《通用数据保护条例》对获取数据的限制降低了效率，估计会给欧盟企业造成 660 亿美元的直接销售损失。[13] 由其带来的更深远影响，如限制了对消费者的信用调查、削弱了网络分析公司的运作能力，预计会导致 1 730 亿欧元和 280 万个欧洲就业机会的损失。[14] 每家企业的损失像滚雪球一般累积在一起，变成了经济损失。根据欧洲国际政治经济中心的最终模拟运算结果，欧盟的数据保护和地方法律将使欧盟的 GDP 下降 0.4%~1.1%，境内投资下降 3.9%~5.1%，每个工人每年的福利减少 334~806 美元。[15] 欧洲国际政治经济中心的计算表明，数据保护也会影响欧盟的出口，使出口下降 0.4%。

更糟糕的是，欧盟正在新兴市场推行《通用数据保护条例》——许多国家有意采用该制度，通常是因为它们没有考虑到各种成本，或是因为历史上它们可能和德国一样出过数据安全问题。现实世界极其复杂，政策制定者忙于处理电子邮件和出访，被官僚斗争弄得精疲力竭，《通用数据保护条例》也就成了解决数据、隐私等相关问题的一种简单方法。问题在于其成本很高而且很可能与世贸组织《服务贸易总协定》等贸易协定相矛盾。[16]

欧盟并不是唯一的"数据鹰派"。例如，俄罗斯正在建立严格的数据保护制度，禁止企业将俄罗斯公民的个人数据转移出国。中国政府已经出台政策，要求将信用记录、健康记录等财务和个人数据保存在国内。越南已颁布法令，要求某些基于互联网的服务提供商必须在国内设置至少一台服务器,并以此作为进入越南市场的先决条件。尼日利亚规定,用户、政府、消费者的所有数据都要存储在本土。

信息技术与创新基金会的数据显示,全球范围内的此类数据本土化措施已从1995年的10项激增到2015年的83项。[17]各国以"国家安全""公共安全"等理由,通过各种方式将这些措施合法化。例如,越南和印度尼西亚规定,企业需要在国内设置服务器,以便执法机构更好地获取数据。很多发展中国家的政府将服务器本土化作为一种创造就业机会的手段,尽管服务器公司雇用的员工屈指可数。中国和俄罗斯的主张非常明确:每个国家都应有自己的"互联网空间",以便根据国家安全和管理本国公民的需要加以控制。[18]

这样的政策是有代价的。例如,它们迫使本土企业使用更贵的国内云服务,而不是便宜的、具有巨大规模经济效应的集中式数据存储和处理服务。谷歌资助的一项研究表明,要求"封锁"数据的国家增加了本国公司的成本。这些公司不得不转向更贵的国内服务,为它们的计算需求多支付60%的费用。[19]据估计,如果欧洲企业把服务器设置在欧盟以外,就能节省36%的服务器成本。[20]欧洲国际政治经济中心的模拟运算表明,数据保护及本土化将使印度的国内投资减少1.4%、越南的国内投资减少3.1、巴西的国内投资减少4.2%、中国的国内投资减少1.8%。数据本土化对宏观经济的影响非常显著。数据本土化致使印度劳动者损失的福利达到平均月工资的11%。该项数据在中国接近13%,在韩国和巴西达到20%。[21]

诚然,部分有关限制数据流会对经济产生影响的实证研究是由大型数字公司资助的,这些公司本就是数据自由流动的既得利益者。但研究结果并不存在什么"猫腻":对数据征税或进行限制,近似于强迫制造商为中间产品支付关税,或让它们使用本土原材料和零部件,并以此作为进入市场的条件。这些政策都会提高终端消费者的成本。

此外，美国和发展中国家的商业调查均表明，小企业和科技巨头一样对数据传输受限充满怨言。美国国际贸易委员会2014年的报告显示，美国数字通信领域超过3/4的大型企业和一半以上的中小型企业认为，数据隐私保护要求对它们的跨境贸易构成了障碍。[22]这些挑战不仅仅存在于发达国家或大公司里。我的公司进行的调查也表明，发展中国家的小企业尤其担忧国内国际市场的数据保护及本土化做法。

未来，企业会为了遵守隐私规定而支付额外的法律费用或因为使用消费者数据而不断地躲避诉讼吗？有没有其他方法可以平衡数据保护需求和数据使用需求，以改善运营、开发新产品和新服务？

也许由美国倡导的亚太经合组织跨境隐私规则体系（CBPR）是最好的选择，也是不同于《通用数据保护条例》的选择。该规则体系于2011年的亚太经合组织部长级会议上被批准。选择加入跨境隐私规则体系的企业和组织必须提交它们的隐私保护措施和政策，以供经亚太经合组织认证的"责任代理"评估：美国的代理是TRUSTe公司，日本的代理是JIPDEC公司。它们研究企业的多个方面，如在线资产（网站、移动应用程序、云平台），以及如何管理消费者和员工的数据。经过认证后，这些措施和政策对该组织就具有了约束力，并由隐私执行机构（如美国联邦贸易委员会）强制执行。参与的企业必须制定和实施符合亚太经合组织隐私框架的数据保护政策。

欧盟《通用数据保护条例》是监管数据传输的规范性法规，亚太经合组织跨境隐私规则体系则建立在自我评估和第三方认证的基础上，且背后有国家执法机构的支撑。与强加给欧盟所有经济体的《通用数据保护条例》不同，跨境隐私规则体系不会取代或改变各国的国内法律法规，也不会裁定各国的隐私保护是否"充分"。此外，《通用数据保护条例》实行集中执行机制，跨境隐私规则体系则依赖各国的执行。跨境隐私规则体系是一个比《通用数据保护条例》更灵活的框架。

跨境隐私规则体系面临的主要问题是企业领袖对它缺乏认识，而且亚太经合组织很多成员尚未制定能够让跨境隐私规则体系在其经济中发挥作用的国内法律。不过，加入跨境隐私规则体系的企业同意遵守某些数据标准，这就意味着它们在没有数据保护法的国家也会实施隐私保护。[23] 跨境隐私规则体系预计还会推动外国直接投资流入发展中国家。例如，在亚太经合组织的一项研究中，接受采访的日本利益相关者表示，如果没有数据保护法的经济体及其企业加入了跨境隐私规则体系，那么日本会加大对这些经济体的投资。[24]

还有一种处理数据流的方法是缔结自由贸易协定。具有讽刺意味的是，正是美国牵头制定了《跨太平洋伙伴关系协定》里精细的数字贸易标准。美国"退群"后，该协定改名为《全面与进步跨太平洋伙伴关系协定》，并于2018年12月生效。美国达到了《跨太平洋伙伴关系协定》的标准，却不再是其中的一员。《跨太平洋伙伴关系协定》的数字贸易标准也存在于其他贸易协定里，如智利和乌拉圭签订的一项协定有99%的内容引自《跨太平洋伙伴关系协定》中涉及电子商务的部分。2018年9月，经过修订的《北美自由贸易协定》改名为《美国－墨西哥－加拿大协定》，囊括了迄今最先进的自由贸易协定规则，以推动三个国家之间的数字贸易发展。该协定还明确了各方之间的数据传输事宜，并引用亚太经合组织的跨境隐私规则体系作为保护数据隐私和数据传输的手段。

短期内，在数据保护和数据传输之争中充当"维和部队"的可能是所谓的 D9+ 集团。该集团目前由北欧和东欧的 20 个经济体组成，它们讨厌德法两国在数据方面的"鹰派"作风。美国在英国"脱欧"时曾呼吁与其就数字贸易达成协议。D9+ 集团和美国可以在免费数据政策方面开展合作。

推翻《通用数据保护条例》

《通用数据保护条例》增加了企业在欧洲的运营成本，企业因而面临严峻挑战：是加大在欧洲的投资，还是寻找更友好的市场。这对英国企业来说尤其艰难，英国"脱欧"后它们不再受《通用数据保护条例》管辖，但实际运营时却需要遵守该条例，因为它们的数据流有 75% 来自欧盟，而且许多企业在欧洲业务广泛。如果《通用数据保护条例》削弱了欧盟作为商业活动中心的吸引力，全球的公司就可能慢慢减少对欧盟的投资，转而关注那些更容易获得数据的地方。这或许会在无人察觉的情况下渐渐发生，如同沙粒不断从袋子的小洞里漏出，当漏到一定程度时，代价也就不言自明了。

不过在这之前，《通用数据保护条例》可能就会被从内部推翻。德国大公司多数从事 B2B 业务，不像 B2C 市场的谷歌或脸书那样需要收集个人数据。当德国制造业里的初创公司开始存取欧洲公民的个人数据时，会发生什么呢？比如，由宝马、戴姆勒和奥迪投资的地图公司 HERE 在全球范围内收集消费者的汽车数据，以便提供最新交通情况、危险警告和最新泊车情况等服务。[25] 收集到的驾驶模式数据触及隐私只是一个时间问题。如果这一天来临，那么德国企业是准备向《通用数据保护条例》低头，还是希望重订一个更宽容的 2.0 版本？德国总理默克尔一直在敦促宝马等德国制造业巨头拓展它们的大数据项目，以将其树立为德国工业4.0战略的支柱。倘若《通用数据保护条例》破坏了这一战略，会发生什么呢？

此外，各国政府也面临着数据保护政策导致的经济损失。比如，哥伦比亚在2017年通过了一项规定，将美国列入了数据传输安全国家名单。[26] 这项措施至关重要，让哥伦比亚的小企业得以使用美国的云服务，同时也留住了美国的企业。以哥伦比亚的主要产业，也就是为美国公司提供西班牙语客户服务的呼叫中心为例，如果没有明确规定可以跨境传输数据，美国公司就可能需要在其他地方设立客服中心。[27] 电子商务平台也存在类似的问题。总部位于美国的PriceSmart有限公司——中美洲及加勒比地区最大的在线会员仓储俱乐部运营商——在哥伦比亚拓展新业务的原因，很可能就是其能访问用户数据，并将之传输到加利福尼亚州的圣迭戈进行分析，以改善其在拉丁美洲的服务。

极端的情况是：如果各国政府对数据实行"封锁"，消费者就会予以抵制。想象一下个人数据无法跨境传输的世界吧。出国旅行，你没法使用手机或信用卡；万一发生事故，你也没法调用医疗记录；[28] 你还可能会被扣留在移民局，因为航空公司无法将你的信息提前发送到目的地。待在国内，你没法命令戴姆勒或者沃尔沃远程升级你的车载软件。如果你是农民，你就没法看天气预报，因为这些数据也需要跨境传输；如果你在迈阿密经营小型电子商务企业，你就没法获取拉丁美洲消费者的信息，更别说利用人工智能去预测他们将来的购物模式了；如果你在柏林经营一家向发展中国家的创业者提供在线贷款的社会影响型企业，你就没法对潜在借贷人进行信用评分；如果你是大学里的研究人员，你就没法访问全球数据库，而这个全球数据库可能有助于你研发治疗疟疾的方法，或分析不同税收政策的影响。

一方面，我们每个人都想保护自己的数据；另一方面，我们每个人又都想获取别人的数据。这两者将会在很长一段时间内被争论不停，而《通用数据保护条例》就是引发争论的主要导火索。

新"言论警察"：谁该对网上的内容负责

在与加州山景城相距千里的马尼拉，许多年轻人正忙于审阅发布在社交网站脸书上的暴力犯罪、儿童色情、恐怖主义宣传等令人不安的图片和视频，并争分夺秒地判断应该删除哪些内容。2017年3月，由于俄亥俄州谋杀案、瑞典和芝加哥强奸案、一名有特殊需要的青少年遭受虐待等一系列直播事件的爆发，脸书增加了80%的"网络清道夫"工作人员。该公司声称其每天要关闭100万个由诈骗犯和垃圾邮件发送者开设的账户。[29]清理网络的年轻工作者每天都要遭受最恶劣人性的轰炸，很少能坚持下去。

互联网病了吗？这个起初用于建立联系、提供信息、聊天交友、制造欢乐的媒介工具，虽然趣味横生、无拘无束，却也放大了人性的邪恶，为极端组织ISIS的在线招募、白人至上主义者之间的沆瀣交流以及俄罗斯"喷子"散布贬低女性的仇恨言论提供了可能性。大多数互联网用户都希望他们的网络远离恐怖分子、诈骗犯和仇恨者。但该在何处划定界限，又该由谁监管，是一个复杂的问题。各国给出的答案大相径庭，很可能导致全球互联网经济的分裂，使国际贸易复杂化。

目前，各国都用"安全港"法保护中间商。例如，巴西在2014

年通过了著名的《互联网民权法》（Marco Civil Internet Law），规定了互联网用户的权利，其中的"安全港"条款对存储或传输第三方内容的责任进行了限制。1998年，比尔·克林顿签署了《数字千年版权法案》（Digital Millennium Copyright Act），其中包含了"安全港"条款。该条款被认为是互联网用户在1998—2008年增长27倍的主要原因。《数字千年版权法案》和《1996年美国通信礼仪法》第230条依据的理念是：脸书对其用户发布的带有仇恨言论的帖子所承担的责任，相当于邮政公司在不知道包裹内含有炭疽病毒的情况下将其投递出去所承担的责任。

反之，我们可以相当有把握地假设：如果互联网公司自创办之日起就一直对用户发布或制作的网络内容负责，那么音乐、社交媒体、电子商务等初创公司要比现在少得多——资金很可能会流向少数投入人力物力对用户发布内容进行审查的公司。加州大学戴维斯分校的阿努潘·钱德尔写了开创性的著作《电子丝绸之路》（The Electronic Silk Road），认为言论自由是美国互联网法律的根基，也是硅谷得以成功的关键原因之一。[30]钱德尔认为，相比之下，欧洲和亚洲实行了严格的中间责任制度、刻板的知识产权规定和强硬的隐私保护规则，这些都扼杀了创新。

网上有问题的内容呈指数式增长，这促使多国要求互联网公司对非法内容和其他有问题的内容进行监管，并对其网站上用户生成内容的合法性负责。例如，德国要求社交媒体公司在接到用户投诉后24小时内删除"明显违法"的内容，7天内删除所有其他非法内容——这在德国就像称呼"您"为"你"一样普遍，否则就可能面临高达5 000万欧元的罚款。为了留在德国这个重要的数字市场，脸书必须每月删除1.5万条仇恨言论。[31]但在脸书"清道夫"们判断内容合法与否的过程中，又会"误伤"多少合法内容呢？

更糟糕的是，在脸书上"发言"失败后，用户会不会把愤怒发泄到其他地方，引发线下的暴力或非法活动，而使执法部门更难跟进？归根到底，在网上公开一些不好的东西也许没那么糟。网上卖淫广告曾多次帮助美国执法部门找到罪犯并起诉他们。[32] 就连人权游说团体也倾向于保留互联网上的问题内容。2016 年，70 家非营利组织致信马克·扎克伯格称，脸书删除侵犯人权的帖子，使民众看不到不公，是不正当的。从这个意义上说，人们也担心美国 2018 年出台的《反网络性交易法案》（Stop Enabling Sex Traffickers Act）会削弱《1996 年美国通信礼仪法》第 230 条的效力，让平台陷入面临刑事责任的境地，迫使它们审查并删除这些在线下很难追踪的性交易内容。不过，美国国会已经明确表示，《数字千年版权法案》和《1996 年美国通信礼仪法》第 230 条的地位仍然至高无上，美国在世界贸易组织等国际论坛上也强调了这些法律的重要性。[33]

2000 年，欧盟出台了《电子商务指令》（Electronic Commerce Directive），其中的"安全港"条款规定：如果网络中间商只是内容的"中转站"或"暂存台"，就可以免除责任。但欧洲的"安全港"保护正在减弱。2018 年 9 月，欧盟议会通过了一项版权法，要求网站经营者对其用户上传的侵犯版权的内容负责。法案要求这些经营者使用"上传过滤器"预防用户上传受版权保护的内容，即便使用非常少的内容，也要对版权所有者（如记者或音乐家）进行补偿。[34] 令人欣慰的是，运营网站的小微企业不在负责范围之内，因为执行这项法案会给它们带来沉重负担。2018 年出台的欧盟《视听媒体服务指令》（Audiovisual Media Services Directive）要求视频分享平台承担有限责任，只要知晓非法内容的存在就必须进行删除（如旨在施行恐怖主义的言论和公开挑衅）。[35]

从本质上讲，欧洲正在迫使中间商"自掏腰包"，用算法监管用户生成的内容。可是，如果一个人创作了一首歌并上传了唱歌视频，而世界另一端的人抄袭了这首歌并将之卖给唱片公司，这真是优兔的责任吗？

也有人担心，迫使互联网承担责任也许会破坏言论自由，因为平台可能抱着"宁可错杀，不可错放"的态度而删除合法言论。欧盟议会出台的版权法意图通过豁免指向文章的超链接以及描述这些文章的个别词语来维护言论自由。但批评者认为，模仿作品、模因等合法内容很容易遭到误删。[36]

当然，我们也可以反过来考虑。比如，当被平台用户侵权时，个人或企业希望"下架"被侵权的网络内容。2014年，阿根廷超模贝伦·罗德里格斯对谷歌和雅虎发起诉讼，理由是谷歌和雅虎将她的照片链接到了伴游服务和色情网站，她既不是伴游人员也不是色情明星，这些网站盗用了她的照片。[37]此案最终在阿根廷最高法院被审理，开创了互联网中间商承担法律责任的先例。法院站到了谷歌一边，认为只有证明了谷歌确实知晓第三方的侵权行为且未采取纠正措施，才能追究该公司的责任。

这一具有里程碑意义的裁决为其他拉丁美洲国家的类似案件开创了先例。不过，法院也认为，当中间商"确实知晓"非法内容的存在时，就应当为第三方生成的内容承担主观责任。但对中间商"确实知晓"的界定，各国之间差异很大。美国《数字千年版权法案》规定，只要有个体认为内容存在侵犯版权的情况，就应当将其删除。巴西《互联网民权法》规定，审判确认侵权的内容应当被删除。但就有些方面来说，监管正在放松。

2016年，美国一名联邦法官命令互联网提供商考克斯通信公司（Cox Communications）向 BMG 版权管理公司支付 2 500 万美元赔偿金。BMG 版权管理公司手握一些全世界最流行歌手的音乐版权。由于考克斯的用户侵犯了 BMG 的音乐版权，前者被提起了责任诉讼。[38] 案件扑朔迷离。考克斯拒绝将 BMG 供应商发送的告示转交给侵权用户。考克斯辩称，原告未能在法庭上证明那些用户违法，因此不应当对 BMG 主张的侵权采取进一步行动。

毫无疑问，企业反对执行起来既费钱又复杂的法律责任制度。实际上，美国科技巨头从修订后的《北美自由贸易协定》，也就是《美国–墨西哥–加拿大协定》中获得了免责条款保护。处在危机边缘的不只是大公司的季度利润，原因有二。

第一，责任规定对小企业的打击最大。这些小企业既拿不出数百万美元购买用于监管用户的数字版权管理软件，也没钱和发起侵权诉讼的原告打官司。真正的危险在于，只有那些有能力监管用户的"大玩家"才能参与游戏。就算是它们，也得雇用律师来应对违规言论用户的不满和被用户侵权的"玩家"。这些额外成本，以及竞争对网络平台盈利能力的侵蚀，终将转嫁给用户。如果小企业进入成本过高，竞争就会受限，不利于用户。除了这些成本，还存在一大堆已出台的监管规定。由 32.5 万家小企业组成的全美独立企业联盟发现，其成员认为"不合理的政府法规"是业务发展的第二大"杀手"，仅次于"不断上涨的医疗费用"。[39]

第二，严格的法律责任制度会抑制初创公司的融资。普华永道对数字化企业的早期投资者的调查表明，90% 的投资者更愿意投资在美国而非欧洲版权法下运营的企业。[40] 要求网站对用户未经许可上传的内容负责的规定，会使感兴趣的投资者减少 81%。在严格的监管体制下，投资者会被承诺高回报的企业吸引。这很可能意味着，投资者将只关注少数有前景的数字化企业，而不是将资金投向那些具有变革潜力的"登月计划"上。与此同时，明确版权法规，能让网站快速解决法律纠纷，使感兴趣的投资者增加111%；限制对善意网站的处罚，会使感兴趣的投资者增加115%。

当然，很多企业主是用自己的资金起步的，他们很快就会震惊于遵守各种法规所要支付的成本。谷歌支持的一项研究表明，对互联网中间商有明确界定且有成本效益要求的责任制度，能提高互联网公司的创业成功率。该数据在智利为4%，在德国为8%，在印度为22%，在泰国为24%。[41]

"掐线"与"加税"

2002年7月21日，电信业开始从内部崩盘。世界通信公司（WorldCom）倒闭，23家电信公司破产，美国电信行业失去了50万个工作岗位。这个市值7万亿美元的行业缩水了30%。保罗·斯塔尔在《美国的前景》(The American Prospect)一书中谈及该行业的崩盘时写道："互联网电话仍有缺陷，而基于IP（互联网协议）语音的服务却在改善……对于旧的电话行业——以及成千上万为它工作的人来说——IP语音是导致'创造性破坏'的终极风暴。"[42]

自此，电信公司和有线电视公司一蹶不振。由于网飞、Hulu等流媒体公司的出现，消费者已经开始了一场"掐线"狂欢。这些公司通过互联网提供音频、视频等媒体服务，而无须像传统有线电视公司那样要求订阅。WhatsApp（一款跨平台通信应用程序）、Skype（一款即时通信软件)、Viber(一款跨平台网络电话及即时通信软件)、脸书等提供的即时通信服务不需求电话线,且发展迅速:脸书每月有 20 亿用户,微信每月有 10 亿用户。2008—2009 年金融危机后,消费者的"掐线"行为不断增加:到 2013 年,付费电视用户增长率已转为负值;到 2015 年,这样的趋势愈演愈烈;到 2016 年,超过 1/3 的美国人离开了电线。

通过互联网直接向用户提供各种应用服务(OTT)对电信业造成了巨大影响:Skype 出现于 2003 年,但到 2013 年,其国际电话流量就比电信业多出 150 亿分钟。[43] 短信几乎在一夜之间消失了,从 2011 年占全球信息发送总量的 95%,到 2013 年不到 50%,再到 2016 年不到 10%。[44] 现在这种互联网服务也在深入 B2B 市场,如亚马逊就将自己定位为 B2B 销售平台。IBM 和微软也在争夺它们在 B2B 市场的领袖地位。

逃脱了 21 世纪初"电信公司大屠杀"的企业,如西班牙电信(Telefonica),已经发起抗争,要求制定监管措施,强制数字化企业执行针对在线视听产品的高成本苛刻监管规定。2017 年,印度提出将在线服务纳入适用于电信公司的许可框架。同年,巴西国家电影局开始推动对视听平台的监管,要求它们无论坐落在哪里都无须纳税、提供不低于 20% 的巴西本土内容,并将相当于总收入 4% 的资金用于合作生产原创内容。[45] 拉丁美洲国家正在研究如何对网飞征税,也就是如何对在线服务征收增值税。它们还能怎么对这些位于硅谷或卢森堡的数字化明星征税呢?哥伦比亚于 2017 年对数字化服务征收 19% 的增值税,乌拉圭和阿根廷紧随其后,分别在 2018 年开征 22% 和 21% 的增值税。

互联网公司反驳称,它们具有的技术和市场特征不同于电信公司。从经验上看,它们是对的。强制互联网公司先要取得执照或在政府注册才能向一个国家提供服务,同样会扼杀自由表达和创新。2011

年,联合国言论自由问题特别报告员写道:"为了分配有限的频率,注册或许可在广播领域是必要的。但这种要求不适用于互联网,因为它拥有不限数量的接入点和不限数量的用户。"[46]

对数字化企业的严格监管和税收同样会损害企业和消费者的利益——被迫通过应用程序等渠道为数字化内容支付额外费用。[47]正如我们在第4章中所讨论的,消费者从很多免费的应用程序中获得了很大收益。[48]要是你和你的朋友在使用脸书、推特、WhatsApp或优步时必须按照规定付费,在使用网飞时每次都要额外付费,你们会怎么办?要是较贫穷的发展中国家的消费者也要付费怎么办?那样的话,在线服务能在多大程度上跨社会传播并使人们受益呢?

欧盟成员国正在讨论对互联网公司的在线广告、数字化订阅和用户活动数据的销售征收3%的临时性数字服务税,以此取代经合组织正在制定的全球性税收框架模型。北欧的欧盟成员国表示反对,法国等国立即采取了行动,其他成员国则态度谨慎。各成员国在税收水平方面也存在分歧,一些国家认为3%的税率过低,担心本国税收制度无法与之兼容。各成员国在数据销售的涵盖范围和应纳税的公司规模方面也存在分歧。[49]2018年年底的提案将适用该法案的公司增加到大约200家,其中很多是在全球每年至少收入7.5亿欧元(8.76亿美元)、在欧盟每年收入超过5 000万欧元的美国公司。

欧盟还建议对数字化公司的企业利润征税,并根据公司的总收入而非净利润来评估税率。这种做法可能会迫使一家收入很多但利润有限或为负的公司破产。在生命周期头几年快速增长的科技公司便是此类公司的典型代表。数字服务税提案遭到了美国和欧洲数字化巨头总部所在国爱尔兰、荷兰、马耳他、瑞典等欧盟成员国的反对。据称,德国对该提案的态度也十分冷淡,因为其担心与美国的更广泛的贸易关系出现问题。美国可能会就欧盟在数字服务税方面对美国跨国企业的不公正式向世贸组织提起申诉。

需要注意的是，欧盟数字化公司的税率比一些传统公司要低——很多非科技行业跨国公司的实际税率也很低，而新数字服务税很可能会对美国公司不利，因为美国公司是征税的主要目标。这些税收还将破坏欧洲鼓励使用数字服务和数据的公共政策目标，尤其是对最关注价格的较贫穷人口而言。[50]

如果政策旨在让消费者和企业最大限度地获取一项服务或技术，那么这项服务的税率应该很低或为零。从经验上看，比起提高了技术拥有成本的高税收，减税和免税能带来更多的经济增长，并最终带来更多的政府收入。[51]毕竟，随着企业将数字化产品和服务以及云计算服务作为运营生产的关键投入，对它们征收过高税费就相当于对中间产品征收关税。同理，当税收将数字化产品和服务的总拥有成本抬高时，消费者也会远离这些产品和服务。由于对网络用户不利，税收还会阻碍使技术变得有用和有价值的网络效应的发生，比如，税收负担会导致3G普及率下降。[52]对关键服务征税，只能降低数字化产品和服务的使用率，尤其是对穷人而言。他们是对价格最敏感的消费者，也是数字化和免费应用程序的主要受益者。

既然数字化产品和服务同基础设施、金融服务和能源一样重要，影响范围几乎遍及所有行业，那么对其征税就会给整个经济体的生产力、新业务拓展和投资带来溢出效应。例如，在北达科他州取消对无线和有线服务征收6%的销售税后，这两个行业获得的人均投资在一年内翻了一番多。[53]正面影响不仅体现在投资上：由于这些服务会促进经济增长和自身的普及，削减对数字化产品和服务的征税，假日时日，这些服务可以带来更多的增长和收入。在技术应用受限的国家，获取数字化设备和服务应该作为政策关注的重点。

精明的电话公司意识到:"如果无法击败它们,就加入它们。"这些公司逃脱了倒闭的命运。例如,马来西亚移动服务提供商 DiGi 电信与 WhatsApp 建立了合作关系,使 DiGi 用户可以在支付固定费用的情况下无限制地使用 WhatsApp。[54] 印度 Bharti Airtel 公司(印度非常重要的跨国电信运营商)将其 2015 年第一季度超过 30% 的净利润增长归功于移动数据收入的增长。[55] 瑞典电信的利润自 2002 年以来每年都在增长,而数据服务在总收入中所占的份额也越来越大。[56] 物联网中的机器对机器通信也能推动电信公司的革新,通过存储、处理、管理和帮助共享数据来赚钱。

电信公司与其竞争对手互联网公司之间的合作还有很多。例如,脸书在 2014 年收购了 WhatsApp,此后与电信公司的关系趋于复杂。目前,脸书正在通过旗下的电信基础建设计划(Telecom Infra Project)向电信公司借出人工智能专家。该计划使脸书和其他公司在电信技术方面开展了合作,比如,在偏远地区使用远程开源天线来扩展连接,或者在路灯等基础设施上安装小型蜂窝基站以促进无线服务的发展。[57]

"分裂网"代价几何

在世界贸易政策方面,边境上的自由化与边境后的监管协调并不平衡。削减关税的国家基本上都保留了各自的食品法规、产品标准和服务提供商认证。沃尔玛、全食超市等公司推动的私营标准也起到了推波助澜的作用。

形形色色的国家产品标准让事情变得更加复杂,尤其是对那些想要同时将产品出口到多个市场的小企业而言。例如,墨西哥的牛油果公司要将产品卖给德国和北欧的超市,就必须遵守"全球良好农业规范"(GLOBALG.A.P.)等食品标准。要想将产品出口到美国,它就得遵守美国的植物检疫规定,并至少达到佛罗里达州牛油果的"美国二级"标准(具体来说,包括"成熟但不过熟,形状很好,干净,颜色很好,整理得当,没有腐烂和冻伤,没有因炭疽病引起的严重损伤,没有擦伤、割伤、划伤、晒伤,没有日灼病、药害、尾孢菌斑等病害,没有昆虫、机械或其他原因造成的损伤")。[58]

尽管双边贸易协定旨在促进成员国之间的贸易,但往往只会让规则变得更加复杂。比如,墨西哥的自由贸易协定各有各的规则,而且很多时候相差极大。因此,当墨西哥一家公司进入《北美自由贸易协定》框架下的美国市场、韩国与墨西哥自由贸易协定框架下的韩国市场以及欧盟与墨西哥自由贸易协定框架下的欧盟市场时,它需要遵守不同的规则。哥伦比亚大学的贾格迪什·巴格沃蒂将世界各国之间纵横交错、大相径庭的自由贸易协定比作"意大利面碗",将众多自由贸易协定比作啃噬多边贸易体系的"白蚁"。[59]

在原产地规则方面,"意大利面碗"尤其纠结:不同自由贸易协定对原产地提出了不同的要求,这意味着为了符合不同协定的市场准入条件,企业不得不改变采购模式和生产流程。

现实中,"意大利面碗"问题还使企业损失了金钱和市场机会。2009年,我和同事在拉丁美洲进行了调查,发现20%以上的智利公司、50%的墨西哥公司和哥伦比亚公司以及3/4的巴拿马公司认为,统一各国自由贸易协定中的原产地规则会给它们节约"很多"或"极多"的费用。[60]调查结果还表明,"意大利面碗"问题阻碍了中小企

251

业利用各自国家自由贸易协定提供的大部分市场机会。中小企业只能将产品出口到它们有能力满足其规则的市场,而不是所有使用其产品以及与其所在国缔结贸易协定的市场。

如今,数字经济也因各国贸易规则的不同而出现了"分裂网"现象。想象一下,如果美国各州对电子签名、言论自由、数据传输、中间商责任等问题的解释截然不同,那么脸书、推特、谷歌、易贝和网飞的发展会如何?如果这些公司不得不在发展初期应对各州的不同法规,它们还能达到现在的规模吗?诚然,随着技术、消费者关切和判例法的发展,联邦和州法律一直在围绕着数字经济"拉锯",但联邦法律和宪法也为跨州开展数字业务提供了非常有力的全国性支撑。

欧洲的情况更混乱,每个国家都有自己的数字管理体制。现在,各国正寻求回到一个共同的数字化单一市场。据估计,统一消费者保护等互联网法规每年可以为消费者节省 117 亿欧元在线购物费用,使他们可以获取在欧盟境内在线销售的各种产品和服务。[61] 这也将带动企业扩大销售额:57% 的欧洲企业会启动或增加对其他欧盟国家的在线销售,这些国家的电子商务相关法规与欧盟市场更接近。[62] 总而言之,据欧盟委员会估计,一个有共同规则的数字化市场将使欧洲的经济总量每年增加 4 150 亿欧元。一项由行业资助的对东南亚国家的研究表明,区域性数字化议程和策略,包括网络安全、数据安全和隐私保护法规的统一与单一电子支付平台的建立,可以在未来 10 年里给该地区增加 1 万亿美元的 GDP 和 40% 的出口。[63]

规则的互操作性对大公司很重要,对小企业更加重要。借助网络经济,这些小企业的规模比以往任何时候都要大,但由于资源有限,它们应对不同新市场规则的能力比不上大公司。我通过调查发现,巴西、孟加拉国、哥伦比亚等国的小企业都将与贸易伙伴之间规则的互操作性视作它们在跨境电子商务领域面临的最大监管挑战。

国家标准相异问题在世界贸易中由来已久。19世纪，南美洲各地的殖民者疯狂地修建铁路，结果却发现轨距互不相同，于是货物不得不在一条铁路的终点和另一条铁路的起点由人工装卸，这通常发生在两国交界处，有时甚至在同一国家内部。如今，铁路换成了互联网，但问题依然存在。例如，全球手机协会估计，手机频谱互不相同的亚太国家如果统一采用700兆赫的移动服务频段，到2020年就可以释放1万亿美元的GDP增量。[64]

网络经济的"关税"体现在对数据传输的审查和限制上，"意大利面碗"问题则体现在数据隐私、互联网中间商责任、许可、税收和消费者保护等众多国家法规上。即使一家企业有能力在法务方面投入时间和资金，以确保满足在不同市场运营所需的许可和监管规则，这也不是什么容易或有趣的事。规模较小的企业更可能选择在与其市场规则相近的大市场上实现增量增长。

谁能统一"分裂网"？世贸组织可以，但目前还没有关于数字经济和数字贸易的全球协定。2017年12月，第十一届两年一度的世贸组织部长级会议在布宜诺斯艾利斯召开。愤怒的芬兰贸易部长凯·米凯宁指责说："已经是2017年了，我们还没有制定全球电子商务规则，真是荒谬！《部落冲突》(Clash of Clans)在一些国家需要缴纳关税，在另一些国家不需要缴纳关税。这实施起来很难，问题很多，会滋生出更多的官僚主义。"芬兰拥有诺基亚和Rovio（与下文的Supercell同为芬兰著名的游戏开发公司）开发的《愤怒的小鸟》(Angry Birds)、Supercell开发的《部落冲突》等游戏应用软件。[65]

让米凯宁欣慰的是，世贸组织164个成员中的71个成员在布宜诺斯艾利斯达成了共识，准备在世贸组织谈判之外就电子签名、数字服务税等问题进行诸边协商，其中包括美国、欧盟国家、澳大利亚和数个拉丁美洲国家。在2019年1月举行的达沃斯世界经济论坛会议上，各国承诺将在一年的议程准备后启动谈判。这释放出了积极信号。但它不会是一项全球性的协定。许多世贸组织成员对解决数字贸易问题毫无兴趣。令人惊讶的是，上一次谈判产品和服务的全球性协定还是在1994年。彼时亚马逊刚刚成立，5年后云计算公司Salesforce才诞生。诚然，这些旧协定中的很多规则仍然适用于数字经济。但世贸组织迄今真正取得的唯一成就还得追溯至1998年，即终止对电子交易征收关税。这实质上是阻止了彼此对游戏、电影、流媒体音乐等数字服务的跨境下载征收新关税。米凯宁为成员间达成广泛协定并启动数字贸易协商的努力已陷入停滞。印度和南非率先发难，表达了困难和不满。印度在布宜诺斯艾利斯世贸组织部长级会议上还阻挠了一项禁令的例行延期。

互联网世界仍在分裂：由于半数世贸组织成员都建立了对数字贸易有利的规则体系，那些自愿选择不参与制定全球数字贸易标准谈判的发展中经济体将面临落后的风险。而参与谈判的国家——美国、欧盟国家和中国——对如何管理数字经济的看法截然不同。世贸组织也将无法继续：由于成员各行其是，我们维持了80年的多边贸易体系已经结束。诸边和双边贸易协定将是各国制定数字贸易政策的主要途径，或许也是唯一途径。

结论

随着世界走向数字化，尚未得到解决的贸易政策问题像退潮后浮出水面的岩石。在跨境数据传输、平台对用户生成内容所负的责任、数字服务税、数字产品关税等方面，各方远未达成共识。互联网好比贸易世界里的高速公路，设立了太多安全检查和停车标志，如对跨境数据传输的限制、对法律责任的要求和许可制度等。限制条件和各国不同的法规成了企业前进的阻碍，它们本可以为很多市场提供服务。如果没有政策引导，世界经济仍将是一个被各国法规分裂的全球市场：小企业无法满足这些法规，科技投资者排斥这些法规，消费者则要为这些法规"买单"。

第 11 章

信贷紧缺

随着世界贸易形势的变化，制约贸易的因素也在不断变化。小企业前所未有地适合从事贸易，但对希望扩大世界市场规模的小企业来说，没有什么障碍比缺乏资金更棘手。一项又一项调查表明，缺乏资金是小企业面临的第一大挑战，也是寻求业务发展和从事出口业务的中型企业面临的前三大挑战之一。非洲国家和发展中亚洲国家面临的挑战尤其严重。到处都存在资金缺口：意大利一家微型企业急需10万美元营运资金来完成订单；印度一家科技初创公司发现了自家软件的市场前景，需要200万美元来加强销售队伍和售后服务；美国一家销售清洁技术设备的中型企业需要1 000万美元来帮助非洲客户购买设备，因为他们在自己的国家贷不到款。

在第6章里，我们了解到，单是全球贸易融资缺口预计就达到了1.7万亿美元。这主要是从供应链融资、信用证等工具的可获得性角度估算的，这些工具能确保出口商最终获得外国客户的货款。但营运资金贷款等老式信贷产品的缺口更大，尽管研究表明它们对企业开展业务和从事贸易至关重要。世界银行估计，小企业的信贷缺口达8.9万亿美元，相当于日本经济规模的两倍。[1] 在股权融资方面，只有1/4寻求天使投资的企业和2%寻求风险投资的企业获得了资金。根据我的调查，除去其他40项主要挑战，融资是制约几乎所有发展中国家中小企业从事贸易和电子商务的首要因素。[2]

在金融创新空前、融资窗口众多的今天，融资缺口仍在吞噬企业，这怎么可能呢？我们有 2.5 万家银行、成千上万的天使投资人、每年超 1 万轮风险投资、5 000 多家金融科技公司，还有区块链等开创性技术和旨在投资创新公司的政府基金，这些缺口为何依然存在？这对贸易和经济增长来说完全是件坏事吗？

贸易离不开贷款

要想看清信贷和贸易之间的相互作用，最好的方法是想想信贷突然消失后会发生什么。

很遗憾，我们有现成的答案，那就是 2007—2009 年全球金融危机。2007—2009 年的中小企业贷款如同日落西山。美国的 10 万美元以下小企业贷款总额从 2007 年的 1 460 亿美元锐减到 2010 年的 570 亿美元，贷款数量从 1 300 万笔下降到 390 万笔。[3] 信贷枯竭致使企业取消了出口计划。到 2009 年，资金短缺已导致每年 20 万亿美元的世界贸易流量减少了 12%，几乎相当于中国和德国的出口总额。当然，信贷冻结的部分原因是世界经济的需求萎缩。由于客户停止下单，寻求融资的公司变少了。但在大多数情况下，因果关系正好相反。例如，一项对秘鲁公司的研究表明，信贷短缺造成了危机期间秘鲁的出口下跌了 15%。[4] 一项对危机期间法国出口商的分析也揭示了类似的情况，特别是在出口量减少方面，而不是在出口商彻底倒闭方面。[5]

中小企业尤其容易受到危机的影响。危机来临时，放贷者会选择更安全的资产、更大的公司。而对那些在结构上更依赖外部融资的行业（如汽车等耐用品）和可抵押资产更少的行业（如信息技术或专业服务公司）来说，出口商面临的融资挑战尤其严峻。[6] 尽管很多公司在危机中停止了贷款——当世界经济陷入衰退，也没人买东西的时候，为何还要去制造产品呢？但那些希望通过信贷发展全球业务的公司遇却到了难题。2008年经济合作与发展组织对发达国家中小企业的一项调查表明，"无法获取营运资金"在47个贸易障碍中位列第一。[7] 美国国际贸易委员会2009年的一项调查表明，美国中小企业制造商将"无法获得融资"视为19个贸易障碍中的最大障碍。[8] 欧盟委员会2010年的一项研究表明，54%的欧洲中小企业认为"缺乏资金"是在欧盟以外市场开展业务的最大障碍；[9]没有企业认为文书工作、法律法规、海外市场信息缺乏等因素是"走出去"的障碍。

经济学家对全球金融危机早有预料：信贷和贸易之间存在良性循环，而驾驭这个循环对小企业出口尤为重要。小企业的融资制约因素越少，开始从事出口业务的时间就越早。企业只要获得融资并开始从事出口业务，就可以通过信贷可获得性增加出口量、优化产品结构，从而分散风险。这些对小企业的影响尤其强烈。一项研究表明，短期贷款和长期贷款的可获得性每提高10%，哥伦比亚小型企业的出口量就增加1.2%，中型企业的出口量就增加0.7%。[10]

最典型的情况是：企业为了完成一个大的出口订单，需要借贷营运资金来购买供应品和劳动力。当然，也有一些企业在努力争取外部资金以支付出口成本的同时，也在考虑使用内部现金或信用卡。小企业和新公司很少储存现金，信用卡则是小企业融资的可靠工具。[11]

那些能投入资金从事出口业务的企业有希望驾驭这样的良性循环：获取资金以推动出口，成功出口以促进资金获取。然而，早期驾驭这样的循环犹如坐过山车。我们发现，比起同等规模的非出口商，开始从事出口业务并能获取信贷的中型企业的杠杆率更高，这表明进入外国市场的成本并不低，还会迫使企业减少流动性或增加杠杆。[12]

这就像俄罗斯赌盘：面对高利率，企业不得不通过提价来补足借款成本。在对价格敏感的细分市场中，这可能会削弱企业的竞争力，降低企业偿还贷款的能力……危机来临时，这些企业的偿债成本会飙升，直到迫使它们停止出口，甚至破产倒闭。[13]

但在某些情况下，事情也会好转。多年从事出口业务的出口商，通常比非出口商拥有更多的流动性和更宽松的信贷制约。[14]原因在于，出口企业的现金流比非出口企业更稳定，这可能是因为它们在市场上和产品方面具有多样性，因而不像非出口企业那样容易受到国内商业周期和消费者喜好的影响。总之，出口企业更具韧性，能承受市场和产品线的负面冲击。这正是放贷者希望看到的情形。例如，一项对英国公司的研究表明，持续从事出口业务10年的企业在财务方面比非出口企业或刚开始从事出口业务的企业要健康得多。后者还在努力用高杠杆来填补出口沉没成本。[15]

那么，为何中小企业难以获得贷款呢？原因与第5章中列出的阻碍贸易融资的原因相同——"了解你的客户"和"反洗钱"要求减弱了银行对小额贷款的兴趣，随风险上升而提高的资本充足率要求也限制了对银行小企业的放贷……发展中国家的贷款条件通常很苛刻。例如，拉丁美洲国家要求抵押品价值达到贷款额的近203%；在撒哈拉以南非洲地区的很多国家，该数字为238%；对缅甸的中型企业来说，该数字高达456%。[16]如此高的抵押要求迫使企业自我审视，甚至不敢去尝试。在缅甸，中型企业88%的投资是由企业自己融资的，只有8%是由银行融资的。

抵押在一定程度上是银行业竞争不足的产物，而非贪婪的银行家的邪恶设计。相反，这是一种完全理性的机制，使银行可以规避向小企业贷款的成本与风险，比如，使银行可以对借款人的风险进行有效审查，尤其是在很多中小企业从事非正规行业的情况下。[17] 尽管90%以上的拉丁美洲银行将中小企业视为其战略的一部分，但50%以上的银行在评估中小企业信用价值方面存在困难，40%以上的银行声称处理中小企业贷款的行政成本很高。[18]

或许利率并不是问题所在。对印度和墨西哥的研究表明，企业家所能获得的回报甚至远高于他们支付的三位数利率。[19] 这表明，至少对某些类型的企业家来说，线下或线上借贷公司提出的高利率可能不是问题，只要能够得到贷款，他们就会接受。小企业面临的问题似乎在于无效中介，也就是借款人和放贷人接不上头。如果监管机构能予以配合，这正是技术可以大展拳脚的地方——促进信贷分析的简化和中介流程的合理化。技术能起作用吗？

新缺口：微型贸易商需要小额贷款

2015年，一位名叫沙米姆的创业女性开始在孟加拉国电子商务平台Bagdoom上销售绚丽的手工棉被。棉被大受欢迎，很快就卖光了。为了完成这么多订单，沙米姆需要3 000美元的营运资金用以采购材料和支付工人工资。她遍访各家银行，都无法获得资金。她的贷款额度太小，银行不能从中赚钱。银行还对她的偿还能力表示怀疑，因为那取决于她的客户在收到棉被后是否会支付货款。沙米姆正是政策制定者鼓励其创业和从事电子商务的那类人，但仅仅3 000美元的信贷缺口就让她失去了客户。

沙米姆的遭遇是发展中国家创业者遭遇的缩影。他们的产品已得到普及，但却无法获得少量营运资金来满足需求。我对30个国家的商业调查表明，再没有什么比缺乏资金更让非洲和亚洲欠发达地区的电子商务小卖家头疼了。在发展中国家的在线小卖家可能面临的40个问题中，"缺乏获得营运资金的渠道"居于首位。

新渠道确实也存在。例如，总部位于加州圣莫尼卡的Tala Mobile公司可以通过一款智能手机应用程序，向肯尼亚、坦桑尼亚和菲律宾的企业提供小额贷款。该应用程序可以获取贷款申请人的基本生平信息及其每日联络的人数，以此代替对申请人人际网络和支援系统的审查。更多的数据点还包括申请人在白天的行动轨迹，行动是否连续稳定（如他是否每天和年迈的母亲通电话），以及是否按时支付账单等。[20]

发达国家的在线借贷公司已经可以满足融资需求了。2008—2009年金融危机后的银行监管与合并，导致了对小型企业信贷的收缩，造成了美国的融资缺口。为了满足需求，面向小企业的非银行在线借贷公司异军突起。

这些借贷公司大多数使用快速的和创造性的信用评分方法与由算法驱动的自动担保，并提供金额为1.6万~13万美元的贷款，如Fundation、Funding Circle、Dealstruck、OnDeck和Lending Club等。借款人即使信用评分很低，也能通过填报最低限度的资料，在一两天内拿到贷款，而与银行谈判则需要一两个月时间。作为交换，他需要支付更高的利息。[21] 有些平台开展P2P（点对点）借贷业务，其他平台则拥有由大银行或华尔街投资银行提供的资金。这些银行在多样化其投资组合的过程中纳入了高利率的小企业贷款。[22]

这些公司填补了主要融资缺口。OnDeck发现，到2017年，在其已贷款30亿美元的借款人中，90%因为"时间、信用或预算方面的借贷限制，而无法从其他融资渠道寻求贷款"。[23] 贝宝的营运资金贷款产品以借款人形成的贝宝交易数据为担保，使美国偏远地区的企业也能获得信贷。随着《多德-弗兰克法案》(Dodd-Frank Act)的实施，银行开始合并，爱达荷州、内布拉斯加州、蒙大拿州等农牧业地区的地方银行、社区银行、中小企业债务融资的主要提供商纷纷倒闭。贝宝等在线借贷公司填补了缺口。[24]1/4的贝宝贷款发放给了3%的县，这些县自金融危机以来失去了10家以上的银行。在线支付和在线贷款为美国农村企业家获取信贷铺平了道路。作为客观的观察者，克利夫兰联邦储备银行通过分析在线借贷数据发现了相似的结果：在线借款人通常是被银行拒绝的企业，小额贷款对企业产生了积极影响。[25]

那么，为何这些新渠道没有弥补中小企业的信贷缺口呢？

第一，在线借贷在中小企业中间的普及还需要时间。大多数企业还不了解在线借贷。诚然，美国P2P借贷市场正在以每年超过150%的速度增长，而银行对小企业借贷的增长速度只有10%~15%。[26]一些担忧仍然存在。例如，小企业往往对在线借贷公司不透明的借贷条件和定价忧心忡忡，害怕自己的商业数据和个人数据落入坏人之手。获得银行贷款的企业客户满意度最高，获得在线贷款的企业客户满意度也高于根本贷不到款的企业。[27]

不过，这些担忧正在逐渐消退。银行和金融科技公司之间的共生关系越来越明显。2015年，Lending Club和由200家社区银行组成的联盟BancAlliance进行合作：[28]银行将需要小额贷款的客户导向Lending Club，从而换取购买客户贷款的机会。银行还可以从Lending Club的投资组合中购买贷款，从而将社区以外的贷款添加到自身的投资组合中。Lending Club的竞争对手Prosper也与由160家小型社区银行组成的西方独立银行家（Western Independent Bankers）达成了类似的协议。

265

第二，融资市场信息不畅。信贷提供商需要审查借款人的很多数据，而这些数据也需要传递给他们。通常情况下，银行审查一份贷款申请，然后拒绝了这份申请，这就算完事了。银行不会把申请人推荐到其他地方，申请人也不会询问或寻找其他替代机构。英国在替代性金融监管领域开了先河，进一步规定无法为小企业提供服务的银行应当将这些业务转交给在线借贷公司。这是因为在金融危机后总部设在英国的银行像世界各地的银行一样，需要按规定对借款人进行更广泛的尽职调查，这使得每笔贷款的固定成本增加，促使它们与规模更大、知名度更高的借款人合作。然而，英国的大多数中小企业仍然只向主要银行寻求融资，超过 1/3 的中小企业被拒后就会完全放弃融资，只有 28% 的中小企业会转向其他信贷提供商。该法规旨在鼓励更多中小企业寻找其他融资渠道。

2018 年，英国甚至进一步要求"开放银行业务"，即持有中小企业客户财务和其他重要商业信息的英国银行，在得到中小企业允许的情况下，应当与非银行借贷公司共享信息。[29] 结果，非银行借贷公司可以扩大其借款人数据库，更好地评估借款人的信用价值。银行本身也会受益。根据《欧盟支付服务指令 2》(European Union's Payments Services Directive 2)，英国乃至欧洲任何消费者的数据都是可转移的。例如，借款人可以要求电子商务平台储存其在平台上的交易数据并发送给银行，作为银行信用分析的一个新数据点。多亏了《欧盟支付服务指令 2》，中小企业终于掌握了自己的数据，这将鼓励新的借贷机构加快信用决策，减少放贷拖延。"开放银行业务"现在已传遍全球，这既得益于政府的许可，也得益于那些看到了做大经济"蛋糕"和提高数据流动性意义的银行。

第三，监管机构担心信贷市场会因为变得太大而崩溃。在线借贷会是引发下一场金融危机的"特洛伊木马"吗?

在一个层面上,面向小企业的在线借贷只占经济和整体信贷的一小部分。因此,即使小企业贷款出现大量违约,也不太可能对借贷公司以外的经济产生很大影响,除非该事件会引发监管收紧,以确保借贷条件更严格、平台更透明。迄今为止,美国的监管机构在努力提高贷款透明度的同时,似乎也在赞赏在线借贷公司为缺乏资金的企业打开金融服务渠道的举动。

在另一个层面上,面向小企业的在线借贷正在蓬勃发展,而且恰逢其时——利率最低、就业机会增加、整体信贷状况良好的经济向好时期,这意味着,它还有待可能出现的市场触底和信贷违约的检验。如果考虑面向个人和跨房地产、医疗保健等领域的在线借贷,风险就会迅速上升,因为一个借贷领域的一场灾难可能导致对所有领域的打击。2016 年美国财政部的一份审查报告也声称:"近期消费贷款坏账率和拖欠率上升,这可能预示着民众对信贷环境恶化的担忧在不断加剧。"[30]

当然,现在风险还很小。美国消费信贷市场规模为 3.5 万亿美元,但 22 个最大在线平台发放的无担保消费信贷在 2014 年仅为 50 亿美元,在 2015 年约为 100 亿美元。[31] 面对欣欣向荣的在线借贷市场,中国监管机构的情况则有所不同:在线借贷市场规模在 2017 年达到了 2 240 亿美元,较小的地区性银行还发放了 19 万亿美元的无监管贷款。[32] 2017 年 11 月,中国采取有力措施清理了收取 1 000% 利息和暴力催债的在线高利贷公司。

美国小企业管理局前局长凯伦·米尔斯一直在牵头讨论和制定在线借贷监管法规。[33] 她提倡在线借贷行业按照监管要求向小企业提供消费者应得的贷款信息,并提升对行业自我执行工具"借款人权利法

267

案"（Borrower's Bill of Rights）的参与度。米尔斯还主张对在线借贷公司的效力和影响进行分析，从而帮助监管机构了解在线市场的有利之处和不确定性。监管压力可能会迫使在线借贷公司回归旧模式，如转变为银行、购买银行、被出售给银行或和银行合作。例如，OnDeck已与摩根大通进行合作，允许后者通过前者的平台向其现有的小企业客户提供在线贷款。

第四，贷款给小企业对银行来说困难重重。以支付宝的金融服务为例，其中包括网商银行提供的贷款。网商银行的正式名称为浙江电子商务银行股份有限公司，由支付宝的金融科技子公司蚂蚁金服控股。该银行报告称，该银行每天向小企业主发放的贷款额为1亿元人民币，贷款规模通常在1万元人民币到2万元人民币之间（1 500~3 000美元），利率为14%；[34]违约率为1%，低于1.74%的全国平均水平，这要归功于算法孜孜不倦地筛查数据。当然，风险较高的小企业贷款也迫使该银行的资本充足率几乎翻了一番，从11%提高到了18.5%。[35]换言之，小额贷款是可能的，但有代价。而且，除非与电子商务平台有合作，或具备筛选小企业的特定知识，否则很多银行永远不想发放或承保小企业贷款。前期成本很高，收益却不确定，尤其是在监管法规影响利润率的情况下。

这并非说银行不能贷款给小企业，而是说它们不能以同样的规模放贷。投资银行瑞银集团将中国台州银行的赢利能力和资产质量列为237家银行之首，而该银行恰好使用了所谓的IPC信贷模式。这种模式由一家德国咨询公司提出，世界银行认定其可以为没有良好记录或信贷历史的小企业打开融资渠道。[36]该模式不依靠算法，而是采用老办法：通过系统的方法衡量还款能力，观察申请人是否有矛盾和紧张的迹象。业务代表可能会以不同的方式询问同一项信息以检测是否存在矛盾，比如先问"你的月收入是多少"，接着问 10 个其他问题，再问"你的年收入是多少"，那些有违约风险的企业会接到大量电话；银行"风险处理部门"会上门拜访，目的是让他们还款；如果这些办法都不管用，银行还会将其诉至法庭。不过，大多数银行都对这种业务模式不感兴趣。

第五，金融创新很难规模化。社交媒体平台脸书用 8 年时间吸引了几乎遍布全球的 10 亿用户，而美国最著名的在线商业借贷公司 OnDeck 在 8 年后仅仅将业务拓展到美国、加拿大和澳大利亚。原因在于，将金融科技创新推向市场的成本很高，将其国际化的成本更高，因为有关金融服务的无数规定会让创新企业家望而却步。

当然，如今对社交媒体行业的审查也越来越多，用于监管平台的国家法律也越来越严格。金融监管的理由很充分，如防止骗贷、高利贷或集资诈骗。各国政府正在制定政策，以促进金融科技行业规模化。英国通过"沙盒法"帮助金融科技公司减少了上市所需的时间和资金。所谓"沙盒法"，是指企业无须获得所有监管部门的批准，就可以将新的金融产品或服务投放市场，监管机构可以监控市场发展并禁止不良行为。澳大利亚、新加坡、泰国等国都仿效"沙盒法"，以激活它们的金融科技生态系统。随着十几家联邦机构和众多州府机构对在线借贷公司展开监管，美国也有了自己的"沙盒"方案——一项法案呼吁成立用于支持金融创新发展的"金融服务创新办公室"。

即使有了"沙盒"，一个关键问题仍旧存在：每个国家（在美国就是每个州）都有自己的金融服务法规，且这些法规之间的互操作性并不好。这迫使走向国际的金融科技公司每到一个新市场就得迎合规则、申请许可。例如，英国（就此而言，美国也一样）一家在线借贷公司要想在全美国开展业务，就必须遵守每个州的规定。如果没有雄

269

厚的财力，这几乎是不可能完成的任务。平均而言，一家美国金融科技公司需要耗费 200 万美元和两年时间才能实现规模扩张并赢利。诚然，美国金融科技公司比英国金融科技公司获得的风险投资更充裕，可一旦失去风险投资，在美国创立一家金融科技公司也会更艰难。欧洲借贷公司（通常比美国借贷公司更青睐跨境信贷）必须在每个欧盟国家的市场取得许可——尽管欧盟资本市场联盟正在试图改变这一点。并非所有市场都适合开展贷款业务，比如，Lendico（一个国际化的 P2P 网贷平台）就以缺乏高质量贷款申请的理由退出了西班牙、波兰和南非市场。[37]

显而易见，解决问题的方法是提高各国法规之间的互操作性。英国和加拿大已经在这方面取得了进展。2017 年 2 月，英国金融行为监管局和加拿大安大略省证券委员会签署了一份协议，面向两国寻求进入对方市场的创新企业，帮助它们熟悉法规、缩短上市时间。该协议被誉为金融科技市场首次跨境监管合作的模板。也许这正是两国的本意。就在一个月前，英国金融行为监管局的新任 CEO 安德鲁·贝利在发表演讲时强调了全球监管标准作为金融服务公司市场准入管理基础的必要性，加拿大安大略省证券委员会早些时候也与澳大利亚证券投资委员会达成了类似的协议。与此同时，美国各州和联邦银行监管机构货币监理署也在各自的战线上（互相鼓励）忙于为跨州经营的在线借贷公司制定更加统一的规则。英国、美国等 13 个国家还加入了一个跨国"沙盒"计划，以使金融科技公司能更好地试水不同市场，使各国监管机构能更好地互相学习。让在线借贷走向全球，我们要做的还有很多。

企业成长资本缺口

2015年，美国一家新兴科技公司的CEO戴维四处寻求资金援助。这家公司可以帮助宽带用户在使用高峰期保持良好的连接，如在下午5点的酒店或早上8点的大学校园。当时，他已经从天使投资的种子期和导入期投资中募集了100万美元。公司产品在美国很受欢迎，中东的万豪酒店（Marriott）也下了订单。由此，他将目光转向了潜在的国际市场。宽带连接不佳、酒店和大学急需强大宽带的新兴市场和发展中国家都能从该公司的技术中获益。发展机构可能也想加快发展中国家的互联互通。但戴维需要从一家风险投资基金募集更多资金——约500万美元，以便开发团队创建一个基于云计算的产品版本，发展售后服务能力，并雇用一名销售人员到世界各地联系国际客户。除了缺乏企业成长资本，没有什么能阻碍他的国际化进程，而且可能还是大范围的国际化进程。

戴维的案例体现了当今企业在全球化过程中融资需求类型相较于一二十年前的改变。新兴科技公司发现了全球市场对其产品或服务的旺盛需求，想要抓住这些需求。在这种情况下，银行或借贷机构可以为同等规模公司提供的贷款远远满足不了它的资金需要。出口后供应链融资不再适用。这类公司进行融资是为了出口——确定国际客户，锁定客户并进行交付。换句话说，它们需要股本：投资者投入现金，以换取企业的一部分股份。这种需求并不新鲜。就在你阅读这句话的时候，无数瞄准了目标市场的公司正在完善融资演讲稿，给天使投资人和风险投资基金发电子邮件。新鲜的是，股权融资在21世纪开始成为决定企业国际竞争力的关键因素。

事实上,企业没有获得天使投资或风险投资并不意味着它无法存续。这在很大程度上取决于它的商业模式、技术和资金消耗率。但确实存在获得投资的企业更有可能实现全球化的情况。数据显示,拥有国际股东(如外国风险投资)的企业比只有外国股东的企业更有可能开展出口业务;获得股权投资的企业更有可能开展出口业务。研究表明,主要原因在于外国投资者本身。由于他们的联系和帮助,被投资方得以开拓该投资者所在的市场,熟悉市场中陌生的外国公司。[38] 例如,拉丁美洲的风险投资情况在过去5年得到了极大改善,区域性初创科技公司经常获得硅谷投资者的投资和进入新市场的引荐。[39] 有些风险投资公司和私募股权基金倾向于帮助公司走向全球。比如,总部位于芝加哥的青峰投资(Blue Point Capital)先是投资美国中低端市场的公司,然后帮助它们在中国市场进行布局。[40]

当然,投资并非促使企业从事出口业务的必要原因——情况可能正好相反。也就是说,企业在瞄准或进入外国市场进行销售后,只要去找该市场的投资者就行了。投资者可能也会被这样的企业吸引。正如第3章所探讨的,出口驱动型的全球化企业是一种关键指标表现优于大盘的资产类别,包括预示着投资回报的所有指标:生产率、收入增长、技能水平、工资和金融稳定性。

在出口萎缩的形势下,股权融资成为核心。即使是规模最小的企业,只要拥有网站和充满吸引力的产品或服务,就能引起全球客户的兴趣。当今的企业"生来就是全球性的",从一开始就做好了国际化的准备,因为它们"生来就是数字化的"。只要快速浏览一下新闻就会发现,全球化往往需要成本,而锁定一个市场的成本更高:总部位于柏林的房地产门户网站Lamudi募集1 800万美元在亚洲和拉丁美洲扩张；"中国版爱彼迎"途家网融资3亿美元进行海外扩张；优步斥资数十亿美元在中国60个城市进行扩张。由于数字化，当今企业规模扩张速度之快，是20世纪70年代的制造业企业做梦也想不到的——但必须要有大笔资金的投入。它们也许能从OnDeck得到10万美元贷款，但这不会让它们走得太远，尤其是它们想要快速发展的话。大多数企业家都希望抢在竞争对手之前占领市场份额，他们总感觉世界的运转慢得令人恼火。但他们更需要的是企业成长资本。

问题出在哪儿呢？企业不能搬去旧金山，拜访一些风险投资公司，获得投资，然后像优步一样将业务拓展至全世界吗？

一万家公司里只能出一个优步。即使在美国这个最具深度的资本市场，寻求风险投资的公司里也只有2%~5%能获得投资，它们通常是市场竞争的幸存者，获得投资时已经经营四五年了。大多数首轮融资成功的公司不会继续融资，也就是说，它们不会积累资本，因而往往也不会成长为"独角兽"级估值的企业。最近一项对获得种子投资的1 098家美国科技公司的调查显示，只有46%的企业能获得下一轮风险投资（通常是A轮融资），28%的企业能获得C轮融资，14%的企业能获得D轮融资；而40%的企业甚至连B轮融资都无法完成（14%的企业会以出售给规模较大的竞争对手的方式退出融资）。相比之下，2009年成立的优步和2008年成立的爱彼迎都在2015年实现了E轮融资。

纵观那些融资成功的企业，你很难寻觅到位于"城乡接合部"或由女性领导的初创公司。女性创业者只能得到所求融资的25%，而男性创业者可以得到50%。[41]

女性难以获得融资的关键原因是，在天使投资和风险投资的合伙人里，男性约为女性的10倍，而且男性投资者比女性投资者更不相信女性能帮他们赚钱。他们要么抱有性别偏见，要么不太可能把投资与以女性为目标市场的产品或商业模式联系起来。[42]

女性高端服装租赁公司Rent the Runway现在的估值超过了10亿美元。创始人詹妮弗·怀曼在会见第一批风险投资方时，对方说："你太漂亮了。有了这个大衣橱和这些裙子，你可以想穿什么就穿什么。这肯定很有趣！"[43]自2009年成立以来，Rent the Runway走过了7个年头，目前已完成了9轮融资。

从全球范围看，种子投资和风险投资的融资成功率甚至更低。经济合作与发展组织的一项调查显示，以色列的风险投资占GDP的比例全球最高。以色列的数字化企业通常都是全球性的，即便如此，也只有一小部分企业能获得融资。在拉丁美洲、非洲等一些初创公司刚刚兴起的地区，虽然加速器合伙人在谷歌和微软的支持下发展很快，但天使投资人和风险投资公司仍然很少。

为何没有更多公司获得投资？答案很简单，融资的公司太多。投资人在大多数交易中并不赚钱。在风投对赌中，70%以上的公司要么失败了，要么可能已陷入停滞，不再融资；99%以上的公司未能成长为估值超过10亿美元的"独角兽"公司。[44]很多初创公司的收入增长或追加投资跟不上资金消耗的速度。在风险投资市场，只有一小部分被投资公司能弥补投资失败的损失。换句话说，投资人要想从其投资组合中赚钱，这一小部分公司就必须做大。

企业融资失败的原因主要有两个方面：道德风险（企业家花"别人的钱"时可能会鲁莽行事、不顾一切）和信息不对称（企业家好比汽车销售员，卖给投资人的可能是与估值相去甚远的坏车，而投资者无法完美地验证它到底是坏车还是好车）。因此，投资人几乎总是认为而且也有理由认为估值过高，想要压低估值。这就是经纪公司、众筹平台等通过完成交易赚钱的中介机构,也会说服公司降低估值以使其要价更容易为投资者所接受的原因。原则上,风险投资公司是解决这两个问题的专家,它们的资金来源主要是养老基金、主权财富基金等。[45] 但它们的工作仍然艰难,更像是一门艺术而不是科学。

天使投资的难度甚至更大。除了公司的管理团队和过往业绩外,投资人几乎没有其他判断依据。因此,天使投资人往往会特别积极地参与公司事务,以限制道德风险并提供增值建议。天使投资人是指导创业者的联合创始人,风险投资人则是缓解委托代理问题的监督者。[46] 两者都喜欢投资他们了解的、过去获得成功的,或是信任之人推荐的创业者。

对一家正在募集资金的新公司来说,这些信息问题往往意味着大量的时间消耗。即使是知名创业者,也要与投资人讨论数次后才能拿到资金。时间是创业者忙于筹集资金的最典型掣肘:一家典型的初创公司仅有三四名关键人物,通常只有一个人能与投资人对话,且这个人还要忙着挖掘客户和处理日常事务。募集500万美元资金的事,很容易就被每天的其他当务之急取代,一拖再拖,因此,从数据上看,募集资金似乎是"尝试过却失败了",但这里的"尝试"其实只是浅尝辄止。创业者的时间是有限的,与投资人的接触也是有限的,因此才催生出整个经纪行业以及后来代表投资人对公司进行审查的投资门户网站——承担减少信息不对称的责任,它们可以帮助公司找到合适的投资人。但是,企业成长资本的缺口依然存在。

政策原因使资金募集变得复杂。例如,欧洲和发展中国家严格的劳动力市场法规一直对投资人缺乏吸引力。美国的证券法规和数字法规往往鼓励投资人投资互联网公司,这导致更快的交易筛查,有利于吸引董事会成员。[47] 跨国研究表明,跨国投资往往发生在邻近国家、与投资人所在国拥有相同语言和殖民关系的国家,以及拥有一流人力资本、商业环境和深厚金融市场的国家。[48] 投资人倾向于在他们逐渐熟悉的地方投资。

这也是20世纪90年代以前风险投资主要集中在美国工业领域的原因。从很多方面来说，现在也是如此。主要区别在于，美国的风险投资已经走向世界，着眼于欧洲、以色列以及最近经历了风险投资热潮的拉丁美洲的初创公司，其中金融科技交易占主导地位。以100个国家为样本，跨国交易从20世纪90年代早期的15%增长到2007年的40%，其中美国是风险资本的主要输出国。[49]

政府早就认识到，需要用企业成长资本——无论是风险投资、私募股权还是长期债务——来推动小企业发展。例如，欧盟正在试图激励那些渡过了风险较大的初创阶段的公司进行风险投资。

很多政府成立了自己的风险投资公司，以直接投资、与私人投资者合作或作为有限合伙人（投资私人管理的普通合伙人）的方式投资科技公司。一些政府已经意识到有必要为女性提供资金。例如，在A轮和B轮融资中，商业发展加拿大女性科技基金（Business Development Canada's Women in Technology Fund）与加速器合伙人、投资人和其他企业风险投资伙伴一起，对加拿大女性领导的科技公司进行了跨行业投资。墨西哥的新女性中小企业计划向女性持股比例不低于51%的微型、小型和中型企业提供了5万~500万墨西哥比索（最多50万美元）的贷款，期限为五年，利率为12%~13%。[50]

政府在私营公司中"挑选赢家"的做法争议不小，由政府风投资金支持的公司的业绩则好坏参半。一些研究表明，某种程度的参与会产生积极影响：与纯粹由私人风险投资支持的企业相比，适量的政府风险投资似乎能提高企业的业绩。[51] 政府的大力支持——尤其是在政府参与到合资企业商业决策的情况下——与较弱的业绩联系在一起。

其他研究表明，政府投资并不会产生特别喜人的结果，但政府和私人投资者联合投资确实优于纯粹的私人投资，政府作为有限合伙人（作为基金中的基金）可能是最好的选择。[52]

政府也可以更积极地制定股权众筹法律。股权众筹，即公司通过互联网向投资者出售股份，在近几年急速发展。在经验上，它可以将投资扩大到更广泛的地域范围，帮助那些没有广泛投资者网络的公司打开融资渠道。[53] 然而，除了加拿大将公司具有全球增长潜力定为政府投资的一个标准外，大多数国家的政府尚未将企业成长资本与国际贸易竞争力联系起来，有些政府可能担心支持出口企业会被认定是世贸组织规则禁止的补贴行为。因此，贸易政策界既没有大力推动企业早期融资所需的监管改革，也没有系统地解决出口信贷机构能否以及如何帮助处于早期阶段的企业获得在国际市场发展所需的融资。政府需要灵活的策略。例如，小国马耳他为其初创公司制订了一项以权利金为基础的新型融资计划，其中也包含国际化目标。

中小企业借贷难

许多中小企业没有尝试过贷款或融资，自然也不了解贷款或融资失败的原因。它们不知道于己不利的因素，也不知道担保贷款需要的时间。最近对坦桑尼亚女企业家的一项研究表明，抵押品要求、高个人担保、高利率以及借贷机构对女性的明显偏见使这些女性对正规借贷渠道望而却步。[54] 当然，中小企业在经营惨淡的情况下不会要求融资——为何要这样做？金融危机后，美国的小企业借贷跌入了谷底，主要原因就在于，疲软的业绩和经济不确定性使中小企业没有理由借贷。[55]此外，房地产等抵押品价值的下降，限制了小企业主的贷款额度。

信誉良好的小企业也可能因为诸多因素的阻挠而不能得到资金，甚至不会寻求资金，如确定合适的借贷机构所需的高昂搜寻成本、冗长且烦琐的承保流程、很高的贷款利率和苛刻的贷款条件。中小企业往往无法充分了解不同投资者和借贷机构的需求和要求。正如银行被告知要"了解你的客户"，中小企业也应被告知要"了解你的银行"。创业者很少像硅谷传奇故事描述的那样精明能干。很多人没有站在投资人的角度考虑问题，也没有做足功课了解投资人喜欢哪种类型的交易，更没有以一种对银行家和投资人有意义的方式推销自己的生意。创业团队往往倾向于讨论公司的技术而非投资者感兴趣的方面——技术的市场潜力、运营业务的团队，以及获得成倍的收益以回报投资者冒着许多未知风险"押注"新团队的计划。

万亿美元的效益问题

退一步想，支持由个体企业家或小团队经营的新兴企业和微型企业是否对长期经济增长有益？还是说，支持能够为那些小企业主创造就业机会的大公司对政府来说会更好？也许我们可以换一种问法，为微型企业提供的小额贷款到头来是否对微型企业有利？在回答"是"之前，我们必须相信以下事实：微型企业家在连本带利还完贷款后仍有一定的利润空间，最好还能提高自己的生活水平，而不是陷入债务循环；他热爱这份工作，宁愿经营小本生意也不愿去附近的工厂打工；如果予以公共政策干预，为他的生意提供支持性贷款，就可以改善人们的生活、促进创新、推动创造就业机会……换句话说，从政策角度看，我们必须相信，如果政府提供 1 000 笔 3 000 美元的贷款支持，而不是为一家可雇用数千名小企业主的制造商投资 300 万美元，那么投资回报（相对于公共政策目标）将更高。[56]

所有企业家都会对这类思考做出下意识的反应：我们无疑应当有更好的资本获取途径。毕竟，我们比那些有稳定工作的人更努力，在用自己的资本冒险，总是想着"下一件大事"，而且比大多数大公司更善于创新！这种反应是有事实依据的。虽然数据有限，但研究得出了一个广泛的结论：初创公司比员工人数超过 20 人的较大公司更具创新性，创造的工作岗位也更多（尽管倒闭后也会破坏就业）。初创公司在增长和生产力方面的重要性不成比例。[57]随着近年来美国初创公司创立的速度放缓，就业机会的创造和流失也在放缓。初创公司对跨国公司获得创新性也很重要，比如，那些僵化的老牌银行可以从金融科技公司处汲取活力。仅在 2018 年，就有约 300 家金融科技初创公司被零售银行收购。[58] 换句话说，政府支持初创公司及其市场扩张的公共政策具有可信的事实基础。

但在发展中国家，小额贷款也有阴暗的一面。麻省理工学院知名经济学家埃斯特·迪弗洛和合著者阿比吉特·班纳吉在其著作《贫穷的本质：我们为什么摆脱不了贫穷》中指出："经营农场或企业的人超过 10 亿，其中大多数人没有别的选择。小额信贷等帮助小微企业的方式在穷人的生活中发挥着重要作用，因为这些小微企业在可预见的未来或许仍是许多穷人生存下去的唯一途径。但是，如果我们认为这些企业能促进大规模脱贫，那就是自欺欺人。"[59] 他们提出，更好的方法是通过宏观经济政策等推动增长。

在 20 世纪八九十年代的小额信贷革命中，小额资本注入对贷款人影响的问题被首次系统化地提出。据说穆罕默德·尤努斯 1974 年曾向孟加拉国的一名女性提供了27美元的贷款。这名女性会制作家具但无法获得贷款，除非接受高利贷。最后她连本带利偿还了贷款，并促成了小额借贷机构格莱珉基金会的诞生，尤努斯也因此获得了诺贝尔和平奖。格莱珉的贷款通过承担连带责任的小团体发放给个人。贷款被用于商业而非消费，催收很频繁，一般是每周一次——但利息很低，仅为20%左右。当然，格莱珉只是众多尝试向发展中国家企业家提供小额贷款的借贷机构之一，其他还有国际美侨社区协会、自我就业妇女协会银行、妇女世界银行、国际社区援助基金会和玻利维亚的阳光银行（Banco Sol）等。

至2004年，小额信贷业发展出了约5 000万个贷款账户。意识形态斗争由此爆发。[60] 批评者认为，小额信贷是"绣花枕头"，空有扶持之名，最好的情况也就是资助没有员工、资产或机会很少的微型企业进行扩张，最差的情况却会让企业家落入高利贷的陷阱，使穷人一穷到底，被迫苦干以偿还下一笔贷款，渐渐陷入"贷款—偿还"的恶性循环。批评家安尼尔·卡纳尼发现，中国、越南和韩国通过少量小额信贷活动实现了显著脱贫，而孟加拉国、玻利维亚、印度尼亚等的小额信贷中心却没有做到。[61] 一个看似合理的解释是，小额信贷扶持的只能是小企业，而不是那些推动韩国从农业国家进入发达国家行列的新型制造商和出口企业。

该行业用成功事例进行了反击。比如，一名女性经常被丈夫殴打，丈夫还卖掉了家里的房顶来还赌债。天降大雨，她受够了，带着孩子搬去和她的哥哥一起生活。刚开始，她借了30美元买了一头羊，以卖羊奶为生；接着她又借了更多贷款用于生产围巾，后来还雇用了25名女性。[62] 不过，这些成功人士只占所有贷款人的一小部分。整体的问题仍然在于，企业家是自愿选择创业还是被迫创业。

研究还发现了一些具有警示意义的结论。迪弗洛从印度的一个实验中发现,先成立后贷款的公司比起先贷款后成立的公司表现更好。[63]如果各个市场都是如此,那么该发现意义重大,意味着以前的研究把两种情况混为一谈,低估了小额贷款对小企业的影响。

2015年,六项对波斯尼亚、黑塞哥维那、埃塞俄比亚、印度、墨西哥、蒙古和摩洛哥3.7万人进行的小额信贷影响研究也说明了时间和持久力的好处:获得小额贷款后1~4年,个人的生活和财务状况都有了适度改善。[64]所有研究都发现了商业活动扩张的证据,但这些贷款通常并未带来利润的大幅增长。其他研究则对这一点进行了补充,认为只有当企业家受过经营培训后,信贷的变革能力才最强。[65]秘鲁农村女企业家参与的一项实验表明,在每周或每月一次的正常银行会议以外接受30~60分钟培训的女企业家,其商务活动和收入在一两年后远高于那些没有接受额外培训的女企业家。

即便在小额信贷兴盛期,发放的小额贷款也满足不了互联网企业家的需要——在发展中国家每笔通常不到1 000美元,在美国每笔平均约9 000美元。但它们是衡量贷款对小企业影响的一个方面,也是努力回答支付宝等"玩家"向小企业提供小额贷款是否会对创业、脱贫和创造就业机会产生变革性影响的一个途径。迪弗洛会说,小额信贷或许无法改善一切,但这并不意味着什么都不会改善。

一个未经探索的假设是,在电子商务时代,确切地说在一个与20世纪90年代不同的、电子商务和其他技术赋能企业扩张的时代,小额贷款的经济和社会效益是否也会有所不同。情况很可能是这样:互联网使那些小额信贷注入的企业得以迅速销售更多产品,获利后投入市场营销,吸引更多客户,然后得到更多的信贷。换句话说,互联网和电子商务、在线支付等技术给企业带来的扩张能力,是线下时代那些小企业主所没有的，除非他们以某种方式避开美国食品药品监督管理局和海关的规定，销售来自危地马拉高地的有机豌豆或来自秘鲁丛林的咖啡。这个假设极其重要，有待系统性地进行探索。

结论

在一本以贸易为主题的书里写一章关于小企业融资的内容，合适吗？贸易经济学家可能会说不合适——小企业融资不是贸易所独有的，而是涉及多个课题，比如，如何促进创业、加速经济增长、应对经济衰退等亟待解决的问题。与此同时，贸易融资缺口阻碍了电子商务等技术促使小企业进行贸易的潜力发挥。如果我们真想在 21 世纪以技术推动贸易，帮助小企业利用技术扩大销售规模，那么就得解决贸易融资缺口问题。这将是本书第 13 章讨论的主要内容，即我们必须摒弃"贸易相关""金融相关""基础设施相关"……拒绝各自为阵，开始跨部门、跨领域和跨学科合作——贸易便是如此运转的，贸易也只能如此运转。

当然，我们可能永远填不满小企业的融资缺口。小企业总是觉得资金不足，几乎每个企业家都有自己的创意，可以随手投入几百万美元。因此，对融资缺口进行调查时总能发现缺口。由人工智能驱动的信用评分可能永远无法完全过滤人性的缺点——骗子打算用新的商业贷款来购买电视机，愚蠢自大的企业主冒险贷款却最终违约，诚实的企业家遇到了无法跨越的障碍。但科技正在使这些风险变得更容易预测和管理，从而使那些能为借贷机构和投资人赚钱的公司获得融资。前提是，技术可以更自由地流动，而金融监管也可以互操作。

第 12 章

科技抵制潮和贸易摩擦

科技革命正在悄然改变制造、运输、销售产品和服务的经济方式,颠覆世界贸易。本书最后几章探讨了21世纪技术驱动型贸易面临的挑战,如"数字鸿沟"、烦琐的海关程序和严格的数据传输规则。但最难解决的问题还是对贸易和技术会影响就业、收入和平等的恐惧。这些恐惧力量强大——它们推动了英国"脱欧",让唐纳德·特朗普当上了美国总统。2016年9月美国大选前夕,民意调查显示,有高达47%历来支持自由贸易的共和党人认为贸易协定在过去的10年里给美国社会造成了损害,只有18%的共和党人认为贸易协定对美国有益。[1]

反常的是,尽管技术和贸易这两股力量为世界各国创造了新机遇和新价值,但民众往往更担心它们会导致失业和不平等,而不是欢呼机遇的到来。志在打造自身电子商务生态系统的发展中国家还忧心于中国和美国科技公司的主导地位。哪里有恐惧,哪里就有政治上的反对,随之而来的是消极性政策建议,如提高关税、对自动机械征税、"封杀"外国公司、保护旧式工厂。

这些恐惧合理吗?贸易和技术影响就业和收入的事实依据是什么?建议中的这些补救措施能起多大作用,还是有可能适得其反?

疯狂愚蠢的关税政策

2018年3月2日,美国总统特朗普向世界宣布对钢铁征收25%的关税。这一莫名其妙的举措是自20世纪30年代的《斯穆特-霍利关税法》(Smoot-HawleyTariff Act)以来最消极的贸易政策之一。它增加了美国许多钢铁产品和钢铁相关企业的成本,伤害了飞机、电脑、医疗设备和汽车等美国最大的出口行业的出口商——它们均以钢铁为原料进行生产。这似乎只会破坏特朗普政府减少美国贸易逆差的目标。

这项政策对中国似乎没什么用,因为中国钢铁只占美国钢铁进口的3%。它甚至在政治上也没起到作用。超过40%的美国人认为该政策会令美国受损,仅有约25%的美国人认为它会有用,这些人大概都是总统的"应声虫"。它可能会遭到美国盟友的报复,破坏美国贸易政策制定者在国际上表现出的善意。该政策很快就被修改成对盟友免征关税。

企业、经济学家和经验丰富的贸易政策制定者在数百篇博文和专栏文章中对关税及其后续政策进行了谴责。关于特朗普关税政策影响的辩论虽然有必要,但也让我们偏离了更重要的一点:再多的贸易保护措施也无法让就业回到20世纪时的盛况,贸易也不再是过去几十年的样子了。当然,贸易仍是不同国家买卖双方之间货币价值工具与产品和服务的自愿交换。但贸易的内容、方式和交易对象都在发生变化。数字服务贸易比数字商品贸易多,数字产品设计贸易比实体零部件贸易多,空中运输的小包裹比海上运输的集装箱多。世界贸易的增长将归功于在电子商务平台上订购产品和服务的个人,在亚马逊或阿里巴巴上寻找供应商的企业,以及从他国自由职业者、小公司和云计算巨头那里购买定制 IT 和数据服务的大小企业。2025 年的全球化将与 2000 年的全球化截然不同。数字化正在颠覆大学里教了几十年的旧贸易模式,重塑全球贸易协定的成果。

尽管如此,我们仍然需要回顾过去,看看贸易究竟产生了哪些影响。

双方自愿的交易

这还要从 200 年前说起。1817 年,大卫·李嘉图提出了比较优势理论,解释了贸易的发生原因。[2] 他认为,贸易使各国能够专注于自己做得最好、机会成本最低的领域。法国专门生产葡萄酒,英国专门生产布料,然后它们把自己的产品卖给对方。结果双方都获益:英国人不用种植葡萄就能得到葡萄酒,法国人不用织布就能得到布料。这就是贸易:建立在双方相互准许情况下的自愿交换,这种交换增加了一国消费者的消费可能性。

自腓尼基时代和玛雅时代以来,贸易与你去喜欢的理发师那里花钱理发没什么不同:如果你自己理发的机会成本高于你花钱请理发师理发(由于理发师擅长理发,他给你理发的机会成本很低)的成本,那么你在贸易里就赚到了。你对理发师的"贸易逆差"会持续终身。你与星巴克、杂货店和你的客户之间也是一样。

李嘉图的观点是:如果人人都做自己最擅长的事,然后互相交易自己的部分成果,那么人人都会变得更好。西班牙擅长生产橄榄油,波兰擅长生产土豆，法国擅长生产葡萄酒，英国擅长生产布料。倘若一个以橄榄树为生的西班牙人能从波兰人和英国人那里买到最好的土豆和布料，他又何必自己种土豆和织布呢？李嘉图认为，通过生产橄榄油，西班牙人本质上可以让波兰人和英国人为他种植土豆和制造布料。这就是贸易的作用：使我们能够雇用最适合的人才来生产我们想要的产品或服务。

在一定程度上，发展中国家开展贸易的原因仍如李嘉图所言：消费者和企业之所以进口，仅仅是因为他们自己的国家不生产某些产品或部件，而且不生产的原因往往是外国企业拥有比较优势，外国零部件的价格更便宜、质量更好。贸易使发展中国家能够发挥它们的比较优势，放弃生产它们并不擅长的东西。正如保罗·克鲁格曼在20世纪70年代指出的那样，发达经济体的企业和民众（新兴经济体和发展中国家也越来越多）之所以购买进口产品而非国产产品，是因为这些进口产品比国产产品更符合他们的偏好——质量、价格、色彩、形状、品牌……大型发达经济体的消费者或企业可以找到进口产品的国产版本，如西班牙的电视机、美国的汽车，但西班牙人仍然进口三星电视，美国人仍然购买现代汽车。这是他们的选择，就像美国企业选择购买廉价外国钢铁或纺织品一样。

20世纪30年代，瑞典经济学家埃里·赫克歇尔和贝蒂尔·奥林对李嘉图的观点进行了革新。他们指出了各国拥有比较优势的原因。例如，美国出口计算机是因为拥有许多高技能劳动力，越南专注于生产服装是因为拥有大量低技能劳动力，巴西专门种植大豆是因为可耕土地丰富。当各国开展贸易时，那些具有"丰富的禀赋"的领域将扩张，其他领域则将收缩：相比贸易发生之前，美国的计算机生产和出口会更多，服装生产和出口会更少。

几年后，两位经济学家——斯沃斯莫尔学院的沃尔夫冈·斯托尔伯和未来诺贝尔奖获得者、麻省理工学院的保罗·塞缪尔森——利用赫克歇尔-奥林贸易模型解释了贸易对分配的影响。他们认为，在因为贸易自由化而扩张的行业中，工人的工资相较于其他行业会上涨。换句话说，如果美国和墨西哥达成贸易自由化协定，美国科技行业（使用美国充足的高技能劳动力）的工资相较于大量使用廉价劳动力（在墨西哥很充足）的纺织品、汽车等行业的工资会提高。与此同时，各国的工人作为消费者都将受益：出于贸易自由化的缘故，墨西哥的高科技产品会变得更加便宜，美国的衬衫和汽车也会变得更加便宜，所有人的消费可能性都会迅速提升。

美国的纺织工人会怎样呢？这取决于他们进入扩张行业的速度有多快，或者说服立法者禁止与墨西哥开展贸易的可能性有多大，又或者认为用自由贸易换取生活补偿有多容易。由肯尼迪政府发起的贸易调整援助（Trade Adjustment Assistance）便是其中一种。近年来，该项目每年花费约 8 亿美元对因贸易受害的工人进行援助和再培训，一直是共和党人争取民主党人支持诸如《中美洲自由贸易协定》（CAFTA）等争议性贸易协定的关键谈判筹码。[3]

关税对美国消费者、服装公司和墨西哥纺织工人不友好；如果墨西哥决定对美国科技产品设立贸易壁垒以迫使美国取消对墨西哥纺织品的贸易壁垒，那么关税对墨西哥消费者和美国科技行业同样不友好。相反，生活补偿虽然也需要美国纳税人来承担，但却给纺织工人再培训（比如说学习编程）提供了一个机会。

这些主流贸易理论可能听上去很耳熟，这是因为它们大致在两方面都得到了实证研究的支持。

首先，不少经济学家的研究都表明，由于美国战后在多边、双边或区域性贸易协定背景下单方面实施的贸易自由化，美国的人均收入每年提高约3 000美元。[4]变富的原因主要有两点：一是贸易让美国人能以更低的价格购买种类更多的产品。上文提过，互联网和电子商务打开了其获取全球各地产品的视野，从而大大提升了这种可能性。二是贸易自由化后，经济中开始出现动态效应。贸易自由化使出口导向型行业里的公司不断扩张、雇用更多更好的工人、获得更多资金，发展得越来越好。没有竞争力的公司会倒闭，除非它们"升级换代"、提高效率，协助出口导向型公司提升经济的整体生产率与获得增长。通过经济学家口中的这种"筛选和分类"，业绩差的公司倒闭了，其他公司变得更好了，从而提高了经济的平均成功率。

其次，贸易确实损害了一些工人的利益。在现实生活中，贸易对分配的影响非常典型，正如斯托尔伯和塞缪尔森所言——尽管它们在整个体系中占比很小，而且比通常假设的要小很多。支持贸易的经济学家达伦·阿西莫格鲁、大卫·奥特尔、大卫·多恩、戈登·汉森和布兰登·普莱斯对此做了最好的分析。他们研究了1999—2011年美国不同地区对中国产品进品的增长情况，发现进口激增的地区往往会出现制造业工作岗位的减少和制造业工人工资的减少。1999—2011年，由于对中国的产品进口竞争加剧，美国制造业的失业人数为240万。[5]考虑到这段时间美国制造业总计570万的就业机会净流失，这一数字并非没有意义。[6]240万个工作岗位的流失听起来的确是一个可怕的数字，但这是在13年的时间里发生的，而且在每年的劳动力市场波动中占比很小，仅2016年就业人数和离职人数就分别达到了1 600万和1 330万。

在这场有关贸易和就业的辩论中，大家很快就忘了进口给许多美国工人带来的好处。贸易不是简单的进口和出口。"中国制造"也不仅仅是由中国制造的,"中国制造"的大多数产品甚至更适合被称为"合作制造"。所谓"中国制造",实际上是"中国、美国、韩国、德国、波兰和澳大利亚制造"。众所周知,苹果手机集美国的研发设计、音频芯片、镜头、玻璃屏幕、触摸屏控制器,韩国的液晶显示屏、处理器、电池和日本的液晶显示屏、镜头于一身。这些零部件的制造商几乎在世界各地都有工厂。[7]总之,中国组装产生的附加值还不到"世界制造"的苹果手机价格的5%。此外,进口在运输、物流、仓储、零售等领域为美国创造了新的就业机会——该影响到目前为止还没有得到充分说明。

既然自由贸易对大多数人有利,为何政策制定者不都接受它呢?从某方面来说,他们接受了——开明的政策制定者选择教育他们的选民,而不是屈服于加州大学伯克利分校经济历史学家巴里·埃森格林所说的"民粹主义的诱惑",只说一些让选民满意的话。[8]正因如此,全球贸易自由化在过去50年得到了快速发展。贸易自由化背后的另一股强大力量来自"反面教材"社会主义苏联,它的解体使自由市场中的商人深刻认识到了保护主义的危害。自由化和开放背后还有一股主要力量可能是崛起的跨国公司和出口企业,它们已经成长为一个支持贸易的影响面广、财力雄厚的全球性游说团体。

但是,民粹主义的诱惑并没有消失。艾肯格林检视了历史上的民粹主义浪潮,认为经济一旦衰退,民粹主义就会兴盛,诱使民众相信精英阶层舍弃了他们,将外国人和精英阶层的勾结认为是其他弊病的罪魁祸首。

还有关税。尽管征收关税的最终目标是迫使其他国家公平竞争,但这样做往往会起到相反的作用,极具风险。我在写这本书的时候,特朗普总统已经对美国12%的进口产品征收了关税。针对中国的关税正在危害美国消费者和许多使用中国进口产品的美国公司，而中国的反制关税措施则打击了特朗普曾承诺要帮扶的美国出口商，如农民。关税对美国少数钢铁公司有利，但对蓝领工人的就业几乎毫无帮助。毕竟，就算中国人不生产产品，机器人也会生产。关税还损害了在中国制造产品然后将之出口到美国的美国公司的利益：美国制造商很少有兴趣参与游说对中国制造的产品征收关税。[9] 等到关税极大地损害了中国经济的增长，美国公司对中国的出口也将下降，投资中国股票的美国人的收益也会变少。

关税还会严重偏离目标。2018年11月进行的一项分析表明，特朗普钢铁关税政策的最大"受害者"实际上是一些贫穷的小经济体，如孟加拉国、危地马拉和秘鲁。[10]

关税也没法帮助特朗普政府实现减少美国贸易赤字的目标，因为它们只能迫使其他国家对美国的出口产品进行报复，最终影响美元的价值，而美元是美国贸易平衡的主要驱动力。约瑟夫·加尼翁认为，加征10%的关税肯定会减少美国对外国产品的进口，但也会减少外汇需求，使美元升值，削弱美国的出口，从而抵消关税对贸易平衡的影响。[11] 用关税来平衡贸易，就像前进一步后又退了一步。

大池塘里的小鱼

在有关贸易影响的激烈辩论中，讨论最少也是最重要的事实可能是，贸易是"大池塘里的小鱼"。影响一国经济增长、工作岗位流失、就业模式、就业水平和工资水平、收入不平等和贫困的因素众多，贸易通常只是其中一个极小的因素。导致失业的主要因素包括技术变革、经济增长乏力、抑制企业招工积极性的严格的劳动力市场法规，等等。一个国家工资水平的主要决定因素是生产力，生产力是经济增长的关键动力，包含了通过良好教育体系积累的人力资本、新技术、工人对技术的使用、良好的治理和制度、自由市场等。

可敬的贸易经济学家加利·霍夫鲍尔举了一个例子，很好地说明了贸易是如何"背锅"的。在实施《北美自由贸易协定》的头十年里，美国汽车工人的工资水平下降了40%。民众很容易认为，导致工资水平下降的罪魁祸首是《北美自由贸易协定》。然而，工资水平下降与《北美自由贸易协定》并没什么关系，而是因为美国汽车工业从北方州迁移至了南方州，南方州在汽车制造业工会所占的席位较少，因而在工资议价中难以与汽车制造商抗衡。[12]

贸易只是决定国家经济命运的一个组成部分。我在加州大学洛杉矶分校给MBA学生上课时，学生们经常问贸易是否会让穷国一穷到底。他们认为，如果一个国家总是购买外国进口产品，就永远无法建立自己的工业。事实正好相反：通过高关税或其他进口限制措施来封闭经济的国家，没有一个能够富裕起来。在关税壁垒下培育国内产业的进口替代试验大多没有奏效，封闭的经济体穷得可怜。它们不能吸引投资者，无法获取新技术，也没机会出口高质量的产品，而且消费者和企业还得忍受本土垄断经营的高额加价。你想在禁运解除前的朝鲜、古巴生活和创业吗？20世纪50年代末的阿根廷呢？为了培育本土工业，当时的阿根廷政府大幅提高关税，还禁止进口各种工业产品及其零部件。

诚然，有些开放经济体也非常贫穷。对比一下朝鲜（极其封闭的经济体，2016年人均收入为583美元）和韩国（除农产品外极其开放的经济体，2016年人均收入为27 539美元），我们可能会认为贸易开放使一个国家变得富裕。但如果以韩国和墨西哥为例（墨西哥的平均关税比韩国还要低一点，人均收入却只有 8 201 美元），我们可能会否定这种认知。而对比一下海地（极其开放的经济体，人均 GDP 为 740 美元）和美国（同样是极其开放的经济体，人均 GDP 却达到了 57 467 美元），我们又会得出完全不同的假设结论。这些不同的结论也许正体现了宏观经济几十年来告诉我们的道理：贸易只是影响贫困、不平等等重大国家经济结果的众多因素之一。

实践证明，贸易通常会起正面作用：如果没有贸易，海地会更贫穷——将不可能出口拥有巨大比较优势的服装和柑橘，也不可能进口机械和计算机。如果没有贸易，美国也会变穷。特别值得一提的是，如果没有贸易，穷人会更加贫困。关税对他们的打击最大，因为关税往往集中在穷人购买的产品上，而穷人购买进口产品更多，结果导致其本就不高的收入大大缩水。最近一项对 13 个发展中国家和 27 个工业国家的研究表明，关闭贸易会使这些国家中 10% 最富有的人失去 28% 的购买力，使 10% 最贫穷的人失去 63% 的购买力，因为后者购买进口产品更多。[13]

在不平等问题上，贸易同样是"大池塘里的小鱼"。二战结束后的 25 年内，美国的生产力和工资中位数同时增长，但到 20 世纪 70 年代开始出现分化，生产力增长超过了工资中位数。人们对此一直争论不休。左派分析家认为，这意味着资产阶级的扩张和底层工人的增多——拥有资本（公司财产、基础设施和技术）的人在赚钱，而为他们工作的人的收入水平还停留在 20 世纪 90 年代早期。2015 年，《纽约时报》专栏作家爱德华多·波特声称，取代了中等技能工作岗位的自动化和"残酷的新全球经济"应对"工资停滞"和"不断加剧的巨大收入差距"负责。[14]但阿西莫格鲁、奥特尔、多恩、汉森和普莱斯的研究表明，这种说法严重夸大了贸易对不平等的影响，也夸大了不平等的程度。

2016年，保守派代表、美国传统基金会劳工经济学家、后来的特朗普政府劳工顾问詹姆斯·史瑞克写了一篇题为"工人的报酬：随生产力一起增长"（Workers' Compensation：Growing Along with Productiivity）的文章，指出关于上层工人和中层工人之间生产力差距日益扩大的分析存在三个错误。[19]第一，这些研究只纳入了部分工人的工资，却包含了全部雇员的生产力，导致工资水平下降——这造成了45%的差距。第二，1 099名个体经营者的生产力增长被包括在内，而他们的工资增长却被排除在外，导致工资水平再次下降——这造成了12%的差距。第三，计算工资增长和生产力增长时使用了不同的通货膨胀测量标准——这又造成了高达39%的差距。换句话说，所谓的差距完全是由这些有问题的研究方法造成的。[16]差距确实存在，但极小。工人的生产力中位数提高了81%，工资中位数提高了78%。1973年以来，美国的工资水平并没有停滞，而是与生产力同步增长，无论是从平均水平看，还是从行业整体情况看。

提出这些主张的并非只有史瑞克。哈佛大学贸易经济学家、曾任职于比尔·克林顿政府经济顾问委员会的罗伯特·劳伦斯也得出了类似的结论，不过采用的方法略有不同。[17]他着眼于经济增长、工资和增速快于工资的福利；以不变价格美元对工资和产出增长的价格指数进行逐项比较；以扣除折旧的方式衡量产出，而不是以总产业衡量产出，因为总产出没有考虑机器、基础设施和技术的折旧——也就是资本消耗。经过这些修正，生产力和工资之间的差距消失了，因此，劳伦斯得出结论说："从1970年到2000年，或许一直延续到2008年，总体工资的增长与平均劳动生产力的增长一样快。"[18]

另一位哈佛大学教授、著名经济研究机构美国国家经济研究所前主席马丁·费尔德斯坦和圣路易斯联邦储备银行的工作人员也发现，生产力和工资在同步上涨。[19] 换句话说，整体经济在增长的同时，工人也在变富——这一切都发生在贸易自由化和全球化的全盛时期。

关于不平等最引人注目的发现之一是，民众普遍认为其比实际情况严重，且在不断加剧。莫斯科高等经济学院的弗拉基米尔·吉姆佩尔森和加州大学洛杉矶分校的丹尼尔·特雷斯曼合写了一篇颇具启发性的论文。他们发现，受访者面对本国收入分配图表的 5 个可能选项，选对的概率仅为 29%，一般只比他们碰巧选对的概率略高一点。选错的受访者通常高估了不平等状况。[20] 这项研究覆盖了全球 40 个国家，但只有在挪威、丹麦、塞浦路斯、以色列和冰岛这 5 个比较容易看清国内全貌的小国家，多数民众才选对了描述他们国家不平等状况的图表。最糟糕的是，尽管这些对不平等的看法与事实相去甚远，但却与再分配需求和贫富冲突报道关系紧密。换句话说，全世界的人都想缩小不存在的差距。

中等收入者的工资水平仅在金融危机后的几年里出现过停滞，其源头也得到了深入研究，部分证据指向了自动化，但研究表明，这种因果关系并不像之前那样清晰。下面我们就来讨论这一点。

人口过剩了吗

"自动化这个可怕的怪物吞噬了民众本应留给真实问题的忧患意识。"1966 年，卡耐基梅隆大学教授赫伯特·西蒙如是说。[21] 作为研究和教授经济学、计算机科学、政治学和社会学的杰出学者，西蒙在

1978年获得了诺贝尔经济学奖。虽然开了学术先河，但他指出的对机器夺走我们工作的恐惧和机器本身的历史一样古老。1961年，《时代》杂志宣称："效率更高的机器造成的就业机会减少只是问题的一部分。很多就业专家更担心自动化可能会妨碍经济创造足够多的新就业机会。"[22] 就连"比较优势之父"大卫·李嘉图也在1821年严厉地指出："用机器取代人类劳动者，往往会对工人阶级的利益造成极大伤害……可能造成人口过剩，使劳动者的经济状况恶化。"[23]

如果技术真取代了工人，那么为何还有工作存在呢？在人类历史上技术创新最活跃的20世纪，失业率为何没有出现显著的长期上升呢？在二战后的经济繁荣期，1947年美国失业率仅为3.9%，就业人口（16岁以上未参军或未入狱的美国人）比例为57%。2017年，美国失业率为4.4%，就业率为63%。[24] 此外，非劳动力人口比例在这70年里从43%下降到了37%，这说明女性开始进入了劳动力市场。简而言之，工作的人比待在家里的人多，失业人口比例与70年前相差无几。即使算上当今失业数据未纳入的人群——这些人因为各种原因没去找工作，如读研、自身财务独立、提前退休，或是不再找工作的男性白人蓝领（假设1947年的数据囊括了这些人），两者的差异也可以忽略不计。

美国失业率的峰值出现在1982年，达到了9.7%。如果说技术取代了人力（或者说全球化导致了失业），那么美国失业率就不应该在过去的35年里下降到4.4%，那可是一个技术变革和全球化浪潮汹涌的年代。如果技术像200年前许多人担心的那样吞噬了工作岗位，那么你的美国朋友现在应当处于失业状态。他们失业了吗？

工作岗位之所以仍然存在，是因为工人和企业一直在适应技术的变革。互联网上流传着这样一个故事：20世纪80年代，银行开始用自动取款机取代柜员。[25]柜员的工作岗位自此消亡了吗？没有，它们反而被改变了。1995—2010年，自动取款机的数量从10万台增加到40万台；1980—2010年，美国银行柜员从50万人增加到55万人。自动取款机没有终结柜员的工作，而是间接提升了银行对柜员的需求。1988—2004年，每个银行支行的柜员人数平均减少了33%以上，但银行支行的数量却增加了40%以上。自动取款机和IT系统负责处理日常现金任务，银行工作人员则负责关系型银行业务——协助客户处理抵押贷款、汽车付款和购买光碟等事务。

另一个例子是会计工作。20世纪90年代，Quickbooks作为小企业追踪收入和支出的首选软件出现，TurboTax则使小企业能够自行纳税。这类创新对会计人员和注册会计师来说似乎是威胁——Quickbooks确实消灭了许多以前靠手工操作的会计工作。例如，以前一个注册会计师负责一条生产线的账目，一家大公司通常需要几十个会计师，再加上一个将这些单独账目合并到一个账户里的总会计师。Quickbooks和甲骨文（Oracle）等提供的高端版本能够快速合并所有这些账目，取代了很多公司的会计工作（还保护了树木）。但这些技术也改善了注册会计师的个体生活：在线访问客户账簿和新的税收软件使注册会计师可以更快、更准确地完成客户要求的税务和其他工作任务，同时为更多的客户服务，腾出时间做他们擅长的事——就复杂的业务和税收问题向客户提供建议。客户也能从这种规模经济中受益：支付更少的费用，获得更多的建议。对注册会计师的需求与日俱增：2016—2026年，会计师和审计师的岗位数量预计将增长10%，高于美国7%的平均预期就业增长率。[26]

这种调整正在各行业之间发生。1900年，41%的美国劳动力从事农业生产，这一比例到1947年为8%，到2017年仅为1%。40%曾从事农业生产的美国人被更高效的生产方式所取代：1948—2011 年，农业生产率增长了约 155%，他们去了其他地方工作。制造业也是如此。1991—2011 年，美国制造业净裁员 560 万人，就业率下降 31%，但同时期的非制造业就业人数增长了 40%。[27]

如果在技术变革和劳动力市场转型的过程中，整体就业人数几十年来一直基本保持稳定，且电子商务等技术一直在创造新的就业岗位，那么为何有这么多的人，包括主要技术专家在内，如此担忧大规模人工智能消费的到来呢？例如，特斯拉和 SpaceX 的创始人埃隆·马斯克认为，人工智能会让机器成为人类的主人，让机器做得比我们更好，取代我们，并最终消灭人类。[28]

考虑到其技术先驱的身份，我们很难忽略这一观点。与此同时，科技企业家也提出了很多见解。马克·扎克伯格对待人工智能的态度非常乐观。微软创始人比尔·盖茨认为，人工智能刚开始会对工人有利，随后转而会对他们不利。[29] 经济学家在新技术对就业的影响方面也存在分歧。世界经济论坛预测，由于遗传学、人工智能、机器人等技术的发展，2016—2020 年将流失 500 万个就业机会。500 万是一个很大的数字，但还不到全球就业机会的 0.01%。而世界银行的预测则是灾难性的：自动化将威胁到中国 77% 和印度 69% 的就业机会。[30]

该相信哪种预测呢？这一次真的不同吗？机器人会进入办公室，迫使我们失去工作，很少有工人能幸免，失业率将激增吗？

这一次确实不同。一部分原因在于技术变革的加速——就连脑力劳动者也会失业，由于拥有的技能在迅速过时，他们很难再回到工作岗位。也许真是如此。但还有一部分原因可能与实际结果并无关系。众所周知，互联网等技术变革具有"发展规律周期"：一项技术进入"期望膨胀期"后会陷入一个"幻灭的低谷"，然后进入某种生产力稳定期。此时，兴奋期过去了，人们继续各自的生活，开始享受他们最初为之兴奋的技术，比如说互联网。[31]

人工智能和"人机大战"的"发展规律周期"理论存在三个谬误。第一，它认为技术只会取代人力，而实际上它往往是人力的补充。这是因为大多数工作，尤其是中等收入的工作，都是多种技能的结合。银行家可能在这一刻愿意提供自动柜台服务，但在下一刻就会为客户的抵押贷款和投资提供人工咨询。大卫·奥特尔和大卫·多恩举例说，放射技师、护理人员、水管工、建筑工、电工，以及地暖、通风系统和空调安装工等很多职业的工人仍旧不太可能会被人工智能淘汰，他们仅会使用人工智能做一些涉及计算、快速分析推理的零散工作。[32]

迄今为止，大部分人工智能都被用来解决定义明确的零散问题。人工智能还无法很好地完成一般任务——这也是20世纪80年代以来多次出现"人工智能寒冬"（人们对人工智能的兴趣和投资跌入低谷）的原因之一。一般而言，机器不擅长做那些需要人类的创造力、灵活性、判断力、人际交往能力、敏捷性、直觉或灵感的工作。有些人类劳动可以被自动化，有一些则不可以，至少现在还不可以。就目前而言，对某些劳动的自动化更有可能使护士或水管工在人类擅长的领域提升效率。[33] 变革较快的领域，集中在机器可以做得很好而人类需要花费大量时间的劳动上，如高频率交易或投资组合配置。

第二，它忽略了从人力向机器转换的速度和成本。实际上，当机器人这样的技术出现时，企业主不会立刻使用机器人并解雇工人。他们会使用机器人，但那需要时间。从某种程度上说，他们只要计算一下使用工人和机器的成本孰高孰低即可——但在现实生活中，他们得了解并确认成本效益，比如考虑前期的固定成本——相较于自动化带给大公司的价值、收入和利益,小企业的固定成本更高,使用人工智能所获得的收益更少。他们还得考虑一些未知因素,如维护成本、税收减免和被机器替代的工人的遣散费。

由于不确定性、风险规避、知识缺失,以及小企业主很快就会把精力集中在当天的紧急工作上,他们很少有大量时间去考虑和测试新技术这一简单的事实,人工智能的应用会出现滞后。如果附近的公司首先采用了一项技术并从中受益,那么人工智能推广起来就容易得多。只要少数企业敢于迈出这一步并获得收益,更多的企业就会关注人工智能并开始大规模采用。尽管大型跨国公司和金融服务机构削减了数千个工作岗位以实现财富管理、交易、投资银行业务、公关和商业分析的自动化,但雇用了美国私营部门46%劳动力的小企业向自动化转型的速度要慢得多。这些私营部门包括教育、建筑、专业服务、医疗保健等行业,以及雇用了大约17%美国人口的联邦、州和地方政府。除某些行业外,人工智能对劳动力市场不会产生迅速和强烈的影响。

此外,人工智能还可以成为劳动力市场中的一股强大力量:它能加速工人和就业岗位之间的匹配。例如,人工智能有助于更细致地区分简历上两个长相相似的工人的特征,包括日益重要的软技能和求职动机。这意味着,工人可以更快地找到适合自己的工作,劳动力市场可以变得更加高效和更具差异化,人人都可以发挥自己的优势,全世界工人的就业速度会加快。这些好处在一些劳动力供求不匹配的市场更明显,如非洲。裙带关系和信息缺失经常导致这里的企业主错雇员工。瑞士公司 Roam 创建了一个先进的平台来评估非洲工人的技能,可以为他们匹配到合适的工作岗位,还可以进行技能开发。埃塞俄比亚的人工智能公司 iCog Labs 也有类似的网站,仅适用于清洁工、花匠等技术等级较低的工人。该平台能自动生成这些人的简历，并筛选出离其住宅较近的工作地点，从而避免产生相当于他们一天工资的交通费用。

用技术来优化劳动力市场，其影响非常深远。通过更好地搜索工人和适合他们的工作，互联网已经降低了失业率。美国国际贸易委员会的一项研究表明，以2006年的互联网使用水平计算，2012年的美国失业率比预期下降了0.3%。互联网发展越慢的地方，失业率降幅越小——俄国为2%，中国为2.5%，巴西为1%。[34] 人工智能还有助于消除工人之间的不平等。微软公司开发了一款工具，能让盲人"看见"他们的工作环境，还能帮助残疾人通过移动眼球来书写。

第三，它忽视了机器人及其使用成本在变化，工人也在成长的事实。工人并不像探照灯下的小鹿，因机器突袭而措手不及，而是会调整自身对机器人拥有大量技能传闻的直接反应，像华尔街交易员、医学预科生和会计师一样学习数据科学和编程课。[35] 正如20世纪早期害怕缝纫机取代其工作的女裁缝最终学会了使用它们，今天的人们也在适应现在的机器。当然，他们能否找到工作、能否获得更高的工资取决于劳动力供给。如果劳动力过剩，他们的工资就不太可能上涨。20世纪初的房地产繁荣期，房地产经纪人的工资并没有如预期般增长，原因就在于房价上涨导致了房地产经纪人数量的增加。[36] 未来，那些适应性强、拥有可迁移能力且在持续提升技能的人很可能会获得工资溢价。

这预示着，即使技术最发达的国家也将发生改变。德国技术领域卓越的职业培训使其成了欧洲自动化程度最高的国家和全球的科技产品出口明星。以西门子为例，该公司从16岁的中学毕业生中挑选新人，并将他们转化成实习生，让他们拿着微薄的薪水学习工作所需的技能。然而，如果技术变革不断加速，这种职业培训的优势就会很快消失。[37]经济学家德克·克鲁格和克里希纳·库马尔指出，20世纪六七十年代的德国人均GDP的增速快于美国，但技术变革相对缓慢；但到了20世纪80年代，随着美国公司开始比德国同行更快采用新技术，美国的收入增长速度也迅速超过了德国。[38]他们认为，在使用新技术方面，受过解决复杂问题训练的美国人比受过具体技术工作训练的德国人做得更好。事实很明显：德国工人步入40多岁时，其失业率会上升，收入会下降。也就是说，由于科技的发展，工人在二三十岁时学到的技能已经过时了。那些在职业学校接受过培训的工人尤其如此，而具备分析和解决问题能力的大学毕业生则做得更好。

这些研究结果表明，在科技飞速发展的时代，受过批判性思维、问题解决能力、各种技术应用、团队合作和创新思维教育的人更受青睐。正如第8章所探讨的，只有这些人才能在每天的工作中提升自己的价值。

从中产阶级到有闲阶级

如果所谓的世界末日真的发生了——机器人掌权、失业率飙升、工作时间大幅减少——会怎样呢？

工业化西方国家的民众1870年的工作时间为人均2 950个小时，1998年的工作时间为人均1 500个小时。与此同时，全球人口增长了四倍，人类的富裕程度提升了36~46倍——具体取决于你根据哪个国家的GDP来计算。[39]在工作时间减半的情况下，这种大规模的财富创造和薪资增长归功于许多因素，经济学将其总结为三个方面：劳动力、资本（如基础设施和机械）和全要素生产率，包括人力资本、让我们创造规模经济并从中获得更高收益的技术、良好的治理和制度等难以量化的价值驱动力，以及贸易开放和外国直接投资。

我们越富有，工作量越小。事实证明，18 世纪和 19 世纪认为机器将冲击人力的绝望情绪简直是杞人忧天。相反，机械化结束了英国和其他国家对工厂工人脱离社会的担忧——他们像齿轮一样每天工作 12~14 个小时，工作环境通常危险且压抑。

如今，我们不仅有更多的闲暇，比起 200 年前的人也更能享受它。电视节目数不胜数，几秒钟就能在亚马逊上买到书，廉价的异国风味餐厅比比皆是，优步和来福车可以迅速把我们带到棒球比赛现场或朋友的家里，旅行博主在脸书上发布的帖子和优兔视频教我们制作美食或让我们为宠物的滑稽举动而发笑，有成千上万的网络日志和在线社区供我们咨询问题和倾诉痛苦，虚拟现实让我们待在客厅的沙发上就能穿越喜马拉雅山和玛雅遗迹。站在历史的角度看，我们工作、抱怨、倦怠，但也是一个庞大的有闲阶级。

将来我们可能拥有更多这样的乐趣，而非贫穷和失业。我们会创造更多有趣的工作——需要死记硬背和重复性劳动的工作会变少，想象型和能力型工作会变多，我们很容易就能让头脑里的想法变成现实。人工智能的巨大好处在于，它能使我们专注于人类擅长的事情：想象、构思、创造、精加工。虽然随着时间的推移，我们已经适应了工作的需要，但我们并不是查理·卓别林的《摩登时代》(*Modern Times*) 展现的那种机械劳作的工人。我们生来就要创造、建设，而技术正在解放我们。矛盾的是，尽管人类能在工业、科学和艺术领域想象和提出一系列创新，但却无法想象自身的创新精神和适应能力。

人类对新技术的适应，已远远超出了学者、专家对人类适应能力的预测,更别说还有创新和新技术作为基础了。到2060年,我们中还活着的人和我们的孩子所消费的产品和服务,肯定与今天的视听、照明、生活、睡眠、工作产品和服务大不相同。我们生活、死亡和出生的方式将会不同。是的,人类将致力于这些新的产品、服务以及2060年的大事件,就像我们今天所做的一样——只是我们的工作时间会更少,工作内容、工作地点和通勤方式也将不同。也许我们会以全息投影的形式出现,而不是飞越大洋去见客户和供应商。

脆弱的网络霸权

在时下的贸易会议上,贸易经济学家会因为被问及"赢家通吃"效应而感到不快。经常有人问我,亚马逊最终是否会成为全球电子商务领域的唯一玩家。甚至有人会问我,每个国家(特别是发展中小国家)都拥有自己的平台不是很棒吗?他们认为,因为平台力量强大,能赚取利润、缴纳税款、存储数据,所以每个国家都应该有自己的平台。

市场结构问题在贸易活动中不断被提出,一个原因是贸易政策方面的关切,即发展中小国家在引入亚马逊或阿里巴巴后是否会丧失建立本土电子商务产业和生产基地的机会。这样的讨论并不新鲜——它已经在鞋类、汽车、飞机等不同行业中流传了几十年。以"进口替代工业化"或一系列关税、非关税壁垒以及补贴来刺激本土新兴产业的政策大多不尽如人意。发展中国家的人们之所以特别提出建立本土平台的想法,通常是因为担心亚马逊进驻带来本土企业无法与之竞争的产品和服务,从而"接管"他们的国家。与"进口替代工业化"时期的想法一样，他们认为发展中国家需要更多的时间来提升本国企业的竞争力。当然，这种想法部分是出于希望发达国家为发展中国家提供竞争力援建资金的利益动机。

贸易经济学家之所以被问及市场结构问题的另一个原因很简单：他们面对的是最关心这些市场动态和少数大公司行业垄断地位的人群。毕竟，到目前为止，我们一直被反复告知，科技公司的低可变成本使它们能极速提高产出，从而创造出一个"赢家通吃"的局面——也就是超级公司垄断整个行业，最后可能以某种方式利用其优势地位损害我们所有人的利益；而且，由于其树大根深，只有最蠢的企业家才会不自量力，与其较量。你想和谷歌在搜索方面展开较量，和领英在职业社交方面展开较量，和推特在推文方面展开较量吗？

这些担忧被夸大了，原因有以下五点。

第一，单一平台世界远未到来。几乎每个国家都有很多电子商务平台，各个地区也都有本土的大平台——亚洲有阿里巴巴，拉丁美洲有美客多，非洲有2019年成功上市的吉米亚。阿里巴巴似乎正在亚洲快速发展，但并非没有对手——日本的乐天和印度的Flipkart势如破竹，亚马逊在越南和其他亚洲市场不断扩张，Etsy和易贝在该地区的影响力也在上升。和美国一样，许多国家都有差异化的利基平台，如为马来西亚企业提供雨水和安全防护解决方案的本土平台Red Wheels Trading，以及为马来西亚和印度尼西亚餐饮企业提供清真食品的Zilzar。[40]

第二，大企业进入市场并不意味着其他企业会倒闭，或者本土平台没有机会被建立和运营。例如，亚马逊进入墨西哥后并没有"一统天下"，而是继续作为墨西哥电子商务生态系统的重要一员与易贝、阿里巴巴、美客多、沃尔玛等公司共存。而易贝、阿里巴巴则与墨西哥政府合作，帮助墨西哥企业向美国和中国出口产品，墨西哥的企业和消费者也以更优惠的价格获得了更多的产品。[41]

第三，美客多、来赞达、吉米亚、阿里巴巴、易贝、亚马逊等大平台为发展中小国家的本土企业打开了即时通向数百万外国消费者的无比强大的通道。它们的行动打破了偏见，即发展中国家的本土企业没有足够多的产品可供在线销售，因而会被亚马逊引进的外国产品打败。

如果每个国家都建立自己的小平台，从零开始累积用户基数，这对世界各地的小企业和消费者，或者意图进驻少数已经拥有数百万全球买家和卖家的大平台的各国小企业来说真的好吗？

第四，这些大公司来势汹汹的非有机增长一定会产生不同的结果，但不一定都有害。如果一个大平台想并购吉米亚和美客多，就像阿里巴巴并购东南亚的主要平台来赞达一样，那么使平台有价值的网络自然会扩大——突然之间，吉米亚的卖家可以直接向亚马逊的买家销售产品。这将使吉米亚对非洲的公司来说更有价值，从而鼓励后者进驻平台。

你可能会问，我们是否会陷入这样一个世界：正如电脑操作系统那样，一两家企业"干掉"了其他所有企业，而后用数据来满足我们的物流、融资和支付需求？如果是这样，这两大巨头会利用它们的定价权和数据永远桎梏我们吗？或者更有可能的是，它们会像几十年前沃尔玛对其供应商所做的那样，敦促卖家提供更好的交易和更优惠的价格给买家吗？或者会像微软办公软件那样，以更低的价格为消费者提供更多的产品和服务以及全球性的互操作系统吗？如果它们真的利用了自身的市场支配力，难道不会引起反垄断官员的注意吗？

第五，它们能不能保持领先地位呢？要相信"赢家通吃"概念及其对平台的适用性,就要相信建立在平台用户及其数据基础上的网络持久性和"越大越好"的观念。到目前为止,我们对网络的持久性知之甚少。以棒球比赛做类比,平台比赛介于第一局和第二局之间。平台行业十分年轻,仅有 20 年的历史。观众似乎希望比赛就这样一直进行下去,在第一局有得分的队伍在新的一局里继续获得更多的分数,回到平台行业,也就是获取更多的用户和数据点,从而吸引更多用户并赚取更多收入。

更重要的是,"赢家通吃"概念并不能为平台经济提供一个特别有用的分析视角——平台和网络的持久性远不如那些产生"赢家通吃"概念的行业,原因如下。

第一,平台用户是混杂的。从电子商务到社交媒体再到众筹,很多领域没有规定用户只能使用一个平台。用户可以使用多个平台,这导致了各个平台对广告资金和用户关注的争夺。在同一天里,广告商可以在脸书上触达的 Snapchat 用户比例为 65%,在 Instagram 上触达的 Snapchat 用户比例为 54%——这被视为 Snapchat 吸引独特用户的重要佐证。[42] 脸书的部分高管一直担心会被 Instagram 蚕食,于是脸书在 2012 年收购了 Instagram。简言之,企业的网络用户是重叠的。[43] 用户会访问很多平台,因为各个平台提供的体验大相径庭,部分原因还在于,用户想接触不同的"圈子"。

第二,平台差异化明显——多数行业都有容纳不同"玩家"的空间,而不是让高昂的进入成本阻碍新公司的发展。几乎每个行业都有很多不同的平台,且新平台也在不断涌现。例如,2015—2016 年,超过 1 000 名风险投资人至少参与了美国 774 笔电子商务初创公司交易中的一笔交易。[44] 即使一个平台在其利基市场中占据了主导优势,这种优势也会因为用户的低转换成本而不堪一击。我们再来看看电子商务平台。进驻易贝诚然有很多好处,但这并不意味着易贝商家只会使用易贝。它们都有自己的网上商店,许多商家可能也会入驻 Etsy 或亚马逊。这表明,平台的入驻成本并不像大家通常认为的那么高。在一个在线零售额还不到零售总额 1/5 的世界里,很多企业仍有发展空间。电子商务和社交媒体等行业的细分程度越来越高,它们只占据了部分市场,而不是"通吃一切"。亚马逊不会在所有方面都建立利基市场。如果有公司可以替亚马逊去做某方面的事情,并证明市场的存在,而亚马逊只要直接买下这家公司就行,它为何还要自己做呢?

第三,规模越大不一定越好。被认为是网络主导地位象征的数据,在很多行业的回报率都在下降。例如,当地图软件的地址搜索数据收集到一定程度时,更多的数据就无关痛痒了。风险投资家本·埃文斯举了个很好的例子。如果司机"在那不勒斯驾车一年都不迷路,那还有什么可改进的?从某种程度上说,他已经有效地完成了工作。网络效应意味着,用户越多,产品就会变得越好,但在产品无法再显著变好之前,你需要多少用户呢?得卖多少辆车,才能让你的自动驾驶技术与市场上最好的技术相提并论?又有多少公司能做到这一点呢?与此同时,机器学习本身也在快速革新——我们不能排除这样一种可能,即自动驾驶技术所需的数据量也许会大幅减少"。[45]

第四,对谷歌式的通用搜索引擎来说,数据越多似乎越好——输入越多,输出越贴切、越正确,搜索引擎吸引的广告商也就越多。但更多的搜索数据也许并不像初始时那样有价值。西方学院(Occidental College)的莱斯利·周和麻省理工学院的凯瑟琳·塔克(谷歌资助了她的部分其他研究)在最近的研究中发现,减少雅虎等公司保留在互联网上的历史搜索数据量,不会彻底影响搜索结果的质量。[46]换句话说,数据并不像大家认为的那么重要。由此,我们可以认为，限制企业获取历史数据和保护个体"被遗忘的权利"，对大型科技公司造成的损失比通常认为的要小。我们还可以认为，如果获取历史数据无法给搜索带来重要竞争优势，那么相对较小的企业就能获取足够的数据，在人工智能等依赖大数据的领域与谷歌等巨头竞争或共存。

第五，数据也不像通常认为的那样讳莫如深。许多企业会购买大公司生成的数据——2018年3月曝光的剑桥分析公司利用并分析500万名脸书用户数据以支持特朗普竞选的事件就是一个臭名昭著的例子。迄今为止，法庭站在了数据分享的一边而不是数据垄断的那一边。硅谷的HiQ公司（美国一家定制类信息技术服务提供商）向雇主出售关于其明星员工跳槽可能的预测分析，帮助雇主通过"怀柔政策"让明星员工留下，或从领英上获取大量明星员工的数据。[47]如果你是领英的高管或股东，大概也会怒火中烧：毕竟，你投资是为了发展网络，用网络产生的数据赚钱。但在2017年，领英在对HiQ公司的诉讼中败诉。法院指出，领英的数据是面向所有人公开的，并不是藏起来不让人看的。HiQ公司的律师、哈佛大学宪法大家劳伦斯·特赖布成功地辩护道："如果领英有这种权力（禁止他人使用公开信息），那么脸书也有，整个网络空间就会被少数私人企业霸占……这违背了《第一修正案》（First Amendment）开放、民主的社会法则精神。"[48]特赖布认为，领英试图阻止民众使用其公开数据的做法，相当于政府控制了公众进图书馆阅读的权利。

大多数在线行业的"赢家通吃"并不像人们通常认为的那样真实和持久。监管机构和民粹主义政策制定者一直在盯着平台。2017年，欧盟对谷歌开出了一张超过25亿美元的天价罚单，原因是欧盟认为该公司在推广其在线购物服务时采取了反竞争措施。在本书写作期间，欧盟对谷歌广告联盟（Google Adsense，谷歌制定的一项广告策略，加入该联盟的网站可以通过在自己的网页上显示谷歌关键词广告而赚取佣金）发起了又一项罚款制裁。欧盟没有自己的网络巨头，一定程度上是因为其实施了阻碍企业扩张的政策，因而对美国网络巨头毫不手软。美国密苏里州前检察官、资浅参议员乔希·霍利正在对大型科技公司发起讨伐运动，要求其他参议员和州检察官对网络巨头进行调查。[49]这样的调查，即使更多是出于政治动机而不是建立在垄断行为的事实证据之上，也不太可能"后无来者"。

这些做法无疑有悖于越来越流行的观点，即谷歌、脸书、亚马逊等"数据大亨"全靠用户也就是我们提供"免费信息"，这些互联网巨头是时候把数据"还给"我们使用了。牛津大学的维克托·迈耶－舍恩伯格提出了所谓可适用于所有企业的"累进式数据共享授权"，要求市场份额超过一定比例（如10%）的公司与同行业中有需要的其他公司共享某些数据。[50]

这些提议非常不切实际。数据是这些公司通过投资获取的东西，是一种资产。这些公司的股东凭什么要交出资产呢？如果一家可能成为下一个优步的互联网公司的核心数据在某一时刻被"公众"征用，以作为这些用户主动选择使用数字服务并产生"免费信息"的回报，那么硅谷、上海、内罗毕或布宜诺斯艾利斯的创业者或投资人为何要创业或投资呢？如果互联网巨头真的将数据交给公众，谁又能保证这些数据不会被恶意使用呢？把数据交给公众、政府，或分给很多小企业，会不会产生更好的使用效果呢？事实上，科技公司经常将其数据提供给学者和研究人员用于探索经济发展等有趣的问题。在可预见的未来，我们会心甘情愿地用自己的数据去换取更合适的匹配、新选择和免费服务。这是一个我们可以随时通过提供数据而获得补偿的世界。

未来会出现数字贸易摩擦吗

未来会出现数字贸易摩擦吗？如果各国因为担忧外国公司进入国内战略产业并作为服务提供商占据优势地位，或者拥有人工智能等先进技术的外国公司严重破坏国内劳动力市场，从而禁止外国的科技企业、服务提供商和数字化产品进入本国市场，禁止外国企业将数据传输出境的话，就可能会出现数字贸易摩擦。

2017年，美国财政部下属负责评估外国投资对国家安全影响的跨党派委员会——美国外国投资委员会阻止了阿里巴巴旗下的蚂蚁金服对美国公司速汇金的收购，部分原因就是担心这笔交易会让中国企业接入飞机无线网络。2018年3月，美国政府发布总统令，禁止中国博通公司按照美国外国投资委员会的建议收购美国5G的"领头羊"高通公司。同年7月，中国通过阻止高通公司收购芯片制造竞争对手恩智浦半导体公司予以回应。[51]

自杰拉尔德·福特创立美国外国投资委员会以来，历届总统都曾利用该机构阻止外国公司收购美国公司。里根政府主要关注的是经济对手日本，"9·11"事件后的布什政府和奥巴马政府主要担心的是恐怖主义，现在的焦点则落在中国企业收购拥有重要知识产权资产并在美国数字基础设施中直接发挥作用的美国公司上。过去5年里，中国在美国投资激增，这使得美国国会议员忧心不已，以至于通过了一项加大美国外国投资委员会权力的法律。尽管开放投资最有利于经济增长，尽管美国可能在美国企业寻求收购外国公司时招致中国和其他国家的报复，尽管很多国家都在用"国家安全"这个万能借口阻止外国公司进入本国市场，但中国无疑是美国面临的、需要进行谨慎评估的一项重大国家安全挑战。与此同时，美国也需要对老一套的出口管控等领域进行改革，以促进科技企业从事出口业务。

标准制定是数字贸易摩擦的另一个武器。考虑到 5G 具有巨大的潜在利益，美国加速发展 5G 至关重要，而 5G 系统一旦到位，保护其安全也至关重要——以免敌对势力破坏美国的关键基础设施，进而导致从长远来看对美国不利的政策反复。特朗普政府极其担心中国科技企业进入美国关键的基础设施领域和科技公司。例如，一份泄露的提案表明，政府曾考虑实施联邦"登月计划"，建造"州际高速公路系统"以加速 5G 布局——这是一个类似于将国家 5G 电信网络国有化的项目。

美国制定的 4G 标准让苹果等公司从随时准备购买和使用其设备的全球市场获益匪浅。现在，美国担心中国标准的主导地位。在日内瓦举行的国际电信联盟会议上，各国对标准的构成明争暗斗，这些标准会影响到谁能从被全球采用的专利中获得数十亿美元的专利费，因此将决定华为、高通、威瑞森（Verizon）等公司的命运。

当然，数字贸易摩擦也在许多其他方面展开。正如第 10 章所探讨的，美国和欧盟正在就数字税展开角力。这对美国企业打击最大：让美国科技业高管头疼的欧盟数据保护、传输规则和版权法，以及想象中的美国企业在欧洲的掠夺行为。欧盟已一次又一次对美国科技企业的各种所谓违规行为进行罚款。2018 年 7 月，欧盟对谷歌开出了 50 亿美元的罚单，原因是安卓智能手机默认安装谷歌软件属于不正当竞争。这是欧盟有史以来开出的最大一笔罚单，尽管欧洲应用程序开发商也从安卓提供的一站式系统中获益，手机软件的使用率达到了 75%。一年前，欧盟委员会因为谷歌在搜索结果中优先显示其价格比较服务谷歌购物（Google Shopping）而开出 28 亿美元的罚单。2016 年，欧盟委员会认为苹果从欧盟成员国爱尔兰获得了相当于"非法国家补助"的税收待遇。由于欧盟自身没有数字巨头，欧盟委员会一直喜欢对美国数字巨头"穷兵黩武"。

结论

1927 年，美国劳工部长詹姆斯·戴维斯指出："每天都看得见一些能使一个人更快更好地完成过去许多人做的工作的完美新机器奇迹……在很长一段时间里，人们认为不可能生产出机器来代替人类技术并制造玻璃。如今，几乎所有形式的玻璃器皿都是用机器制造的，有些机器的效率非常高。"[52] 但戴维斯也发现，"最终，每一种减轻人类负担、提高产量的设备都是对人类的恩惠。只有在适应期，即机器将工人从旧工作岗位转至新工作岗位时，我们才要学会应付它们，以便把不幸降到最低限度"。

今天我们所面对的真正挑战，正是过去一直存在的、贯穿于詹姆斯·戴维斯那个时代的挑战：劳动力的适应性——受技术变革影响的工人如何被重新"武装"和二次雇用。和过去一样，人们自己会找到学习新技能和使用新技术的方法。但公共政策也需要发挥作用，尤其是教育系统需要从根本上进行反思。制定政策来帮助那些无法使用新技术的人，是我们这个时代政府面临的决定性挑战之一。这对开放的世界经济也至关重要：当失业率上升和不平等加剧时，广大选民会迅速将其与国际贸易联系起来，这是不公平的。但是，如果我们正确行事，就能获得更多的闲暇、更大的繁荣和更强的创造力。

第 13 章

更多的人，更好的贸易

第13章　更多的人，更好的贸易

过去 10 年间，在全球范围内，推动收入增长的生产率增长在一直下滑。没有人确切知道是什么原因造成的。一种假设认为，工人已被挤压到了极限——技术进步和精益制造、六西格玛管理法以及其他此前促进增长的管理技术所产生的回报目前都在递减；而 2008—2009 年金融危机以来私营部门对新技术投资速度的减缓进一步增加了这个问题的复杂性。罗伯特·戈登提出了一种更尖锐的观点，即进入市场的新技术和创新所带来的变革性还不足以改变增长统计的指标——真正的创新正在减速。科技界对小企业追逐潮流的举动感到悲哀。"追逐潮流失败的共同之处在于，自我意识的缺乏导致了盲从。它们最终带给世人的只是拙劣的模仿，而不是任何有价值的东西。"优兔的文化和趋势主管凯文·阿洛卡告诫说。[1]

英国央行首席经济学家安迪·霍尔丹提出了另一种假设：虽然很多大公司在推动增长，但它们的贡献却受到未能在大萧条和全球竞争中保持进步的"长尾落后者"的拖累——有观点认为，这些落后者一直靠财政救援和宽松的货币政策为生。2015 年，经济合作与发展组织发现，各行各业都有这种情况发生：排名前 100 位的公司与其他公司之间的生产率差距正在扩大。[2] 另一项研究表明，尽管美国公司内部的工资差距没有太大变化，但美国公司之间的工资差距却在急剧拉大——这进一步支持了"僵尸企业"拖累经济增长的观点。[3] 曾在奥巴马政府中任职的杰森·弗曼和彼得·奥斯扎格提出了一种类似的观点，即金融危机后的产业集中削弱了竞争和对更好、更快、更清洁产业的投资需求。[4] 很多专家指责银行业的集中削弱了信贷等金融中介对增长的推动作用。

总之，企业不能或不愿做出与生产率相关的改进，要么是缺少金融或人力资本去布局技术，要么是对投资产生的回报缺乏信心。

这就是公共政策的用武之地。我们在前几章里探讨了许多阻碍企业充分利用技术进行发展和开展贸易的问题——限制性规定和监管不确定性、数字鸿沟、跨境支付及物流的成本和复杂程度、烦琐的清关程序、新技术成本的不确定性，等等。我们必须制定政策和出台制度，使世界贸易体系中的数字革命成为可能。诚然，很多国家已经朝着正确的方向迈出了步伐——英国力图扩大开放银行业务，建立一个充满活力的无缝小企业金融生态系统；印度努力在13亿人口中推动创建可互操作的数字化支付系统；发达国家对5G的应用将产生跨部门的新效率；英国、秘鲁、墨西哥、韩国和美国致力于将区块链和人工智能应用于海关；中国正在推动整个社会尤其是农村地区参与电子商务。

本章为各国使新兴技术服务于贸易并重振生产率提供了政策路线图。

新时代，新规则

成立一个联盟来制定游戏规则

过去20年间，贸易谈判代表的首要任务是通过贸易自由化和保护世界各地的外国投资者来调整企业供应链。这在很大程度上是通过双边和诸边自由贸易协定来实现的，这些协定的条款趋向于超多边规则。现在，数字贸易也需要规则来管理。我们仍然要推动自由贸易协定的签订。数十年来，世贸组织一直高举多边贸易体系的大旗，但近年来，该体系变得过于僵化，争议也越来越大，各方无法就新议题达成一致。有时我也认为，世贸组织位于日内瓦湖畔的优越地理位置还不如作为豪华酒店来得更有成效。尽管许多国家加入了世贸组织的诸边电子商务协定谈判，但真正多边贸易谈判的时代已经结束。自由贸易协定将取得最快的进展和做出最坚定的承诺，相关成果体现在以下四个方面。

第一，修订后的《北美自由贸易协定》，也就是2018年9月签订的《美国－墨西哥－加拿大协定》包含了迄今为推动三国数字贸易而制定的最先进的自由贸易协定规则。此外，该协定还将保证各方之间的数据传输，将亚太经合组织的跨境隐私规则视作数据隐私保护手段；加强对互联网中间商的"安全港"保护；防止对数字产品征收关税；确保政府以机器可读的格式公开所需数据，以便于使用和应用。《美国－墨西哥－加拿大协定》的合作伙伴分享一个拥有近4亿人口和远超20万亿美元经济产出的联合市场，对自由数字贸易来说，这是一个强大的市场。

第二，虽然美国退出了《跨太平洋伙伴关系协定》，但该协定仍然保留了美国主导的电子商务条款，而且拉丁美洲的一些国家如今也在其自由贸易协定中加入了类似的数字贸易规则。

第三，华盛顿和伦敦一直在悄悄谈判英国"脱欧"后的美英自由贸易协定。这两个目标一致的科技巨头之间的对话，以及庞大的电子商务、数据和数字服务用户有助于巩固一个新的跨大西洋联盟，从而实现自由和公平的数字贸易。

第四,世贸组织的诸边电子商务谈判正在取得进展。澳大利亚、日本和新加坡正在为此付出努力,而哥斯达黎加、智利、阿根廷等国家也充满热情和建设性。它们的领导作用有利于吸引其他新兴市场和发展中国家参与这一进程。

我们还可以通过四种方式巩固这一进程。

第一,美国和英国在自由、公平的双边和全球数字贸易中利益攸关。随着"脱欧"进程的推进,英国应当与美国合作,就数字贸易条款签订双边协议,至少要与《美国－墨西哥－加拿大协定》中有关数字贸易的承诺相匹配,比如,防止数据本地化、禁止网络封锁、维护互联网中间商对用户生成内容不承担法律责任的基本豁免权、保持数字产品的免税待遇、禁止以国家标准等名义对加密技术进行限制、承诺双边"最低减让标准",以及在海关使用区块链以实现包裹贸易便利化方面展开合作。[5] 同时,双方还应致力于在网络消费者保护合作、网络安全标准及其解决方案合作,以及通过数字技术提高数字化银行、运输公司、边境机构、进出口商之间互操作性等领域展开长期的公开和私人对话。

第二,英国可以作为观察员加入《美国－墨西哥－加拿大协定》,以创建一个北大西洋数字自由贸易集团。美国自由贸易协定伙伴哥伦比亚、智利、秘鲁正与墨西哥一起寻求共同的数字贸易政策和计划,与澳大利亚、加拿大等不同伙伴就新的数字贸易条款进行谈判。

第三,美国和英国可以和北欧的D9+集团成员(包括瑞典、丹麦、芬兰、爱沙尼亚、比利时、荷兰、卢森堡、爱尔兰、英国)合作。2016年,这些成员齐聚一堂,制定了欧盟数字单一市场议程,分享了在全球竞争力方面的最佳实践。美英两国应当与D9+集团紧密合作,解决有争议的跨大西洋数字问题,制定共同的技术标准和"沙盒",寻求与德国接触。德国的企业正忧心于其未来的数据访问途径。这些参与方还可以逐步考虑保护和传输数据的"第三条道路",而不是采用欧盟的《通用数据保护条例》——也许能找到一个介于《通用数据保护条例》和亚太经合组织跨境隐私规则体系之间的方法。

第四,衡量数字监管和自由贸易协定中的数字规则对贸易、消费者,以及不同行业、不同地域、不同规模的企业的影响,将会让所有国家受益。不去衡量,就无法改变。按照需要调整贸易规则并不新鲜。例如,美国、加拿大和墨西哥发现在20世纪90年代初商定的原产地条款对制造商来说太过严格,于是放松了各自的规定。衡量监管的影响,还有助于避免由意识形态驱动的数字对话和交易。

达成新版"华盛顿共识"

更长期的数字贸易决策则所需不同。随着技术变革步伐的加快,贸易谈判"技术"也需要改变。未来,各方应尽的义务可能更适合被称作共同行为准则,且可以迅速达成和根据需要调整。20世纪90年代,"华盛顿共识"帮助发展中国家掀起了一波深刻的贸易和投资自由化浪潮。该共识涉及十个方面的经济政策,如私有化、贸易自由化、放宽管制等。现在,各国解决数字贸易问题需要新的"华盛顿共识"。新版"华盛顿共识"可以被称作"首尔共识",以庆祝韩国迅速崛起为世界上技术最先进的数字化经济体之一。[6]利益相关方和独立的智库、学者、经验丰富的"聪明男女"等思想领袖之间应达成共识,以指导各国行动。这些共识将集中全世界的思想,指导智库和国际组织开展工作,并使监管机构能够提醒政府保持警惕。

彼得·考希和乔纳森·阿伦森在其著作《数字DNA:全球治理的破坏和挑战》(*Digital DNA:Disruption and the Challenges for Global*

Governance）中提出了很好的建议，即通过软法和灵活的决策方法来处理数字时代的争议性问题。[7]这类可以成为事实标准参考的灵活方法应构成"首尔共识式努力"的议程基础。软法的使用具有实际意义。例如，如果北美、英国和欧盟至少能在基本问题上达成一致，就能抢在中国和俄罗斯之前制定全球数字经济游戏规则。

可以先在决心改革的国家小范围试行这样的软法和原则，并对这些国家提供外国援助等奖励措施——有点像世贸组织和自由贸易协定的情况，但它们适用于更广泛的议题。比如，一些国家可以采用好的互联网中间责任规则和电子支付法规，并以此换取资助，从而去做几乎所有政府都想做的事——帮助小企业利用电子商务进行贸易。然后，其中最成功的试验就可以扩大规模。尽管这种"贸易援助"义务未能推动多边贸易谈判完成，但如果没有它，发展中国家今后的数字贸易协定的影响力将会减弱。

使用标准和"沙盒"

本书提及的区块链、人工智能等许多技术尚处于萌芽阶段，其力量尚未完全展现，应用还未充分展开。政府没有必要急于对这些应用进行监管，而应该对这些应用的持续试验予以支持，开发其使用案例，并将成功的案例规模化。政府可以采取以下三方面措施。

第一，进一步创建通用的数字和区块链标准，使企业尤其是不同国家的企业能够进行互操作。港口和物流供应链有一个明显的缺陷，即码头、海关、航运、贸易金融银行、单一窗口等各方仍受各自数据库的桎梏，难以交换数据和信息，但它们也已经使用区块链技术了。这样的标准制定正在进行，但进展缓慢且不顺，据说相关人员在10年的工作里像老了30岁。

标准可以给区块链的发展带去几个具体的好处，如创造公认的区块链术语，对区块链用户之间以及链上链下数据库之间的数据进行管理等。没有必要从零开始：政府可以效仿正在起草诸如物联网、交通或贸易金融区块链等领域行业标准的私营财团。国际标准组织正在制定区块链标准。

世界各地充满活力的私营部门还在自动驾驶汽车、无人机配送、3D打印、医疗科技、金融科技等行业，以及相关企业所用的开创性整合技术，如人工智能、物联网等领域制定标准。

在这样的标准制定工作中发挥积极的领导作用对美国来说很重要，原因有二。[8]一是中国正在积极推动其首选的区块链和技术标准。二是存在这样的可能，即各国对制定标准的狂热会产生一个互不兼容的国家标准的复杂组合。因此，一家寻求在全球市场扩大规模的企业不得不每进入一个新市场就迎合不同的国家标准，由此产生的高昂成本可能会使企业望而却步。这些企业里很可能就有许多美国公司。就像世贸组织《技术性贸易壁垒协定》（Agreement on Technical Barriers to Trade）框架下的国家产品标准一样，各国也需要互相承认数字和技术标准，只要这些标准对贸易伙伴没有歧视性。

第二，通过监管"沙盒"推动新技术应用和可扩展性。由于很多国家和地方安全等法规的存在，企业将技术解决方案推向市场的成本很高。英国采取了一种聪明的做法，使用"沙盒"策略减少了金融科技公司产品上市所需的时间和费用。通过"沙盒"，公司可以在未获得全部金融监管机构批准的情况下将新的金融产品或服务推向市场，监管机构则可以观察市场的发展情况和调节不良行为。澳大利亚、新加坡和泰国最近也效仿了这种做法，以激活其金融科技生态系统。有些国家还将"沙盒"应用于区块链。

2018年8月，美国和英国与其他九国政府组成了开创性的全球金融科技"沙盒"。[9]现在是时候更广泛地采用这些多国"沙盒"了，比如，让公司尝试应用区块链。它们能促进监管机构之间的良好对话，在不知不觉中提高欠发达国家监管机构的能力。它们还能带来这样一种结果，即监管机构最终默认采用共同标准，从而形成互操作性——这将避免各国为了制定共同标准而进行多轮对话和耗时的技术性、政策性工作。

第三，考虑为区块链提供"安全港"，就像20世纪90年代美国通过《通信礼仪法》第230条为互联网中间商创建"安全港"一样。区块链管理应当遵循同样的原则：对数据条目负责的是用户，而不是区块链管理员。[10]就美国而言，联邦"安全港"可以"部分优先"执行；各州都可以设立"安全港"，但联邦法律应该为各州政策制定者提供豁免权，使他们能在区块链被恶意使用的情况下打破"安全港"。[11]

更快捷的物流

数字化海关、边境和港口

海关是世界贸易以及从事贸易和跨境电子商务发展中国家企业的主要瓶颈。企业在进出口产品时均面临海关挑战。总交付成本是中小企业在寻求开展电子商务过程中最关心的问题，现在又多了延迟成本和意外损失。与此同时，海关也在苦苦挣扎：几乎所有国家的海关都面临入境货物激增的局面，尤其是企业和消费者在线订购的外国产品的包裹。由于担忧税收预算（通常是杞人忧天），同时害怕提高"最低减让标准"会让廉价外国产品涌入，与具有政治影响力的零售商和雇用了大量员工的小商店进行竞争，大多数国家都拒绝提高"最低减让标准"，为这种包裹贸易打开方便之门。然而，跨境电子商务的数量正在增加，我们必须找到促进和保障这种包裹贸易的解决方案。

新兴技术——如机器学习、预测分析和区块链——似乎给出了解决这些问题的开创性办法。韩国、墨西哥、英国、新加坡等国家的试点经验表明，这些技术能显著加快清关速度，同时也能让海关更容易发现非法货物和虚假申报。换句话说，这些技术看起来可以满足发展中国家政府的主要需求：提高跨境电子商务的便利性和安全性，打击海关诈骗，加强税款征收。世界海关组织也在倡导采用这些技术。在拉丁美洲各国还将区块链用于共享经济经营商授权认证资料。事实上，下一步应将这些技术应用于各国单一窗口和海关互操作性方面，使它们高效地与进出口国共享货运信息。对单一窗口之间的这种互操作性的要求也很高，当今的技术使之成为可能，但还有大量工作要做，其中包括确保参与国的法律法规也可以互操作。

区块链和其他新技术对海关效率低下、腐败丛生的发展中国家特别有利。但发展中国家要么不太了解这些解决方案，要么缺乏实施这些解决方案所需的能力，如数据科学家和网络安全保护。用于实施全球《贸易便利化协定》（Trade Facilitation Agreement）的资金，应该有助于促进区块链、人工智能、预测分析在发展中国家海关的应用。实现这一点的关键在于全球贸易便利化联盟。该联盟由美国、加拿大、英国、澳大利亚和德国资助5 000万美元，旨在推动发展中国家贸易部门的建设，加快清关速度。

海关还需要去现金化。发展中国家的进口商和海关经纪人仍然经常排着队用现金或支票支付关税和费用。这不仅浪费时间，还可能滋生差错和贪污。同样，货运代理及其代理人也不得不向航运公司、快递承运商和码头运营商支付现金和支票。这限制了它们的现金流,因为它们当天就得交钱,但它们的客户通常在90天后才能付款。海关和港口的生态系统必须强制推行电子支付和信用卡支付,这会让海关经纪人和货运代理在支付信用卡账单前得到30~45天的喘息时间。

转变"最低减让标准"政治经济学

实施低"最低减让标准"的国家在经济增长方面压力重重,海关、税务当局、货主、进口商和消费者都因此遭受了净损失。提高"最低减让标准"是政府消除这些隐患并推动中小企业进行贸易的好办法。尽管有极其可靠的经验证据表明较高的"最低减让标准"大有裨益,但政府一直将"最低减让标准"维持在低水平,几乎不变。经济学家从中看到的是更顺畅的贸易流动性,政府从中看到的却是税收减少和国内零售商的政治对抗风险——没有任何切实、直接的好处。

是时候设法扭转这种糟糕的局面了,各国政府能通过提高"最低减让标准"获得新的政治经济收益。这个办法就是签订"最低减让标准"诸边协定。该协定可以在希望本国中小企业在其主要出口市场免受摩擦的国家联盟之间进行谈判,成员国政府之间可以互相承诺在5~7年内将"最低减让标准"提高至1 000美元。换句话说,每个成员国政府在较低的贸易层面给予少量的市场准入,以换取本国中小企业获得更多的外国市场准入。其机制与贸易协定中有关削减关税的机制完全相同:"最低减让标准"诸边协定是事关低价值商品的自由贸易协定,也是事关小企业的自由贸易协定。

这个办法把对"最低减让标准"的争论变成了与各国利益攸关的事项:现在政府可以将提高"最低减让标准"作为扩大本国中小企业市场准入的一种手段,而非税收减少的祸因。虽然此举仍会招致贸易保护主义零售商的愤怒，但政府能获得成千上万小企业在线出口商及其背后的服务生态系统和支持贸易的商业游说团体的支持。它们甚至还可能获得过去那些抵制变革的商家的支持：很多传统零售商在试水全渠道销售，目前正在努力吸引外国消费者。世贸组织电子商务谈判或许是推广这一概念的最有效方式。

打通电子商务"最后一公里"

上文提到，通过让企业和消费者获取其在规模较小的国内市场上无法获取的全球优质零部件和服务，电子商务可以增强企业竞争力、增进消费者福利。

但是，"最后一公里"的配送成本阻碍了电子商务的发展，尤其是在配送成本高于货物价值的农村地区。这主要是因为进出农村地区的货物往往不像在繁忙的城市社区那样具备规模效应。常常在物流领域大举投资的亚马逊、沃尔玛等公司，不太可能对服务偏远农村社区感兴趣。这些社区的收益潜力有限，而且有限的规模效应也让消费者从一开始就无法负担"最后一公里"的费用。这种情况与大型通信公司认为没必要将高速互联网连接到偏远地区，因为那里的人负担不起供应商定出的价位类似。这表明在数字时代，农村的消费者和企业因为地理位置问题而处于不利地位——市场失灵了，需要政府出手补救，以使农村的企业和消费者能够在全球市场上销售与购买产品和服务，并从贸易中获益。

事实上，中国农村电子商务的成功主要得益于中国政府对农村物流的支持：正因为消除了物流障碍，中国偏远地区的消费者才获得了福利收益。其他市场如果也提供这样的物流支持，可能会产生类似的社会经济收益，从而缩小国内差距。在全球范围内打通电子商务市场通向偏远地区的"最后一公里"配送，还将带来两个额外好处。首先，它能让电子商务平台和物流公司在发展中地区开展更多业务；其次，它有助于提高进出本地的货运量，从而扩大农村地区"最后一公里"配送的规模效应。这反过来又能降低成本，为私营部门提供"最后一公里"解决方案增加动力，使政府资金得以退出。这一概念已被应用于互联网连接和医疗供应配送的"最后一公里"，电子商务领域有何不可呢？

更灵活的金融

为中小企业提供金融科技贷款担保

通过网络，即使是小企业也能获得相当数量的全球客户。然而，完成国际订单并不简单：公司需要用现金支付原材料、物资、技术和劳动力的费用，以提供完成订单所需的产品和服务。这些微型跨国公司通常不需要大额银行贷款，而需要快速发放的小额贷款。幸运的是，正如本书所示，一大批在线借贷机构已经出现，它们正在使用新型信用评分法和由算法驱动的自动承保服务向小企业提供资金。贝宝营运资金贷款等产品，为那些缺少实体金融服务的偏远地区的低收入企业和公司提供了新的重要机遇。

小企业大多还不了解在线借贷机构，但这种情况正在迅速改变：P2P商业借贷市场以每年超过150%的速度增长，而银行对小企业的贷款仅以每年10%~15%的速度增长。数据表明，小企业只要获得贸易融资，就能增加20%的招聘员额和提高30%的产量。

在线卖家和在线借贷机构的兴起，为出口信贷代理机构开辟了新的道路。传统上，出口信贷代理机构为银行发放给出口商的出口营运资金贷款（供出口商支付完成出口订单所需的原材料、劳动力和物资的费用）提供担保。如今，借着在线借贷革命的东风，美国进出口银行等出口信贷代理机构也能为在线借贷机构发放的小额出口营运资金贷款提供担保，从而推动借贷机构降低贷款利率和扩大贷款覆盖面。

通过自动化信用评分和贷款担保承保，出口信贷代理机构能够克服自身承保能力的不足；通过检验违约率最低的三四家在线借贷机构提供的各种信用评分方法，并将风险分散到行业、规模、地域和风险水平各不相同的借款人身上，出口信贷代理机构还能保护自身的纳税人"靠山"。因此，与在线借贷机构合作，也有助于美国进出口银行实现将25%的资金用于小企业的目标，改善众多国会议员认为其偏袒大型企业的坏印象。

这种在线小额贷款担保对美国和资本市场欠发达的发展中国家都大有好处。此外，发展中国家买家获取信贷的难度降低，有助于美国卖家清除"小进口商在国内市场上获取低息贷款的渠道有限"这一障碍。

为出口商争取权益

关注出口促进的政策制定者和发展实践者需要同样关注全球化公司的成长资本。当公司发现市场对其产品或服务需求强劲，并想抓住这一机遇时——无论是加快产生新的国际销售，还是增加产能（如雇用更多的运营人员或购买新的设备）以迅速满足激增的国际需求——它就需要财力。这通常意味着它需要成长资本。

政策界很少有人将成长资本和国际贸易竞争力联系起来，并为出口商争取权益。但是，这在一个企业处于生命周期早期就能实现国际化但也要投入大量资金以研发技术和快速扩大规模的时代至关重要。如果资金需求无法被满足，这些企业就只能被迫放弃国际销售，错失赚钱机会。

与此同时，瞄准全球化目标的公司对投资者来说意义重大。在生产率、收入增长、技能水平、工资和金融稳定性这些关键指标方面，它们的表现屡屡超越大盘。简言之，全球化公司代表着好业绩和高投资回报率。投资者提供的资本、人脉和建议有助于全球化公司取得更好的业绩。

这就是公共政策可以发挥作用的地方。虽然不能彻底对出口商进行补贴，但政府和多边开发银行可以权衡全球化公司获取成长资本的渠道，分析成长资本对国际贸易的影响，帮助降低投资者投资前景广阔的全球化公司时每笔交易的搜索和交易成本，提供合作融资或风险降低工具，鼓励对这些公司进行投资。例如，美国小企业管理局推出的"小企业投资公司"计划，可以为风险资本、成长资本和投资小企业的夹层基金经理提供低成本债务，从而鼓励投资者投资出口导向型企业。

设立数字化转型基金

电子商务正在为中小企业提供新的跨境贸易机遇，调查和坊间证据表明，发展中国家企业认为，缺少融资是制约其进行在线销售（包括跨境销售）并扩大电子商务规模的主要因素。毕竟，成功的电子商务需要持续关注和投资于手机营销、网上营销、逆向物流和电子商务实践等领域的专业团队和技术。鉴于意图开展电子商务的小企业普遍面临这种迫切的挑战，是时候设立一个"全球数字化转型基金"了。该基金可以由政府与其他出资方（如社会影响基金、发展中国家政府基金、发展中国家投资方、银行）和正在向电子商务卖家和贸易商转型的中小企业共同投资。申请基金的公司必须满足严格的遴选标准，每家公司都必须制定目标和时间表，并进行大量投资以换取参与资格。此外，还可以预先挑选一批一流的数字化转型和物流服务供应商为被选中的企业服务。

此类基金的好处在于，它可以自我维持。只要早期的出资方懂得利用所有申请方和被投资方的多个数据点，就能创建一个数据管道，从而越来越准确地预测哪类公司在哪些条件下会带来财务、经济和社会收益，值得为其承担投资风险。这些分析和部分成功案例，对于吸引私人投资者，使基金在小企业数字化转型过程中实现自我维持至关重要。

此类基金也可以以社会影响债券模式运作：私人投资者先投资，当公司的指标表现引起公共部门的兴趣时（比如在线出口销售或在线卖家数量的增长），公共部门投资方就"购入"成功的项目，并就产生的社会影响对私人投资者进行补偿。

为女性领导的科技公司提供资金支持

我们在第2章提到过，早期数据表明，与男性领导的公司相比，女性领导的公司在在线销售方面并不存在特别的劣势——女性领导的公司开展在线销售时，就像男性领导的公司一样有可能进行跨境贸易、以一定的速度增长、面临一定的贸易壁垒。换句话说，赋予女性创办正规公司并进入电子商务领域的能力至关重要——只要她们开始经商并开展在线销售，其结果就更多取决于她们的努力和奋斗而非企业家的性别或所处环境。

发达经济体应该在创业融资方面给予女性支持。数据和坊间证据表明，男性投资者普遍存在性别歧视和偏见，按照男性和女性发起筹资的比例计算，他们更多地投资于男性。这种情况正在改变：女性投资者开始在天使投资和风险投资领域崛起；Astia（一个专为女性领导的公司提供风险投资的全球性组织）等组织将投资者聚焦到一起以投资女性领导的科技公司；还有一些风险投资公司聚焦于最难筹资的团体，比如，有3 600万美元的基金专门用于投资有色人种女性领导的公司。不过，天使投资和风险投资仍旧属于男性的世界。名义上，大型养老基金通常都设立了由女性或少数族裔领导的风险投资基金项目，但选拔标准往往非常宽松，由男性领导的传统团队也能成功申请。政府可以推动变革。英国和加拿大政府都设有专门基金用以投资女性领导的科技公司；美国小企业管理局的"小企业投资公司"计划使风险投资公司、夹层基金以及其他类型的早期和成长资本基金得以通过政府杠杆从养老基金、家族办公室等处筹集权益资本。与此同时，该计划可以设立一个专门关注女性的分部，并和仅投资于女性领导的公司的基金合作。

更智能的系统

打破壁垒

贸易世界是一个复杂的系统集成，伴随着大量闲置和重复。数字化、物联网和区块链有望为全球贸易系统带来巨大的效率，使我们距离金融、信息、实体供应链一体化这个贸易的"撒手锏"更进一步。但推动贸易发展也需要我们改变思考模式和工作习惯，即各自为阵而不是面向系统。站在系统的角度思考和行动，意味着要打破壁垒。

打破壁垒对促进贸易和国际发展至关重要。各国政府和发展机构部门壁垒森严：这个部门负责技术发展，那个部门主管贸易便利化，还有一个部门涉及中小企业融资。这些部门的工作人员都是各自领域的世界顶尖专家，不可能对一个问题的各个方面都有深入全面的了解。然而，他们不知道旁边部门的人在干什么，甚至不知道同一个部门的其他人在干什么。这种问题广泛存在，经常成为政府机构和国际组织工作人员的笑料，也令人有些绝望。

幸好大多数专家意识到了自身的局限性以及组织壁垒带来的问题。他们知道，他们必须和其他专家合作，以解决多维度的系统性问题。例如，在发展中国家建立电子商务市场需要IT基础设施、贸易便利化措施和物流、在线支付、数字监管、电子商务技能开发和融资渠道，因此需要许多政府机构共同努力。但是，地盘之争、惰性、工作所需，狂妄自大、害怕自己看起来很傻，以及经理者担心在同事心中留下"恶霸"印象，这些都让协作变得非常复杂。这些挑战不仅麻烦，而且对组织的响应能力和客户服务非常有害，不论客户是主要出口商还是发展中小国家的政府。

政府和私营部门之间也需要打破壁垒。例如，要使移动支付在发展中国家发挥作用并实现互操作，就需要中央银行、财政部、银行、支付公司和电信运营商之间的协作。同理，随着世界城市化进程的加快，国际贸易界需要和城市经济学家建立合作关系，以便为世界贸易解决城市拥堵问题，并对引导车流的智能交通系统、新兴的无人驾驶配送系统和生成城市交通大数据的公司进行深入研究。

促进21世纪的贸易流动，意味着打破壁垒，并利用专家和机构的比较优势建立多部门专家团队、跨部门项目和公私伙伴关系。这离不开组织高层的领导、对多学科合作跃跃欲试的谦逊管理层的大胆尝试以及"千禧一代"的加入。与老一辈不同,"千禧一代"更愿意在针对特定问题的多功能型团队中工作,也愿意接受相关培训。

我们也要打破"X世代"和"婴儿潮世代"之间的壁垒——我自己就和主要国际组织、政府机构和企业里的数名"X世代"合作过。2016年,联合国大胆尝试打破这样的壁垒,发起了一项涉及多方利益的"大家的电子贸易"(eTrade for All)倡议,迄今已聚集了35家主要发展机构和捐助国政府,开发了常见问题的解决方案,为电子商务发展提供了支持。如此一来,发展中国家在寻求发展电子商务时就有经验可循,还能获得一流专家和机构提供的综合性定制解决方案。

运用公私伙伴关系和社会影响债券

公共部门和私营部门之间的壁垒也需要打破。私营部门处于贸易和电子商务发展的一线,直面机遇、挑战和解决方案,是为关于全球贸易问题的决策提供信息和指导的关键所在。随着世界的数字化和创新的加速,政府和机构在掌握模式和发现问题方面远远落后于私营部门,更不用说想出创造性的解决方案来应对这些挑战了。私营部门在市场缺口及其解决方案方面也有更好的实时数据。政府必须与企业合作,以便最大限度地优先投资于数字化和电子商务,并随时以私营部门正在进行的工作为基础,促进互联互通,推动物流发展,创造全新的市场。

这件事已经取得了进展。很多国家的公共部门和私营部门都在齐心协力培育本土的电子商务。例如,土耳其的公私部门联合组成了一个专门的电子商务委员会,为电子商务监管、中小企业参与电子商务等问题提供政策和解决方案路线图。墨西哥经济部和出口促进机构Promexico正在与电子商务参与者一起研究墨西哥企业发展电子商务的需求和机遇。危地马拉数家从事贸易相关工作的政府机构（如经济部、农业部、税务部和银行监管机构）已经和多个行业协会联手创建了一份路线图，以在该国开启电子商务之路，为数字贸易的外贸谈判奠定基础。孟加拉国的 IT 和电子商务行业协会与政府密切合作，制定了监管方案。这些努力对尚未在此方面开展工作的国家具有指导意义，也是政府和发展机构系统化支持发展中经济体的一个非常简单而有效的解决方案。

我有幸和美国国际开发署和电子贸易发展联盟里的几家企业一起致力于企业主导型发展。我们在美国国际开发署的资助下，利用私营部门的数据和专业知识总结出最好的做法，帮助发展中国家的中小企业在电子商务平台上进行销售和出口。我也有幸和一些银行、公司，以及新加坡政府、亚洲开发银行合作，致力于推出"贸易数字化标准"（Digital Standards for Trade）实体，以实现端到端的贸易数字化。我发现这些努力还带来了一个额外好处：使公共部门从私营部门那里了解到某个发展领域的挑战和机遇，也让私营部门获悉了公共部门所从事的各种活动，比如在商业有望扩张的市场有何动作。

此类工作并不容易——公私部门有不同的语言，它们的时间表和成功标准也不同。你首先要具备坚韧的品质和卓越的能力，才能在终身公务员和从未涉足公共部门的私营部门领导人之间架起沟通的桥梁。

这样做能创造许多获得共同收益的机会。例如，全球电子商务生态系统中的企业正在引领一系列令人惊叹的计划，将女性、农村人口和中小企业带入电子商务的潮流——这些计划正是援助机构希望看到的。阿里巴巴、易贝等大型公司在世界各地拥有多个相关项目，但很多本土企业也不遑多让。例如，斯里兰卡的 Grasshopper 正在解决跨境运输和支付问题；总部位于巴基斯坦的快递公司 TCS 控股已采取了性别多样化举措，目的是促使更多巴基斯坦女性走上工作岗位，女性劳动力目前只占巴基斯坦总劳动力的 25%。TCS 控股始终致力于通过一系列面向女性的举措来促进公司内部的性别平等，例如，雇用女性担任电子商务快递员，或教会偏远农村地区的女性在手机或平板电脑上开展电子商务。这是一个双赢的局面：既提高了女性的能力，也为 TCS 控股的电子商务经营和巴基斯坦电子商务市场奠定了基础。

私营部门这么做是出于长期赢利的考虑，这正是公共部门和私营部门合作的关键。此类举措创造了持续的市场，而不是耗光初期投资后就消亡的市场。因此，它们为政府和发展机构提供了巨大的机遇：由私营部门构思并承担试行成本，最后取得了可量化的成果。

公共部门很容易实现这样的目标：从私营部门开发的项目中挑选最佳项目，使用公共资金来扩大或复制这些项目。该模式也利用了合作伙伴的比较优势：私营部门发现问题并创造和发展解决方案；公共部门为经过考验的项目提供成长资本，节省开发和管理高绩效项目的成本。这对公共部门而言是低风险、高收益——只要为私营部门已经取得的成果提供资金就行了。更先进的做法是，精心设计旨在推动数字化和电子商务的私营部门主导项目投资组合，包括绩效指标和预测分析，使公共部门能投资这些组合并分散风险。

政府和企业通过社会影响债券（也叫发展影响债券）进行共同投资是一种更系统的、创新的方法。在这种模式里，私人基金会、社会影响投资者和/或电子商务平台首先对中小企业培训等电子商务项目进行投资，当项目达到某些预先设定的绩效指标时，如电子商务相关的新增就业机会或新增在线出口量等，便可获得政府和公共发展机构的溢价补偿。[12] 社会影响债券工具在激励投资者和项目执行者实现公共部门所期望的结果方面表现非常出色。

社会影响债券已被成功应用于治疗疟疾和拯救犀牛。鉴于私营部门对增加新的在线卖家和突破电子商务瓶颈相当感兴趣,它们对贸易和电子商务市场的发展十分有利。对公共部门来说,这种基于绩效的发展方式没有风险:只要取得成功并达到标准,政府就能确保贸易收益和社会经济回报。由于结果将被严格地量化,该模式下的项目评估自然会公开透明。

发挥发展银行的服务作用

多边发展银行和援助组织每年在与贸易相关的发展方面投资数百亿美元。这通常是双边行为,另一方往往是希望为发展项目申请贷款的某个国家及其政府。在数字时代,服务模式也在改变,BaaS(Bank-as-a-Service,银行即服务)平台由此诞生。该平台可以让一家开发银行同时为多个国家提供相同的服务。例如,仅为一个国家开发基于区块链的清关系统基本上没有意义,因为其他国家随时可以使用该系统的副本。发展政策需要从鼓励向特定国家提供援助和贷款,转为通过共性技术在区域和全球范围内实施干预。也许可以用下面的模式为这种干预提供经费:通过按比例减免本应支付的本金和利息,对先行尝试干预的国家和借款方进行奖励,从而让其他国家也愿意随之进行干预。

停止就业保护,提升劳动者素质

1950年,一个人一辈子只做一份工作。20世纪80年代,人们在同一行业内做三四份不同的工作。现在,到40岁时,人均换过的工作达到了10份。如果一个人拥有出色的技能,并在技术先进的公司和业内工作,他每过一年就能提升自身价值。正如第8章所探讨的,在荷兰和瑞典，人们的年收入增长近6%，但在阿富汗，人们的年收入增长不到0.5%。职业变革在加快，工人换工作也更容易，至少在某些城市是如此。与职业型招聘相比，任务型招聘在增加。在任务型劳动力市场，最高学历的重要性比不上实时的再培训，也就是由大量在线课程和数字化在职学习推动的继续教育。从工厂车间到电脑化办公室这样的职业变动不再那么难以实现——例如，编码、编程和网页设计也越来越容易学习，即使对低技能工人来说。而且，哪怕最复杂的问题，也有无数优秀的在线课程可供学习，因此，只要花上过去时间的一小部分，就能学会新技能。

相应地，政策制定者应该赋能工人，而不是提高关税和保护落后于时代的工作岗位。新加坡明白这一点。新加坡教育部下属的技能与就业促进委员会为包括学生、职业生涯早期到中期的人士甚至老年人在内的所有年龄段人群提供各种终身学习和劳动力发展项目。25岁以上的新加坡公民可以得到技能与就业促进信用金提供的约400美元的直接补贴（职业生涯中期人士可以得到的补贴更高），用以支付预先批准的课程。这大受欢迎。到2016年，该项目提供了1.8万多门课程，参与学习的新加坡人超过了12.6万。

企业也在填补这个空白，Codecademy（一个可供在线学习编程知识的网站）、General Assembly（一家编程培训创业公司）等正在帮助在职的人们快速学习并在工作中即时应用计算机编程等新技能。我正在用这种方式学习机器学习的相关内容。再培训不仅关乎工人本身——它对那些工人所在公司的竞争力同样重要：既能留住工人，又能培养他们的技能。美国第一资本金融公司（Capitol One）特别擅长向新员工灌输正确工作态度和品质的"最后一公里"项目，例如，它会安排商科或数学专业的大专毕业生参加"新兵训练营"，学习编程。

支持企业对其劳动力进行再培训,也许是最好的教育政策——了解自身所需的公司可以随时开始培训,避免了当地大学花上数月甚至一年的时间重新调整课程以满足企业的需求。那些始终把员工看作"新领"并培训他们走上新岗位的企业,应当为其投资获得税收减免的待遇。企业还可以更加系统地利用人工智能和机器学习来加速人与工作的正确匹配。

但是,仅仅具备可迁移技能还不够:真正被需要的工人应有远见———种构想新的未来与新的产品、服务和商业模式的能力。能在页面上编辑文字是一回事,能在页面上构思和表达概念是另一回事。后者要求员工深入自己的领域,同时学习其他领域的新兴技术、趋势、商业模式和应用,并迅速将其运用到自己的领域。自我提升方面的专家乔·迪斯彭扎在他的书中强调,人类的大脑是可塑的——当我们学习新事物或获得新经验时,大脑会生成新的突触连接和神经模式。[13] 输入的新知识越多,大脑的连接就会越多,我们也会变得更富创造力。迪斯彭扎的观点并非个例,能量治疗师、催眠师和神经可塑性专家都是基于我们大脑的无尽可塑性而出现的职业。

硬技能和软技能使人能够完成各种任务和工作,并走上新的工作岗位;花时间系统性地获取新信息并思考新技术和新商业模式的应用方法,使人能够创造全新的职业类别和工作岗位。维珍(Virgin)创始人理查德·布兰森强调了 CEO 帮助员工培养创新能力的重要性,并打趣说"CEO"应该叫作"首席使能官"(Chief Enabler Officer)。[14] 通过给员工留出"涉猎的时间"并在业务增长渠道方面给予真正的支持,对那些好到足以吸引员工克服失败恐惧的创新予以奖励,以及举办"黑客松"和创新大赛,CEO 能系统性地推动创新。他们可以奖赏那些提出新问题的员工——这是创造性的全部动力;可以让员工从事他们内心想做的工作——这是创造性的加速器；还可以向员工派发股权，让他们共同享有其创造性努力的成果。

专注于经济增长

托马斯·皮凯蒂在其鸿篇巨制《21世纪资本论》中指出，不平等正在加剧的原因是资本让资本持有者变得更富有。[15] 随后他建议，应该对年收入50万美元或以上者征收80%的税，并对最富裕的人群征收最高不超过10%的"全球资本税"。该书连续六周跻身《纽约时报》畅销书排行榜，这对一本学术著作来说几乎难以想象，更不用说它那700页的惊人厚度了。民众对皮凯蒂作品的兴趣反映了对收入不平等影响的担忧。

那些平等政策的拥趸不时为他们的追求辩护，认为平等促进了社会和谐而信任则是增长的基础，并声称不平等的社会增长更慢。另一些人认为平等能带来经济增长，因为根据推测，中间选民会争取促进增长的再分配政策，如对公共教育或基础设施的投资。

巴里·埃森格林在其《民粹主义的诱惑》一书中指出，特朗普之所以当选美国总统，是因为那些感觉受到技术变革、贸易自由化和全球金融危机沉重打击的人们没有得到足够的保障。[16] 不是只有他这么认为。2012年，曾在世界银行任职、现为卡内基国际和平基金会资深研究员的尤里·达杜什、克尔·德尔维希，以及萨拉·米尔索姆、班尼特·斯坦西尔都认为，美国对20世纪90年代和21世纪前10年贸易激增和技术变革的反应可能引发政治风暴，值得对美国的教育、税收和国际政策进行反思。[17]

那么，美国是否应该进行福利改革呢？比如，效仿丹麦的做法。以国际标准衡量，丹麦成功地在开放的贸易、灵活的劳动力法规和令人羡慕的失业收入保障水平之间达成了平衡。丹麦的就业率高于欧盟平均水平，结构性失业率低于欧盟平均水平，衡量贫富差距的基尼系数在经合组织国家中最低。[18]美国大体上已经实现了贸易开放和劳动力市场灵活化。但是，美国很难像丹麦和许多欧洲国家那样，在工会和雇主之间通过集体谈判来确定最低工资；美国人也很难像丹麦人那样，愿意为其举世闻名的灵活保障模式缴纳高额税收。

目前还没有足够的证据表明平等和经济增长之间存在关联，而经济增长毕竟是推动收入增长所必需的。关于其原因的假设比比皆是。一些人认为，不平等会使中间选民支持高税率，但高税率会削弱投资动机，阻碍经济增长，这是事实。增税几乎总会抑制经济增长，可能导致经济衰退，而减税往往会促进经济增长，从而增加税收收入。[19]征税几乎总会减少投资，破坏人类创造价值和获取财富的追求。

那么，不平等和增长有何关系呢？这种关系比我们通常以为的要复杂。2017年，古斯塔沃·马雷罗、胡安·加布里埃尔·罗德里格斯和罗伊·范德魏德在一篇论文中指出，总体不平等与穷人未来收入增长呈负相关，与富人未来收入增长呈正相关。[20]最值得注意的是，他们的发现几乎完全建立在不平等的一个亚类也就是机会不平等上。阻碍穷人进步的不是贫富差距，而是缺少接受顶级教育或突破种族与性别"天花板"的机会。

研究表明，降低高中辍学率、降低长期失业率等措施（在企业投资和经济增长期间也这样做）能增进机会平等，从而改变底层民众的人生道路。简言之，我们可以通过明智的、有针对性的、能带来新机会的补救措施提高穷人的收入增长率，而不是一门心思对富人征税。经济增长和机会可以提振士气，充实银行账户。我们需要专注于经济增长——从个体、性别、团体、企业、城市、行业、社区和国家的不同角度与不同层面更好地衡量经济增长。

如果技术采用的速度很快，以至于大多数人真的被机器抢走了工作，会怎样呢？旧模式是否会被打破，皮凯蒂式的激进解决方案是否有必要？

1987年，经济学家保罗·罗默写了题为"生产力放缓之疯狂解释"（Crazy Explanations for the Productivity Slowdown）的论文，认为女性和"婴儿潮世代"进入美国劳动力市场，致使劳动力供应增加、劳动力成本下降，抑制了对节省劳动力（但推动生产率）的技术的投资，从而降低了生产率。[21]简单来说，雇主不愿意使用机器，因为人工更便宜。一些研究表明，生产率确实降低了，但原因并非那么简单：由于走上工作岗位的"婴儿潮世代"缺乏经验，公司雇用了上一代低质量的"遗留"员工来管理他们，这导致了生产率下降，直到"婴儿潮世代"获得经验并表明可以进行自我管理。[22]

《经济学人》编辑瑞恩·埃文特提出了一个现代版本。他认为，可以替代劳动力的技术得到应用，不仅推动了总体生产率提升，而且迫使更多的人去寻找新工作。这意味着竞争低技能岗位的工人越来越多，进而对工资造成下行压力，致使劳动力更廉价。[23]这种劳动力过剩最终可能会像罗默在论文中指出的那样：抑制雇主对节省劳动力的新技术的投资。于是，如果人们回到工作岗位，生产率增长就会放缓，除非教育程度能够迅速提高，以提升工人的生产率。有没有一种方法可以避开这种循环，在不出现劳动力过剩和不降低工资的情况下保持经济生产率上升呢？

一种方法与IBM的CEO金尼·罗梅蒂的观念类似，即不断对工人进行再培训，使他们永远成为"新领"——这样劳动生产率就会持续上升，劳动力成本也可能会保持不变。[24]另一种方法可能是"旧调重弹",即缩短工作时间、减少劳动力供应。还有一种方法较具创造性,就是通过激进的收入分配方案来消除劳动力供给。毕竟,如果机器能保持生产率提升,人力稀缺的问题就会结束。接着,"问题"变成了如何分配因生产率提升而产生的大量财富。也许皮凯蒂的超级累进式征税是个解决办法,或者像"全民基本收入"计划那样给每一个无所事事的人增加一笔可观的生活"工资"。

当然,这些想法都是基于"技术(资本)比人(劳动力)便宜",以及"雇主用资本代替劳动力时,劳动力只会无所适从"的假设。即使有"全民基本收入",大多数人也不会坐在那里浏览脸书。人类天生就会成长、创造、建设以及改变自己的命运。只要停下来看看周围的建筑物、汽车、地铁、飞机、商店和产品,你就会意识到,短短100年前它们都还不存在。一些人提出构想,寻求把它们变为现实所需的要素。另一些人着手研究并找到了这些要素——训练有素的工人、新的融资工具、新的材料、新的技术和工艺、新的法律和公共政策。如果什么都不干就有钱拿,大多数人会用这钱改善自己和家庭的生活水平,创办企业并进行投资。要想理解这种激励机制的作用,一种方法是考察许多发展中国家提供给穷人的汇款支出,以及无条件和有条件的现金转移项目的支付情况。总体来说,这些各种各样的"白给钱"项目增加了受惠者在教育、医疗、住房、更好的营养和改善发展成果方面的支出,并没有造成在披萨、啤酒、电视等方面的不良消费。

应用认知计算系统

5~10年后,区块链对贸易的影响、增材制造和机器人技术对企业位置选择的影响、跨境电子商务对分配的影响以及数字化对地理空间的影响，有关这些主题的研究和著作会大量出现，因为经过测试的技术将变得更加先进，数据将变得更易获得，哪怕是更精细的模式也将变得更易识别。今天，我们拥有建立在先驱们的调查数据基础上的预测、推算和早期证据；明天，我们将拥有可供学者展开争论的大规模流动数据和有力的证据。今天，我们有了新的倡议和伙伴关系；几年后，我们将看到它们的优势和影响，正如我们曾经基于某些假设看到它们的缺点一样。然后，我们会进行调整，使我们的行动更加深思熟虑。

关于贸易和技术的政策研究议程应该包括哪些内容？在线支付和电子商务对贫困、就业和企业发展有何影响，我们仍然知之甚少。从事在线销售的公司最后会实现增长、扩大规模和创造就业机会吗？还是像许多公司一样，在小额信贷热潮期间得到了资金，之后却年复一年地"依然故我"，既没有提高生产率，也没有雇用新员工？

我们也不太了解分配效应。数字贸易对国内差距有何长期影响——它是会赋能偏远和农村地区的企业，还是会扩大这些企业与城市同行之间的差距？它是缩小还是扩大了社会差距、性别差距和大小公司之间的差距？如何在偏远的数字"沙漠"中创造"绿洲"？什么样的方法和技术最能优化劳动力市场，也就是把人和工作正确匹配起来？

那些旨在加快技术应用以扩大和推动发展中国家贸易的现有政策和援助干预措施将来有何影响，目前我们也知之甚少。在信息与通信技术和中小企业能力建设方面的诸多电子商务应用投资又会对贸易产生什么影响？

我们几乎完全不知道数据隐私及传输规则、网络中间责任、直接应用服务（OTT）规则、数字服务税、在线支付法规等会对贸易造成什么影响，更不用说"分裂网"以及不同市场之间的规则差异带来的影响了。

第13章 更多的人，更好的贸易

在理解贸易交易方之间缺乏互操作性的程度以及由此产生的成本方面，我们还停留在表面。它们是什么？它们到底从何而来？它们是在某些发展中国家的贸易走廊中表现很差，还是在任何地方都表现很差？它们在主张互操作性的新加坡等国的贸易中的表现是否好转了呢？

我们非常了解贸易成本——将集装箱从工厂运到港口，再跨越海洋、通过海关的成本，但几乎不了解全球贸易生态系统中互操作性差和效率低下带来的综合成本，也不了解包裹从一国企业被送到另一国消费者手中要经历多少坎坷、付出多少代价，尤其是通过邮政系统运输的包裹。贸易停滞到底是发生在港口和边境，还是发生在拥挤的城市中心和效率低下的邮政局？

为了更好地回答这些问题，我们需要更多的分析和数据，还需要更强的预测能力。诚然，随着时间的推移，关于贸易障碍和贸易增长的数据会越来越多，比如，进出口集装箱所需时间和资金、物流质量方面的国际数据，以及清关时间方面的精细数据。关于贸易政策壁垒的数据也会变得更具体、更及时。例如，全球贸易预警组织正在收集各国在本地成分要求、食品标准等目标领域限制或开放贸易的季度数据。这些数据对行业来说非常有用，能够让政府保持警醒、自我诊断问题和参与争先竞赛。2005 年，世界银行发布了营商便利指数排名，格鲁吉亚在 155 个国家中排名第 100 位。这促使格鲁吉亚政府进行了 47 项改革，使该国在 2018 年的排名中升至第 9 位。数据推进了行动。然而，传统的干预方法效果一般，反应也不够及时。

随着经济贸易的发展和转变，年度盘点、通过电话进行基于感知的调查、人为将定性数据加工成定量数据等老办法需要让位给能够实时解决问题并进行预测的 24 小时不间断精细数据管道。我们既需要更好的测量方法，也需要更精细的数据来提出更新、更切中时弊的问题。私营部门,尤其是科技公司和平台,正在推动并将继续推动这种实时精细数据的发展。而推动发展的最佳方式莫过于建立共享数据库,它将使公私伙伴关系更具说服力。公共部门需要拨出更多预算,以从外部购买数据和分析解决方案,还需要学会与企业分享数据,以达到共赢的目的。

我们也必须对数据进行反思。如果从现在开始考虑如何获取经济数据,相较于耗时的电话调查和人口普查,我们就会首先想到来自手机、社交媒体、平台和卫星的数据;我们会创建数据管道来实时查看商业模式,而不会进行过时的年度盘点;我们会报告对社区而非国家的调查结果。我们有可能从卫星图像中了解贫困和数字化,从邮政数据中知晓全球电子商务的流量和缺口,根据数小时内就能完成的手机调查来了解成千上万家企业的发展情况。各机构需要大胆试用这些以及其他24小时不间断的数据来开展新分析。

同理,相较于在几名研究助理的帮助下对数据进行整理和编码、研读文献、开发计量经济模型,经济学家更需要开始使用基于人工智能的工具。这些工具能迅速将大量经济研究和项目评估报告转化为可操作的见解,确定最佳做法,评估对干预措施的新需求以及新政策、新项目带来的影响。IBM的认知计算系统Watson几分钟内收集的数据比1万名研究助理几天内收集的数据还要多。简言之,技术还需要在贸易和发展从业者中间进行普及。

新政治生态可能形成吗

贸易政治经济学专业的学生一般研究两大思想流派。第一种思想流派强调贸易政策受利益集团争斗的影响。比如，工会和缺乏竞争力的行业希望对那些想要实现全球自由贸易的出口导向型企业征收关税。这些利益集团在政治舞台上的武器是向政策制定者提供竞选捐款。目前，支持贸易的力量基本上占据了上风。第二种思想流派将目光转向了投票箱。所谓的中间选民理论认为，贸易政策由最典型的选民投票决定。为此，我们需要假设选民投票的主要动机是贸易问题，而非社会、税收、医疗保健等其他问题，并且他们从一开始就具备足够的热情来参与投票。

如今，人们对贸易保护主义抬头的担忧转向了中间选民模式：那些苦恼于全球化的选民将占领投票箱，致使关税增加，而纺织、洗衣机、汽车等行业则会进行游说，寻求贸易保护。尽管中间选民理论似乎解释了特朗普入主白宫的原因，但却忽略了这样的事实，即美国和其他国家的贸易政策主要受出口导向型行业的影响，这些行业经常在国会与美国劳工联合会－产业工会联合会争斗不休。而且，贸易的内容和贸易商本身也和一二十年前完全不同。

当贸易不再和船上装载的汽车、飞机有关，而是和跨境3D打印设计或在线提供的建筑、IT、法律服务有关时，贸易政治会怎样呢？贸易政策真的如过去一样，只是工会工人和大型跨国公司斗争的结果吗？或者，如果商品越来越多地由3D打印或机器人制造，在哪里制造就在哪里销售，而不是跨境交易，工会政治是否会朝着不好的方向发展？例如，未来的游说团体是否会更关注对机器人而非贸易征税？

贸易政治中最大的转变或许是，贸易对更广泛的人群来说正变得越来越重要。敦豪快递的一项研究表明，90%的企业表示将在2025年前面向国际市场销售产品。从贸易中获利的主要街道企业形成了一个支持贸易自由的新游说团体，它们的首要目的是希望其他市场为其出口保持开放，但它们也呼吁美国决策者降低国内的贸易壁垒，以确保其他国家不会效仿美国提高壁垒。

20年前，北美自由贸易协定谈判使美国大企业形成了一个推动贸易协定通过的出口游说团体；如今，小企业和电子商务商家也需要联合起来，形成一股促进自由贸易的新力量。这股浪潮已经开始涌现：Etsy和易贝定期在华盛顿召集卖家，以达成新的贸易协定和降低贸易成本；全球创新论坛等较新的游说团体将企业家联合起来，以对主要州府的决策者施加影响。保护主义逃不过大型跨国公司和依赖全球市场的小企业的"法眼"，最终可能还会受到对高价商品感到愤怒的消费者的惩罚。

出口导向型行业可能也会在美国的贸易政策制定中提高声量。美国目前是世界上最大的服务出口国：在大多数制造业出口萎缩之际，服务业出口却在快速增长。超过一半的服务岗位落在了数字服务领域，超过一半的出口相关工作是服务工作。例如，达拉斯一家律师事务所为德国客户提供法律服务，缅因州一名自由职业者为加拿大公司提供IT服务，或夏威夷五星级度假胜地为富裕的中国游客提供旅游服务。这些人难道不会奋力争取更开放的市场，推动减少服务贸易中的壁垒和政府在服务合同方面的歧视吗？美国的数据科学家难道不想参与巴西州政府的合同竞标吗？要知道，巴西州政府正在寻求更快的方法来养肥牲畜或使亚马逊森林再生呢！

即使中间选民理论是理解贸易政策结果的正确视角，它也可能预示着自由贸易的美好前景。调查显示，大部分美国人认为，从长远来看，特朗普的关税政策会损害经济和他们家庭的利益；多数人既不关注关税，也不能将洗衣机的价格与关税联系到一起。[25] 目前，美国消费者在贸易问题上表现得很随意。食糖市场就很能说明问题。美国的食糖市场是受配额保护的，这意味着，相较于食糖市场开放的情况，我们每人每年要多花 8 美元。我们大多数人根本不知道这笔支出，更不可能在脸书上发起废除保护的运动。但对制糖业来说，这是至关重要的——它们每年可以获得 20 亿美元"补贴"，算是卖力游说得来的一笔不错的收入。如果配额保护结束，任何国家都可以向美国出口食糖，食糖的价格就会下降，糖果、汽水、面包等所有含糖产品都会更加便宜。美国的制糖公司要么将倒闭，要么将不得不面对收入减少、工人减少的局面。接下来呢？既然关税已经影响商品的价格，那么消费者还会在投票时对贸易政策无动于衷，不对他们的国会代表施加压力吗？

美国可以做得更好

美国可以做得更好。瑞典、智利、哥斯达黎加等很多小国已经加强了数字时代的全球贸易合作，但没有国家能代替美国。过去几年里，美国人一直对这个充满机遇的开放时代充满恐惧。用民意调查专家弗兰克·卢茨的话说：我们对未来前所未有地缺乏希望。如今，多数美国人认为下一代的境遇会更糟。美国在全球的形象和信誉一落千丈。美国人的孩子不得不与全国步枪协会进行斗争，而年轻女性直到 2019 年还不得不继续反抗性骚扰，并争取同工同酬。更令人惊讶的是，美国竟然还要重提自由贸易。

美国可以做得更好，也必须做得更好——支持开放、创新、发展，给所有人以机遇。日本会这么做，欧洲国家别无选择，英国会这么做，大部分拉丁美洲国家会这么做，大部分东南亚国家也会这么做。希拉里·克林顿说:"美国是伟大的,因为美国是善的。我们仍然是灯塔,只是暂时黯淡了一些。"许多共和党人说:"我没有变,是共和党变了。"或者说:"共和党不是从前的共和党了。"曾经的共和党支持自由贸易、自由市场、自由经济,也支持将小企业和私营部门作为增长动力;但今天的共和党,仿佛一群乌合之众,充斥着孤立主义者、沙文主义者、排斥对话和争论的铁腕主义者,以及那些在《第二修正案》(Second Amendment)中为未能保障儿童在校安全寻找借口的人。

这不是美国,也不是美国代表的方向。我们需要回到以身作则上来,继续进行这个世界上最伟大的民主试验。我们需要推动自由贸易,推动技术发展和普及,为贸易提供动力,为所有人提供机会。这是一个世界充满机遇的经济时代,我们必须正确行事。

结论

1944年,弗里德里希·哈耶克出版了著作《通往奴役之路》,为"经济自由是政治自由的支柱"辩护。这部著作启发了20世纪的经济学家,如约翰·凯恩斯和米尔顿·弗里德曼。20世纪80年代,随着苏联的解体以及资本主义和民主的传播发展,"经济自由"的意义渐渐脱离了对抗社会主义,更多地涉及通过放松管制、国有实体私有化和自由贸易来完善私有制和私营企业。传统基金会(Heritage Foundation)、自由之家(Freedom House)等智库开发出了"经济自由"的排名和指标。福利经济学著作将"经济自由"概念深化为"选择自由"概念。

在 21 世纪,"经济自由"的概念仍需进一步扩大。今天的经济自由,应该是指每个人都有机会接触到互联网,能在全球虚拟市场上自由交易,不受关税、边境烦琐程序等的限制。每个人,无论他住在哪里、生活状态如何,都应该能自由使用互联网赋予的能力——在任何地方、任何时间向任何人买卖几乎任何东西。这样,21 世纪的人们才能充分实现其经济潜力。经济自由不仅是自由的贸易,而且是贸易的自由。

人类天生就具有创造、建设、沟通和交换的能力。技术让我们的这些能力日益走向全球。我们需要把自己从旧的经商方式中解放出来,从把世界划分成监管部门、公共部门和私营部门的条条框框中解放出来,从那些需要数年才能制定的规则中解放出来。政府和企业需要一种新的运作方式,以最大限度地利用技术给世界贸易带来的机遇。我们对 21 世纪经济自由的渴望也许听上去很遥远,但解决方案却极为实际。幸运的是,很多方案已在紧锣密鼓地实施。让我们继续努力吧!

参考文献

第 1 章 引言

1. Nelson D. Schwarz, "Can Trump Save Their Jobs? They're Counting on It," *New York Times*, November 12, 2016, https://www.nytimes.com/2016/11/13/business/economy/can-trump-save-their-jobs-theyre-counting-on-it.html.

2. "Travis Baird," eBay Main Street blog, https://www.ebaymainstreet.com/fr/node/130011.

3. See, for example, World Development Indicators, World Bank, https://datacatalog.worldbank.org/dataset/world-development-indicators; and "World Investment Report: Annex Tables," United Nations Conference on Trade and Development, 2017, https://unctad.org/en/Pages/DIAE/World%20Investment%20Report/Annex-Tables.aspx.

4. Scott C. Bradford, Paul L. E. Grieco, and Gary Clyde Hufbauer, "The Payoff to America from Global Integration," Peterson Institute for International Economics, https://piie.com/sites/default/files/publications/papers/2iie3802.pdf (accessed March 18, 2019).

5. José De Gregorio, "Productivity in Emerging Market Economies: Slowdown or Stagnation?" Policy paper, Institute for International Economics, November 2017, https://piie.com/system/files/documents/2-2de-gregorio20171109paper.pdf. Other growth calculations include human capital (such as years of schooling) in TFP; De Gregorio includes it outside TFP.

6. "Global Trade Growth Loses Momentum as Trade Tensions Persist," WTO Press Release 837, April 2, 2019, https://www.wto.org/english/news_e/pres19_e/pr837_e.htm.

7. Data extrapolated from "Pitney Bowes Parcel Shipping Index Reveals 48 Percent Growth in Parcel Volume Since 2014," *BusinessWire*, August 30, 2017, https://www.businesswire.com/news/home/20170830005628/en/Pitney-Bowes-Parcel-Shipping-Index-Reveals-48; World Development Indicators, World Bank; "Number of Smartphone Users Worldwide from 2014 to 2020 (in Billions)," *Statista*, https://www.statista.com/statistics/330695/number-of-smartphone-users-worldwide/; "Number of Annual Active Consumers Across Alibaba's Online Shopping Properties from 4th Quarter 2013 to 4th Quarter 2018 (in millions)" *Statista*, 2019, https://www.statista.com/statistics/226927/alibaba-cumulative-active-online-buyers-taobao-tmall; eBay, "eBay Inc. Reports Fourth Quarter and Full Year 2016 Results," Press Release, January 25, 2017, https://www.

ebayinc.com/stories/news/ebay-inc-reports-fourth-quarter-and-full-year-2016-results; Thomas Franck, "Amazon's US Sales to Match Walmart's Within Three Years, JP Morgan Predicts," CNBC, May 15, 2018, https://www.cnbc.com/2018/05/15/amazons-us-sales-to-match-walmarts-within-three-years-jp-morgan-predicts.html.

8. See Adam Ostrow, "How Many People Actually Use Twitter?", Mashable, April 28, 2009, https://mashable.com/2009/04/28/twitter-active-users/; "Number of Monthly Active Twitter Users Worldwide from 1st Quarter 2010 to 4th Quarter 2018 (in Millions)," *Statista*, 2019, https://www.statista.com/statistics/282087/number-of-monthly-active-twitter-users; and "Number of Monthly Active Facebook Users Worldwide as of 1st Quarter 2019 (in Millions)," *Statista*, 2019, https://www.statista.com/statistics/264810/number-of-monthly-active-facebook-users-worldwide.

9. "Number of Annual Active Consumers Across Alibaba's Online Shopping Properties from 4th Quarter 2013 to 4th Quarter 2018 (in Millions)" *Statista*, 2019, https://www.statista.com/statistics/226927/alibaba-cumulative-active-online-buyers-taobao-tmall.

10. Global Apple iPhone Sales from 3rd Quarter 2007 to 4th Quarter 2018 (in Million Units)," *Statista*, 2019, https://www.statista.com/statistics/263401/global-apple-iphone-sales-since-3rd-quarter-2007.

第2章 世界经济欣欣向荣

1. Thomas Friedman, *The World Is Flat: A Brief History of the Twenty-First Century* (New York: Farrar, Straus and Giroux, 2005).

2. Atev Lohr, "Stress Test for the Global Supply Chain," *New York Times*, March 19, 2011.

3. Richard Baldwin, "Trade and Industrialisation After Globalisation's 2nd Unbundling: How Building and Joining a Supply Chain Are Different and Why It Matters," NBER Working Paper No. 17716, issued December 2011, revised January 2013, http://www.nber.org/papers/w17716. See also Richard Baldwin, *The Great Convergence: Information Technology and the New Globalization* (Cambridge, MA: Harvard University Press, 2016).

4. See Bureau of Labor Statistics, "Manufacturing in China," https://www.bls.gov/fls/china.htm#tables and https://www.bls.gov/cew/ew02sect3133.pdf (accessed March 3, 2018).

5. See for example, Kaname Akamatsu, "A Historical Pattern of Economic Growth in Developing Countries," *The Developing Economies* 1, no. 3-2, 1962, https://onlinelibrary.wiley.com/doi/abs/10.1111/j.1746-1049.1962.tb01020.x.

6. Kaname Akamatsu, "A Historical Pattern of Economic Growth in Developing Countries," *The Development Economies* 1, Tokyo, Preliminary Version (1962): 3–25.

7. See Richard Baldwin, "Trade and Industrialisation after Globalisation's 2nd Unbundling: How Building and Joining a Supply Chain Are Different and Why It Matters," NBER Working Paper No. 17716, December 2011, http://www.nber.org/papers/w17716.

8. See "Reshoring: Total Cost of Ownership Estimator," Reshoring Initiative, http://reshorenow.org/tco-estimator (accessed April 21, 2019).

9. Matthew Ponsford and Nick Glass, "The Night I Invented 3D printing," *CNN Business*, February 14, 2014, http://www.cnn.com/2014/02/13/tech/innovation/the-night-i-invented-3d-printing-chuck-hall.

10. Lyndsey Gilpin, "10 Industries 3D Printing Will Disrupt or Decimate," TechRepublic, February 12, 2014, https://www.techrepublic.com/article/10-industries-3d-printing-will-disrupt-or-decimate.

11. Michael Molitch-Hou, "3D Printers Now a 'Good Thing' Declares Martha Stewart," 3DPrinting Industry, January 13, 2014, https://3dprintingindustry.com/news/3d-printers-now-good-thing-declares-martha-stewart-22238.

12. John Patrick Pullen, "What 3-D Printing Could Mean for Small Businesses," *Entrepreneur*, March 14, 2013, https://www.entrepreneur.com/article/225446.

13. Laura Griffiths, "Volvo Trucks Cuts Production Times by 94% with Stratasys 3D Printing," *tct Mag*, March 20, 2015, https://www.tctmagazine.com/3d-printing-news/volvo-trucks-cuts-production-times-by-94-percent-stratasys-3d-printing.

14. Tomas Kellner, "An Epiphany of Disruption: GE Additive Chief Explains How 3D Printing Will Upend Manufacturing," *GE Reports*, November 13, 2017, https://www.ge.com/reports/epiphany-disruption-ge-additive-chief-explains-3d-printing-will-upend-manufacturing.

15. Max Gicklhorn, "Lace Up! 3D Printed Shoes: An Overview," All3DP, August 3, 2017, https://all3dp.com/3d-printed-shoes.

16. Clare Scott, "Is Egypt Ready for 3D Printed Fashion? Designer Sara Hegazy Hopes So," 3DPRINT.COM, August 5, 2016, https://3dprint.com/145046/egypt-3d-printed-fashion.

17. Sneha Jha, "Hero Moto Corp Powers Ahead with 3D Printing," ETCIO.com, February 18, 2015, https://cio.economictimes.indiatimes.com/news/case-studies/hero-motocorp-powers-ahead-with-3d-printing/45599691.

18. Nick Statt, "iPhone Manufacturer Foxconn Plans to Replace Almost Every Human Worker with Robots," *The Verge*, December 30, 2016, https://www.theverge.com/2016/12/30/14128870/foxconn-robots-automation-apple-iphone-china-manufacturing.

19. PricewaterhouseCoopers, "3D Printing Comes of Age in US Industrial Manufacturing," https://www.pwc.com/us/en/industries/industrial-products/library/3d-printing-comes-of-age.html, accessed March 14, 2019.

20. Jörg Bomberger and Richard Kelly, "Additive Manufacturing: A Long-Term Game Changer for Manufacturers," McKinsey.com, September 2017, https://www.mckinsey.com/business-functions/operations/our-insights/additive-manufacturing-a-long-term-game-changer-for-manufacturers.

21. Sam Jones, "When Disaster Strikes, It's Time to Fly in the 3D printers, *The Guardian*, December 30, 2015, https://www.theguardian.com/global-development/2015/dec/30/disaster-emergency-3d-printing-humanitarian-relief-nepal-earthquake.

22. AFP, "Myanmar Farmers Reap Rewards from 3D Printing," December 25, 2015, http://guardian.ng/technology/myanmar-farmers-reap-rewards-from-3d-printing.

23. Leah Bell, "Aftermarket Spare Parts and 3d Printing: Is the Technology Worth

the Investment?" *Syncron*, March 8, 2018, https://www.syncron.com/aftermarket-spare-parts-and-3d-printing-is-the-technology-worth-the-investment.

24. Kellner, "Epiphany of Disruption."

25. Lance Ulanoff, "World's First 3D Printed Car Took Years to Design, But Only 44 Hours to Print," *Mashable*, September 16, 2014, https://mashable.com/2014/09/16/first-3d-printed-car.

26. "Why Aviation Companies Are Finding Promise in 3D Printing," *The Atlantic*, October 2, 2014, https://www.theatlantic.com/live/articles/2014/10/3d-printing/380573.

27. Cristina Constantinescu, Aaditya Mattoo, and Michele Ruta, "The Global Trade Slowdown: Cyclical or Structural?" IMF Working Paper 15/6, 2015, https://www.imf.org/external/pubs/ft/wp/2015/wp1506.pdf.

28. See Paolo Del Nibletto, "Nike Teams Up with HP to 3D Print Shoes for the NFL," *itbusiness.ca*, November 22, 2017, https://www.itbusiness.ca/news/nike-teams-up-with-hp-to-3d-print-shoes-for-the-nfl/96745; and Andra Cheng, "Foot Locker Gets Back to Center of Sneaker Culture by Focusing on More Than Shoe," *Forbes*, March 29, 2019, https://www.forbes.com/sites/andriacheng/2019/03/29/how-foot-locker-plans-to-stay-at-the-center-of-sneaker-culture/#5289e28f283d.

29. Pricewaterhouse Coopers, "2015 Commercial Transportation Trends."

30. ING, "3D Printing: A Threat to Global Trade," September 2017, https://www.ingwb.com/media/2088633/3d-printing-report-031017.pdf.

31. See, for example, Michael Kassner, "3D Printing Security Risks Threaten the Public's Health and Safety," *TechRepublic*, August 25, 2017, https://www.techrepublic.com/article/3d-printing-security-risks-threaten-the-publics-health-and-safety.

32. Bridget Butler O'Neal, "Partially 3D Printed Adidas Futurecraft 4D Shoes Launch Commercially This Week in NYC," 3Dprint.com, January 15, 2018, https://3dprint.com/200338/adidas-futurecraft-4d-launch. See also Andria Chen, "How Adidas Plans to Bring 3D Printing to the Masses," *Forbes*, May 22, 2018, https://www.forbes.com/sites/andriacheng/2018/05/22/with-adidas-3d-printing-may-finally-see-its-mass-retail-potential.

33. Marc Bain, "Nike Has 3D-Printed a Stretchy, Water-Expelling, Customizable Sneaker," *New Dimensions*, April 16, 2018, https://qz.com/quartzy/1254503/nike-just-debuted-flyprint-a-3d-printed-stretchy-customizable-sneaker-upper.

34. Eric Lai, "Chanel Announces Plan to Mass-Produce a 3D Printed Mascara Brush," 3DPrinting Industry, March 20, 2018, https://3dprintingindustry.com/news/chanel-announces-plan-mass-produce-3d-printed-mascara-brush-130715.

35. David Rotman, "The 3-D Printer That Could Finally Change Manufacturing," *MIT Technology Review*, April 25, 2017, https://www.technologyreview.com/s/604088/the-3-d-printer-that-could-finally-change-manufacturing.

36. Ivana Kottasová, "Volkswagen Will Use 3D Printers to Mass Produce Parts," *CNN Business*, September 28, 2018, https://www.cnn.com/2018/09/28/tech/volkswagen-3d-printing-parts/index.html.

37. Aarian Marshall, "GM's 3-D-Printed Seat Bracket Heralds a Future of Cheaper,

Better Cars," *Wired*, August 22, 2018, https://www.wired.com/story/general-motors-auto-industry-3d-printing-additive-manufacturing.

38. Daniel Ren, "Can You 3D-Print a Car? This Company Will Mass Print Cars by 2019 for US$10,000 Each," *South China Morning Post*, March 19, 2018, https://www.scmp.com/business/companies/article/2137737/worlds-first-mass-produced-3d-printed-electric-car-be-sold-china.

39. Trefor Moss, "China's Giant Market for Really Tiny Cars," *Wall Street Journal*, September 21, 2018, https://www.wsj.com/articles/chinas-giant-market-for-tiny-cars-1537538585.

40. Maximilian Holland, "China EV Forecast: 50% EV Market Share by 2025," *Clean Technica*, February 24, 2019, https://cleantechnica.com/2019/02/24/china-ev-forecast-50-ev-market-share-by-2025-part-1.

41. See, for example, Beth McKenna, "4 Facts You Probably Didn't Know About Stratasys (or Its Stock)," *The Motley Fool*, June 13, 2017, https://www.fool.com/investing/2017/06/13/4-facts-you-probably-didnt-know-about-stratasys-or.aspx.

42. Panos Mourdoukoutas, "The U.S.-China Trade War Could Give 3D Printing a Second Chance," *Forbes*, September 9, 2018, https://www.forbes.com/sites/panosmourdoukoutas/2018/09/09/the-us-china-trade-war-could-give-3d-printing-a-second-chance.

43. Bromberger and Kelly, "Additive Manufacturing."

44. Marshall, "GM's 3-D-Printed Seat Bracket."

45. Deloitte, "Made to Order: The Era of Mass-Personalisation," https://www2.deloitte.com/content/dam/Deloitte/ch/Documents/consumer-business/ch-en-consumer-business-made-to-order-consumer-review.pdf (accessed March 14, 2019).

46. Elizabeth Spaulding and Christopher Perry, "Making It Personal: Rules for Success in Product Customization," Bain & Company, September 16, 2013, https://www.bain.com/insights/making-it-personal-rules-for-success-in-product-customization.

47. Paul Brody and Veena Pureswaran, "The New Software-Defined Supply Chain," IBM Global Business Services, July 2013, https://www-935.ibm.com/services/multimedia/The_new_software-defined_supply_chain_Exec_Report.pdf.

48. Giles Kirkland, "Mini Yours Customized: The Next Step in Car Customization," *Fabbaloo*, July 3, 2018, https://www.fabbaloo.com/blog/2018/7/3/mini-yours-customized-the-next-step-in-car-customization.

49. Ali Morris, "Good Design for a Bad World," Dezeen.com, December 4, 2017, https://www.dezeen.com/2017/12/04/dutch-designers-eric-klarenbeek-maartje-dros-convert-algae-biopolymer-3d-printing-good-design-bad-world.

50. "Green Generation: Millennials Say Sustainability Is a Shopping Priority," Nielsen, November 5, 2015, https://www.nielsen.com/us/en/insights/news/2015/green-generation-millennials-say-sustainability-is-a-shopping-priority.html.

51. "This Reusable Straw Company Went from Zero to $5 Million in Less Than a Year. Next Up: Surviving the Growing Pains," *Inc.com*, April 18, 2019, https://www.inc.com/brit-morse/finalstraw-reusable-collapsible-drinking-straw-sustainable-shark-tank-30-under-30-2019.html.

52. Joan Didion, *Where I Was From* (New York: Knopf, 2003).

53. Paul Krugman, *Geography and Trade* (Cambridge, MA: MIT Press, 1991).

54. J-F Arvis, Y. Duval, B. Shepherd, and C. Utoktham, "Trade Costs in the Developing World: 1995–2010," Policy Research Working Paper 6309, World Bank, 2013.

55. Gordon Hanson, "The Effects of Offshore Assembly on Industry Location: Evidence from U.S. Border Cities," in *The Effects of U.S. Trade Protection and Promotion Policies*, ed. Robert C. Feenstra (Chicago: University of Chicago Press, 1997).

56. Brody and Pureswaran, "The New Software-Defined Supply Chain."

57. See, for example, Zhen Chen, "Research on the Impact of 3D Printing on the International Supply Chain," *Advances in Materials Science and Engineering*, Volume 2016, Article ID 4173873, April 17, 2016, https://www.hindawi.com/journals/amse/2016/4173873/#B24.

58. A. Barz, T. Buer, and H.-D. Haasis, "Quantifying the Effects of Additive Manufacturing on Supply Networks by Means of a Facility Location-Allocation Model," Computational Logistics Working Paper, University of Bremen, Germany, 2015, http://www.cl.uni-bremen.de/files/buer/publikationen/Barz_Buer_Haasis_Working%20Paper_12_2105.pdf.

59. Ibid.

60. M. Angeles Villarreal, " U.S.-Mexico Economic Relations: Trends, Issues, and Implications," Congressional Research Service, March 27, 2018, https://fas.org/sgp/crs/row/RL32934.pdf.

61. Susanna Kim, "3.5 Million Manufacturing Jobs Are Coming. Are You Ready?" *GE Reports*, October 3, 2017, https://www.ge.com/reports/us-manufacturing-sector-really-needs-stay-competitive; "2018 Deloitte and The Manufacturing Institute Skills Gap and Future of Work Study," Deloitte and The Manufacturing Institute, 2018, https://www2.deloitte.com/us/en/pages/manufacturing/articles/future-of-manufacturing-skills-gap-study.html.

62. Bennett Greenberg, "Adam Smith's Pin Factory," blogspot.com, November 30, 2017, http://bennettgreenberg.blogspot.com/2013/08/adam-smith-and-pin-factory.html.

63. R. Lanz, S. Miroudot, and H. K. Hordas, "Trade in Tasks," OECD Trade Policy Working Papers, No. 117, OECD Publishing, 2011, http://www.oecd.org/site/tadicite/48707655.pdf.

64. David Bailey, Carlo Corradini, and Lisa De Propris, "'Home-Sourcing' and Closer Value Chains in Mature Economies: The Case of Spanish Manufacturing," *Cambridge Journal of Economics* 42, no. 6 (November 2018): 1567–1584.

65. Author's analysis on the basis of UNCTAD data on services.

66. Joanna Wyszkowska-Kuna, "The Growing Importance of Knowledge-Intensive Business Services in International Trade," *Studia Ekonomiczne* 266 (2016): 249–260, http://cejsh.icm.edu.pl/cejsh/element/bwmeta1.element.cejsh-b5ef4b1d-bf36-465a-8a6f-d3008f8556cd.

67. Freshworks, "About Us," https://www.freshworks.com/company/about/?utm_source=freshdesk&utm_medium=referral&utm_campaign=fdesk_footer_

main&_ga=2.144160245.1570727800.1519450234-1706444160.1519450234&_gac=1.250325876.1519450234.CjwKCAiAlL_UBRB0EiwAXKgW55lbyAOZqGrO3fabLTkMnVSRTrziwtA41gt4AK9mijCtPaZLpub37B0C390QAvD_BwE (accessed March 14, 2019).

68. Matthew Miller, "Samba Tech Launches Kast, an Enterprise Mobile Video and Messaging Collaboration Tool," ZDNet, June 15, 2016, http://www.zdnet.com/article/samba-tech-launches-kast-an-enterprise-mobile-video-and-messaging-collaboration-tool.

69. From Kati Suominen, "Accelerating Digital Trade in Latin America and the Caribbean," Inter-American Development Bank Working Paper No. IDB-WP-790, March 2017, https://publications.iadb.org/publications/english/document/Accelerating-Digital-Trade-in-Latin-America-and-the-Caribbean.pdf.

70. Siliconreview Team, "10 Fastest Growing SAP Companies 2017," *The Silicon Review*, April 2017, http://thesiliconreview.com/magazines/10-fastest-growing-sap-companies-2017.

71. Taj Walton, "How Codigo Del Sur Became a Leading Mobile Development Agency on Upwork," Upwork Blog, August 28, 2015, https://www.upwork.com/blog/2015/08/codigo-del-sur-mobile-development-agency-upwork.

72. Ibid.

73. James Manyika, Susan Lund, and Kelsey Robinson, "Connecting Talent with Opportunity in the Digital Age," McKinsey&Company, June 2015, https://www.mckinsey.com/global-themes/employment-and-growth/connecting-talent-with-opportunity-in-the-digital-age.

74. Nicole Amaral, Nick Eng, Carlos Ospino, Carmen Pagés, Graciana Rucci, and Nate Williams, "How Far Can Your Skills Take You?" Inter-American Development Bank, August 2018, https://publications.iadb.org/bitstream/handle/11319/9089/Technical-Note-How-Far-Can-Your-Skills-Take-You.pdf?sequence=1&isAllowed=y.

第3章 世界贸易的"撒手锏"

1. "Modern Spice Routes: The Cultural Impact and Economic Opportunity of Cross-Border Shopping," PayPal, 2014, https://www.paypalobjects.com/webstatic/mktg/2014design/paypalcorporate/PayPal_ModernSpiceRoutes_Report_Final.pdf.

2. Kati Suominen, "Silver Bullet to Fire Up Small Business Exports: Plurilateral Agreement on De Minimis," working paper, April 2017, https://katisuominen.files.wordpress.com/2017/04/de-minimis-plurilateral-suominen-april-2017.pdf.

3. Kati Suominen and Reena Gordon, *Going Global: Promoting the Internationalization of Small and Mid-Size Enterprises in Latin America and the Caribbean* (Washington, DC: Inter-American Development Bank, March 2014).

4. Andrew Bernard, "Firms in International Trade," *Journal of Economic Perspectives* (April 2007): 105–130.

5. Suominen and Gordon, *Going Global*.

6. Elhanan Helpman, Marc J. Melitz, and Stephen R. Yeaple, "Export Versus FDI with Heterogeneous Firms," *The American Economic Review* 94 (March 2004).

7. Mark J. Melitz, "The Impact of Trade on Intra-Industry Reallocations and Aggregate Industry Productivity," *Econovember Metrica* 71 (November 2003): 1695–1725.

8. "Enabling Traders to Enter and Grow on the Global Stage," eBay, 2012, http://www.ebaymainstreet.com/sites/default/files/EBAY_US-Marketplace_FINAL.pdf.

9. A. Fernandes, C. Freund, and M. Pierola, "Exporter Behavior, Country Size and Stage of Development: Evidence from the Exporter Dynamics Database," *Journal of Development Economics* 119 (October 2015): 121–137.

10. Maggie Chen and Min Xu, "Online International Trade in China," background paper for the World Development Report, World Bank, Washington, DC, 2016.

11. Kati Suominen, "Expanding Developing Country Small Businesses' ' Use of Platforms for Trade," report for U.S. Agency for International Development, June 2018 https://pdf.usaid.gov/pdf_docs/PA00TM8V.pdf.

12. Kati Suominen, "Ecommerce Development Index," report for the U.S. Agency for International Development, April 2017, https://pdf.usaid.gov/pdf_docs/PA00MP8T.pdf.

13. Kati Suominen, "Accelerating Digital Trade in Latin America and the Caribbean", Inter-American Development Bank Working Paper No. IDB-WP-790, March 2017, https://publications.iadb.org/publications/english/document/Accelerating-Digital-Trade-in-Latin-America-and-the-Caribbean.pdf.

14. Paul Zwillenberg, Dominic Field, and David Dean, "Greasing the Wheels of the Internet Economy," Boston Consulting Group, January 20, 2014, https://www.bcg.com/en-us/publications/2014/technology-industries-public-sector-greasing-wheels-internet-economy.aspx.

15. Paul Resnick, Richard Zeckhauser, John Swanson, and Kate Lockwood, "The Value of Reputation on eBay: A Controlled Experiment," *Experimental Economics* 9, no. 2 (2006): 79–101.

16. Christopher P. Adams, Laura Hosken, and Peter Newberry, "'Vettes and Lemons on EBay," February 2006. Available at SSRN: http://ssrn.com/abstract=880780.

17. James E. Rauch and Vitor Trindade, "Ethnic Chinese Networks in International Trade," *The Review of Economics and Statistics* 84 (February 2002): 116–130.

18. Andreas Lendle and Pierre-Louis Vézina, "Internet Technology and the Extensive Margin of Trade: Evidence from eBay in Emerging Economies," *Review of Development Economics* 19, no. 2 (May 2015).

19. Andrew B. Bernard and Joachim Wagner, "Exports and Success in German Manufacturing," *Weltwirtschaftliches Archiv / Review of World Economics* (1997–2014): 133–157.

20. Alberto E. Isgut, "What's Different About Exporters? Evidence from Colombian Manufacturing," *Journal of Development Studies* 37 (2001): 57–82.

21. For Italy: D. Castellani, "Export Behaviour and Productivity Growth: Evidence from Italian Manufacturing Firms," *Weltwirschaftliches Archiv* 138 (2002): 605–628; for China: A. Kraay, "Exports and Economic Performance: Evidence from a Panel of Chinese Enterprises," *Mimeo World Bank,* Washington DC, 1999; for Canada: J. B. Baldwin

and W. Gu, "Trade Liberalization: Export-Market Participation, Productivity Growth, and Innovation," *Oxford Review of Economic Policy* 20, no. 3 (2004): 372–392.

22. U.S. International Trade Commission, "Small and Medium-Sized Enterprises: Characteristics and Performance," Investigation No. 332-510, Publication 4189, 2012, https://www.usitc.gov/publications/332/pub4189.pdf.

23. Suominen and Reena Gordon, *Going Global*.

24. Eric Maurin, David Thesmar, and Mathias Thoenig, "Globalization and the Demand for Skill: An Export-Based Channel." *Mimeo*, CERAS-ENPC, 2002.

25. M. V. Jones and D. Crick, "Internationalizing High-Technology Based UK Companies' Information-Gathering Activities," *Journal of Small Business and Enterprise Development* 11, no. 1 (2004): 89–94. R&D for Canadian companies is 10 percent higher after they start exporting than it is for non-exporters. See Baldwin and Gu, "Trade Liberalization."

26. Zwillenberg, Field, and Dean, "Greasing the Wheels of the Internet Economy."

27. Nina Pavcnik, "Trade Liberalization, Exit, and Productivity Improvements: Evidence from Chilean Plants," *Review of Economic Studies* 69 (2002): 245–276.

28. Kati Suominen, "Fueling Digital Trade in Mercosur: A Regulatory Roadmap," Policy report for the Inter-American Development Bank, October 2018, https://publications.iadb.org/en/publication/13102/fueling-digital-trade-mercosur-regulatory-roadmap.

29. "World Development Report 2016: Digital Dividends," World Bank, May 17, 2016, http://www.worldbank.org/en/publication/wdr2016.

30. Louis F. Del Duca, Colin Rule, and Kathryn Rimpf, "eBay's De Facto Low Value High Volume Resolution Process: Lessons and Best Practices for ODR Systems Designers," *Arbitration Law Review* 10 (2014), https://elibrary.law.psu.edu/cgi/viewcontent.cgi?article=1060&context=arbitrationlawreview.

31. For Concilianet website, see https://concilianet.profeco.gob.mx/Concilianet/faq.jsp; for participating companies, see https://concilianet.profeco.gob.mx/Concilianet/archivos/ProveedoresParticipantes.pdf.

32. "Chinese 'Cyber-Court' Launched for Online Cases," *BBC News*, August 18, 2017.

33. Chris Biggs and others, "What China Reveals About the Future of Shopping," Boston Consulting Group, May 4, 2017, https://www.bcg.com/en-us/publications/2017/retail-globalization-china-reveals-future-shopping.aspx.

34. Jon Russell, "FinAccel Takes on Southeast Asia's Lending Industry with Easy Online Credit Service," TechCrunch (June 2, 2016).

35. Anahi Acevedo, "A traves de una alianza con Correo Uruguayo, Mercado Libre lanzo Mercado Envios," *Cronicas*, May 11, 2018, http://www.cronicas.com.uy/empresas-negocios/traves-una-alianza-correo-uruguayo-mercado-libre-lanzo-mercado-envios.

36. Ibid.

37. Neel Patel, presentation at vTex Day, São Paulo, May 30–31, 2017.

38. Daniel Palmer, "Alibaba Turns to Blockchain in Fight Against Food Fraud,"

Coindesk, March 24, 2017, www.coindesk.com/alibaba-pwc-partner-to-fight-food-fraud-with-blockchain.

39. Echo Huang, "Blockchain Could Fix a Key Problem in China's Food Industry: The Fear of Food Made in China," *Quartz*, August 10, 2017, https://qz.com/1031861/blockchain-could-fix-a-key-problem-in-chinas-food-industry-the-fear-of-food-made-in-china.

40. Wolfie Zhao, "Alibaba's T-Mall Is Moving Cross-Border E-Commerce to Blockchain," *Coindesk*, March 1, 2018, www.coindesk.com/alibabas-t-mall-moving-cross-border-e-commerce-blockchain.

41. Sagar Tamang, "Will 5G Truly Transform Our Lives?" *Enterprise Innovation* (August 24, 2017).

42. Joco Bogage, "Etsy Is Growing Up. Here's Why It Needs Congress's Help," *Washington Post*, July 31, 2015, https://www.washingtonpost.com/business/economy/etsy-is-growing-up-heres-why-it-needs-congresss-help/2015/07/31/d1f20e8a-3469-11e5-8e66-07b4603ec92a_story.html?utm_term=.9cf9c4f4b594.

43. KPMG, "Impact of E-Commerce on Employment in India," 2016, https://assets.kpmg/content/dam/kpmg/in/pdf/2016/12/impact-of-ecommerce-on-employment-in-india.pdf.

44. PTI, New Delhi, "E-retail, Allied Sectors to Create 1.45 Million Jobs by 2021 in India: Report," *The Indian Express*, December 6, 2016.

45. "E-Commerce Boosts Inclusive Labor Markets," World Bank Group, March 18, 2016.

46. Michael Mandel, "How E-Commerce Is Raising Pay and Creating Jobs Around the Country," *Forbes*, April 3, 2017, https://www.forbes.com/sites/realspin/2017/04/03/how-e-commerce-is-raising-pay-and-creating-jobs-around-the-country.

47. Mauricio Mesquita Moreira, Juan S. Blyde, Christian Volpe Martincus, and Danielken Molina, "Too Far to Export: Domestic Transport Costs and Regional Export Disparities in Latin America and the Caribbean," Inter-American Development Bank, October 2013, https://publications.iadb.org/en/publication/17434/too-far-export-domestic-transport-costs-and-regional-export-disparities-latin.

48. Richard Morrison, "Where Have All the Startups Gone? New Research from eBay and EIG," Competitive Enterprise Institute, January 19, 2017.

49. See Etsy, "Crafting the Future of Work: The Big Impact of Microbusinesses," 2017 Seller Census Report, https://extfiles.etsy.com/advocacy/Etsy_US_2017_Seller-Census.pdf (accessed March 14, 2019).

50. "Freelancing in America: 2016," Upwork and Freelancer's Union commissioned study conducted by Edelman Intelligence, October 2016.

51. Ebay,"Platform-Enabled Small Business and the Geography of Recovery," Report by eBay, January 2017.

52. Hanne Melin Olbe, "How Online Commerce Can Help Fight Inequality," World Economic Forum, January 19, 2018, https://www.weforum.org/agenda/2018/01/ebay-ecommerce-fight-inequality-hanne-melin.

53. "Advantage India," India Brand Equity Foundation, ibef.org, December 2017, https://www.ibef.org/download/Ecommerce-December-20171.pdf.

54. Burundi Internet General Applications Network, "Use of the Internet in Burundi," unpublished 2010 survey cited in "Contribution by Burundi to the Intergovernmental Group of Experts on E-Commerce and the Digital Economy: First Session," Geneva, October 4-6, 2017, https://unctad.org/meetings/en/Contribution/tdb_ede2017c18_Burundi_en.pdf.

55. Frank Newport, "Americans Big on Idea of Living in the Country," *Gallup*, December 7, 2018, https://news.gallup.com/poll/245249/americans-big-idea-living-country.aspx.

56. "Inside Upwork: A Day in the Life of a Digital Nomad," Upwork Blog, https://www.upwork.com/blog/2016/12/inside-upwork-digital-nomad.

57. P. Mahasuweerachai, B. E. Whitacre, and D. W. Shideler, "Does Broadband Access Impact Migration in America? Examining Differences Between Rural and Urban Areas," *Review of Regional Studies* 40, no. 1 (2010): 5-26. Granted, digital connectivity in remote rural areas creates Internet-based external competition for local entrepreneurs—but such competition is positive for consumers of e-services. See D. Cumming and S. Johan, "The Differential Impact of the Internet on Spurring Regional Entrepreneurship," *Entrepreneurship Theory and Practice*, 34, no. 5 (2010): 857-883.

58. Younjun Kim and Peter F. Orazem, "Broadband Internet and New Firm Location Decisions in Rural Areas," University of Nebraska-Lincoln, College of Business, January 2016, https://business.unl.edu/outreach/bureau-of-business-research/academic-research/documents/kim/broadband.pdf.

59. Kati Suominen, "Women-Led Firms on the Web: Challenges and Solutions," International Centre for Trade and Sustainable Development, October 30, 2018, https://www.ictsd.org/themes/development-and-ldcs/research/women-led-firms-on-the-web-challenges-and-solutions.

60. Khalid Sekkat, Ariane Szafarz, and Ilan Tojerow, "Women at the Top in Developing Countries: Evidence from Firm-Level Data," Institute for the Study of Labor (IZA), Bonn Germany, Discussion Paper No. 9537, November 2015, http://ftp.iza.org/dp9537.pdf.

61. Willem Adema and others, "Enhancing Women's Economic Empowerment Through Entrepreneurship and Business Leadership in OECD Countries," Organisation for Economic Co-operation and Development, 2014, http://www.oecd.org/gender/Enhancing%20Women%20Economic%20Empowerment_Fin_1_Oct_2014.pdf.

62. Gabriela Ramos, "Empowering Women in the Digital Age: Where Do We Stand?" OECD, sixty-second session of the UN Commission on the Status of Women, March 14, 2018, https://www.oecd.org/social/empowering-women-in-the-digital-age-brochure.pdf.

63. Alisa DiCaprio and Kati Suominen, "Aid for Trade in Asia and the Pacific: Thinking Forward About Trade Costs and the Digital Economy," report for the Asian Development Bank for the Global Aid for Trade Review, July 2015.

64. See "World Development Report 2016: Digital Dividends," World Bank, May 17, 2016, http://www.worldbank.org/en/publication/wdr2016.

65. "eBay-Style Online Courts Could Resolve Smaller Claims," *BBC News*, February 16, 2015.

第 4 章　60 亿人线上购物

1. "Ericsson Mobility Report: 70 Percent of World's Population Using Smartphones by 2020," Ericsson, June 3, 2015.

2. "Digital 2019: Global Digital Overview," *Datareportal*, January 31, 2019, https://datareportal.com/reports/digital-2019-global-digital-overview.

3. "E-commerce Share of Total Retail Sales in China from 2014 to 2019," Statista, December 2015.

4. eMarketer, "Worldwide Retail Ecommerce Sales Will Reach $1.915 Trillion This Year," August 22, 2016, https://www.emarketer.com/Article/Worldwide-Retail-Ecommerce-Sales-Will-Reach-1915-Trillion-This-Year/1014369.

5. Sarah Steimer, "Baby Boomer Women Remain Invisible to Marketers," *Marketing News*, September 28, 2016.

6. Pamela Lockard, "Facts About Boomer Women and E-commerce," DMN3, May 27, 2015.

7. Ethan Leiber and Chad Syverson, "Online vs. Offline Competition," *Oxford Handbook of the Digital Economy*, July 2010, https://www3.nd.edu/~elieber/research/online_offline.pdf.

8. Louis Columbus, "10 Charts That Will Change Your Perspective of Amazon Prime's Growth," *Forbes*, March 4, 2018, https://www.forbes.com/sites/louiscolumbus/2018/03/04/10-charts-that-will-change-your-perspective-of-amazon-primes-growth/#9f98e6e3feea.

9. Richard Dobbs and others, "Urban World: The Global Consumers to Watch," McKinsey Global Institute, March 2016.

10. Ibid.

11. Youchi Kuo and others, "The New China Playbook," Boston Consulting Group, December 21, 2015, https://www.bcg.com/en-us/publications/2015/globalization-growth-new-china-playbook-young-affluent-e-savvy-consumers.aspx.

12. "E-Commerce Revolution or Revolution in the Fast-Moving Consumer Goods World?" The Nielsen Company, August 2014.

13. "Delhi Retains Its Position as India's No. 1 eCommerce Hub: eBay Census 2012," Delhi eBay, March 20, 2013.

14. Dominique Fong, "Rich, Young Chinese Are Buying Overseas Properties on Their Smartphones," *The Wall Street Journal*, May 9, 2017.

15. "Mobile Web Has Now Overtaken PC in 40 Nations, Including India, Nigeria and Bangladesh," *mobiForge*, October 24, 2014, https://internet.com/internet-news/mobile-web-has-now-overtaken-pc-in-40-nations-including-india-nigeria-and-bangladesh.

16. "Do People Use the Internet for Personal Purposes?" *The Connected Consumer*

Survey 2017, Google Consumer Barometer, https://www.consumerbarometer.com/en/graph-builder.

17. Ibid.

18. James Manyika and others, "Lions Go Digital: The Internet's Transformative Potential in Africa," McKinsey Global Institute, November 2013.

19. "Do People Use the Internet for Personal Purposes?"

20. Brahima Sanou, "ICT Facts and Figures 2016," International Telecommunication Union, June 2016, https://www.itu.int/en/itu-d/statistics/documents/facts/ictfacts-figures2016.pdf.

21. Varsha Bansal, "Flipkart Mobile App Reaches 100 Million Downloads Milestone," ET Bureau, October 31, 2017.

22. Aish Tycoons, "Future of eCommerce in Pakistan," March 16, 2017, http://www.aishtycoons.com/future-of-ecommerce-in-pakistan.

23. "Welcome to Shopee, the Leading Online Shopping Platform in Southeast Asia and Taiwan," https://www.shopee.com.

24. Eurostat, "Internet Users Who Bought or Ordered Goods or Services for Private Use Over the Internet in the Previous 12 Months, EU-28, 2015 (% of Internet Users)," December 2015.

25. Girish Pun, "Effect of Consumer Beliefs on Online Purchase Behavior: The Influence of Demographic Characteristics and Consumption Values," *Journal of Interactive Marketing* 25 (2011): 134–144.

26. Nimisha Jain and Kanika Sanghi, "The Rising Connected Consumer in Rural India," Boston Consulting Group, August 10, 2016.

27. James Medaglio, "Womeconomics: The Global Female Consumer," *U.S. Trust*, Research Analyst, May 12, 2015.

28. "Women: The Next Emerging Market Supporting Women to Fulfill Their Potential," Ernst & Young, 2013, http://www.ey.com/Publication/vwLUAssets/EY_Women_-_The_next_emerging_market/$FILE/EY_Women_the_next_emerging_market.pdf.

29. Kelsey Snyder and Pashmeena Hilal, "The Changing Face of B2B Marketing," Think with Google, March 2015, https://www.thinkwithgoogle.com/articles/the-changing-face-b2b-marketing.html.

30. Sebastian Anthony, "The Humble SIM Card Has Finally Been Hacked: Billions of Phones at Risk of Data Theft, Premium Rate Scams," *Extreme Tech*, July 22, 2013.

31. Saher Asad, "The Crop Connection: Impact of Cell Phone Access on Crop Choice in Rural Pakistan," *Job Market Paper*, March 16, 2016.

32. A report for the GSM Association, "What Is the Impact of Mobile Telephony on Economic Growth?" Creative studio at Deloitte, November 2012.

33. "Women: The Next Emerging Market."

34. "World Development Report 2016: Digital Dividends," World Bank, May 17, 2016, http://pubdocs.worldbank.org/en/165711456838073531/WDR16-BP-Estonian-eGov-ecosystem-Vassil.pdf.

35. Austan Goolsbee and Peter J. Klenow, "Valuing Consumer Products by the Time Spent Using Them: An Application to the Internet," *The Roots of Innovation* 96, no. 2 (2006).

36. O. Nottebohm, J. Manyika, J. Bughin, M. Chui, and A-R. Syed, "Online and Upcoming: The Internet's Impact on Aspiring Countries," *McKinsey & Company, High Tech Practice* (January 2012).

37. Erik Brynjolfsson, Yu (Jeffrey) Hu, and Michael D. Smith, "Consumer Surplus in the Digital Economy: Estimating the Value of Increased Product Variety at Online Booksellers," *Management Science INFORMS* 49, No.11 (November, 2003): 1580–1596.

38. Chuck Martin, "Mobile Millennials: 63% Shop on Smartphones Every Day, 53% Buy in Stores by Chuck Martin," *MediaPost*, August 17, 2016, https://www.mediapost.com/publications/article/282639/mobile-millennials-63-shop-on-smartphones-every.html.

39. Stephanie Lee, "Quantifying the Consumer Surplus from Smartphones," October 19, 2018. Available at SSRN: https://ssrn.com/abstract=3270047 or http://dx.doi.org/10.2139/ssrn.3270047.

40. Katrine Ellersgaard Nielsen, Bruno Basalisco, and Martin H. Thelle, "The Impact of Online Intermediaries on the EU Economy," report prepared for EdiMA, April 2013.

41. Min Jung Kim, "A Thesis Submitted to the Faculty of the Graduate School of the University of Minnesota," *Essays on the Economics of the Smartphone and Application Industry*, September 2013.

42. David Riker, "Internet Use and Openness to Trade," US International Trade Commission Working Paper 2014-12C, December2014, https://www.usitc.gov/publications/332/ec201412c.pdf.

43. "Do People Use the Internet for Personal Purposes?"

44. IPSOS, "PayPal Cross-Border Consumer Research 2015," Paypal Inc., 2015.

45. "Do People Use the Internet for Personal Purposes?"

46. "The Zettabyte Era—Trends and Analysis," Cisco, June 23, 2015, http://www.cisco.com/c/en/us/solutions/collateral/service-provider/visual-networking-index-vni/VNI_Hyperconnectivity_WP.html.

47. "The Relationship Between Local Content, Internet Development and Access Prices: Main Findings and Conclusions," Internet Society (ISOC), the Organisation for Economic Co-operation and Development, and the United Nations Educational, Scientific and Cultural Organization, https://www.oecd.org/internet/ieconomy/50305352.pdf (accessed May 12, 2019).

48. Jeff John Roberts, "Netflix Streams Its Way to Another Blockbuster Quarter, Share Price Soars," *Fortune*, July 15, 2015, http://fortune.com/2015/07/15/netflix-q2-earnings-2015.

49. Rani Molla, "Netflix Makes Up Nearly 30 Percent of Global Streaming Video Subscriptions," *recode*, April 16, 2019, https://www.recode.net/2019/4/16/18410556/netflix-30-percent-global-streaming-video-subscriptions-q1-2019.

50. Chen Zhenghao and others, "Who's Benefiting from MOOCs, and Why," *Harvard Business Review*, September 22, 2015, https://hbr.org/2015/09/whos-benefiting-from-moocs-and-why.

51. Adi Robertson, "Can Online Classrooms Help the Developing World Catch

Up?" *The Verge*, 2015, https://www.theverge.com/2015/2/11/8014563/bill-gates-education-future-of-online-courses-third-world.

52. "How Smartphones Are Transforming Healthcare," *Financial Times*, January 12, 2017, https://www.ft.com/content/1efb95ba-d852-11e6-944b-e7eb37a6aa8e?mhq5j=e2.

53. Ben Kerschberg, "How Crowdsourcing Is Tracking Poverty in the Developing World," *Forbes*, March 21, 2012.

54. See U.S. Census Bureau, Schedule B 2019, https://www.census.gov/foreign-trade/schedules/b/2019/index.html.

55. Robert C. Feenstra and Alan M. Taylor, *Essentials of International Economics*, 2nd ed. (New York: Worth, 2010).

56. Tohmas Karlsson, "Imports, the Extensive Margin and Product Variety: Some Stylized Facts," preliminary draft, *EcoMod2011* 3003, 2011, https://ideas.repec.org/p/ekd/002625/3003.html.

57. Peter K. Schott, "The Relative Sophistication of Chinese Exports," NBER Working Paper No. 12173, April 2006, https://www.nber.org/papers/w12173.

58. Kati Suominen and Reena Gordon, *Going Global: Promoting the Internationalization of Small and Mid-Size Enterprises in Latin America and the Caribbean* (Washington, DC: Inter-American Development Bank, March 2014).

59. Paul Krugman, "Increasing Return, Monopolistics Competition, and International Trade," *Journal of International Economics* 9 (1979): 469–479 1979, http://econ.sciences-po.fr/sites/default/files/file/krugman-79.pdf.

60. Christian Broda and David E. Weinstein, "Globalization and the Gains from Variety," *The Quarterly Journal of Economics*, (May 2006).

61. Jingting Fan, Lixin Tang, Weiming Zhu, and Ben Zou, "The Alibaba Effect: Spatial Consumption Inequality and the Welfare Gains from e-Commerce," *Journal of International Economics* 114 (September 2018): 203–220.

62. Gillion Wong and Loretta Chao, "Alibaba, JD.com Target Rural China for E-Commerce Growth," *Wall Street Journal*, August 30, 2015.

63. See Victor Couture, Benjamin Faber, Yizhen Gu, and Lizhi Liu, "E-Commerce Integration and Economic Development: Evidence from China," July 2017, https://economics.mit.edu/files/14343.

第 5 章　无人驾驶，送货上门

1. Federal Maritime Commission, "U.S. Container Port Congestion & Related International Supply Chain Issues: Causes, Consequences & Challenges," An overview of discussions at the FMC port forums, July 2015, https://www.supplychain247.com/paper/us_container_port_congestion_related_international_supply_chain_issues.

2. Federal Maritime Commission, "U.S. Container Port Congestion."

3. James E. Vance, "History of Ships," *Encyclopedia Britannica*, https://www.britannica.com/technology/ship/History-of-ships (accessed April 20, 2018).

4. Ibid.

5. "Suez Canal," *Wikipedia*, https://en.wikipedia.org/wiki/Suez_Canal (accessed March 2018).

6. Esteban Ortiz-Ospina, Diana Beltekian, and Max Roser , "Trade and Globalization," Our World in Data, https://ourworldindata.org/trade-and-globalization#the-two-waves-of-globalization (accessed May 12, 2019).

7. Jules Hugot and Camilo Umana Dajud, "Trade Costs and the Suez and Panama Canals," Centre d'Etudes Prospectives et d'Information Internationales Working Paper, December 29, 2016.

8. David Donaldson, "Railroads of the Raj: Estimating the Impact of Transportation Infrastructure," *American Economic Review* 108, no. 405 (April 2018).

9. Wolfgang Keller, Ben Li, and Carol H. Shiue, "China's Foreign Trade: Perspectives from the Past 150 Years," NBER Working Paper No. 16550, November 2010, https://www.nber.org/papers/w16550.

10. Gilles Duranton, Peter M. Morrow, and Mathew A. Turner, "Roads and Trade: Evidence from the US," *The Review of Economic Studies* 81, no. 2 (April 23, 2014): 681–724, http://dx.doi.org/10.1093/restud/rdt039.

11. Hugot and Umana Dajud, "Trade Costs and the Suez and Panama Canals."

12. Ibid.

13. "History of Containerization: The Birth of 'Intermodalis,'" World Shipping Council, http://www.worldshipping.org/about-the-industry/history-of-containerization (accessed April 20, 2018).

14. "The Impact of Mega-Ships," International Transport Forum, Organisation of Economic Co-operation and Development, 2015, https://www.itf-oecd.org/sites/default/files/docs/15cspa_mega-ships.pdf.

15. Ibid.

16. "The Impact of Mega-Ships."

17. Ananthanarayan Sainarayan, "New Solutions in International Transport and Trade Facilitation," presentation at the UNCTAD E-Commerce Week, April 28, 2017.

18. Chris Barnett, "Boeing: Air Cargo to Expand in Mid-Single Digits Through 2020," *Journal of Commerce*, February 13, 2018, https://www.joc.com/air-cargo/international-air-freight/global-air-freight-demand-likely-remain-strong-2018_20180213.html.

19. See Mauricio Mesquita Moreira, Christian Volpe, and Juan S. Blyde, *Unclogging the Arteries: The Impact of Transport Costs on Latin American and Caribbean Trade* (Cambridge, MA: Harvard University Press, 2009).

20. Greg Knowler, "Evergreen joins Maersk, CMA CGM in Alibaba Direct Booking Deal," *Journal of Commerce*, June 22, 2017.

21. Patrick Berglund, "Alibaba, Maersk, & CMA CGM: A Game-Changer?" *Xeneta*, February 17, 2017.

22. Ralph Jennings, "China Is Developing Ships to Cover the Globe Without Captains," *Forbes*, March 14, 2018, https://www.forbes.com/sites/ralphjennings/2018/03/14/china-is-developing-a-fleet-of-high-tech-ships-with-no-captains/#3f1dd8bd49be.

23. Adam Minter, "Crewless Ships: Safer, Faster, Cleaner, Cheaper Future of Shipping," *Insurance Journal*, May 22, 2017.

24. Ibid.

25. Ibid.

26. "Asia Enters Fully Automated Terminal Era," *Port Technology*, May 15, 2017.

27. Ibid.

28. Bill Mongelluzzo, "LA-LB Terminal Automation a Necessity to Handle Growth," *Journal of Commerce*, May 17, 2016, https://www.joc.com/port-news/port-productivity/la-lb-terminal-automation-necessity-handle-growth_20160517.html.

29. Bruce Barnard, "Europe's Automated Terminals Face Steep Hurdles to Productivity Targets," *Journal of Commerce Port News*, February 4, 2016.

30. Sia-Partners, "The Internet of Things in Transportation: Port of Hamburg Case Study," *Sia Transport*, September 30, 2016.

31. "The Port of Hamburg Gives the Command to 'Cast Off' for the Blockchain," *Hannover Messe*, September 7, 2018, https://www.hannovermesse.de/en/news/the-port-of-hamburg-gives-the-command-to-cast-off-for-the-blockchain-97280.xhtml.

32. Hugh R. Morley, "FMC Proposes Privately Funded Portal to Fight Port Congestion," *Journal of Commerce Maritime News*, December 7, 2017.

33. Sjors Berns, Indra Vonck, Rob Dickson, and Jochem Dragt, "Smart Ports Point of View," Deloitte Port Services, 2017, https://www2.deloitte.com/content/dam/Deloitte/nl/Documents/energy-resources/deloitte-nl-er-port-services-smart-ports.pdf.

34. Gerardo Lazcano Arcos, "Gerardo Lazcano: 'La Transformación Digital del Puerto de Valparaíso," *PortalPortuario*, March 23, 2018, https://portalportuario.cl/gerardo-lazcano-la-transformacion-digital-del-puerto-de-valparaiso.

35. "Solving a Data Dilemma, Container Management," Tideworks Technology, October 15, 2018, https://www.tideworks.com/solving-a-data-dilemma.

36. Gaël Raballand, "Why Expanding Africa's Port Infrastructure Is Just a Small Part of the Solution," *Brookings Future Development*, October 15, 2015.

37. Gaël Raballand, Salim Refas, Monica Beuran, and Gozde Isik, *Why Does Cargo Spend Weeks in Sub-Saharan African Ports? Lessons from Six Countries* (Washington, DC: World Bank, 2012).

38. Adam Robinson, "E-Commerce Logistics: The Evolution of Logistics and Supply Chains from Direct to Store Models to E-Commerce," *Cerasis* April 30, 2014.

39. Ethna Hunag, "E-Commerce Drives the Construction of "Mega Warehouses," *More Than Shipping*, February 8, 2017, https://www.morethanshipping.com/e-commerce-drives-the-construction-of-mega-warehouses.

40. Patricia Kirk, "Why Obsolete Warehouses on the 'Last Mile' Are Attracting Institutional Investors," *National Real Estate Investor*, July 21, 2017.

41. "Strategies to Reduce Logistics Costs in the CPG Supply Chain," a Kane Viewpoint, Kane Is Able, Inc., http://cdn2.hubspot.net/hub/396583/file-2128901519-pdf/docs_new/Strategies_to_Reduce_Logistics_Costs_in_the_CPG_Supply_Chain.pdf (accessed May 12, 2019).

42. James Breeze, "E-Commerce 2.0: Last-Mile Delivery and the Rise of the Urban Warehouse," *NAIOP Development Magazine*, Spring 2017.

43. Ibid.

44. Gary Wollenhaupt, "E-Commerce Reshaping Distribution Center Real Estate Strategies," *SDC Supply and Demand Chain Execution*, June 22, 2017.

45. Ibid.

46. Spencer Soper, "This Startup Is the Airbnb of Warehouses and Has Amazon in Its Sights," *Bloomberg News Technology*, May 11, 2017.

47. "Strategies to Reduce Logistics Cost."

48. Breeze, "E-Commerce 2.0."

49. Ibid.

50. Bill Mongelluzzo, "US Distribution and Warehouse Space Scarcer and Pricier," *Journal of Commerce International Logistics*, July 13, 2017.

51. Phil Wahba, "How E-Commerce Is Making Stores Relevant Again," *Fortune*, March 30, 2017.

52. Charles Brewer, "The Last Mile Goes High-Tech," *DHL Commerce*, February 27, 2017.

53. Luigi Ranieri, Salvatore Digiesi, Bartolomeo Silvestri, and Michele Roccotelli, "A Review of Last Mile Logistics Innovations in an Externalities Cost Reduction Vision," MDPI, March 12, 2018, *https://www.mdpi.com/2071-1050/10/3/782/pdf*; "The Last Mile: Finding the Right Workforce System for Urban Logistics," MHI blog, http://s354933259.onlinehome.us/mhi-blog/the-last-mile-finding-the-right-workforce-system-for-urban-logistics (accessed April 30, 2019).

54. C. Nockold, "Identifying the Real Costs of Home Delivery," *Logistics and Transport Focus* 3, no. 10 (2001): 70–71.

55. M. Punakivi and K. Tanskanen, "Increasing the Cost Efficiency of e-Fulfillment Using Shared Reception Boxes," *International Journal of Retail & Distribution Management* 30, no. 10 (2002): 498–507.

56. Payal Ganguly and Vansumita S. Adarsh, "As Rural India Splurges, Young Companies Step in to Connect the Last Mile," *ET Bureau*, November 8, 2014.

57. Eric Jaffe, "Has the Rise of Online Shopping Made Traffic Worse?" *City Lab*, August 2, 2013.

58. M. Jaller, J. Holguin-Veras, and S. Hodge, "Parking in the City: Challenges for Freight Traffic," *Transportation Research Record: Journal of the Transportation Research Board* 2379 (2013): 46–56.

59. "Why Good Movement Matters?" *Regional Plan Association*, June 2016.

60. Ibid.

61. Echo Huang, "In China, a Robot Has Started Delivering Packages to People," *Quartz*, June 19, 2017.

62. Alan Levin, "Amazon's Dream of Drone Deliveries Gets Closer with Trump's Executive Order," *Bloomberg Technology*, October 25, 2017.

63. Martin Joerss, Jürgen Schröder, Florian Neuhaus, Christoph Klink, and Florian Mann, "Parcel Delivery: The Future of Last Mile," McKinsey&Company, September

2016, https://www.mckinsey.com/~/media/mckinsey/industries/travel%20transport%20and%20logistics/our%20insights/how%20customer%20demands%20are%20reshaping%20last%20mile%20delivery/parcel_delivery_the_future_of_last_mile.ashx.

64. Sally French, "Drone Delivery Economics: Are Amazon Drones Economically Worth It?" The Drone Girl blog, May 7, 2017, https://thedronegirl.com/2017/05/07/drone-delivery-economics-amazon-drones.

65. John C. Panzar, "Co-Opetition in Parcel Delivery: An Exploratory Analysis," Office of Inspector General, United States Postal Service, RARC Report Number RARC-WP-16-002, November 2, 2015, https://www.uspsoig.gov/sites/default/files/document-library-files/2015/RARC-WP-16-002.pdf.

66. Diane Toomey, "Exploring How and Why Trees 'Talk' to Each Other," *YaleEnvironent360*, September 1, 2016, https://e360.yale.edu/features/exploring_how_and_why_trees_talk_to_each_other.

67. Peter Korsten and Christian Seider, "The World's 4 Trillion Dollar Challenge," IBM Global Business Services Executive Report, 2017, https://www.ibm.com/ibm/files/Y067208R89372O94/11The_worlds_4_trillion_dollar_challenge-Executive_Report_1_3MB.pdf.

68. David Dranove, Christopher Forman, Avi Goldfarb, and Shane Greenstein, "The Trillion Dollar Conundrum: Complementarities and Health Information Technology," NBER Working Paper No. 18281, issued in August 2012, revised in December 2012, http://www.nber.org/papers/w18281.

69. Korsten and Seider, "The World's 4 Trillion Dollar Challenge."

70. See Glen Williams, David Gunn, Eduardo Roma, and Bharat Bansal, "Distributed Ledgers in Payments: Beyond the Bitcoin Hype," Bain Brief, July 13, 2016, https://www.bain.com/insights/distributed-ledgers-in-payments-beyond-bitcoin-hype; and IMDA Singapore, "International Trade and Logistics," November 28, 2016, https://www.imda.gov.sg/industry-development/sectors/infocomm/logistics/international-trade-and-logistics.

71. Alisa DiCaprio, "Digital Trade Needs More Coordination, Leadership," *Asia Pathways*, May 1, 2017, https://www.asiapathways-adbi.org/2017/05/digital-trade-needs-more-coordination-leadership.

72. See, for example, "Maersk and IBM Unveil First Industry-Wide Cross-Border Supply Chain Solution on Blockchain," IBM, news release, March 5, 2017, https://www-03.ibm.com/press/us/en/pressrelease/51712.wss, and Holt Logistics Corp., "Holt Joins Maersk and IBM Global Shipping Platform to Boost Productivity at Packer Avenue Marine Terminal," *CISION*, April 18, 2018, https://www.prnewswire.com/news-releases/holt-joins-maersk-and-ibm-global-shipping-platform-to-boost-productivity-at-packer-avenue-marine-terminal-300632217.html.

73. "Standard-Gauge Railway," *Wikipedia*, https://en.wikipedia.org/wiki/Standard-gauge_railway (accessed February 1, 2017).

74. "Physical Internet: Concept, Research, Innovation," Georgia Tech Physical Internet Center, https://www.picenter.gatech.edu/node/506 (accessed March 15, 2019).

75. "Maersk and IBM Unveil First Industry-Wide Cross-Border Supply Chain Solu-

tion on Blockchain," IBM news release, March 5, 2017, https://www-03.ibm.com/press/us/en/pressrelease/51712.wss.

76. Wolfie Zhao, "Alibaba's T-Mall Is Moving Cross-Border E-Commerce to Blockchain," *coindesk*, March 1, 2018, https://www.coindesk.com/alibabas-t-mall-moving-cross-border-e-commerce-blockchain.

77. "Samsung Jumps on Blockchain Bandwagon to Manage Its Supply Chain," *Bloomberg*, April 18, 2018, https://www.mhlnews.com/transportation-distribution/samsung-jumps-blockchain-bandwagon-manage-its-supply-chain.

78. Ayako Yamaguchi, "Global Value Chains in ASEAN," newsletter, Institute for International Monetary Affairs, April 1, 2018, https://www.iima.or.jp/Docs/newsletter/2018/NL2018No_1_e.pdf.

79. Tim Alper, "From Thailand to Malaysia: Southeast Asian Governments Embracing Blockchain Technology," *Crypto Insider*, October 19, 2017, https://cryptoinsider.com/from-thailand-malaysia-southeast-asia-blockchain-technology.

第 6 章 找到 1.7 万亿美元

1. Ratnajyoti Dutta and Mayank Bhardwaj, "Exclusive: Iran Defaults on Rice Payments to India," Reuters, February 6, 2012, https://www.reuters.com/article/us-india-rice/exclusive-iran-defaults-on-rice-payments-to-india-idUSTRE8160CX20120207.

2. George A. Akerlof, "The Market for 'Lemons': Quality Uncertainty and the Market Mechanism," *The Quarterly Journal of Economics* 84, no. 3 (August 1970): 488–500, https://www.jstor.org/stable/1879431.

3. Ann Marie Wiersch and Scott Shane, "Why Small Business Lending Isn't What It Used to Be," Economic Commentary /Cleveland Federal Reserve, August 14, 2013, http://www.clevelandfed.org/research/commentary/2013/2013-10.cfm.

4. ICC Banking Commission, "Rethinking Trade & Finance: An ICC Private Sector Development Perspective," http://store.iccwbo.org/content/uploaded/pdf/ICC_Global_Trade_and_Finance_Survey_2016.pdf (accessed February 25, 2018).

5. "Thomson Reuters 2016 Know Your Customer Surveys Reveal Escalating Costs and Complexity," Thomson Reuters, May 9, 2016, https://www.thomsonreuters.com/en/press-releases/2016/may/thomson-reuters-2016-know-your-customer-surveys.html.

6. "$1.5 Trillion Trade Finance Gap Persists Despite Fintech Breakthroughs," Asian Development Bank, September 5, 2017, https://www.adb.org/news/15-trillion-trade-finance-gap-persists-despite-fintech-breakthroughs.

7. "2016 Trade Finance Gaps, Growth, and Jobs Survey," Asian Development Bank, August 2016, https://www.adb.org/sites/default/files/publication/190631/trade-finance-gaps.pdf.

8. See, for example, Flora Bellone, Patrick Mussoy, Lionel Nestaz, and Stefano Schiavox, "Financial Constraints and Firm Export Behaviour," *The World Economy* 33, no. 3 (2010): 347–373; and Joachim Wagner, "Credit Constraints and Exports: Evidence for German Manufacturing Enterprises," *Working Paper Series in Economics and Institutions of Innovation* 286, Royal Institute of Technology, Centre of Excellence for Science and Innovation Studies. See also Johannes Van Biesebroeck, "Productivity, Exporting

and Financial Constraints of Chinese SMEs," *Mimeo*, Inter-American Development Bank, December 2013.

9. Alisa Di Caprio, Steven Beck, Ying Yao, and Fahad Khan, "2016 Trade Finance Gaps, Growth, and Jobs Survey," *Asian Development Bank Briefs*, no. 64 (August 2016), https://www.adb.org/sites/default/files/publication/190631/trade-finance-gaps.pdf.

10. ICC Banking Commission, "Rethinking Trade & Finance: An ICC Private Sector Development Perspective," 2016, http://store.iccwbo.org/content/uploaded/pdf/ICC_Global_Trade_and_Finance_Survey_2016.pdf.

11. Alisa DiCaprio and Ying Yao, "Drivers of Trade Finance Gaps," Asian Development Bank Institute Working Paper Series No. 678, February 2017, https://www.adb.org/publications/drivers-trade-finance-gaps.

12. Tim Schmidt-Eisenlohr, "Towards a Theory of Trade Finance," *Journal of International Economics* 91, no. 1 (December 2011): 96–112. https://www.economics.ox.ac.uk/materials/papers/5488/paper583.pdf.

13. Ibid.

14. See for example, Mayra Rodriguez Valladares, "Banks Are More Profitable Than Ever But Risks Abound," November 15, 2018, https://www.forbes.com/sites/mayrarodriguezvalladares/2018/11/15/banks-are-more-profitable-than-ever-but-risks-abound/#51fd91717a9f.

15. "More Than $150 Billion in Revenue at Risk for Banks That Cannot Overcome Technical, Adoption Hurdles of Digital Currency," Bain & Company, July 15, 2016, http://www.bain.com/about/press/press-releases/150-billion-dollars-at-risk-for-banks-that-cannot-overcome-hurdles-of-digital-currency.aspx.

16. Alisa DiCaprio, "Digital Trade Needs More Coordination, Leadership," *Asia Pathways*, May 1, 2017, https://www.asiapathways-adbi.org/2017/05/digital-trade-needs-more-coordination-leadership.

17. Chanyaporn Chanjaroen and Darren Boey, "Fraud in $4 Trillion Trade Finance Turns Banks to Digital Ledger," LiveMint, May 23, 2016, http://www.livemint.com/Industry/CXfxl1yePlwTDuokXU3c2K/Fraud-in-4-trillion-trade-finance-turns-banks-to-digital-le.html.

18. "A New Digital Era for Trade," J.P. Morgan Insights, https://www.jpmorgan.com/country/US/EN/insights/treasury-services/a-new-digital-era-for-trade (accessed February 25, 2018).

19. Alison Kao and Kirk Lundberg, "Tame the Paper in Trade Transactions," Bank of America Merrill Lynch blog, https://www.trade-technologies.com/case-study-baml (accessed May 14, 2019).

20. "Rethinking Trade & Finance: An ICC Private Sector Development Perspective," ICC Banking Commission, 2016, http://store.iccwbo.org/content/uploaded/pdf/ICC_Global_Trade_and_Finance_Survey_2016.pdf.

21. Finbarr Bermingham, "HSBC and IBM Develop Cognitive Trade Finance Tool," *Global Trade Review*, August 16, 2017, https://www.gtreview.com/news/global/hsbc-and-ibm-develop-cognitive-trade-finance-tool.

22. A smart contract "knows" when to execute by using an extrinsic data source that is programmed in a computer. This source is called "oracle," and it tells the smart contract that an event has indeed happened. For example, in trade finance, the registration number associated with an electronic bill of lading can be an oracle. To simplify somewhat, when this oracle indicates that a shipment has arrived at the buyer, funds will automatically move from the buyer's bank to the seller's bank.

23. "Logistics Industry: Next Step to Global Economy's Blockchainization," *Cointeletgraph*, July 15, 2017, https://cointelegraph.com/news/logistics-industry-next-step-to-global-economys-blockchainization.

24. Avi Mizrahi, "BofAML, HSBC and IDA Singapore Develop Blockchain for Letters of Credit," *Finance Magnates*, October 8, 2016, http://www.financemagnates.com/cryptocurrency/innovation/bofaml-hsbc-and-ida-singapore-develop-blockchain-for-letters-of-credit.

25. Peter Lee, "Banking Jumps to Post Blockchain," *Euromoney*, October 24, 2017, https://www.euromoney.com/article/b159v9n3cbm4p2/banking-jumps-to-post-blockchain?copyrightInfo=true.

26. "Leading the Pack in Blockchain Banking: Trailblazers Set the Pace," IBM, September 2016, https://www-01.ibm.com/common/ssi/cgi-bin/ssialias?htmlfid=GBP03467USEN.

27. Anothony Strzalek, "Asean consortium in KYC Blockchain First," *FStech*, October 10, 2017, http://www.fstech.co.uk/fst/Consortium_Completes_First_KYC_Blockchain_PoC.php.

28. "The First Thailand Blockchain Community Initiative," *Kasikorn Bank News*, March 19, 2018, https://www.kasikornbank.com/en/News/Pages/ThailandBlockchainCommunity.aspx.

29. Annaliese Milano, "14 Thai Banks Back Blockchain Platform to Digitize Contracts," *coindesk*, March 19, 2018, https://www.coindesk.com/14-thai-banks-back-blockchain-platform-digitize-contracts.

30. Ibid.

31. Samburaj Das, "Butter and Cheese Make the World's First Blockchain Trade Finance Transaction," CCN, September 7, 2016, https://www.ccn.com/cheese-butter-make-worlds-first-blockchain-trade-finance-transaction.

32. Samburaj Das, "Standard Chartered Completes Cross-Border Blockchain Payment in 10 Seconds," CCN, September 29, 2016, https://www.ccn.com/standard-chartered-completes-cross-border-blockchain-payment-10-seconds.

33. See, for example, "How Blockchain Could Disrupt Banking," *CBInsights*, December 12, 2018, https://www.cbinsights.com/research/blockchain-disrupting-banking/?utm_source=CB+Insights+Newsletter&utm_campaign=4776c5a17b-WedNL_12_12_2018&utm_medium=email&utm_term=0_9dc0513989-4776c5a17b-86971753.

34. Eric Piscini, Darshini Dalal, David Mapgaonkar, and Prakash Santhana, "Blockchain to Blockchains: Broad Adoption and Integration Enter the Realm of the Possible," *Deloitte Insights*, December 5, 2017, https://www2.deloitte.com/insights/us/en/focus/

tech-trends/2018/blockchain-integration-smart-contracts.html; and Hong Kong Monetary Authority, "White Paper on Distributed Ledger Technology," November 2016.

35. "Trade Finance: The Landscape Is Changing—Are You?" Accenture, https://www.accenture.com/t20160412T053548Z__w__/us-en/_acnmedia/Accenture/Conversion-Assets/DotCom/Documents/Global/PDF/Dualpub_21/Accenture-Trade-Finance.pdf (accessed February 25, 2018).

36. "Prime Minister Announces Supply Chain Finance Scheme," GOV.UK, October 23, 2012, https://www.gov.uk/government/news/prime-minister-announces-supply-chain-finance-scheme.

37. "Technology Is Revolutionising Supply-Chain Finance," *The Economist*, October 12, 2017, https://www.economist.com/news/finance-and-economics/21730150-squeezed-suppliers-and-big-corporate-buyers-stand-benefit-technology.

38. See, for example, International Finance Corporation, "De-Risking and Other Challenges in the Emerging Market Financial Sector Findings from IFC's Survey on Correspondent Banking," Septemberr 1, 2017, http://documents.worldbank.org/curated/en/895821510730571841/pdf/121275-WP-IFC-2017-Survey-on-Correspondent-Banking-in-EMs-PUBLIC.pdf.

39. "Technology Is Revolutionising Supply-Chain Finance," *The Economist*, October 12, 2017, https://www.economist.com/news/finance-and-economics/21730150-squeezed-suppliers-and-big-corporate-buyers-stand-benefit-technology.

40. David Gustin, "A Disruptive Supply Chain Finance Vendor Fifteen Years Later—Who Is Orbian?" *Spend Matters*, May 9, 2014, http://spendmatters.com/tfmatters/a-disruptive-supply-chain-finance-vendor-fifteen-years-later-who-is-orbian.

41. Tatjana Kulkarni, "12 Banks Join Blockchain Consortium R3 to Create Open-Account Trade Finance Network," *Bank Innovation*, September 26, 2017, https://bankinnovation.net/2017/09/twelve-banks-join-blockchain-consortium-r3-to-create-open-account-trade-fiance-network.

42. See Kati Suominen, *Harnessing Blockchain for American Business and Prosperity: 10 Use Cases, 10 Big Questions, Five Solutions* (Washington, DC: Center for Strategic and International Studies, October 2018), https://wita.org/wp-content/uploads/2018/11/181101_Suominen_Blockchain_v3.pdf.

43. See Ivica Nikolic and others, "Finding the Greedy, Prodigal, and Suicidal Contracts at Scale," Arxiv.org, March 14, 2018, https://arxiv.org/pdf/1802.06038.pdf.

44. Loi Luu and others, "Making Smart Contracts Smarter," Cryptology ePrint Archive, October 2016, https://eprint.iacr.org/2016/633.pdf.

45. Mike Orcutt, "Ethereum's Smart Contracts Are Full of Holes," *MIT Technology Review*, March 1, 2018, https://www.technologyreview.com/s/610392/ethereums-smart-contracts-are-full-of-holes.

46. Hoang Tam Vo, Ashish Kundu, and Mukesh Mohania, "Research Directions in Blockchain Data Management and Analytics," Open Proceedings, March 26–29, 2018, https://openproceedings.org/2018/conf/edbt/paper-227.pdf.

47. Ibid.

48. Ibid.

49. Mark Cartwright, "Trade in Ancient Greece," *Ancient History Encyclopedia,* May 22, 2018, https://www.ancient.eu/article/115/trade-in-ancient-greece.

第 7 章　大查询

1. David Reinsel, John Gantz, and John Rydning, "Data Age 2025: The Digitization of the World from Edge to Core," IDC White Paper No. US44413318, November 2018, https://www.seagate.com/files/www-content/our-story/trends/files/idc-seagate-dataage-whitepaper.pdf.

2. Frank Lavin and Peter Cohan, *Export Now: Five Keys to Entering New Markets* (Hoboken, NJ: Wiley, 2011).

3. "Dollar Shave Club Success Story," ReSci, https://www.retentionscience.com/clients/dollar-shave-club (accessed March, 2018).

4. Peter Dahlström, "The Demands of On-Demand Marketing," *The Economist,* December 12, 2013.

5. "Whipping the Supply Line into Shape," *Kellogg Insight,* March 13, 2013.

6. See, for example, Prasanna Kumar, Mervin Herbert, and Srikanth Rao, "Demand Forecasting Using Artificial Neural Network Based on Different Learning Methods: Comparative Analysis," *International Journal for Research in Applied Science and Engineering Technology* 2, no. IV (April 2014).

7. Erik Hofmann, "Big Data and Supply Chain Decisions: The Impact of Volume, Variety and Velocity Properties on the Bullwhip Effect," *International Journal of Production Research* 55, no. 17 (September 2017): 5108–5126.

8. Peter Findlay, "How the World's 5 Billion Low-Income Consumers Decide What to Buy," Southeast Asia A.T. Kearney , Management Agenda, 2011, https://www.atkearney.com/documents/10192/421871/EAXIV_1_How_the_Worlds_5_Billion_Low-Income_Consumers_Decide_What_to_Buy.pdf/9bd5db46-c3e9-4df8-98eb-bdd17cba92cf.

9. Erik Simanis and Duncan Duke, "Profits at the Bottom of the Pyramid," *Harvard Business Review,* October 2014.

10. Antoine van Agtmael, *The Emerging Markets Century: How a New Breed of World-Class Companies Is Overtaking the World* (New York: Free Press, 2007).

11. "Better, Faster Data from Emerging Markets," GeoPoll, https://research.geopoll.com/index.html (accessed March 16, 2019).

12. Tom Foster, "Warby Parker Grew to $250 Million in Sales Through Disciplined Growth. Now It's Time to Get Aggressive," *Inc.,* June 2017.

13. Lauren Thomas, "Amazon and Wal-Mart Might Be Fighting Over Nordstrom Next, Foursquare Says," *CNBC Retail* 23, published 4:38 p.m. ET Wednesday, August 23, 2017; updated 5:23 a.m. ET Thursday, August 24, 2017.

14. Ibid.

15. Danny Vena, "Amazon's AI-Infused Grocery Store Is Open: What Investors Need to Know," Motley Fool, January 23, 2018, https://www.fool.com/investing/2018/01/23/amazons-ai-infused-grocery-store-is-open-what-inve.aspx.

16. Michael Steinhart, "Facial Analytics: What Are You Smiling At?" *InformationWeek,* March 14, 2014, https://www.informationweek.com/big-data/big-data-analytics/

facial-analytics-what-are-you-smiling-at/d/d-id/1127726.

17. Jenna Bitar and Jay Stanley, "Are Stores You Shop at Secretly Using Face Recognition on You?" *ACLU Speech*, March 26, 2018, https://www.aclu.org/blog/privacy-technology/surveillance-technologies/are-stores-you-shop-secretly-using-face.

18. "Affectiva Automotive AI," Affectiva, https://go.affectiva.com/auto (accessed March 16, 2019).

19. Rebecca Migirov, "The Supply Circle: How Blockchain Technology Disintermediates the Supply Chain," *ConsenSys*, March 9, 2016.

20. Jeff John Roberts, "The Diamond Industry Is Obsessed with the Blockchain," *Fortune*, September 12, 2017.

21. "Walmart, JD.com, IBM and Tsinghua University Launch a Blockchain Food Safety Alliance in China," *New York Times*, Business Day, Markets, December 14, 2017.

22. "Proof of Concept: 4 Organizations Join Forces to Bring Blockchain Traceability to Fish Feed Companies and Pet Foods Suppliers," *Origintrail*, June 15, 2018, https://medium.com/origintrail/proof-of-concept-4-organizations-join-forces-to-bring-blockchain-traceability-to-the-animal-feed-fe8daf933f8f.

23. Tyler Koslow, "GE Files Patent to Improve 3D Printing Security with Blockchain Tech," All3DP, June 29, 2018, https://all3dp.com/ge-aims-to-use-blockchain-tech-to-eliminate-fake-3d-printed-objects.

24. Corey Clarke, "US Navy to Employ Blockchain to Control 3D Printers," 3DPrinting Industry, June 26, 2017, https://3dprintingindustry.com/news/us-navy-employ-blockchain-control-3d-printers-116968.

25. N. Viswanadham, "Mattel's Toy Recalls and Supply Chain Management," Ecosystem Aware Global Supply Chain Management, Lecture at the National Programme on Technology Enhanced Learning (NPTEL), https://nptel.ac.in/courses/110108056/module3/Lecture12.pdf (accessed May 14, 2019).

26. Louise Story and David Barboza, "Mattel Recalls 19 Million Toys Sent from China," *New York Times*, World Business, August 15, 2007.

27. "List of Goods Produced by Child Labor or Forced Labor," United States Department of Labor, Bureau of International Labor Affairs, https://www.dol.gov/agencies/ilab/reports/child-labor/list-of-goods (accessed March 16, 2019).

28. David Floyer, "Defining and Sizing the Industrial Internet," Wikibon, June 27, 2013, http://wikibon.org/wiki/v/Defining_and_Sizing_the_Industrial_Internet; Peter C. Evans and Marco Annunziata, "Industrial Internet, Pushing the Boundaries of Minds and Machines," General Electric, November 2012, https://www.ge.com/docs/chapters/Industrial_Internet.pdf.

29. Y. Daniel Castro and Alan Mcquinn, "Cross-Border Data Flows Enable Growth in All Industries," The Information Technology & Innovation Foundation, February 2015, http://www2.itif.org/2015-cross-border-data-flows.pdf.

30. See 8th Brazilian Industry Innovation Summit, http://www.congressodeinovacao.com.br/o-congresso (accessed May 14, 2019).

31. Kah Chai Tan, "Big Data Initiatives Need Innovative Thinking to Make Things Happen," APAC CIO Outlook, http://www.apaccioutlook.com/ciospeaks/big-data-

initiatives-need-innovative-thinking-to-make-things-happen-nwid-718.html (accessed March 16, 2019).

32. P. R. Sanjai, "With New Analytics Arm, Tata Aims to Make Better Sense of Data," LiveMint, September 30, 2015, https://www.livemint.com/Companies/PCgvCZILu-JKV68UKVHZRJO/With-new-analytics-arm-Tata-aims-to-make-better-sense-of-da.html.

33. James Manyika and others, "Big Data: The Next Frontier for Innovation, Competition, and Productivity," McKinsey Global Institute, May 2011, https://www.mckinsey.com/business-functions/digital-mckinsey/our-insights/big-data-the-next-frontier-for-innovation.

34. Matthieu Pélissie du Rausus and others, "Internet Matters: The Net's Sweeping Impact On Growth, Jobs, and Prosperity," McKinsey Global Institute, May 22, 2011, http://www.mckinsey.com/insights/high_tech_telecoms_internet/internet_matters.

35. "The Risk Management Safety Net: Market Penetration and Potential," U.S. Department of Agriculture, Analysis of the Federal Crop Insurance Portfolio, September 2017.

36. "AWS Case Study: Travelstart," Amazon Web Services, https://aws.amazon.com/solutions/case-studies/travelstart (accessed March 16, 2019).

37. See, for example, "Grab Becomes the Largest Tableau Online Customer in Asia Pacific with More Than 1,000 Interactors," Tableau3, April, 2017, https://www.tableau.com/about/press-releases/2017/grab-becomes-largest-tableau-online-customer-asia-pacific-more-1000.

38. "AWS Case Study: WebMotors," Amazon Web Services, https://aws.amazon.com/solutions/case-studies/webmotors (accessed March 16, 2019).

39. Lisa Zyga, "Physicists Provide Support for Retrocausal Quantum Theory, in Which the Future Influences the Past," Phys.org, July 5, 2019.

第8章 线下与线上的距离

1. World Development Indicators, World Bank, 2019, https://datacatalog.worldbank.org/dataset/world-development-indicators.

2. See Enterprise Surveys, World Bank Group, http://www.enterprisesurveys.org (accessed May 14, 2019).

3. World Development Indicators, World Bank.

4. See Sanna Ojanpera, "Mapping Broadband Affordability in 2016," Geonet, October 30, 2018, https://geonet.oii.ox.ac.uk/blog/mapping-broadband-affordability-in-2016; and Arturo Muente-Kunigami, "How Affordable Is Broadband?" World Bank blog, October 23, 2014, https://blogs.worldbank.org/ic4d/how-affordable-broadband.

5. Abdi Latif Dahir, "Google's High-Altitude Internet Balloons Could Soon Connect Rural Kenya," *QuartzAfrica*, July 11, 2018, https://qz.com/africa/1325552/googles-project-loon-to-use-balloons-to-beam-the-internet-in-kenya.

6. Sean Farrell, "Facebook's Solar-Powered Internet Plane Takes Flight," *The Guardian*, July 21, 2016, https://www.theguardian.com/business/2016/jul/21/facebook-solar-powered-internet-plane-test-flight-aquila.

7. Jayne Miller, "The Evolution of Submarine Cable Connectivity in Africa," Teleography Blog, February 22, 2017, http://blog.telegeography.com/the-evolution-of-submarine-cable-connectivity-in-africa; see also Nicole Starosielski, "In Our Wi-Fi World, the Internet Still Depends on Undersea Cables," *The Conversation*, November 3, 2015, http://theconversation.com/in-our-wi-fi-world-the-internet-still-depends-on-undersea-cables-49936.

8. Agency Staff, "Google Is Laying Fibre Optic Cable in Africa to Ease Access to the internet," *Business Day*, March 15, 2017, https://www.businesslive.co.za/bd/companies/2017-03-15-google-is-laying-fibre-optic-cable-in-africa-to-ease-access-to-the-internet.

9. Billy Duberstein, "Why Google is Spending Big on Undersea Cables," The Motley Fool, February 1, 2018, https://www.fool.com/investing/2018/02/01/why-google-is-spending-big-on-undersea-cables.aspx.

10. "World Development Report 2016: Digital Dividends," World Bank, May 2016, http://www.worldbank.org/en/publication/wdr2016.

11. E. J. Malecki, "Digital Development in Rural Areas: Potentials and Pitfalls," *Journal of Rural Studies* 19, no. 2 (2003): 201–214.

12. Kati Suominen, "Ecommerce Development Index," report for the United States Agency for International Development, April 2017, https://pdf.usaid.gov/pdf_docs/PA00MP8T.pdf.

13. Kati Suominen, "Expanding Developing Country Small Businesses' Use of Online Platforms for Trade," report for the United States Agency for International Development, July 2018, https://pdf.usaid.gov/pdf_docs/PA00TM8V.pdf.

14. Leila Ben-Aoun Peltier and Adel Ben Youssef, "Does Internet Speed Matter? Impact of Internet Speed on E-Applications Adoption by Firms in Luxembourg," Université Nice Sophia Antipolis, http://unice.fr/laboratoires/gredeg/contenus-riches/documents-telechargeables/evenements-1/papiers-3en/ben-youssef.pdf (accessed March 16, 2019).

15. Kati Suominen, "Accelerating Digital Trade in Latin America and the Caribbean," Inter-American Development Bank Working Paper No. IDB-WP-790, March 2017, https://publications.iadb.org/publications/english/document/Accelerating-Digital-Trade-in-Latin-America-and-the-Caribbean.pdf.

16. U.S. International Trade Commission, "Digital Trade in the U.S. and Global Economies, Part 2," U.S. ITC Publication 4485, 2013, https://www.usitc.gov/publications/332/pub4485.pdf.

17. Robert Colburn, "First Successful Transatlantic Telegraph Cable Celebrates 150th Anniversary," The Institute, July 11, 2016, http://theinstitute.ieee.org/tech-history/technology-history/first-successful-transatlantic-telegraph-cable-celebrates-150th-anniversary.

18. Kenechi Okeleke and Jan Stryjak, "Closing the Coverage Gap: Digital Inclusion in Latin America," GSMA Connected Society, https://www.gsma.com/publicpolicy/wp-content/uploads/2016/09/GSMA2015_Report_ClosingTheCoverageGap-DigitalInclusionInLatinAmerica.pdf (accessed March 16, 2019).

19. Ibid.

20. Ibid.

21. Melvin P. Vaz, "Erwanda Project," Global Information/Communications Technology, April 4, 2013, http://documents.worldbank.org/curated/en/491851474497141969/pdf/000020051-20140625071025.pdf.

22. Alex Ntale, Atsushi Yamanaka, and Didier Nkurikiyimfura, "The Metamorphosis to a Knowledge-Based Society: Rwanda," World Economic Forum: The Global Information Technology Report, 2013, http://www3.weforum.org/docs/GITR/2013/GITR_Chapter2.2_2013.pdf.

23. Alliance for Affordable Internet, 2008-2018, http://a4ai.org/affordability-report/data/?_year=2017&indicator=INDEX.

24. Herbert Kanale, "Myanmar to Reach 28% Internet Penetration and 15 Million Users," Internet in Myanmar, October 12, 2017, https://www.internetinmyanmar.com/internet-penetration-sept-17.

25. Doug Bock Clark, "Myanmar's Internet Disrupted Society—and Fueled Extremists," *Wired*, September 28, 2017, https://www.wired.com/story/myanmar-internet-disrupted-society-extremism.

26. Filippo Belloc, Antonio Nicita, and Maria Alessandra Rossi, "Whither Policy Design for Broadband Penetration? Evidence from 30 OECD Countries," ScienceDirect, *Telecommunications Policy* 36, no. 5 (June 2012), https://www.sciencedirect.com/science/article/pii/S0308596111002163.

27. Ibid.

28. Stephen Ezell and John Wu, "How Joining the Information Technology Agreement Spurs Growth in Developing Nations," Information Technology & Innovation Foundation, May 22, 2017, https://itif.org/publications/2017/05/22/how-joining-information-technology-agreement-spurs-growth-developing-nations.

29. Patrick Gillespie, "Argentina Tried a Trump-Like Tariff—and It Went Horribly Wrong," *CNN Business*, December 19, 2016, http://money.cnn.com/2016/12/19/news/economy/tariffs-trump-argentina/index.html.

30. Daniel Knowles, "So Near and Yet So Far," *1843* (*The Economist*), December-January 2018, https://www.1843magazine.com/dispatches/so-near-and-yet-so-far.

31. Homa Zaryouni, "Korean Beauty Brands Have Highest Digital IQ," *Daily Insights*, September 11, 2015, https://www.l2inc.com/daily-insights/korean-beauty-brands-have-highest-digital-iq.

32. "E-Commerce Statistics," eurostat Statistics Explained, December 2018, http://ec.europa.eu/eurostat/statistics-explained/index.php/E-commerce_statistics.

33. James Stamps and David Coffin, "Digital Trade in the U.S. and Global Economies, Part 2," United States International Trade Commission, August 2014, Pub. No. 4485, https://www.usitc.gov/publications/332/pub4485.pdf.

34. "World Development Report 2016: Digital Dividends."

35. Suominen, "Ecommerce Development Index."

36. Alisa DiCaprio and Kati Suominen, "Aid for Trade in Asia and the Pacific:

Thinking Forward About Trade Costs and the Digital Economy," report for the Asian Development Bank for the Global Aid for Trade Review, July 2015.

37. See Kati Suominen, "How the Global Fund for Ecommerce Is Helping Entrepreneurs in Developing Countries Enter the Digital Era," *GE Reports*, April 12, 2016, https://www.ge.com/reports/kati-suominen-how-to-help-entrepreneurs-in-developing-countries-enter-the-ecommerce-era.

38. MangoTango, "Ecommerce Readiness and Opportunities in Cambodia," report for the Mekong Business Initiative and British Chamber of Commerce of Cambodia, January 2017.

39. Global Findex Database, globalfindex.org (accessed May 15, 2019).

40. "Vodafone M-Pesa and MTN Mobile Money Agree to Interconnect Mobile Money Services," Vodafone M-Pesa, April 21, 2015, http://www.vodafone.com/content/index/media/vodafone-group-releases/2015/m-pesa-mtn.html.

41. "Fintech Innovation Propels B2B Money Transfer Market to $218 Trillion by 2022," Juniper Research, March 26, 2018, https://www.juniperresearch.com/press/press-releases/fintech-innovation-propels-b2b-money-transfer.

42. Author interview with a leading Latin American ecommerce platform, April 2018.

43. Ibid.

44. Matt Higginson, "How Blockchain Could Disrupt Cross-Border Payments," The Clearing House blog, https://www.theclearinghouse.org/banking-perspectives/2016/2016-q4-banking-perspectives/articles/blockchain-cross-border-payments (accessed March 16, 2019).

45. Angelica Mari, "EBANX: The Brazilian Fintech Who Wants to Lead the Cross-Border Online Payments Market," *Forbes*, September 20, 2017, https://www.forbes.com/sites/angelicamarideoliveira/2018/09/20/ebanx-the-brazilian-fintech-who-wants-to-lead-the-cross-border-online-payments-market/#444ee7cc2427.

46. "The Economic Impact of Online Payments: Breaking Barriers Across Europe," Deloitte, May 2013, https://www2.deloitte.com/content/dam/Deloitte/uk/Documents/about-deloitte/deloitte-uk-economic-impact-of-online-payments-tmt.pdf.

47. Hamilton McNutt, Shelley Spencer, and Marcella Willis, "Making the Journey from Cash to Electronic Payments: A Toolkit for USAID Implementing Partners and Development Organizations," USAID Global Development Lab and NetHope, 2016, https://www.usaid.gov/sites/default/files/documents/15396/USAID_NetHope_ePayment_Toolkit_2016.pdf.

48. CPMI and World Bank Group, *Payment Aspects of Financial Inclusion* (Basel, Switzerland: BIS; Washington, DC: World Bank Group, 2016).

49. Daisuke Nakao, "Effective Implementation of the Risk-Based Approach," *ACAMS Today*, March 7, 2016, https://www.acamstoday.org/effective-implementation-risk-based-approach.

50. Suominen, "Expanding Developing Country Small Businesses' Use of Online Platforms for Trade."

51. David Humphrey, Magnus Willesson, Ted Lindblom, and Goran Bergendahl,

"What Does It Cost to Make a Payment?," *Review of Network Economics* 2, no. 2 (2003): 159–174.

52. Bhaskar Chakravorti, "India's Botched War on Cash," Huffpost The Blog, December 15, 2016, https://www.huffingtonpost.com/bhaskar-chakravorti/indias-botched-war-on-cas_b_13647026.html.

53. Ibid.

54. Utpal Bhaskar, "Budget 2018 Extends Sops to MSMEs in Push to Formalize Indian Economy," LiveMint,February 2, 2018, http://www.livemint.com/Politics/VKga4L-GtJwU212xTmelp6J/Budget-2018-Arun-Jaitley-announces-relief-for-MSMEs.html.

55. See, for example, Erica de la Harpe, "India Cuts Out Cash for Online Payments," *World Finance*, December 12, 2016, https://www.worldfinance.com/strategy/india-push-banking-online.

56. Kaustav Roy, Disha Kohli, Rakeshkumar Kathirvel, Senthil Kumar, Rupaksh Sahgal, and Wen-Bin, "Sentiment Analysis of Twitter Data for Demonetization in India—A Text Mining Approach," *Issues in Information Systems* 18, no. 4 (2017): 9–15.

57. Sean Creehan, "Demonetization Is Catalyzing Digital Payments Growth in India," Pacific Exchange Blog, Federal Reserve Bank of San Francisco, April 12, 2017, https://www.frbsf.org/banking/asia-program/pacific-exchange-blog/demonetization-is-catalyzing-digital-payments-growth-in-india.

58. See D. L. Birch and J. Medoff, "Gazelles," in *Labor Markets, Employment Policy and Job Creation*, ed. L. C. Solmon and A. R. Levenson, 159–167 (Boulder, CO: Westview, 1994).

59. Yasuyuki Motoyama and Samuel Arbesman, "The Ascent of America's High-Growth Companies," Ewing Marion Kauffman Foundation, http://www.kauffman.org/what-we-do/research/2012/09/the-ascent-of-americas-high-growth-companies (accessed March 16, 2019).

60. David B. Audretsch, "Determinants of High-Growth Entrepreneurship," OECD/DBA International Workshop, Copenhagen, March 28, 2012, https://www.oecd.org/cfe/leed/Audretsch_determinants%20of%20high-growth%20firms.pdf.

61. Motoyama and Arbesman, "The Ascent of America's High-Growth Companies."

62. "How Digital Are You? Middle Market Digitization Trends and How Your Firm Measures Up," National Center for the Middle Market and Nextrade Group, 2016, http://media.wix.com/ugd/478c1a_5ed9a4ccb406435991b12b93ee21cf83.pdf.

63. Suominen, "Accelerating Digital Trade in Latin America and the Caribbean."

64. Sophie Chapman, "UK Manufacturing Not Utilising Digitisation Enough, Compared to Global Competitors," Global Manufacturing, April 11, 2018, https://www.manufacturingglobal.com/technology/uk-manufacturing-not-utilising-digitisation-enough-compared-global-competitors.

65. Ana Paula Cusolito, Raed Safadi, and Daria Taglioni, *Inclusive Global Value Chains* (Washington, DC: World Bank and OECD, 2016), https://openknowledge.worldbank.org/bitstream/handle/10986/24910/9781464808425.pdf.

66. James Manyika and others, "Digital America: A Tale of the Haves and Have-Mores," December 2015, https://www.mckinsey.com/industries/high-tech/our-insights/

digital-america-a-tale-of-the-haves-and-have-mores.

67. Suominen, "Ecommerce Development Index."

68. Diego Comin, "The Evolution of Technology Diffusion and the Great Divergence," Brookings Blum Roundtable, August 8, 2014.

69. Diego Comin and Bart Hobijn, "An Exploration of Technology Diffusion," *American Economic Review* 100 (December 2010), http://www.dartmouth.edu/~dcomin/files/exploration_technology.pdf.

70. See Qualcomm website "The 5G Economy," https://www.qualcomm.com/invention/5g/economy; and "The 5G Economy: How 5G will Impact Global Industries, The Economy, and You," MIT Technology Review (March 1, 2017), https://www.technologyreview.com/s/603770/the-5g-economy-how-5g-will-impact-global-industries-the-economy-and-you.

71. "South Korea Telecoms, Mobile, Broadband and Digital Media Statistics and Analyses 2018," BusinessWire, October 3, 2018, https://www.businesswire.com/news/home/20181003005694/en/South-Korea-Telecoms-Mobile-Broadband-Digital-Media.

72. *Growing United: Upgrading Europe's Convergence Machine* (Washington, DC: World Bank, 2019), http://documents.worldbank.org/curated/en/250311520359538450/pdf/123956-REVISED-volume-2-GrowingUnitedvonlinelinks.pdf.

73. Ibid.

74. *World Development Report 2019: The Changing Nature of Work* (Washington, DC: World Bank, 2019), http://documents.worldbank.org/curated/en/816281518818814423/pdf/2019-WDR-Report.pdf.

第 9 章　海关难题

1. M. Cali and D. W. te Velde, "Does Aid for Trade Really Improve Trade Performance?" *World Development* 39, no. 5 (2010): 725–740.

2. Diego Rodriguez, "The Five Biggest Logistics Challenges Facing Latin American E-Commerce," *AMI Perspective*, January 16, 2017.

3. "Do People Use the Internet for Personal Purposes?" *The Connected Consumer Survey 2017*, Google Consumer Barometer, https://www.consumerbarometer.com/en/graph-builder.

4. Rodriguez, Diego, "The Five Biggest Logistics Challenges."

5. David Hummels and Georg Schaur, "Time as a Trade Barrier," *American Economic Review* 103, no. 7 (December 2013), https://www.aeaweb.org/articles?id=10.1257/aer.103.7.2935.

6. Simeon Djankov, Caroline Freund, and Cong S. Pham, "Trading on Time," Research Working Paper No. WPS 3909 (Washington, DC: World Bank, 2006), http://documents.worldbank.org/curated/en/761201468175464382/Trading-on-time.

7. Kati Suominen, "Ecommerce Development Index," report for the United States Agency for International Development, April 2017, https://pdf.usaid.gov/pdf_docs/PA00MP8T.pdf.

8. Kati Suominen, "Accelerating Digital Trade in Latin America and the Caribbean," Inter-American Development Bank Working Paper No. IDB-WP-790, March 2017,

https://publications.iadb.org/publications/english/document/Accelerating-Digital-Trade-in-Latin-America-and-the-Caribbean.pdf.

9. "Digital Trade in the U.S. and Global Economies, Part 2," U.S. International Trade Commission Publication No. 4485, August 2014.

10. Eduardo Galeano, *Open Veins of Latin America: Five Centuries of the Pillage of a Continent* (New York: Monthly Review Press, 1971).

11. Mauricio Mesquita Moreira, Christian Volper, and Juan S. Blyde, *Unclogging the Arteries: The Impact of Transport Costs on Latin America and Caribbean Trade* (Cambridge, MA: Harvard University Press, 2009).

12. "Trading Across Borders Technology Gains in Trade Facilitation," Word Bank, in *Doing Business 2017: Equal Opportunity for All*, http://www.doingbusiness.org/content/dam/doingBusiness/media/Annual-Reports/English/DB17-Report.pdf.

13. Ibid.

14. See for example, Amos Wangora, "Implementation of the Kenya National Single Window System," September 13, 2016, https://www.slideshare.net/Africanalliance/implementation-of-the-kenya-national-single-window-systemkentradeswc2016; GUCE GIE Cameroon, "The Single Form for Foreign Trade Operators," March 14, 2017, https://www.slideshare.net/Africanalliance/the-single-form-for-foreign-trade-operators-guce-gie-cameroon; and "Trading Across Borders Technology Gains in Trade Facilitation."

15. See World Bank's Doing Business website at http://www.doingbusiness.org.

16. Christian Volpe Martincus, "How Does Trade Respond When Borders Are Simplified via Single-Window Systems?" January 31, 2018, https://blogs.iadb.org/integration-trade/en/how-does-trade-respond-when-borders-are-simplified-via-one-stop-systems.

17. See World Bank Group, *Doing Business 2017: Equal Opportunity for All*, http://www.doingbusiness.org/content/dam/doingBusiness/media/Annual-Reports/English/DB17-Report.pdf.

18. Margareta Drzeniek Hanouz, Thierry Geiger, and Sean Doherty, eds., "The Global Enabling Trade Report 2014," *World Economic Forum Insight Report*, 2014.

19. Sung Heun Ha and Sang Won Lim, "The Progress of Paperless Trade in Asia and the Pacific: Enabling International Supply Chain integration," *ADB Working Paper Series on Regional Economic Integration*, October 2014.

20. "Trading Across Borders," World Bank's Doing Business Database, 2019, http://www.doingbusiness.org/en/data/exploretopics/trading-across-borders.

21. Yann Duval, "Trade Facilitation for Sustainable Development in Asia and the Pacific," ITD Workshop on Trade Facilitation for Sustainable Development, Bangkok, August 7–10, https://www.unescap.org/sites/default/files/ITD%20Workshop%20Session%201-2%20TFandSD%20intro%20-%2007%20Aug%202018_Mr.%20Yann%20Duval.pdf.

22. M. H. Abeywickrama and W.A.D.N. Wickramaarachchi, "Study on the Challenges of Implementing Single Window Concept to Facilitate Trade in Sri Lanka: A Freight Forwarder Perspective," *Journal of Economics, Business and Management* 3, no. 9 (September 2015): 883–888, http://www.joebm.com/papers/302-BM00027.pdf.

23. "Russian Anticorruption Pioneer States That a Family Is Plundering Karachay-

Cherkessia," CRN Network, http://corruptionresearchnetwork.org/marketplace/resources/Abu%20Dhabi%20Combined.pdf (accessed March 16, 2019).

24. Marc Levinson, *The Box: How the Shipping Container Made the World Smaller and the World Economy Bigger* (Princeton: Princeton University Press, 2007).

25. U.S. Department of Transportation, *Bureau of Transportation Statistics and Federal Highway Administration, Freight Analysis Framework*, Version 4.3.1, 2017.

26. Matt Gersper, "CBP's 10+2 Readiness . . . Beware! It's Strategic, not Tactical!" *Import-Export Institute's GlobalWatch*, September/October 2008.

27. Bernard Kempingski, "Scanning and Imaging Shipping Containers Overseas: Costs and Alternatives," Congressional Budget Office, June 2016.

28. Lorraine Keyes, "Data Analytics: How Data Analytics Can Simplify and Facilitate Trade Within the European Union," Europese Fiscale Studies Post Masters in EU Customs Law, 2015/2016.

29. Customs Now, "W Coast Trade Symposium Recap: E-commerce Is the Hot Topic," Customs and Border Protection, e-manifest, PGAs, PTI, Trade Transformation, May 31, 2017.

30. Ibid.

31. Legiscript.com, "The Internet Pharmacy Market in 2016: Trends, Challenges, and Opportunities," January 2016, https://safemedsonline.org/wp-content/uploads/2016/01/The-Internet-Pharmacy-Market-in-2016.pdf.

32. Hollie Shaw, "Canada Losing Out on More Than $1 Billion in Taxes and Duties on Foreign Online Retail Sales, Study Reveals," *Financial Post*, March 2, 2017.

33. Commission of European Communities, "The Economics of 1992—An Assessment of the Potential Economic Effects of Completing the Internal Market of the European Community," *European Economy* 35 (March 1988), http://ec.europa.eu/economy_finance/publications/pages/publication7412_en.pdf.

34. Mollie Leon, "Benchmark Your Trade Compliance Training Program," Amber Road Powering Global Trade, June 1, 2016.

35. Laure Templer, "Data Analysis for Effective Border Management," World Customs Organization, February 2017.

36. Medha Basu and Nurfilzah Rohaidi, "Exclusive: Singapore's Plans for AI in Border Security: Interview with Sung Pik Wan, Assistant Director-General (Checkpoints) at Singapore Customs," GovInsider, May 14, 2017.

37. Lis Evenstad, "HMRC Builds Blockchain Proof of Concept for UK Border," *ComputerWeekly*, September 15, 2017, https://www.computerweekly.com/news/450426393/HMRC-builds-blockchain-proof-of-concept-for-UK-border.

38. Lewis King, "UK Traders Say Blockchain Can Ameliorate Impending Customs Congestion," *Air Cargo World*, August 16, 2017.

39. Thomas R. Eddlem, "Before the Income Tax," *NewAmerican*, January 18, 2013.

40. See, for example, Katherine Gustafson, "What Is Nexus and How Does It Affect Your Small Business?" Intuit Quickbooks, https://quickbooks.intuit.com/r/taxes/what-is-nexus-and-how-does-it-affect-your-small-business (accessed May 15, 2019).

41. "Australia's New Digital GST Is Rubber-Stamped," *Taxamo*, May 10, 2016,

https://www.taxamo.com/blog/australias-new-digital-gst.

42. See Holloway Rae, "De-Minimis Thresholds in APEC."

43. J. Hintsa and others, "The Import VAT and Duty De-Minimis in the European Union—Where Should They Be and What Will Be the Impact?" Cross-Border Research Association, Lausanne, Switzerland, in co-operation with HEC University of Lausanne and University of Bamberg, final report, October 14, 2014, http://www.euroexpress.org/uploads/ELibrary/CDS-Report-Jan2015-publishing-final-2.pdf.

44. Studies also point out that the savings from increases in *de minimis* levels would enable customs to reallocate resources toward identifying serious threats, from terrorism to counterfeit merchandise, illegal drugs, and unsafe food products.

45. Christine McDaniel, Simon Schropp, and Olim Latipov, "Rights of Passage: The Economic Effects of Raising the DMT Threshold in Canada," C.D. Howe Institute E-Brief, June 23, 2016, https://www.cdhowe.org/sites/default/files/attachments/research_papers/mixed/E-brief_Rights%20of%20Passage_June16.pdf.

46. See Holloway and Rae, "De-Minimis Thresholds in APEC."

47. Jeffrey Rae, "The Economic Impact of Increased *De Minimis* Thresholds on ASEAN Economies," presentation at the ASEAN Regulatory Reform Symposium, Manila, July 23, 2012, http://aadcp2.org/wp-content/uploads/The-Economic-Impact-of-Increased-De-minimis-Thresholds-on-ASEAN-Economies.pdf.

48. Gary Hufbauer and Yee Wong, "Logistics Reform for Low-Value Shipments," Policy Brief PB11-7, Peterson Institute for International Economics, June 2011, https://piie.com/sites/default/files/publications/pb/pb11-07.pdf.

49. These arguments have gained more followers as trade has digitized. In discussions on inter-state taxation in such federal countries as the United States and Brazil, there are two main ways taxes are dealt with—charging the tax at the origin and not at the destination of the sale, and, as is more typical, charging it at the destination. In the latter case, there is contestation over whether the company selling the product has presence via a "nexus" at the destination. Nexus used to be defined in U.S. states as physical presence, such as a store; however, as ecommerce has grown, many U.S. states have argued that nexus means any sales presence or online marketing. See, for example, Gustafson, "What Is Nexus and How Does It Affect Your Small Business?"

第10章 "分裂网"

1. Francis Fukuyama, *The End of History and the Last Man* (New York: Free Press, 1992).

2. Jason Hassler, "The Power of Personalized Product Recommendations," *Intelliverse* (blog), November 16, 2017, http://www.intelliverse.com/blog/the-power-of-personalized-product-recommendations.

3. "Three-Quarters of Americans Concerned About Identity Theft During Holiday Shopping Season: Markets Insider," *Business Insider*, November 2, 2017, http://markets.businessinsider.com/news/stocks/Three-Quarters-Of-Americans-Concerned-About-Identity-Theft-During-Holiday-Shopping-Season-1006591336.

4. Russell A. Miller, ed., *Privacy and Power: A Transatlantic Dialogue in the Shadow*

of the NSA-Affair (Cambridge, UK: Cambridge University Press, 2018).

5. Ibid.

6. J. Walsh, "There's Trouble in the Air Over Transborder Data Flow," *Science* 202, no. 4363 (1978): 29–32.

7. David Reinsel, John Gantz, and John Rydning, "Total WW Data to Reach 163ZB by 2025," *Storage Newsletter*, April 5, 2017, https://www.storagenewsletter.com/2017/04/05/total-ww-data-to-reach-163-zettabytes-by-2025-idc.

8. Ibid.

9. Jamie Carter, "How to Handle the New US-EU Data Regulations," *TechRadar*, May 23, 2016, http://www.techradar.com/news/internet/how-to-handle-the-new-us-eu-data-regulations-1320554/2#.

10. Michael Nadeau, "General Data Protection Regulation (GDPR) Requirements, Deadlines and Facts," *CSO Online*, February 16, 2018, https://www.csoonline.com/article/3202771/data-protection/general-data-protection-regulation-gdpr-requirements-deadlines-and-facts.html.

11. "Consult Hyperion Forecasts Banks to Face Fines Totalling €4.7bn in First Three Years Under GDPR," *AllClear ID*, June 14, 2017, https://www.allclearid.com/business/newsreleases/consult-hyperion-forecasts-banks-face-fines-totalling-e4-7bn-first-three-years-gdpr.

12. "FTSE 100 Companies Could Face Up to £5 Billion a Year in Fines When GDPR Tsunami Hits Our Shores," Oliver Wyman, May 22, 2017, http://www.oliverwyman.com/media-center/2017/may/ftse-100-companies-could-face-up-to-p5-billion-a-year-in-fines-w.html.

13. "Economic Impact Assessment of the European General Data Protection Regulation: Final Report," Deloitte, December 16, 2013, https://www2.deloitte.com/content/dam/Deloitte/uk/Documents/about-deloitte/deloitte-uk-european-data-protection-tmt.pdf.

14. Ibid.

15. Erik van der Marel, Hosuk Lee-Makiyama, and Matthias Bauer, "The Costs of Data Localisation: A Friendly Fire on Economic Recovery," European Centre for International Political Economy, May 2014, http://ecipe.org/publications/dataloc/2014.

16. K. Irion, S. Yakovleva, and M. Bartl, "Trade and Privacy: Complicated Bedfellows? How to Achieve Data Protection-Proof Free Trade Agreements," University of Amsterdam, Institute for Information Law, July 13, 2016, https://ivir.nl/publicaties/download/1807.

17. Nigel Cory, "Cross-Border Data Flows: Where Are the Barriers, and What Do They Cost?" Information Technology and Innovation Foundation, May 2017, https://itif.org/publications/2017/05/01/cross-border-data-flows-where-are-barriers-and-what-do-they-cost.

18. "China Passes Law Aiming at 'Secure and Controllable Internet,'" *RT International*, https://www.rt.com/news/271075-china-security-internet-legislature (accessed February 25, 2018); Glenn Kates, "Russia Can Take Inspiration from These Three Countries to Build a Cyber Firewall," *Quartz*, May 9, 2014, https://qz.com/208102/three-

countries-russia-can-take-inspiration-from-for-a-cyber-firewall.

19. "Quantifying the Cost of Forced Localization," Leviathan Security Group, 2015, https://static1.squarespace.com/static/556340ece4b0869396f21099/t/559dad76e4b0899 d97726a8b/1436396918881/Quantifying+t he+Cost+of+Forced+Localization.

20. Ibid.

21. van der Marel, Lee-Makiyama, and Bauer, "The Costs of Data Localisation."

22. "Digital Trade in the U.S. and Global Economies, Part 2," United States International Trade Commission, August 2014, https://www.usitc.gov/publications/332/pub4485.pdf.

23. "Preliminary Assessment: Potential Benefits for APEC Economies and Businesses Joining the CBPR System," Asia-Pacific Economic Cooperation, February 24, 2016, https://static1.squarespace.com/static/5746cdb3f699bb4f603243c8/t/591bbd614 6c3c4823961ecb3/1494990185553/IIS+-+APEC+CBPR+Benefits+Paper+Final+Public ly+Released+Version+-+APEC+Communications+Unit.pdf.

24. Ibid.

25. Mark Scott, "German Privacy Concerns Trip Up High-Tech Ventures," *Politico*, September 25, 2017, https://www.politico.eu/article/german-privacy-concerns-trip-up-high-tech-ventures.

26. The draft regulation also provides an updated list of countries granted adequacy status by the Colombian data-protection authority, which includes Costa Rica, the EU member states, Iceland, Mexico, Norway, Peru, Serbia, South Korea, the United States, and the countries granted adequacy by the European Commission.

27. David Haskel, "Colombia Adds U.S. to List of Data-Transfer-Safe Nations," *Bloomberg BNA*, August 14, 2017, https://www.bna.com/colombia-adds-us-n73014463125.

28. "International Data Flows: Promoting Digital Trade in the 21st Century," testimony by Robert D. Atkinson at the House Judiciary Committee, November 3, 2015, https://itif.org/publications/2015/11/03/international-data-flows-promoting-digital-trade-21st-century.

29. John Shimal, "Facebook Shuts Down 1 Million Accounts per Day but Can't Stop All 'Threat Actors,' Security Chief Says," CNBC, August 24, 2017.

30. Anupam Chander, "How Law Made Silicon Valley," *Emory Law Journal* 63, no. 639 (2014), http://law.emory.edu/elj/_documents/volumes/63/3/articles/chander.pdf.

31. Richard Allan, "Wir arbeiten hart daran, Hassrede zu bekämpfen und haben bereits große Fortschritte erzielt," Facebook, June 19, 2017, https://www.facebook.com/notes/facebook-politik-und-gesellschaft/wir-arbeiten-hart-daran-hassrede-zu-bek%C3%A4mpfen-und-haben-bereits-gro%C3%9Fe-fortschrit/1361657510554965.

32. Eric Goldman, "Congress Is About to Eviscerate Its Greatest Online Free Speech Achievement," *American Constitution Society for Law and Policy*, September 11, 2017, https://www.acslaw.org/acsblog/congress-is-about-to-eviscerate-its-greatest-online-free-speech-achievement.

33. Delegation of the United States to the WTO, "Joint Statement on Electronic Commerce Initiative, Communication from the United States," April 12, 2018, https://

| 参考文献 |

docs.wto.org/dol2fe/Pages/FE_Search/FE_S_S009-DP.aspx?language=E&CatalogueIdList=244489,244495,244488,244469,244463,244471,244470,244437,244474,244472&CurrentCatalogueIdIndex=6&FullTextHash=371857150&HasEnglishRecord=True&HasFrenchRecord=False&HasSpanishRecord=False.

34. Ivana Kottasová, "Europe Just Approved New Copyright Rules That Could Change the Internet," CNN, September 12, 2018, https://money.cnn.com/2018/09/12/technology/eu-copyright-law/index.html.

35. See, for example, "Video Sharing Platforms—Who's Making the Rules and How Do They Apply?" European Audiovisual Observatory, July 12, 2018, https://www.obs.coe.int/en/web/observatoire/home/-/asset_publisher/9iKCxBYgiO6S/content/video-sharing-platforms-who-s-making-the-rules-and-how-do-they-apply-?_101_INSTANCE_9iKCxBYgiO6S_viewMode=view.

36. Kottasová, "Europe Just Approved New Copyright Rules."

37. "Argentinean Supreme Court Rules in Favor of Google and Yahoo on Civil Liability of Search Engines in María Belén Rodriguez case," Free Internet Project, November 4, 2014, http://thefreeinternetproject.org/blog/argentinean-supreme-court-rules-favor-google-and-yahoo-civil-liability-search-engines-maría.

38. Eriq Gardner, "Music Publisher Gets $25 Million Jury Verdict Against Cox in Trailblazing Piracy Case," *The Hollywood Reporter*, December 17, 2015, https://www.hollywoodreporter.com/thr-esq/music-publisher-gets-25-million-849829.

39. Brian O'Keefe, "The Red Tape Conundrum," *Fortune*, October 20, 2016, http://fortune.com/red-tape-business-regulations.

40. Matthew Le Merle, Raju Sarma, Tashfeen Ahmed, and Christopher Pencavel. "The Impact of U.S. Internet Copyright Regulations on Early-Stage Investment: A Quantitative Study," Booz & Co., 2016, https://www.strategyand.pwc.com/media/uploads/Strategyand-Impact-US-Internet-Copyright-Regulations-Early-Stage-Investment.pdf.

41. "The Economic Impact of Safe Harbours on Internet Intermediary Start-Ups," Oxera, February 2015, https://www.oxera.com/wp-content/uploads/2018/07/The-economic-impact-of-safe-harbours-on-Internet-intermediary-start-ups.pdf.pdf.

42. Paul Starr, "The Great Telecom Implosion," *The American Prospect*, September 8, 2002, https://www.princeton.edu/~starr/articles/articles02/Starr-TelecomImplosion-9-02.htm.

43. "Skype Traffic Continues to Thrive," *TeleGeography*, January 15, 2014, https://www.telegeography.com/products/commsupdate/articles/2014/01/15/skype-traffic-continues-to-thrive.

44. Stephen Sale and Michael Lane, "Communication Services in Western Europe: Trends and Forecasts 2016–2021," *Analysis Mason*, August 2016, http://www.analysysmason.com/Research/Content/Reports/communication-services-WE-Aug2016-RDMV0/sample-TOC.

45. Baker McKenzie, "Brazilian National Cinema Proposes New Regulations for Video on Demand Services," Lexology, February 13, 2017, https://www.lexology.com/library/detail.aspx?g=f363b33d-d052-4a74-8f4c-f744b46a0392.

46. "Report of the Special Rapporteur on the Promotion and Protection of the Right

389

to Freedom of Opinion and Expression, Frank La Rue," United Nations General Assembly, Human Rights Council, Seventeenth Session, May 16, 2011, https://www2.ohchr.org/english/bodies/hrcouncil/docs/17session/A.HRC.17.27_en.pdf.

47. See, for the argument, Javier Pallero and Raman Jit Singh Chima, "Proposals for Regulating Internet Apps and Services: Understanding the Digital Rights Impact of the 'Over-The-Top' Debate," Access.now, August 21, 2017, https://www.accessnow.org/cms/assets/uploads/2017/08/Access_Now_OTT-position%E2%80%93paper.pdf.

48. Min Jung Kim, "Essays on the Economics of the Smartphone and Application Industry," a thesis submitted to the faculty of the Graduate School of the University of Minnesota, 2013, http://conservancy.umn.edu/bitstream/handle/11299/159773/1/Kim_umn_0130E_14389.pdf.

49. "EU Finance Ministers Continue Debate on Digital Tax Scope," *Bloomberg News*, September 2018, https://www.bna.com/eu-finance-ministers-n73014482246.

50. Raul Katz, "The Impact of Taxation on the Digital Economy," a presentation to the ITU Regional Economic and Financial Forum of Telecommunications/ICT for Africa, Abidjan, Côte d'Ivoire, January 19, 2016, http://www.itu.int/en/ITU-D/Regulatory-Market/Pages/Events2016/Abidjan/Ses3_2_Katz_Taxation percent20v4.pdf.

51. Ibid.

52. "Taxing Telecom," AT Kearney, 2013, https://www.atkearney.com/documents/10192/1046683/Taxing+TelecomThe+Case+for+Reform.pdf/88c2d30c-f0d4-4496-b7e3-ab9298d09ced (accessed February 25, 2018).

53. Katz, "The Impact of Taxation on the Digital Economy."

54. Joshi Sujata and others, "Impact of Over the Top (OTT) Services on Telecom Service Providers," *Indian Journal of Science and Technology* 8, no. S4 (February 2015), http://www.indjst.org/index.php/indjst/article/viewFile/62238/48529.

55. See Asia Internet Coalition, "Smart Regulation for OTT Growth," October 2015, https://www.aicasia.org/wp-content/uploads/2015/10/AIC-White-Paper-on-OTT_Final2.pdf.

56. Ibid.

57. Klint Finley, "After Slurping Up AI Researchers, Facebook Offers to Share," *Wired*, November 10, 2017, https://www.wired.com/story/after-slurping-up-ai-researchers-facebook-offers-to-share.

58. For U.S. avocados, see "Florida Avocado Grades and Standards," U.S. Department of Agriculture, https://www.ams.usda.gov/grades-standards/florida-avocado-grades-and-standards (accessed March 17, 2019). For GlobalG.A.P, see "GlobalG.A.P. Retail and Food Service Members," https://www.globalgap.org/uk_en/who-we-are/members/retailers-food-service/index.html (accessed March 17, 2019).

59. Jagdish Bhagwati, *Termites in the Trading System: How Preferential Agreements Undermine Free Trade* (Oxford: Oxford University Press, 2007).

60. Inter-American Development Bank, "Coping with the Spaghetti Bowl of FTAs in LAC and Asia: Effects of FTAs on Company Strategies, *Mimeo*, 2009.

61. "Consumer Market Study on the Functioning of E-Commerce and Internet Marketing and Selling Techniques in the Retail of Goods," Civic Consulting, September

9, 2011, http://www.civic-consulting.de/reports/study_ecommerce_goods_en.pdf.

62. "A Digital Single Market Strategy for Europe," Communication from the Commission to the European Parliament, the Council, the European Economic and Social Committee and the Committee of the Regions, COM(2015) 192 final, May 6, 2015, http://eur-lex.europa.eu/legal-content/EN/TXT/?qid=1477773803386&uri=CELEX%3A52015DC0192.

63. "The ASEAN Digital Revolution," AT Kearney and Axiata, https://www.atkearney.com/documents/10192/6986374/ASEAN+Digital+Revolution.pdf/86c51659-c7fb-4bc5-b6e1-22be3d801ad2 (accessed February 25, 2018).

64. "The Economic Benefits of Early Harmonisation of the Digital Dividend Spectrum and the Cost of Fragmentation in Asia-Pacific," GSMA and the Boston Consulting Group, May 9, 2012, https://www.gsma.com/spectrum/resources/the-economic-benefits-of-early-harmonisation-of-the-digital-dividend-spectrum-and-the-cost-of-fragmentation-in-asia.

65. "WTO Wrestles with Relevance in Age of Eecommerce," *Financial Times*, December 13, 2017, https://www.ft.com/content/d9f63c20-e01d-11e7-a8a4-0a1e63a52f9c.

第 11 章 信贷紧缺

1. "MSME Finance Gap, Assessment of the Shortfalls and Opportunities in Financing Micro, Small and Medium Enterprises in Emerging Markets," World Bank Group, SME Finance Forum, International Finance Corporation, 2017, https://www.smefinanceforum.org/sites/default/files/Data%20Sites%20downloads/MSME%20Report.pdf.

2. Kati Suominen, "Ecommerce Development Index," report for the U.S. Agency for International Development, April 2017, https://pdf.usaid.gov/pdf_docs/PA00MP8T.pdf.

3. "Small Business Lending in the United States," Office of Advocacy, U.S. Small Business Administration, 2012, https://www.sba.gov/sites/default/files/files/sbl_12study.pdf.

4. Daniel Paravisini, Veronica Rappoport, Philipp Schnabl, and Daniel Wolfenzon, "Dissecting the Effect of Credit Supply on Trade: Evidence from Matched Credit-Export Data." NBER Working Paper No. 16975, 2011.

5. Jean-Charles Bricongne, Lionel Fontagné, Guillaume Gaulier, Daria Taglioni, and Vincent Vicard, "Exports and Sectoral Financial Dependence: Evidence on French Firms During the Great Global Crisis," European Central Bank Working Paper 1227, July 2010.

6. See Daria Taglioni, Lionel Fontagné, Guillaume Gaulier, Vincent Vicard, and Jean-Charles Bricongne, "Firms and the Global Crisis: French Exports in the Turmoil," VoxEu.irg, November 5, 2009.

7. *Removing Barriers to SME Access to International Markets* (Paris: Organisation for Economic Co-operation and Development, 2008).

8. "Small and Medium-Sized Enterprises: Characteristics and Performance," U.S. International Trade Commission, Investigation No. 332–510, Publication 4189, November 2010, http://www.usitc.gov/publications/332/pub4189.pdf.

9. "Internationalisation of European SMEs," EIM Business & Policy Research, report

study for Entrepreneurship Unit, Directorate-General for Enterprise and Industry, European Commission, 2010.

10. See Kati Suominen and Reena Gordon, *Going Global: Promoting the Internationalization of Small and Mid-Size Enterprises in Latin America and the Caribbean* (Washington, DC: Inter-American Development Bank, March 2014).

11. Emanuele Forlani, "Liquidity Constraints and Firm's Export Activity," working paper, Universie Catholique de Louvain—CORE, April 2010.

12. David Greenway, Alessandra Guariglia, and Richard Kneller, "Financial Factors and Exporting Decisions," *Journal of International Economics* 73, no. 2 (November 2007): 377–395.

13. See Taglioni, Fontagné, Gaulier, Vicard, and Bricongne, "Firms and the Global Crisis"; See also Holger Goerg and Marina-Eliza Spaliara, "Financial Pressure and Exit from the Export Market," CESifo-Delphi Conference on the Economics of Firm Exporting, April 26–27, 2013.

14. For the relationship between labor productivity and access to credit, see Veselin Kuntchev, Rita Ramalho, Jorge Rodríguez-Meza, and Judy S. Yang, "What Have We Learned from the Enterprise Surveys Regarding Access to Finance by SMEs?" World Bank Report No. 68292, version February 14, 2012, http://documents.worldbank.org/curated/en/958291468331867463/What-have-we-learned-from-the-enterprise-surveys-regarding-access-to-finance-by-SMEs. For exporting and access to credit, see Greenaway, Guariglia, and Kneller, "Financial Factors and Exporting Decisions." See also J. M. Campa and J. M. Shaver, "Exporting and Capital Investment: On the Strategic Behavior of Exporters," Discussion Paper No. 469, IESE Business School, University of Navarra, 2002; and A. Guariglia and S. Mateut, "Inventory Investment, Global Engagement and Financial Constraints in the UK: Evidence from Micro Data," GEP Research Paper No. 05/23, Leverhulme Centre for Research on Globalization and Economic Policy, University of Nottingham, 2005.

15. Greenway, Guariglia, and Kneller, "Financial Factors and Exporting Decisions."

16. "Finance," Enterprise Surveys, World Bank Group, 2018, http://www.enterprisesurveys.org/data/exploretopics/finance.

17. "Survey: 77% of Banks in Latin America and the Caribbean Plan to Increase Credit to Small and Medium Enterprises," IDB Group-Felaban, November 19, 2012, http://www.iadb.org/en/news/news-releases/2012-11-19/2012-sme-lending-survey-in-latin-america-and-caribbean,10222.html.

18. "Las Pymes de América Latina y el Caribe: Un negocio estratégico para los bancos de la región, 5ta encuesta regional en América Latina y el Caribe," Inter-American Development Bank, 2012.

19. David McKenzie and Christopher Woodruff, "Experimental Evidence on Returns to Capital and Access to Finance in Mexico," World Bank Working Paper, March 2008, http://siteresources.worldbank.org/DEC/Resources/Experimental_Evidence_on_Returns_to_Capital_and_Access_to_Finance_in_Mexico.pdf; and Abhijit Banerjee and Esther Duflo, "Do Firms Want to Borrow More? Testing Credit Constraints Using a Directed Lending Program," MIT Working Paper, 2012, http://economics.mit.edu/

files/2706.

20. Susan Adams, "How Tala Mobile Is Using Phone Data to Revolutionize Microfinance," *Forbes*, August 29, 2016, https://www.forbes.com/sites/forbestreptalks/2016/08/29/how-tala-mobile-is-using-phone-data-to-revolutionize-microfinance/#4faaa8a42a9f.

21. "Average Small Business Loan Amount in 2018: Across Banks and Alternative Lenders," ValuePenguin, https://www.valuepenguin.com/average-small-business-loan-amount (accessed March 18, 2019).

22. There are various models—Kabbage in Atlanta buys small accounts receivables, StreetShares provides three- to thirty-six-month-term small business loans, and Biz2Credit matches companies to best-fit lenders.

23. "The Economic Impact of OnDeck's Lending," Analysis Group, November 17, 2015, https://www.ondeck.com/wp-content/uploads/2017/09/Impact-Report.pdf.

24. Usman Ahmed, Thorsten Beck, Christine McDaniel, and Simon Schropp, "Filling the Gap: How Technology Enables Access to Finance for Small- and Medium-Sized Enterprises; *innovations* 10, no. 3/4 (2016), https://www.mitpressjournals.org/doi/pdf/10.1162/inov_a_00239.

25. Mark E. Schweitzer and Brett Barkley, "Is 'Fintech' Good for Small Business Borrowers? Impacts on Firm Growth and Customer Satisfaction," Federal Reserve Bank of Cleveland, February 1, 2017, https://www.clevelandfed.org/newsroom-and-events/publications/working-papers/2017-working-papers/wp-1701-is-fintech-good-for-small-business-borrowers.aspx.

26. Miriam Segal, "Peer-to-Peer Lending: A Financing Alternative for Small Businesses," SBA Office of Advocacy, Issue Brief No. 10, September 10, 2015, https://www.sba.gov/sites/default/files/advocacy/Issue-Brief-10-P2P-Lending.pdf.

27. Schweitzer and Barkley, "Is 'Fintech' Good for Small Business Borrowers?"

28. Julapa Jagtiani and Cathy Lemieux, "Small Business Lending: Challenges and Opportunities for Community Banks," ResearchGate, February 2016, https://www.researchgate.net/profile/Julapa_Jagtiani/publication/305422937_Small_Business_Lending_Challenges_and_Opportunities_for_Community_Banks/links/578e403608aecbca4caac856.pdf.

29. Scott Carey, "What Is Open Banking? What Does It Mean for Banks, Fintech Startups & Consumers?" ComputerworldUK, July 16, 2018, https://www.computerworlduk.com/applications/is-2018-year-that-open-banking-becomes-reality-in-uk-3653824.

30. "Opportunities and Challenges in Online Marketplace Lending," U.S. Department of the Treasury, May 10, 2016, https://www.treasury.gov/connect/blog/Documents/Opportunities%20and%20Challenges%20in%20Online%20Marketplace%20Lending%20vRevised.pdf.

31. Connie Loizos, "For Online Lenders, It's Suddenly Touch-and-Go," TechCrunch, 2016, https://techcrunch.com/2016/05/17/for-online-lenders-its-suddenly-touch-and-go-2.

32. "China's Central Bank Orders Crackdown on Online Lenders to Curb Runaway

393

Credit," *South China Morning Post,* November 22, 2017, http://www.scmp.com/business/banking-finance/article/2120972/chinas-central-bank-issues-orders-rein-peer-peer-lenders; and Angus Whitley, Alfred Liu, and Jun Luo, "Military Drills Help China's Best Bank Toughen Up Its Staff," *Bloomberg Businessweek,* November 15, 2017, https://www.bloomberg.com/news/features/2017-11-15/military-drills-help-china-s-best-bank-toughen-up-its-staff.

33. Karen Gordon Mills and Braydon McCarthy, "The State of Small Business Lending: Innovation and Technology and the Implications for Regulation," Harvard Business School, Working Paper 17-042, 2016, http://www.paydayloanuniversity.com/wp-content/uploads/2017/04/Harvard-SME-Small-Medium-Business-Lending-2017.pdf.

34. "MYbank Deepens Push for Business Big Banks Won't Touch," *Bloomberg News,* July 2, 2017, https://www.bloomberg.com/news/articles/2017-07-02/jack-ma-s-bank-deepens-push-for-business-big-lenders-won-t-touch.

35. Ibid.

36. Angus Whitley, Alfred Liu, and Jun Luo, "Military Drills Help China's Best Bank Toughen Up Its Staff," *Businessweek,* November 15, 2017, https://www.bloomberg.com/news/features/2017-11-15/military-drills-help-china-s-best-bank-toughen-up-its-staff. In evaluations, the IPC model stands out with three others as helping lenders profitably make loans for small businesses with low default rates and psychometrics that evaluate the borrower's integrity, attitudes, beliefs, and other otherwise hard-to-quantify factors. Pioneered by a Harvard spinoff EFL, the test took twenty-five minutes and was paired with traditional lending criteria; an entrepreneur had to fail both methods to be declined a loan. In the pilot in Peru, 7 percent fell into that category. An assessment found EFL a useful tool for banks to expand credit loans to business owners without increasing the bank's portfolio risk; however, applicants with credit scores who were rejected by the bank but accepted by the EFL were deemed high risk and ended up being in arrears. In other words, people who had shoddy repayment histories did no better repaying in this case, while people without borrowing history who applied for a loan did well and repaid—which means EFL, like IPC, can help financing institutions extend credit for the new borrowers.

37. Jaime Novoa, "P2P Lending Platform Lendico to 'Temporarily' Stop Operating in Spain," *Novobrief,* 2014, https://novobrief.com/p2p-lending-platform-lendico-to-close-in-spain.

38. Markus M. Makela and Markku V. J. Maula, "Cross-Border Venture Capital and New Venture Internationalization: An Isomorphism Perspective," Taylor & Francis Online, February 23, 2007, http://www.tandfonline.com/doi/abs/10.1080/13691060500258877?src=recsys&journalCode=tvec20.

39. Mary Ann Azevedo, "As the Tech Boom Continues, VCs Increasingly Look to Latin America for Returns," crunchbase news, August 25, 2017, https://news.crunchbase.com/news/tech-boom-continues-vcs-increasingly-look-latin-america-returns.

40. S. A. Swanson, "6 Ways a China Office Can Help a Lower-Middle-Market PE Firm," Bluepoint Capital Partners, March 13, 2017, https://www.bluepointcapital.com/news/6-ways-a-china-office-can-help-a-lower-middle-market-pe-firm.

41. Gene Teare, "It's 2017, and Women Still Aren't Being Funded Equally," Tech-

Crunch, 2017, https://techcrunch.com/2017/07/16/its-2017-and-women-still-arent-being-funded-equally.

42. See, for example, A. Alesina, F. Lotti, and P. E. Mistrulli, "Do Women Pay More for Credit? Evidence from Italy," *Journal of the European Economic Association* 11 (2013): 45–66; G. Calcagnini, G. Giombini, and E. Lenti, "Gender Differences in Bank Loan Access: An Empirical Analysis," *Italian Economic Journal* 1 (2014): 193–217; and Sarah K. Harkness, "Discrimination in Lending Markets: Status and the Intersections of Gender and Race," *Social Psychology Quarterly* 79, no. 1 (2016).

43. Steve Bertoni, "How Mixing Data and Fashion Can Make Rent the Runway Tech's Next Billion Dollar Star," *Forbes*, August 28, 2014, http://campfire-capital.com/apparel/mixing-data-fashion-can-make-rent-runway-techs-next-billion-dollar-star. Women are also less likely to ask for capital, but that's beside the point—experiments reveal that when a man and a woman with the exact same credentials pitch the exact same company with the exact same script, the man is far likelier to get funded, and likelier to be asked to talk about the company's growth prospects, potential market, and scalability, while women are asked to talk about the risks, downside, and other such "how do you mitigate an impending disaster" questions. See, for a number of studies, Doree Shafrir, "How Ingrained Is Sexism in Silicon Valley? Ask the Women Trying to Get Funding," *The Cut*, April 27, 2017, https://www.thecut.com/2017/04/women-entrepreneurs-talk-about-sexism-in-silicon-valley.html.

44. "Venture Capital Funnel Shows Odds of Becoming a Unicorn Are About 1%," CB Insights, Research Briefs, September 6, 2018, https://www.cbinsights.com/research/venture-capital-funnel-2.

45. Josh Lerner and Joacim Tåg, "Institutions and Venture Capital," *Industrial and Corporate Change* 22, no. 1 (February 1, 2013): 153–182.

46. Mark Van Onabrugge, "A Comparison of Business Angel and Venture Capitalist Investment Procedures: An Agency Theory-Based Analysis," *Venture Capital: An International Journal of Entrepreneurial Finance* 2, no. 2 (November 26, 2010): 91–109.

47. See Ant Bozkaya and William R. Kerr, "Labor Regulations and European Venture Capital," Harvard Business School Working Paper, January 2013, http://www.people.hbs.edu/wkerr/Bozkaya_Kerr_LaborReg%26EurVC_Jan13.pdf, which showed empirically that strong employment protection regulation has inhibited venture capital market growth between 1990 and 2008 in Europe and, in particular, in sectors with higher labor volatility.

48. Joshua Aizenman and Jake Kendall, "The Internationalization of Venture Capital and Private Equity," NBER Working Paper No. 14344, September 2008, http://www.nber.org/papers/w14344.

49. Ibid.

50. Blog del Emprendedor, "Programa Mujeres Pyme," January 30, 2017, https://www.inadem.gob.mx/programa-mujeres-pyme.

51. James A. Brander, Qianqian Du, and Thomas F. Hellmann, "The Effects of Government-Sponsored Venture Capital: International Evidence," NBER Working Paper No. 16521, November 2010.

52. Douglas J. Cumming, Luca Grilli, and Samuele Murtin, "Governmental and In-

dependent Venture Capital Investments in Europe: A Firm-Level Performance Analysis Panel," *Journal of Corporate Finance* 42 (February 2017): 439–459; T. Luukkonen, M. Deschryvere, and F. Bertoni, "The Value Added by Government Venture Capital Funds Compared with Independent Venture Capital Funds," *Technovation* 33, nos. 4–5 (April–May 2013): 154–162.

53. See, for example, Olav Sorenson, Guan-Cheng Li, Valentina A. Assenova, and Jason Boada, "Expand Innovation Funding via Crowdfunding," ResearchGate, December 2016, https://www.researchgate.net/publication/311850636_Expand_innovation_finance_via_crowdfunding.

54. Vanessa Naegels, Neema Mori, and Bert D'Espallier, "An Institutional View on Access to Finance by Tanzanian Women-Owned Enterprises," *Venture Capital*, August 23, 2017, 1–20.

55. Ann Marie Wiersch and Scott Shane, "Why Small Business Lending Isn't What It Used to Be," Economic Commentary, Cleveland Federal Reserve, August 14, 2013, http://www.clevelandfed.org/research/commentary/2013/2013-10.cfm.

56. For excellent criticism, see Anneel Karnani, "Microfinance Misses Its Mark," *Stanford Social Innovation Review*, Summer 2007, https://ssir.org/articles/entry/microfinance_misses_its_mark.

57. Ryan Decker, John Haltiwanger, Ron Jarmin, and Javier Miranda, "The Role of Entrepreneurship in U.S. Job Creation and Economic Dynamism," *Journal of Economic Perspectives* 28, no. 3 (2014): 3–24.

58. Patrick Sarch and Kevin Petrasic, "Banking M&A On Course for a Comeback After Rise in Value in 2018," Lexology, White & Case LLP, November 2, 2018, https://www.lexology.com/library/detail.aspx?g=e293197f-3e41-4de9-aa51-1ffea82cf342.

59. Esther Duflo and Abhijit V. Banerjee, *Poor Economics: A Radical Rethinking of the Way to Fight Global Poverty* (New York: PublicAffairs, 2011).

60. Robert Peck Christen, Richard Rosenberg, and Veena Jayadeva, "Financial Institutions with a Double-Bottom Line: Implications for the Future of Microfinance," CGAP OccasionalPaper 8, July 2004, https://www.cgap.org/sites/default/files/CGAP-Occasional-Paper-Financial-Institutions-with-a-Double-Bottom-Line-Implications-for-the-Future-of-Microfinance-Jul-2004.pdf.

61. Karnani, "Microfinance Misses Its Mark."

62. Brian Warby, "Microfinance and Poverty Reduction: How Risks Associated with Government Policies Affect Whether Microfinance Alleviates Poverty in Latin-America," University of South Carolina Scholar Commons, 2014, https://scholarcommons.sc.edu/cgi/viewcontent.cgi?article=3766&context=etd.

63. Abhijit Banerjee, Emily Breza, Esther Duflo, and Cynthia Kinnan, "Do Credit Constraints Limit Entrepreneurship? Heterogeneity in the Returns to Microfinance," Columbia Business School, November 2015, https://www8.gsb.columbia.edu/faculty/ebreza/papers/BanerjeeBrezaDufloKinnan.pdf.

64. See summary at Poverty Action Lab, "Microcredit Doesn't Live Up to Promise of Transforming Lives of the Poor, 6 Studies Show," Press Release, January 22, 2015, https://www.povertyactionlab.org/sites/default/files/2015.01.22-Microcredit-EurekAlert%21.

pdf.

65. Dean S. Karlan and Martin Valdivia, "Teaching Entrepreneurship: Impact of Business Training on Microfinance Clients and Institutions," Econstor, Center discussion paper, 2006, https://www.econstor.eu/bitstream/10419/39347/1/52491091X.pdf.

第 12 章 科技抵制潮和贸易摩擦

1. Benjamin Oreskes, "POLITICO-Harvard Poll: Amid Trump's Rise, GOP Voters Turn Sharply Away from Free Trade," *POLITICO*, September 24, 2016, https://www.politico.com/story/2016/09/politico-harvard-poll-free-trade-trump-gop-228600.

2. David Ricardo, *On the Principles of Political Economy and Taxation* (London: John Murray, 1817).

3. See, for example, Tom DiChristopher, "Sizing up the Trade Adjustment Assistance Program," CNBC, June 26, 2015, https://www.cnbc.com/2015/06/26/is-aid-to-trade-displaced-workers-worth-the-cost.html.

4. Scott C. Bradford, Paul L. E. Grieco, and Gary Clyde Hufbauer, "The Payoff to America from Global Integration," Peterson Institute for International Economics, https://piie.com/sites/default/files/publications/papers/2iie3802.pdf (accessed March 18, 2019).

5. Daren Acemoglu, David Autor, David Dorn, Gordon H. Hanson, and Brendan Price, "Import Competition and the Great U.S. Employment Sag of the 2000s," working paper, August 2014, https://economics.mit.edu/files/10590.

6. Ibid.

7. Sam Costello, "Where Is the iPhone Made?" *Lifewire*, October 13, 2017.

8. Barry Eichengreen, *The Populist Temptation: Economic Grievance and Political Reaction in the Modern Era* (Oxford, UK: Oxford University Press, 2018).

9. Guobing Shen and Xiaolan Fu, "The Trade Effects of US Anti-Dumping Actions Against China Post-WTO Entry," *The World Economy* 37, no. 1 (January 2014): 86–105.

10. Chad P. Bown, Euijin Jung, and Eva (Yiwen) Zhang, "Trump's Steel Tariffs Have Hit Smaller and Poorer Countries the Hardest," Peterson Institute for International Economics Blog, November 15, 2018.

11. Joseph Gagnon, "Trump and Navarro's Mistaken Assumptions About Trade Deficits," Peterson Institute for International Economics Blog, November 1, 2018, https://piie.com/blogs/trade-investment-policy-watch/trump-and-navarros-mistaken-assumptions-about-trade-deficits.

12. Gary Clyde Hufbauer, Cathleen Cimino, and Tyler Moran, "NAFTA at 20: Misleading Charges and Positive Achievements, NAFTA 20 Years Later," Peterson Institute for International Economics Briefing No. 14-3, November 2014, https://piie.com/publications/briefings/piieb14-3.pdf.

13. Pablo D. Fajgelbaum and Amit K. Khandelwal, "Measuring the Unequal Gains from Trade," *The Quarterly Journal of Economics* 131, no. 3 (August 1, 2016: 1113–1180.

14. Eduardo Porter, "Sizing Up Hillary Clinton's Plans to Help the Middle Class," *New York Times*, July 14, 2015, https://www.nytimes.com/2015/07/15/business/sizing-up-hillary-clintons-plans-to-help-the-middle-class.html.

15. James Sherk, "Workers' Compensation: Growing Along with Productivity," The Heritage Foundation, May 31, 2016, https://www.heritage.org/jobs-and-labor/report/workers-compensation-growing-along-productivity.

16. Veronique de Rugy, "The Pay-Productivity Gap Is an Illusion," Foundation for Economic Education, April 18, 2016, https://fee.org/articles/the-pay-productivity-gap-is-an-illusion.

17. Robert Z. Lawrence, "The Growing Gap Between Real Wages and Labor Productivity," Peterson Institute for International Economics, July 21, 2015, https://piie.com/blogs/realtime-economic-issues-watch/growing-gap-between-real-wages-and-labor-productivity.

18. Ibid.

19. Martin S. Feldstein, "Did Wages Reflect Growth in Productivity?" NBER Working Paper No. 13953, April 2008, https://www.nber.org/papers/w13953.

20. Vladimir Gimpelson and Daniel Treisman, "Misperceiving Inequality," NBER Working Paper No. 21174, May 2015, https://www.nber.org/papers/w21174.

21. Herbert A. Simon, "Automation," *The New York Review of Books*, May 26, 1966, https://www.nybooks.com/articles/1966/05/26/automation-3.

22. Quoted in Timothy Taylor, "Automation and Job Loss: The Fears of 1964," Conversable Economist, December 1, 2014, http://conversableeconomist.blogspot.com/2014/12/automation-and-job-loss-fears-of-1964.html.

23. David Ricardo, *Principles of Political Economy*, 3rd ed., ed. R. M. Hartwell (Harmondsworth, UK: Pelican Classics, 1821 [1971]). See also the excellent article by Joel Mokyr, Chris Vickers, and Nicolas L. Ziebarth, "The History of Technological Anxiety and the Future of Economic Growth: Is This Time Different?" *Journal of Economic Perspectives* 29, no. 3 (Summer 2015): 31–50.

24. "Labor Force Statistics from the Current Population Survey," Bureau of Labor Statistics, last modified January 18, 2019, https://www.bls.gov/cps/cpsaat01.htm.

25. Trevor Gallen, "Lecture 8: Growth Theory IV: Why Are There Still So Many Jobs?" Purdue University, Spring 2016, http://web.ics.purdue.edu/~tgallen/Teaching/Econ_352_Spring_2016/Lecture%208%20-%20Growth%20Theory%20-%20IV.pdf.

26. "Accountants and Auditors," Bureau of Labor Statistics, Occupational Outlook Handbook, last modified April 13, 2018, https://www.bls.gov/ooh/business-and-financial/accountants-and-auditors.htm.

27. Acemoglu, Autor, Dorn, Hanson., and Price, "Import Competition."

28. Maureen Dowd, "Elon Musk's Billion-Dollar Crusade to Stop the A.I. Apocalypse," *Vanity Fair*, April 2017, https://www.vanityfair.com/news/2017/03/elon-musk-billion-dollar-crusade-to-stop-ai-space-x.

29. Catherine Clifford, "Facebook CEO Mark Zuckerberg: Elon Musk's Doomsday AI Predictions Are 'Pretty Irresponsible,'" *Entrepreneurs*, July 24, 2017, https://www.cnbc.com/2017/07/24/mark-zuckerberg-elon-musks-doomsday-ai-predictions-are-irresponsible.html.

30. "Automation Threatens 69% Jobs in India: World Bank," *The Hindu*, November 1, 2016, http://www.thehindu.com/business/Industry/Automation-threatens-69-jobs-in-India-World-Bank/article15427005.ece.

31. "Hype cycle," *Wikipedia*, https://en.wikipedia.org/wiki/Hype_cycle (accessed March 18, 2019).

32. David Autor and David Dorn, "How Technology Wrecks the Middle Class," *New York Times*, August 24, 2013, http://www.collier.sts.vt.edu/engl4874/pdfs/autor_nyt_9_24_13.pdf.

33. David H. Autor, "Polanyi's Paradox and the Shape of Employment Growth,". NBER Working Paper No. 20485, September 2014, http://www.nber.org/papers/w20485.

34. "Digital Trade in the U.S. and Global Economies, Part 1," U.S. International Trade Commission, Investigation No. 332-531, USITC Publication 4415, July 2013, https://www.usitc.gov/publications/332/pub4415.pdf.

35. See, for example, Erik Cannon, "Coding Bootcamps Also Teach You How to Get Rejected 10 Times a Day," freeCodeCamp, September 20, 2016, https://medium.freecodecamp.org/jumping-through-loops-at-coding-bootcamp-c5fa34947419.

36. Chang-Tai Hsieh and Enrico Moretti, "Can Free Entry Be Inefficient? Fixed Commissions and Social Waste in the Real Estate Industry," *Journal of Political Economy* 111, no. 5 (2003), https://faculty.chicagobooth.edu/chang-tai.hsieh/research/jpe%20real%20estate.pdf.

37. Russ Juskalian, "Rebuilding Germany's Centuries-Old Vocational Program," *MIT Technology Review*, June 22, 2018, https://www.technologyreview.com/s/611423/rebuilding-germanys-centuries-old-vocational-program.

38. Dirk Krueger and Krishna B. Kumar, "Skill-Specific Rather Then [sic] General Education: A Reason for US-Europe Growth Differences?" NBER Working Paper No. 9408, January 2003, http://www.nber.org/papers/w9408.

39. See Mokyr, Vickers, and Ziebarth, "The History of Technological Anxiety."

40. "Domestic Niche Players Jump Start Malaysia's B2B E-Commerce Sector," HKTDC Research, November 21, 2016, http://economists-pick-research.hktdc.com/business-news/article/International-Market-News/Domestic-Niche-Players-Jump-Start-Malaysia-s-B2B-E-commerce-sector/imn/en/1/1X000000/1X0A845J.htm.

41. "Vende en Amazon USA: ¡ahora es más fácil!" Promexico Blog, July 12, 2018, https://www.gob.mx/promexico/articulos/vende-en-amazon-usa-ahora-es-mas-facil?idiom=es; "Amazon y ProMéxico firman acuerdo para impulsar a pymes mexicanas en el ecommerce," *eBanking News*, October 2, 2018, https://www.ebankingnews.com/noticias/amazon-y-promexico-firman-acuerdo-para-impulsar-a-pymes-mexicanas-en-el-ecommerce-0042562; and Etivally Calva Tapia, "Así te ayudarán Alibaba, Amazon, eBay y UPS a exportar tus productos," *Entrepreneur*, October 10, 2017, https://www.entrepreneur.com/article/302430.

42. "Snapchat Can Tout Unique User Behavior That Doesn't Overlap with Instagram and Other Social Media," *Bloomberg News*, May 3, 2017.

43. Nicholas Thompson and Fred Vogelstein, "15 Months of Fresh Hell Inside Facebook," *Wired*, April 16, 2019, https://www.wired.com/story/facebook-mark-zuckerberg-15-months-of-fresh-hell.

44. "The 8 Most Active VCs in US Ecommerce Startups," Pitchbook, July 11, 2017,

https://pitchbook.com/newsletter/the-8-most-active-vcs-in-us-ecommerce-startups.

45. Benedict Evans, "Winner-Takes-All Effects in Autonomous Cars," August 22, 2017, https://www.ben-evans.com/benedictevans/2017/8/20/winner-takes-all.

46. Lesley Chiou and Catherine Tucker, "Search Engines and Data Retention: Implications for Privacy and Antitrust," NBER Working Paper No. 23815, September 2017.

47. Drake Bennett, "The Brutal Fight to Mine Your Data and Sell It to Your Boss," *Bloomberg Businessweek*, November 15, 2017, https://www.bloomberg.com/news/features/2017-11-15/the-brutal-fight-to-mine-your-data-and-sell-it-to-your-boss.

48. Ibid.

49. See, for example, Makena Kelly, "Sen. Josh Hawley Is Making the Conservative Case Against Facebook," *The Verge*, March 19, 2018, https://www.theverge.com/2019/3/19/18271487/josh-hawley-senator-missouri-republican-facebook-google-antitrust-data-privacy.

50. Martin Giles, "It's Time to Rein in the Data Barons," *MIT Technology Review*, June 19, 2018, https://www.technologyreview.com/s/611425/its-time-to-rein-in-the-data-barons.

51. Sherisse Pham, "China Kills Qualcomm's $44 Billion Deal for NXP," *CNN Business*, July 26, 2018, https://money.cnn.com/2018/07/26/technology/qualcomm-nxp-merger-china/index.html.

52. Timothy Taylor, "The Economics of Daylight Savings Time," Conversable Economist, March 31, 2016, http://conversableeconomist.blogspot.com/2016/03.

第 13 章 更多的人，更好的贸易

1. Kirk Olson, "4 Questions for YouTube's Head of Culture and Trends," Thinkwith-Google, March 2018, https://www.thinkwithgoogle.com/advertising-channels/video/youtube-brand-culture-trends.

2. Dan Andrews, Chiara Criscuolo, and Peter N. Gal, "Frontier Firms, Technology Diffusion and Public Policy: Micro Evidence from OECD Countries," OECD Future of Productivity Papers, 2015, https://www.oecd.org/eco/growth/Frontier-Firms-Technology-Diffusion-and-Public-Policy-Micro-Evidence-from-OECD-Countries.pdf.

3. José DeGregorio, "Productivity in Emerging Market Economies: Slowdown or Stagnation?" Policy paper, Peterson Institute for International Economics, November 2017, https://piie.com/system/files/documents/2-2de-gregorio20171109paper.pdf.

4. Jason Furman and Peter Orszag, "Do the Productivity Slowdown and the Inequality Increase Have a Common Cause?" presentation, Peterson Institute for International Economics, November 9, 2017, https://piie.com/system/files/documents/4-1furman20171109ppt.pdf.

5. Heather A. Conley, Allie Renison, and Kati Suominen, "Freeing Billions of Bits: A Future Roadmap for U.S.-UK Digital Trade," CSIS Policy Report, forthcoming.

6. Kati Suominen, "The Seoul Consensus," *GE Reports*, August 21, 2015, http://www.gereports.com/post/127167023903/kati-suominen-the-seoul-consensus.

7. Peter F. Cowhey and Jonathan D. Aronson, *Digital DNA: Disruption and the Challenges for Global Governance* (Oxford, UK: Oxford University Press, 2018), https://

global.oup.com/academic/product/digital-dna-9780190657932?cc=us&lang=en&.

8. Kati Suominen, *Harnessing Blockchain for American Business and Prosperity: 10 Use Cases, 10 Big Questions, Five Solutions* (Washington, DC: Center for Strategic and International Studies, October 2018), https://wita.org/wp-content/uploads/2018/11/181101_Suominen_Blockchain_v3.pdf.

9. "Regulators Club Together to Form Global 'Fintech Sandbox,'" *Financial Times*, https://www.ft.com/content/ae6a1186-9a2f-11e8-9702-5946bae86e6d (accessed May 18, 2019).

10. Suominen, *Harnessing Blockchain*.

11. Ibid.

12. Kati Suominen, "How the Global Fund for Ecommerce Is Helping Entrepreneurs in Developing Countries Enter the Digital Era," April 12, 2016, http://www.gereports.com/kati-suominen-how-to-help-entrepreneurs-in-developing-countries-enter-the-ecommerce-era.

13. Dr. Joe Dispenza, "Evolve Your Brain," http://www.drjoedispenza.com/?page_id=Evolve-Your-Brain.

14. Matt Symonds, "The Entrepreneurial Employee—How to Make Intrapreneurship a Win-Win for Everyone," *Forbes*, October 29, 2013, https://www.forbes.com/sites/mattsymonds/2013/10/29/the-entrepreneurial-employee-how-to-make-intrapreneurship-a-win-win-for-everyone/#240b6199c202.

15. Thomas Piketty, *Capital in the 21st Century* (Cambridge: Harvard University Press, 2014).

16. Barry Eichengreen, *The Populist Temptation: Economic Grievance and Political Reaction in the Modern Era* (Oxford, UK: Oxford University Press, 2018).

17. Uri Dadush, Kemal Derviş, Sarah P. Milsom, and Bennett Stancil, "Inequality in America: Facts, Trends, and International Perspectives," Brookings, July 13, 2012, https://www.brookings.edu/book/inequality-in-america.

18. Catherine Stephan, "Ins-and-Outs of the Danish Flexicurity Model," BNP Paribas, Economic Research Department, July 11, 2017, http://economic-research.bnpparibas.com/Views/DisplayPublication.aspx?type=document&IdPdf=30102.

19. Alberto F. Alesina and Silvia Ardagna, "Large Changes in Fiscal Policy: Taxes Versus Spending," NBER Working Paper No. 15438, October 2009.

20. Gustavo A. Marrero, Juan Gabriel Rodríguez, and Roy Van der Weide, "Unequal Opportunities, Unequal Growth," VoxEU, February 8, 2017.

21. Paul M. Romer, "Crazy Explanations for the Productivity Slowdown," *NBER Macroeconomics Annual 1987*, Volume 2, ed. Stanley Fischer, National Bureau of Economics Research, 1987, http://www.nber.org/chapters/c11101.pdf.

22. James Feyrer, "The US Productivity Slowdown, the Baby Boom, and Management Quality," *Journal of Population Economics* 24, no. 1 (January 2011): 267–284, https://ideas.repec.org/a/spr/jopoec/v24y2011i1p267-284.html.

23. Ryan Avent, "The Productivity Paradox," *Medium*, March 16, 2017, https://medium.com/@ryanavent_93844/the-productivity-paradox-aaf05e5e4aad.

24. "Discussing the Era of 'New Collar' Workers with IBM CEO Ginni Rometty,"

Wall Street Journal, January 24, 2019, https://www.wsj.com/video/discussing-the-era-of-new-collar-workers-with-ibm-ceo-ginni-rometty/8865662F-6180-4312-918C-DE47856E1DA8.html.

25. Jeffrey Jones, "Americans Say U.S.-China Tariffs More Harmful Than Helpful," *Gallup*, July 26, 2018, https://news.gallup.com/poll/238013/americans-say-china-tariffs-harmful-helpful.aspx.